DU DEVELOPPEMENT
AU DEVELOPPEMENT DURABLE

Collection « Prospective du développement »

Cette collection s'adresse aux publications centrées sur la problématique du développement et du développement durable. Au moment où les pays émergents se développent à grande vitesse, au moment où les frontières entre le Nord et le Sud sont de moins en moins pertinentes, où les inégalités se creusent entre pays, où la prise en compte de l'environnement oblige tous les pays à revoir leur modèle, il devient de plus en plus urgent d'envisager, de rechercher, d'essayer de proposer un avenir durable pour notre humanité. Bien entendu, on pourrait se contenter de mettre en exergue les antagonismes et d'affirmer haut et fort que le développement pour tous n'est qu'une utopie, n'est qu'un leurre manipulé par les plus riches. Ce n'est pas l'axe principal de cette collection qui entend valoriser les dynamiques positives bien qu'elle puisse accueillir également des analyses prospectives qui envisagent les scénarii les plus pessimistes. Cette collection entend plutôt privilégier la recherche de trajectoires sociales, économiques, environnementales permettant à tous un développement équilibré, synonyme de bien-être pour le plus grand nombre.

Cette collection est donc ouverte à tous ceux qui cherchent à décrypter ce que sera le monde de demain en se donnant les moyens d'une réflexion prospective et indépendante proposant des solutions d'avenir.

Cette collection est dirigée par ***Stéphane Madaule***, docteur en économie, auteur de plusieurs livres sur le développement et le développement durable, professeur d'économie et consultant international. Stéphane Madaule mène par ailleurs une activité de publiciste dans la presse nationale (Le Monde, La Croix, Libération). Il tient par ailleurs deux blogs hébergés dans les éditions numériques d'Alternatives économiques et du journal La Croix. Il est par ailleurs chroniqueur à Alternatives économiques.

STEPHANE MADAULE

DU DEVELOPPEMENT
AU DEVELOPPEMENT DURABLE

Le manuel du développement durable

Tome 1

L'Harmattan

Du même auteur

Commerce et développement : le cas des céréales,
Editions l'Harmattan, 1990.
Chronique d'un citoyen ordinaire,
Editions l'Harmattan, 2000.
Relations internationales : penser autrement,
Editions l'Harmattan, 2003.
Le développement en projet : conception-réalisation-études de cas,
Editions l'Harmattan, 2006.
Scènes de voyage à Amsterdam,
Editions l'Harmattan, 2006.
Aide publique au développement : l'abécédaire de la réforme,
Editions l'Harmattan, 2008.
L'éditorialiste,
Editions l'Harmattan, 2009.
Nouvelles chroniques d'un citoyen ordinaire,
Editions l'Harmattan, 2010.
Plaidoyer pour une nouvelle modernité : théorie du partage
par le socle d'indépendance
Editions l'Harmattan, 2014.
Le manuel du développement : nouvelle version augmentée
Editions l'Harmattan, 2017.
Questions d'Europe, quatrième édition,
Editions l'Harmattan, 2019.
Regards croisés sur l'actualité (1950-2020)
Editions l'Harmattan, 2019
Une autre voie est possible pour l'Europe et la France
Editions l'Harmattan 2021

5-7, rue de l'Ecole-Polytechnique, 75005 Paris
http://www.editions-harmattan.fr
ISBN : 978-2-14-033505-1
EAN : 9782140335051

Avertissement

Les observations, appréciations et recommandations exprimées dans ce livre le sont sous la seule responsabilité de l'auteur. Elles ne sauraient engager en aucune manière l'opinion du ou des bailleurs de fonds respectifs qui sont cités ou qui ont financé les projets ou programmes étudiés et, d'une manière générale, de l'ensemble des intervenants qui ont participé à ces opérations.

Remerciements

Je tiens également à remercier tous ceux qui ont inspiré cet ouvrage, en ont parlé avec moi ou ont relu certains passages et notamment : Yovan Grouitch, Philippe Dierickx, François Rivière, Eulalie Rodriguez, Yves Terracol, Nicolas Fornage, Louis l'Aot, Yves Boudot, François Dallier, Alain Seznec, André Pouilles-Duplaix, Yves Jorlin, Céline Ambrosetti, Yves Guicquero, Luc Mogenet, Olivier Gilard, Diane Jegam, Ophélie Risler, Philippe Percheron, Edouard Danjoy, Sandrine Boucher, Ping Zou, Hong Sui, Yan Tang, Vannina Pomonti, Olivier Ratheaux ;. Michel Prom, Paul Coustère, Serge Tomasi, Jean-Marc Pradelle, Claude Raymond, Rémi Genevey, Jean-Loup Feltz, Dominique Rojat, Aurélien Babingui, Alain Mpoué, Jean-Yves Grosclaude, Jean-Noël Roulleau, Pierre Forestier, Denis Loyer, Gael Giraud, Christophe Du Castel, Bernard Chabot, Ernest Barbot, Michel Lescanne, Paul Ginies, Bernard Esnouf, Armand Rioust de Largentaye, Dov Zérah, Philippe Michaud, Jocelyn Leveneur, Jean-René Cuzon, Jean-François Almanza, Nathalie Bougnoux, Jocelyne Vauquelin, Christian Barrier, , Véronique Sauvat Jacquet, Philippe Etienne, Alain Henry, Jean-Michel Sevérino, Jean-Michel Debrat, Rémy Rioux, Hélène Thiollet, Philippe Mignaval, Olivier Sudrie, Xavier Bellocq, Xavier Hoang, Jean-François Richard, Hubert de Milly, Philippe Bassery, François Tirot, Jean-Christophe Deberre, Jean-Bernard Veron, Monique Barbut, John Baude, Emilienne Raoul, Claude Hartmann, Adrien Absolu, Edwige Avice, Bettina Laville, Catherine Lamoulen-Madaule.

Du développement au développement durable
Le Manuel du développement durable Tome 1

Introduction générale au Manuel du développement durable

Pour qui s'intéresse au développement durable partout dans le monde, il est légitime de vouloir trouver un livre qui puisse vous accompagner dans la réflexion, mais aussi dans l'action sur le terrain. *Du développement au développement durable* et *La pratique du développement durable* qui compose les deux tomes du livre intitulé *Le manuel du développement durable* essaie de relever ce défi.

A la fois théorique et pratique, historique et contemporain, le livre multiplie les angles d'approches afin d'éclairer le lecteur. Il permet ainsi de construire sa propre formation à base d'exercices pratiques issus de l'expérience, ce qui est pratiquement inédit.

Cet ouvrage fait une place importante aux controverses sur le développement et sur le développement durable. Il traite de la question taboue de l'évolution de la démographie mondiale en avançant le concept de démographie verte. Il élargit le propos, non seulement aux pays du Sud mais également aux pays du Nord, dans le prolongement des Objectifs du Développement Durable (ODD) pour tous, adoptés en 2015 et à atteindre à l'horizon 2030. Le livre ne fait donc pas l'impasse sur la démographie, grande oubliée des ODD. A l'occasion de la présentation de chaque étude de cas, il intègre des exercices pratiques avec corrigés qui permettent aux lecteurs qui le souhaitent de s'auto-former aux pratiques du développement durable.

Ce livre est structuré en deux tomes :

- Le Tome 1 : *Du développement au développement durable*
- Le Tome 2 : *La pratique du développement durable*

Dans le premier tome du livre *Du développement au développement durable*, la vision historique, les grandes théories du développement puis du développement durable, le cadre institutionnel, les débats et controverses sur ce thème sont abordés et notamment : la finalité du développement durable, les controverses sur l'aide publique au développement, les débats sur le bon modèle économique, les alertes environnementales, la démographie. Le lecteur dispose ainsi d'un panorama relativement complet des transformations progressives des politiques qui se réclament du développement durable. L'évolution du débat théorique (du développement économique au développement durable en passant par la décroissance et le partage) à travers le positionnement des institutions d'aide permet de comprendre le chemin parcouru depuis 1945 et notamment à la suite des grands évènements contemporains : crise financière de 2008, Brexit, élection de Donald Trump puis arrivée de Joe Biden, montée en puissance des bailleurs émergents, pandémie du Covid-19, urgence environnementale. Les grands débats et controverses qui agitent le monde du développement durable terminent ce premier tome.

Toutes les questions que l'on peut se poser sur la notion de développement, de développement durable, sur les politiques de développement durable, sur l'influence des grands bailleurs de fonds comme la Banque mondiale, sur l'aide projet ou l'aide programme, sur l'efficacité de l'aide, son caractère éventuellement nuisible, etc. font l'objet d'une présentation puis d'un commentaire.

Il ne s'agit pas d'un manuel aseptisé, d'une présentation institutionnelle, officielle et descriptive sur le bien-fondé du financement du développement durable tel qu'il se pratique actuellement. L'auteur donne son avis qui ne sera pas forcément celui du lecteur mais sur lequel celui-ci pourra s'appuyer pour l'aider à forger sa propre opinion, son profil de développeur. Le processus de développement durable n'est pas, bien évidemment, une science exacte, tout au contraire. Plusieurs écoles de pensée existent et il ne faut pas craindre de choisir un horizon pour exposer ses idées, tenter de les faire évoluer en les partageant avec le plus grand nombre. Le développement durable, son mode d'action, ses objectifs, sa finalité sont des questions éminemment politiques vis-à-vis desquelles chaque citoyen, au Nord comme au Sud, peut légitimement exprimer ses propres convictions.

Le deuxième tome du livre *La pratique du développement durable* s'applique à proposer des conseils opérationnels de terrain en matière de développement durable, des modalités d'intervention et des innovations possibles dans la manière d'accompagner le développement durable des pays à faible revenu. C'est la restitution de l'expérience acquise au contact des réalités, synthétisée sous forme de conseils.

Ce deuxième tome expose par ailleurs plus d'une trentaine d'études de cas (projets, programmes, politiques) mises en œuvre dans les pays en développement que l'auteur a lui-même évaluées ou auditées. Il s'agit de restituer et de partager l'expérience acquise par la pratique de nombreux projets, programmes ou politiques de développement durable et d'essayer d'en tirer les recommandations et enseignements les plus utiles.

On s'inspire ainsi de l'approche d'Esther Duflo en privilégiant la voie de l'expérimentation, par opposition à la voie de la modélisation. Cependant, il s'agit-là d'expériences de terrain proposées au lecteur et non d'expérimentations munies de groupes témoins. Dans ce manuel, on en reste à une approche expérimentale spécifique mise en œuvre en fonction de chaque contexte particulier, préférant ainsi l'exigence du *sur mesure à construire*, projet par projet, politique par politique, *au prêt à porter* pour tous qui permettrait théoriquement d'envisager le passage à l'échelle en matière de bonnes politiques publiques applicables partout. Cette dernière approche bute trop souvent sur des détails d'application, qui finalement ne sont pas des détails.

Ces études de cas couvrent pratiquement l'ensemble du spectre sectoriel du développement durable. Elles présentent pour chaque opération, sa finalité et ses spécificités, ses études préalables, son exécution technique et financière, son impact et sa durabilité, ses enseignements en matière de projets ou de programmes. Chaque étude de cas fait l'objet d'une seconde vision quelques années après du projet ou du programme engagé, ce qui est inédit. Cette approche permet de mesurer la réelle durabilité de certaines opérations.

A l'issue de chaque étude de cas, un exercice est proposé au lecteur afin de mieux se former à la spécificité de l'opération menée. Les études de cas permettent de se familiariser avec les notions de base d'une pratique du développement durable à savoir : le cycle des opérations dans toutes ses phases, les études environnementales et sociales, l'aide programme, les financements en subventions ou en prêts, les fonds de contrepartie, le calcul du Taux de Rentabilité Interne (TRI) et du Taux de Rentabilité Economique (TRE), les appels d'offres, les conventions de financement, le risque de change, les avis de non-objection, les conditions suspensives de versement, la mesure de la durabilité…

Un corrigé succinct de l'exercice proposé pour chaque étude de cas est mis à disposition du lecteur, ce qui est inédit. Le lecteur peut ainsi travailler et progresser dans son expertise de la conduite d'opérations de développement durable.

Le lecteur peut se reporter à ces études de cas pour guider sa réflexion ou l'aider à conduire lui-même une opération de développement durable qui rencontrerait des conditions similaires. Il est ainsi plongé dans la réalité du terrain, dans les pays aussi divers que le Burkina Faso, le Maroc, le Congo Brazzaville, le Laos, le Viet Nam ou la Chine tout en naviguant dans de nombreux secteurs d'intervention : développent urbain, développement durable, secteur de l'eau et de l'électricité, secteur privé, agro-industrie, environnement, éducation, formation, santé, protection sociale…

Dans ce *manuel du développement durable*, la voie préconisée est relativement simple :

- Volonté d'aller vers le développement durable, au moyen de modèles de développement durable à construire par les pays eux-mêmes et non à copier sur nos modèles occidentaux en faillite.
- Respect des politiques initiées et mises en œuvre par les pays en développement.
- Souhait d'une économie de marché régulée aux frontières des États afin de redonner toutes ses chances à une activité durable de proximité (socle

d'indépendance) mieux répartie géographiquement, respectueuse de l'environnement, assurant à chacun un bien-être social.

- Prise en compte volontariste de la variable démographique, dans une perspective de développement durable et de démographie verte.
- Refus de continuer à s'inscrire dans système de compétition internationale où le moins-disant social et environnemental s'impose au mieux disant social et environnemental.
- Solidarité réaffirmée avec les pays les plus pauvres, les pays à faible revenu, en évitant d'utiliser l'aide au profit de pays à revenu intermédiaire qui n'en ont plus besoin.
- Importance de recentrer l'aide publique au développement sur ses fondamentaux pour lui donner tout son SENS. Cela veut dire intervenir prioritairement dans les domaines de la Santé, de l'Education, de la Nutrition, des Services publics de base (eau, électricité, transport en commun).
- Nécessité de privilégier les dons pour intervenir au titre de l'aide publique au développement et non les prêts.
- Nécessité de privilégier l'aide-projet de préférence à l'aide-programme qui rogne souvent sur la souveraineté des pays aidés en leur imposant de l'extérieur des politiques publiques.
- Objectif réaffirmé du développement durable pour tous, pays développés et en développement conformément aux Objectifs du Développement Durable (ODD) à atteindre en 2030.

Ce livre avance des pistes de réformes : 10 orientations pour une plus grande efficacité des politiques de développement durable, 10 principes pour atteindre **le modèle humain de développement durable**, 5 orientations pour reconstruire l'aide publique au développement et lui donner du SENS.

Ce *manuel du développement durable* a été conçu afin d'être accessible à tous. Les termes techniques employés sont souvent explicités dans le texte.

1. Les définitions du développement et du développement durable

Le développement

Le développement est une notion dont la définition a fortement évolué dans le temps. On peut même dire qu'il s'agit d'un concept relativement mouvant qui s'est constamment modifié depuis l'origine.

Sur le plan politique, c'est le Président Truman, qui dans un discours sur l'état de l'Union aux États-Unis le 20 janvier 1949, évoque pour la première fois le sous-développement des pays pauvres comme étant un « retard » qu'il s'agit de combler vis-à-vis des pays développés. Cette vision du retard sur les pays développés qui devrait être comblé par les pays en développement a été critiquée pour son côté néocolonialiste par un auteur comme Gilbert Rist[1]. La conséquence néfaste de cette approche selon lui, c'est que l'indépendance politique récemment acquise des pays décolonisés est contrebalancée par la nécessité pour bénéficier de l'Aide de suivre le parcours tracé par les pays développés qui conduit souvent à une impasse.

Sur le plan théorique, ce sont les économistes structuralistes (Raul Prebish, André Marshall, Samir Amin, François Perroux) qui les premiers ont fait le distinguo entre croissance et développement. La croissance n'est que la hausse des indices d'activités et de revenus d'un pays. Toutefois, cette hausse peut s'inverser. Au contraire, le développement mesurerait le changement dans la structure d'une économie qui la ferait passer d'un état A à un état B sans possibilité de retour en arrière, donc de baisse. Le concept de développement a alors une connotation exclusivement économique. Il faudra attendre la fin des années 1980 pour lui adjoindre progressivement une vision sociale. Le développement n'est plus alors uniquement un concept économique, mais il a également une portée et même une ambition sociale et environnementale. A la suite des travaux de l'économiste indien Amartya Sen, prix Nobel d'économie en 1998, le bien-être des populations, leurs conditions sociales de vie (santé, éducation) sont agrégées aux indicateurs économiques pour donner naissance à l'indicateur de développement humain qui représente la vraie mesure du développement des pays. La lutte contre la pauvreté, la lutte contre les inégalités, les transferts sociaux en faveur des populations pauvres deviennent de nouveaux facteurs à inclure dans la mesure du développement.

1 / « Le développement, histoire d'une croyance occidentale », de Gilbert Rist, Presses de Sciences Po. L'auteur nous explique que le développement est un leurre, un mirage avancé par les occidentaux pour faire croire aux pays pauvres que la domination du Nord sur le Sud n'est pas un phénomène inéluctable.

Quelques années plus tard, à la fin des années 1990, la prise en compte de l'environnement dans la mesure du développement s'impose progressivement. Le développement, ce n'est plus uniquement le développement économique et la satisfaction pour le plus grand nombre des besoins sociaux, c'est aussi la préservation de l'environnement pour les générations futures, du capital naturel de la terre que l'on se doit de transmettre car les ressources sont rares et limitées. On parle alors de développement soutenable ou de développement durable qui allie trois composantes : l'économie, le social et l'environnement. Le modèle de développement à suivre n'est plus celui des pays développés ou même des pays émergents. Il faudrait cinq à six planètes pour assurer une compatibilité entre mode de développement à l'occidentale et préservation des ressources disponibles pour les générations futures. Il convient donc de bâtir un nouveau modèle de développement pour que chaque pays trouve sa voie et assure le bien-être des populations.

Le développement durable

Le développement durable constitue le nouvel horizon du développement avec un changement de paradigme par rapport au passé :

- D'une thématique de développement à deux piliers qui n'englobait que l'économique et le social, on y adjoint un troisième pilier, le pilier environnemental. Non seulement il convient que la croissance soit redistributive et inclusive et profite donc à tous, notamment les plus pauvres, mais elle ne doit pas se construire au détriment de la préservation de l'environnement
- D'une thématique de développement dont les principes s'appliquaient uniquement au monde en développement (pays pauvres, pays à revenu intermédiaire, pays émergents), on élargit le spectre des principes à appliquer aux pays développés qui voient leur modèle de développement modifié en fonction d'objectifs qui s'imposent à tous, les 17 Objectifs de Développement durable adoptés par les Nations unies en 2015 pour 2030

Nous assistons donc avec le développement durable à une triple révolution copernicienne dans le monde en développement :

- Une prise en compte de l'environnement qui modifie la vision du tout économique et du tout social
- Une remise en cause drastique du modèle dominant de développement libéral laissé au libre marché
- Une extension géographie des objectifs du développement qui s'applique au monde au développement comme au monde en développement

Plusieurs définitions du développement durable existent :

- *« Un développement qui répond aux besoins du présent sans compromettre la capacité des générations futures à répondre aux leurs »* (1987, Gro Harlem Brundtland, chef du gouvernement norvégien, ancienne ministre de l'environnement). Cette définition met pour la première fois l'accent sur la responsabilité des générations présentes vis-à-vis des générations futures. La traduction en français du terme « soutenable » par le terme « durable » a fait couler beaucoup d'encre. En effet, la notion de durabilité dans le développement est difficile à apprécier. En revanche, en fonction des potentialités d'un milieu donné, de ses ressources renouvelables ou non renouvelables, des progrès de la science, la notion de développement soutenable fait bien comprendre qu'il s'agit de respecter l'environnement au sein duquel un développement peut avoir lieu.

- *« Un modèle de développement qui permet de satisfaire les besoins d'une génération, en commençant par les plus démunis, sans compromettre la possibilité, pour les générations suivantes, de satisfaire les leurs »* (définition des Nations unies utilisée dès le début des années 1980). Cette définition met plus l'accent sur les inégalités de développement entre les peuples et pousse à y remédier. Le développement durable ne doit donc pas se faire en sacrifiant l'amélioration des conditions de vie des plus pauvres. Il doit permettre à tous un minimum de bien-être tout en préservant les potentialités du milieu pour les générations futures. Cette définition intègre la dimension Nord-Sud du développement et replace les conditions de vie de l'humain au centre de la finalité du développement.

Le concept de développement durable reste attaché à la fois au rapport Brundtland, mais également d'une manière opérationnelle à la Conférence de Rio ou deuxième sommet de la Terre (1992). C'est le fruit d'une approche conjointe entre un besoin de protection de l'environnement dans les pays du Nord et un besoin de développement dans les pays du Sud qui s'expriment conjointement. A la différence de la notion de développement telle qu'on l'entend parfois dans les pays riches et qui s'adresse essentiellement au monde en développement qui en est encore privé et qu'il s'agit d'aider, le concept de développement durable concerne à la fois le mode de développement des pays du Sud, mais questionne également le mode de développement des pays développés. Le mode de développement de certains pays développés ou émergents qui ne respectent pas les ressources naturelles est stigmatisé. C'est donc un concept global qui s'adresse à la fois aux pays riches et aux pays pauvres.

Traditionnellement, la notion de développement durable cherche à faire cohabiter trois objectifs qui sont parfois contradictoires : la croissance économique, la protection de l'environnement, le bien-être social du plus grand nombre. On retrouve à ce stade les principaux objectifs officiels de l'aide publique au développement qui sont également de promouvoir la croissance économique, la protection de l'environnement mais également le bien-être social dans l'ensemble des pays en développement comme dans les pays développés, en luttant notamment contre les inégalités.

La notion de développement durable a également la particularité d'avoir une dimension individuelle, collective, mais également universelle. Chaque individu dans sa vie courante peut avoir un impact sur le développement durable et peut donc agir en conséquence. Les entreprises, les villes, les régions, les pays peuvent également mettre en œuvre des politiques de développement durable. Au niveau mondial, les grandes conventions internationales ont également pour objectif de garantir une durabilité à notre planète, notamment par la protection des biens publics mondiaux. Les trois dimensions du développement durable – individuelle, collective, universelle – engendrent une prise de conscience et des actions à ces trois niveaux

Certains biens qu'il convient de protéger ont non seulement des vertus locales, nationales, régionales, mais aussi mondiales. On les appelle les biens publics mondiaux. On pense ainsi aux massifs forestiers qui fonctionnent comme de grands poumons pour l'ensemble de notre planète et qui pourtant ont une localisation géographique précise et sont de fait l'univers de vie de populations importantes. On pense aussi à l'air que nous respirons, à l'eau que nous buvons mais également aux épidémies qui peuvent nous toucher et prendre une dimension mondiale.

Cette dimension du développement durable élargie aux problèmes sociaux apparaît parfois comme un « concept valise » au même titre que les thématiques du « renforcement des capacités » ou de la « bonne « gouvernance ». En effet, tout projet d'amélioration des conditions de vie des populations peut contribuer au développement durable. Tout projet qui améliore la protection de l'environnement peut apparaître comme une contribution au développement durable. Et ce développement n'est durable que si la croissance se diffuse pour tous. Le concept de développement durable devient alors particulièrement englobant et perd finalement de son caractère opérationnel. D'ailleurs, il est parfois bien difficile de dire ce que l'on entend par projet de développement durable : sont-ce uniquement les projets qui contiennent les trois dimensions que sont le respect du social, la croissance économique et la protection de l'environnement ? A ce compte-là, bien peu d'opérations peuvent être réellement labellisées projet de développement durable. Faut-il restreindre les projets de développement durable aux projets environnementaux ? Mais alors, certains projets environnementaux de protection (aires protégées) vont à l'encontre de l'activité nécessaire des populations indigènes. Si la durabilité d'un mode de développement est conditionnée à son caractère redistributif afin d'être socialement juste, on touche ici au modèle de société que l'on souhaite mettre en place, au système politique et institutionnel en faisant d'un modèle particulier le modèle universel à atteindre. Mais existe-t-il véritablement un seul modèle de développement durable possible pour l'ensemble des sociétés qui peuplent notre planète ? Il convient donc de faire attention à l'utilisation de ce concept de développement durable et d'en avoir plutôt une définition restrictive qu'une définition englobante.

Stéphane Madaule *Du développement au développement durable*

Dans le manuel du développeur, le développement durable est essentiellement abordé comme étant la combinaison d'une croissance économique et d'un mieux-être social qui s'accompagne d'un respect de l'environnement.

La définition de l'aide publique au développement et les principaux chiffres de l'Aide

La définition du Comité d'Aide au Développement de l'OCDE qui est chargé de la comptabilité de l'Aide publique au développement fait autorité : *« L'aide publique au développement (APD) est l'ensemble des dons et des prêts à conditions très favorables (nets des remboursements en capital) accordés par des organismes publics aux pays et territoires figurant sur la liste des bénéficiaires du « Comité d'aide au développement » (CAD) de l'Organisation de coopération et de développement économique (OCDE) »*. Il convient donc qu'il y ait transfert de fonds effectifs (exclusion des garanties).

L'APD s'élève en 2020 à 161,2 milliards de dollars (0,32 % du revenu national brut des pays donateurs de l'OCDE)

Les principaux donateurs sont les suivants (2019, OCDE).

Pays donateurs	EU	Allemagne	RU	Japon	France
Montant (Mds$)	35,3	24,7	17,9	11,5	11,4

En 2019, les 10 principaux bénéficiaires de l'APD sont respectivement les suivants : Inde, Afghanistan, Indonésie, Syrie, Bangladesh, Ethiopie, Irak, Jordanie, Viet Nam, Nigéria

Les biens publics mondiaux et « la responsabilité de protéger »

La thématique des biens publics mondiaux tire son origine des premiers travaux d'économistes comme Buchanan, Kolm, Musgrave ou Samuelson à partir de 1945. Cette vision a été ensuite complétée par les théories de l'action collective (Hardin, Oslon) dans les années 1970 et les travaux d'économie politique internationale (Kindleberger) dans les années 1980. Le passage d'une approche nationale (biens publics non produits par le marché) à une approche internationale (les biens publics à l'échelle mondiale) a été popularisé par l'ouvrage du Programme des Nations unies pour le développement (PNUD) dirigé par Inge Kaul (Les biens publics à l'échelle mondiale – la coopération internationale au XXIème siècle, Oxford university Press, 2000).

Par définition, les biens publics sont des biens, services ou ressources qui bénéficient à tous, et se caractérisent par la non-rivalité -la consommation du bien par un individu n'empêche pas sa consommation par un autre, et la nonexclusion – personne ne peut être exclu de la consommation de ce bien. Ce sont donc des biens qui échappent à une logique de marché. Si leur consommation devient trop importante (épuisement) ou nocive (pollution), le marché est dans l'incapacité d'apporter une solution. On évoque alors la défaillance du marché ou la production d'externalités négatives d'une activité donnée. L'action collective, privée et publique, se doit donc de pallier cette défaillance du marché en fixant de nouvelles règles au niveau national ou local. En revanche, si le problème posé se situe au niveau mondial (changement climatique), il requiert alors en retour une coordination à l'échelle internationale (convention internationale, Protocole de Kyoto).

Si la définition des biens publics est bien fixée dans la théorie économique standard et son application au niveau mondial relativement simple, elle l'est beaucoup moins en économie politique. En effet, on peut très bien considérer que les biens publics mondiaux sont bien plus nombreux que ne l'indiqueraient des définitions restrictives qui les limiteraient à la prise en compte de l'environnement. De la même façon, il peut apparaître réducteur de limiter leurs contours à une défaillance du marché. A titre d'exemple, pourquoi ne pas considérer la sécurité mondiale, la recherche mondiale surtout en temps de pandémie liée au coronavirus, la stabilité des marchés financiers, la lutte contre la pauvreté, la lutte contre les grandes pandémies comme d'autres biens publics mondiaux que l'humanité doit produire ou préserver ? Ce n'est plus la défaillance du marché, essentiellement face aux conséquences imprévues sur le plan environnemental d'une exploitation donnée, qui est en cause, mais ce que considère la société mondiale dans son ensemble comme étant un bien public mondial utile à son bien-être. Ce que cette société planétaire choisit d'appeler bien public mondial dépend alors de ses valeurs collectives propres, qui elles-mêmes évoluent dans le temps. La première approche des biens publics mondiaux s'inscrit dans une perspective libérale - défaillance du marché - et essaie d'y remédier par des arrangements collectifs. La seconde approche - économie politique internationale - privilégie les patrimoines communs, les rapports de force et les déséquilibres internationaux, et considère que ce sont les acteurs qui définissent l'intérêt général et le collectif. Cette seconde approche est beaucoup englobante et s'approche par son ampleur de la notion de développement durable. La première approche est beaucoup plus restrictive, trop restrictive peut-être, mais elle a l'avantage d'être bien plus opérationnelle.

Quelle que soit l'approche choisie, la notion de bien public mondial remet en cause les règles de fonctionnement actuel de la communauté internationale fondées sur la Charte des Nations unies signée le 26 juin 1946. En effet, dès son article premier, cette charte est basée sur le respect des souverainetés nationales. A partir du moment où l'on évoque un bien public mondial comme faisant partie d'un bien commun de l'humanité à défendre, la notion de souveraineté nationale devient inopérante. L'enjeu devient international et vise à sauvegarder un patrimoine commun : le climat, l'eau, l'air, la biodiversité mais pourquoi pas également la sécurité internationale, l'éducation mondiale, la santé mondiale ou encore la stabilité économique et financière.

Très vite, on en arrive à buter sur les souverainetés nationales qui s'avèrent dans l'incapacité de garantir une telle production ou une telle sauvegarde. Or depuis 1945, la communauté internationale est fondée selon le principe du respect des souverainetés des États, garantie de leur indépendance, alors que les questions posées sont celles de choix collectifs à assumer à l'échelle mondiale. L'ingérence dans les affaires de certains États, soit parce qu'ils remettent en cause un équilibre mondial par leur activité économique (pollution, épidémie, réchauffement climatique, biodiversité), soit parce qu'ils sont le siège d'un patrimoine mondial utile à tous (forêts tropicales, biodiversité), soit parce qu'ils sont incapables de gérer seuls des externalités négatives produites par d'autres (réchauffement climatique avec son volet d'adaptation) est alors une tentation de tous les instants. Comme sur le plan humanitaire avec la notion d'ingérence humanitaire, l'ingérence supranationale peut être légitimée en référence à la sauvegarde des biens publics mondiaux. Le droit à l'ingérence ou le droit à l'intervention dans les affaires souveraines de certaines nations a en effet été codifié par les Nations unies à l'autonome 2005 par la définition d'un nouveau principe : la responsabilité ou le devoir de « protéger des populations contre le génocide, les crimes de guerre, le nettoyage ethnique et les crimes contre l'humanité ».

Au nom de ce principe, la communauté internationale se donne le droit et le devoir de protéger les citoyens du monde dont la sécurité est en danger. Par extension et en croisement avec la notion de biens publics mondiaux, ce principe pourrait s'appliquer à d'autres thématiques qui sont parfois menacées par l'exercice contestable de certaines souverainetés. La notion de « responsabilité de protéger » s'applique justement particulièrement bien au secteur de l'environnement et plus généralement aux biens communs à protéger.

Or, plus la définition des biens publics mondiaux est large, plus l'ingérence potentielle qui peut en découler devient vaste et englobante. Mais alors, que reste-t-il des souverainetés nationales ? Que reste-t- il des indépendances nationales chèrement acquises contre la colonisation, et qui donnent à tous les peuples du monde, quel que soit leur régime politique, le droit de choisir leur propre destin ? Comment faire confiance à une communauté internationale soumise aux rapports de force où le citoyen du monde ne peut exprimer son point de vue, faute de démocratie mondiale ? La notion de société civile internationale a-t-elle vraiment un sens et une réalité démocratique ? Comment éviter que la voix de la communauté internationale ne soit en réalité que la voix de quelques-uns, les plus puissants ? A-t-on déjà vu le droit de protéger s'exercer autrement que du Nord vers le Sud ?

La notion de bien public mondial renvoie donc à la nécessité d'une gouvernance mondiale, d'une démocratie mondiale, dans un monde mondialisé fait d'interdépendances où les souverainetés nationales apparaîtraient comme dépassées. Les implications politiques du choix de la définition des biens publics mondiaux sont donc sensibles.

Les indicateurs clés de l'environnement

Cette liste d'indicateurs environnementaux n'est ni définitive, ni exhaustive. Elle donne cependant des points de repères intéressants dans différents secteurs d'activité humaine qui peuvent impacter la planète. Les indicateurs couvrent les secteurs suivants :

Thème de la pollution

- Changement climatique : intensité d'émission de CO2. Les principales préoccupations sont liées aux effets de l'augmentation des concentrations atmosphériques de gaz à effet de serre (GES) sur les températures et le climat de la planète. Les principaux enjeux consistent à limiter les émissions de CO2 et des autres GES afin de stabiliser leur concentration dans l'atmosphère à un niveau qui limite une perturbation anthropique dangereuse du système climatique. Les données sur les émissions de GES sont communiquées chaque année par secrétariat de la Convention cadre des Nations unies sur les changements climatiques (CCNUCC). Sur la base des données fournies par les gouvernements.
- Couche d'ozone : indices de consommation apparente de substances appauvrissant la couche d'ozone. La destruction de l'ozone stratosphérique (au-dessus de l'Arctique et de l'Antarctique) continue de susciter des inquiétudes en raison de l'augmentation du rayonnement ultraviolet B et de sa dangerosité pour la santé humaine, le rendement des cultures et l'environnement naturel. Les principaux accords internationaux sont la Convention de Vienne pour la protection de la couche d'ozone (1985) et le Protocole de Montréal relatif à des substances qui appauvrissent la couche d'ozone (1987). Les émissions de substances qui appauvrissent la couche d'ozone (ODS) sont difficiles à mesurer et les données sont approximatives. L'interdiction de l'utilisation de Chlorofluocarbone (CFC) dans la production industrielle et notamment les aérosols semble avoir un impact certain.
- Qualité de l'air : intensité d'émission de SO2 et de NO2. Les principales préoccupations sont liées aux effets de la pollution de l'air sur la santé humaine, les écosystèmes et les bâtiments. Les émissions de SO2 ont nettement diminué dans beaucoup de pays et ont été découplées avec succès de la consommation de combustibles fossiles et de la croissance économique. L'équipement du parc automobile avec des pots catalytiques a favorisé cette évolution.

- Production de déchets : intensité de production de déchets urbains. Les principales préoccupations sont liées aux effets que peut avoir une mauvaise gestion des déchets sur la santé humaine et sur les écosystèmes. Des progrès ont été réalisés dans la gestion des déchets municipaux des grandes villes des pays développés. La production de déchets prend cependant plusieurs formes : les déchets municipaux, les déchets industriels, les déchets dangereux, les déchets nucléaires. En dépit de progrès considérables, les données sur la production de déchets et leur élimination demeurent insuffisantes dans de nombreux pays. Le taux de recyclage n'est pas assez élevé. Les performances environnementales peuvent être évaluées par rapport à la Convention de Bâle (1989).
- Qualité de l'eau douce : taux de raccordement aux stations d'épuration. Les principales préoccupations sont liées aux répercussions de la pollution de l'eau sur la santé humaine, sur le coût du traitement de l'eau potable et sur les écosystèmes aquatiques. Le principal enjeu consiste à protéger et à restaurer toutes les eaux de surface et souterraines de manière à atteindre les objectifs de qualité de l'eau. Mais les mesures d'assainissement (stations et réseaux d'épuration) coûtent cher et ne sont pas en général à la portée des pays en développement. La protection de la qualité de l'eau douce est un volet important du programme d'action 21 adopté en 1992 par la Conférence des Nations unies sur l'environnement et le développement (CNUED) et du plan de mise en œuvre adopté au sommet mondial du développement durable (Johannesburg, 2002). En raison des différences dans la répartition de l'habitat, les conditions économiques et environnementales, la date d'installation des équipements et le rythme de réalisation des travaux, le pourcentage de la population raccordée à des stations d'épuration et le niveau de traitement varient fortement d'un pays à l'autre. Le traitement primaire de l'eau concerne l'équipement d'égouts. Le traitement secondaire et tertiaire est lié au fonctionnement d'une station d'épuration.

Thème des ressources et des patrimoines naturels

- Ressources en eau douce : intensité d'utilisation des ressources en eau. Les préoccupations sont liées à l'utilisation irrationnelle de l'eau et ses conséquences environnementales et socio-économiques : diminution du débit des cours d'eau, pénuries d'eau, salinisation des eaux douces dans les zones côtières. L'enjeu principal consiste à assurer une gestion durable des ressources en eau, évitant leur surexploitation et leur dégradation. Les performances environnementales peuvent être évaluées par rapport au programme Action 21 adopté par la CNUED en 1992. Les indicateurs mesurent les prélèvements bruts par habitant en pourcentage de ressources en eau douce renouvelable. A l'échelle mondiale, on estime que la demande d'eau a augmenté plus de deux fois plus vite que la population au cours du siècle passé. Le secteur agricole est le premier consommateur d'eau et compte pour environ 70 % des prélèvements totaux en eau douce. On estime que les prélèvements destinés à l'irrigation ont progressé de plus de 75 % depuis 1960.

- Ressources forestières : intensité d'utilisation des ressources forestières (récoltes effectives/capacités productives annuelles). Les risques sont liés aux effets des activités humaines sur la diversité et la santé des forêts, sur la croissance et la régénération des forêts naturelles, ainsi que sur les fonctions économiques, écologiques et sociales des forêts. Les principales pressions d'origine humaine sont dues au développement de l'agriculture et des infrastructures de transport, à la pollution atmosphérique, à la surexploitation et au brûlage des forêts. Le principal enjeu consiste à assurer une gestion durable des ressources forestières, évitant leur surexploitation et leur dégradation, de manière à garantir un approvisionnement en bois suffisant pour les activités de production et la pérennité de certaines fonctions écologiques comme la biodiversité et les puits à carbone. Depuis les années 1950, la superficie des forêts et des terres boisées a diminué à l'échelle mondiale, en partie sous l'effet de la déforestation dans les pays tropicaux. Toutefois, des travaux complémentaires s'imposent pour suivre l'état et l'évolution de la qualité des ressources forestières et des mesures de protection et de gestion sur place.
- Ressources halieutiques : intensité d'utilisation des ressources halieutiques. Une attention particulière doit être portée sur les effets des activités humaines sur les stocks et les habitats de poissons en milieu marin comme en eau douce. L'indicateur présenté porte sur les captures de poisson, exprimées en pourcentage du total mondial. Plus de la moitié des stocks marins mondiaux ont atteint ou presque atteint leur seuil maximal d'exploitation.
- Ressources énergétiques : intensité énergétique. Les risques sont liés aux effets de la production et de l'utilisation d'énergie sur les émissions de gaz à effet de serre et la pollution atmosphérique locale et régionale. Le principal enjeu consiste à découpler davantage la consommation d'énergie et les émissions atmosphériques afférentes à la croissance économique, moyennant une amélioration de l'efficacité énergétique et la mise au point de carburants propres. Les performances environnementales peuvent être évaluées par rapport aux objectifs nationaux d'efficacité énergétique ou la proportion d'énergie renouvelable en rapport avec la CCNUCC de 1992. L'indicateur

présenté porte sur l'intensité de l'utilisation énergétique par unité de PIB et par habitant. Il reflète l'évolution de l'efficacité énergétique.

- Biodiversité : espèces menacées. Les principales préoccupations sont liées aux répercussions des activités humaines sur la biodiversité. Les principaux enjeux consistent à maintenir ou à rétablir la diversité et l'intégrité des écosystèmes. Les performances environnementales peuvent être évaluées par rapport aux objectifs internationaux tels que la Convention sur la diversité biologique (1992). L'indicateur présenté porte sur le nombre d'espèces menacées par rapport au nombre d'espèces connues ou étudiées. Dans le monde, 12 % des surfaces terrestres sont des zones protégées. Il n'existe pas de données sur les écosystèmes clés à part les hots spots (aire géographique représentative de la richesse de la biodiversité) mis en avant par l'ONG Conservation International.

Thème des ressources globales de la Terre

- L'empreinte écologique. C'est l'indicateur qui regroupe tous les autres indicateurs et qui globalise les effets de l'activité humaine sur les ressources disponibles de la terre. L'empreinte écologique comptabilise la demande exercée par les hommes envers les "services écologiques" fournis par la nature. Plus précisément, elle mesure les surfaces biologiquement productives de terre et d´eaux nécessaires pour produire les ressources qu´un individu, une population ou une activité consomme, et pour absorber les déchets générés, compte tenu des technologies et de la gestion des ressources en vigueur. Cette surface est exprimée en hectares globaux (ha), c´est-à-dire en hectares ayant une productivité égale à la productivité moyenne. L´empreinte écologique s´efforce ainsi de répondre à une question scientifique précise, et non à tous les aspects de la durabilité, ou à toutes les préoccupations environnementales. Elle analyse la situation sous cet angle particulier, en partant de l'hypothèse que la capacité de régénération de la Terre pourrait être le facteur limitant pour l´économie humaine, si celle-ci continue à surexploiter ce que la biosphère est capable de renouveler. Le système comptable de l´empreinte écologique permet de comparer l´empreinte d´une population par rapport à la surface locale ou planétaire estimée disponible. L'image souvent utilisée pour exprimer le résultat est de calculer quel serait le nombre de planètes nécessaires si le mode de vie et de consommation de telle ou telle population était appliqué à l´ensemble de la population mondiale. Par exemple, il faudrait 5 à 6 planètes si le mode de vie des États-Unis était partagé par l'ensemble des habitants de la planète.

2. L'Historique : de l'assistance technique en 1922 aux ODD en 2030

La société des Nations (1922)

Au début des années 1920, la première action que l'on puisse assimiler à de l'aide au développement est à l'initiative de la Société des Nations (SDN). Cette institution internationale propose d'envoyer des experts techniques en Chine afin de contribuer au développement de ce pays. Cette action d'aide prend la forme d'une assistance technique. C'est donc une institution internationale qui s'empare de la thématique du développement pour tenter d'améliorer les rapports Nord-Sud. A l'époque, les empires coloniaux des grandes puissances européennes laissaient peu de place au développement des territoires et peu d'initiative aux populations dominées. On recherchait plus la complémentarité entre un Sud apportant des matières premières et des cultures de rente, et un Nord chargé de les transformer et de les consommer. Ces empires coloniaux justifiaient leur constitution et leur mode de fonctionnement par l'apport supposé du bien-être et de la civilisation aux peuples colonisés. En réalité, cela était loin d'être le cas. Dans les faits, le centre dominait et exploitait la périphérie.

Les accords de Bretton Woods (1944)

Le 22 juillet 1944, les accords de Bretton Woods mettent en place deux institutions majeures : la Banque mondiale baptisée à l'époque Banque internationale pour la reconstruction et le développement (BIRD) s'occupant notamment de la reconstruction de l'Europe et constituant le pilier économique de la communauté internationale, le Fonds monétaire international (FMI) qui représente le pilier financier de la communauté internationale et a pour mission de promouvoir la coopération monétaire internationale, de veiller à la stabilité financière afin de faciliter notamment le commerce international. La BIRD octroie des prêts aux États à des conditions financières de marché (pas de concessionnalité). Les prêts sont au taux du marché. Ils ne sont pas concessionnels : pas d'intégration d'un élément subvention. Le pilier commercial du système international ne sera pas créé sous la forme d'une organisation internationale mais d'un organisme temporaire, le General agreement on tariffs and trade (GATT) à partir de 1947, faute d'un accord des États-Unis pour en faire à l'époque un organe permanent. Les pays en développement, qui sont pour la plupart encore colonisés, sont largement extérieurs aux préoccupations de ces institutions nouvelles.

L'entame du processus de décolonisation (1948)

La Seconde Guerre mondiale est terminée. Le processus de décolonisation est entamé. Les puissances qui montent (EU, URSS) poussent à la décolonisation, à l'émancipation des peuples, face aux puissants d'autrefois (Royaume-Uni, France, Espagne, Portugal) dont les empires se disloquent progressivement. L'Inde est indépendante depuis 1947.

Le processus de décolonisation s'effectue parfois dans la douleur (guerres d'indépendance en Inde, en Algérie) ou la rébellion (Cameroun, Madagascar...). Il s'effectue également plus pacifiquement lorsque l'ancienne puissance coloniale et le pays décolonisé arrivent à se séparer dans la négociation (Tunisie, Maroc).

Globalement, on peut dire que les anciens empires coloniaux étaient au service de leur puissance tutélaire, lui donnait un poids politique de grande puissance. En revanche, sur le plan économique, les avantages escomptés de la colonisation pour les métropoles n'ont pas été au rendez-vous. Ce constat a favorisé le recentrage des anciennes métropoles coloniales sur leur propre développement, ce qui a d'ailleurs coïncidé et même favorisé une période faste sur le plan économique et social appelée les « trente glorieuses ».

Le modèle colonial s'est conclu également par un grave échec pour les peuples colonisés : dépendance accrue et favorisée par le centre en matière économique avec une spécialisation dans l'exploitation de matières premières non transformées ; citoyenneté de seconde zone avec des droits restreints et une liberté réduite ; déculturation et soumission aux valeurs du dominant ; répression des mouvements de libération.

De l'ancienne opposition entre pays colonisés et pays colonisateurs, on bascule progressivement vers une séparation nouvelle entre pays sous-développés et pays développés. Les États-Unis poussent à la décolonisation et souhaitent pour des raisons historiques (guerre d'indépendance) pour des raisons stratégiques et d'affirmation de leur leadership l'éclatement des empires coloniaux. Les Etats-Unis souhaitent que ces nouveaux Etats se construisent et s'agrègent autour des valeurs de l'Occident (démocratie, liberté, économie de marché). L'URSS pousse également à l'émancipation de ces peuples opprimés par la colonisation, dans le droit fil d'une vision universaliste de l'histoire (« prolétaires de tous pays, unissez-vous »). L'URSS souhaite que ces nouveaux pays libres adhèrent à l'idéologie dont elle est porteuse : communisme, socialisme, privatisation des moyens de production, collectivisation, économie planifiée et largement administrée.

A l'orée de la décolonisation, deux modèles concurrents sont proposés, précurseurs des rivalités Est-Ouest.

En 1948, c'est une organisation multilatérale - l'Assemblée générale de l'ONU- qui se préoccupe de développement. Elle vote deux résolutions intitulées « Développement économique des pays insuffisamment développés » et « Assistance technique en vue du développement économique ». A la colonisation pour un grand nombre de peuples on substitue l'espoir du développement pour tous.

Le discours du président Truman (1949)

Le 20 janvier 1949, le discours d'investiture du président Truman lance véritablement la thématique de l'aide au développement. A côté de trois annonces conventionnelles : le soutien des États-Unis aux Nations unies, la reconstruction de l'Europe avec le plan Marshall, l'organisation commune de défense (l'OTAN), le président Truman lance l'idée d'une aide aux pays sous-développés.

« Il nous faut lancer un nouveau programme qui soit audacieux et qui mette les avantages de notre avance scientifique et de notre progrès industriel au service de l'amélioration et de la croissance des pays sous-développés. Plus de la moitié des gens de ce monde vivent dans des conditions voisines de la misère. Leur nourriture est insatisfaisante. Ils sont victimes de maladies. Leur vie économique est primitive et stationnaire. Leur pauvreté constitue un handicap et une menace, tant pour eux que pour les régions les plus prospères. Pour la première fois de l'histoire, l'humanité détient les connaissances techniques et les pratiques susceptibles de soulager la souffrance de ces gens ». (...) « Je crois que nous devrions mettre à disposition des peuples pacifiques les avantages de notre réserve de connaissances techniques afin de les aider à réaliser la vie meilleure à laquelle ils aspirent. Et, en collaboration avec d'autres nations, nous devrions encourager l'investissement de capitaux dans les régions où le développement fait défaut » (...) « Il doit s'agir d'un effort mondial pour assurer l'existence de la paix, de l'abondance et de la liberté ». (...) « L'ancien impérialisme, l'exploitation au service du profit étranger, n'a rien à voir avec nos intentions. Ce que nous envisageons, c'est un programme de développement fondé sur les concepts d'une négociation équitable et démocratique. »

Tout est dit. Le sous-développement est assimilé à un retard. Ce retard doit être comblé avec l'aide technique des pays développés afin d'assurer la paix et la prospérité. Il s'agit par cette coopération de substituer à l'ancienne relation de dominé à dominant, une relation équilibrée dans la coopération. Ce discours marque la naissance de l'aide au développement.

Le premier programme d'assistance technique (1949)

Le 16 novembre 1949, l'Assemblée générale de l'ONU vote la mise en place d'un « programme élargi d'assistance technique » financé par les membres de façon volontaire. Par ailleurs, un Comité permanent de l'assistance technique, composé de membres du Conseil économique et social des Nations unies, examine les projets présentés et s'assure qu'ils ne constituent pas une forme d'ingérence. Incapable d'éviter les conflits et la guerre froide, le système des Nations unies se concentre autour de ce que l'on peut appeler les trois D : droits de l'homme, décolonisation et développement.

Le 14 août 1952, l'économiste Alfred Sauvy utilise pour la première fois le terme de « Tiers Monde » en référence au Tiers-État de l'Ancien Régime en France.

Les organisations non gouvernementales sensibilisent l'opinion publique à l'environnement (1950)

Dans les années 1950, les grandes organisations non gouvernementales font de la protection des espèces menacées le socle premier de la prise de conscience par l'opinion publique de l'importance de l'environnement. A cette époque, les grands parcs naturels du Canada et des États-Unis sont les précurseurs des aires protégées que l'on voit se diffuser largement de nos jours et qui couvrent près de 12 % de la surface continentale du globe en 2010. L'opinion publique a été progressivement sensibilisée à la contrainte écologique par leurs puissantes actions de communication.

Les grande ONG environnementales sont au nombre de cinq (entre parenthèses l'année de leur création) :

- L'Union Internationale pour la Conservation de la Nature (UICN, 1948),
- The Nature Conservancy (TNC, 1951),
- Le fonds mondial pour la nature (WWF, 1961),
- Greenpeace (1971),
- Conservation international (CI, 1987).

Elles versent majoritairement dans la conservation des espèces et des territoires notamment par la sensibilisation du grand public à la problématique environnementale.

La conférence de Bandoeng (1955)

Du 18 au 24 avril 1955, la conférence de Bandoeng en Indonésie marque le début du mouvement des « non-alignés », ces pays du Tiers Monde, fraichement décolonisés pour certains, qui réclament le développement pour tous, mais en souhaitant que leur souveraineté soit respectée. Ils acceptent le principe du commerce international. Ces pays du Tiers Monde qui formeront le groupe des 77 (en 1962, au Caire) aspirent à former un groupe politique distinct de la rivalité Est-Ouest. Ils instaurent un clivage Nord-Sud où le Sud souhaite dorénavant jouer collectivement un rôle actif. Ils veulent s'aider entre eux. Ils réclament également une aide extérieure pour préparer l'avenir et réparer le passé. Le développement est présenté comme une dynamique nécessaire au bien-être des populations et à l'émancipation des peuples.

La création de l'Association internationale de développement de la Banque mondiale et des bailleurs de fonds bilatéraux en accompagnement de la décolonisation (1960)

En 1960, la création de l'Association internationale de développement (AID) du groupe de la Banque mondiale permet de financer des projets de développement à des conditions de faveur (prêts très concessionnels) spécifiquement à destination des pays à faible revenu. Il aura donc fallu attendre près de 16 ans après la création de la BIRD pour que des pays occidentaux décident de mettre en place une structure internationale de financement du développement des pays pauvres. La BIRD et l'AID forment alors, par les prêts qu'elles octroient, les deux principales institutions du groupe Banque mondiale. Parallèlement, les aides bilatérales (prêt, don, assistance technique) voient le jour.

Cette politique d'aide accompagne le processus accéléré de décolonisation, notamment en Afrique. Les pays nouvellement indépendants se voient proposer des accords de coopération Nord-Sud. On aide ainsi au Nord les premiers pas des pays indépendants tout en maintenant avec eux un lien fort sur le plan économique et politique. Les anciennes puissances coloniales proposent ces accords de coopération comme les autres puissances (URSS, EU). En France, le ministère de la coopération (aide en don) et la Caisse centrale de coopération économique (CCCE devenue aujourd'hui Agence française de développement (AFD) pour l'aide en prêt) forment l'essentiel du dispositif d'aide bilatérale français. L'USAID (États-Unis), la GTZ (Allemagne) entre autres voient également le jour.

L'OCDE (1960) et la CNUCED (1964)

En 1960, l'Organisation de coopération et de développement économique (OCDE) est mise en place. En son sein, le Comité d'aide au développement (CAD) de l'OCDE est chargé de faire appliquer les bonnes pratiques en matière d'aide publique au développement et de comptabiliser les apports d'aide de chaque pays développé. En 2021, l'OCDE regroupe une trentaine de pays développés du bloc occidental mais n'intègre toujours pas les pays émergents qui deviennent pourtant progressivement des pays donateurs.

En 1962, le secrétaire général par intérim de l'Assemblé générale des Nations unies, U Thant proclame pour la première fois la « décennie pour le développement ». L'objectif fixé consiste à ce que les pays développés consacrent en moyenne 0,7 % de leur revenu national brut à des transferts vers les pays en développement. On pensait à l'époque que le problème du développement serait réglé en une décennie, ce qui finalement s'avèrera impossible à atteindre. Les pays développés pris dans leur ensemble n'ont jamais transféré les 0,7 % fixé. Leur générosité s'est limitée le plus souvent à allouer 0,3 % de leur revenu national brut aux pays en développement considérés comme éligibles à l'aide publique au développement.

En 1964, la Conférence des Nations unies pour le Commerce et le Développement (CNUCED) donne naissance à une nouvelle organisation internationale dont la particularité est d'être dominée dans son organisation et dans sa politique par les pays du Sud. Dominée par le groupe des 77, elle regroupe à l'inverse de l'OCDE les pays en développement. Cette institution internationale dont la politique et les interventions sont dominés par le Sud ne sera jamais dotée par les pays occidentaux des moyens de ses ambitions, notamment en ce qui concerne la stabilisation des cours des matières premières, (accords par produit avec mécanisme de stabilisation) dont dépendent pourtant de nombreuses économies du Tiers Monde.

Le PNUD (1965)

En 1965, le Programme des Nations unies pour le développement (PNUD) est lancé. Il entre en concurrence avec la Banque mondiale dans le financement du développement. La Banque mondiale, traditionnellement dirigée par un ressortissant américain, est réputée proche des pays donateurs qui détiennent la majorité des voix à son conseil d'administration. Elle pratique le prêt. Les représentants des pays riches à son conseil d'administration sont souvent issus des ministères des finances des pays donateurs. Le PNUD qui fait seulement des dons est plus proche des pays en développement qui disposent de la majorité à son conseil d'administration. En réalité, deux systèmes multilatéraux de développement se mettent progressivement en place. D'un côté les agences ou programmes d'aide du système des Nations unies (FAO, ONUDI, CNUCED, PNUD, etc.), pour lesquels les pays en développement sont en général majoritaires aux conseils d'administration, et qui sont plutôt faiblement dotés par les pays riches en moyens opérationnels d'intervention dans les pays en développement. De l'autre côté, les banques de développement (Banque mondiale, Banque africaine de développement, Banque asiatique de développement, etc.), dont les conseils d'administration sont dominés par les pays occidentaux bailleurs de fonds, et dotées de moyens généreux d'intervention.

L'objectif de transfert de 0,7 % par an du revenu national brut des pays développés (1970)

Des objectifs chiffrés de transferts de l'aide publique ont été évoqués pour la première fois par des pays développés de l'OCDE à la suite de la première réunion de la Conférence des Nations unies sur le commerce et le développement en 1964. Le 19 novembre 1970, l'Assemblée générale des Nations unies a entériné la déclaration de la deuxième décennie du développement. Dans cette déclaration, les pays développés devaient atteindre, au milieu de la décennie au plus tard (1975), un montant minimum de transfert en valeur nette de 0,7 % de leur revenu national brut. Cet objectif n'a jamais été atteint puisque l'on se situe à 0,32 % en 2021.

Le calcul de l'objectif à 0,7 % ne reposait pas sur une appréciation fine des besoins des pays en développement. C'était plutôt un objectif volontariste de solidarité destiné à encourager les gouvernements des pays riches à augmenter leur budget d'aide. Il ne s'agissait pas du niveau adéquat à atteindre de l'aide comme aurait pu le faire croire l'application du modèle d'Harrod et Domar qui a popularisé dans les années 1960 le besoin d'un gap de financement.

On ne partait pas d'une analyse fine des besoins mais plutôt de ce que l'on pouvait espérer afficher en termes de solidarité avec les pays du Sud afin que les inégalités Nord-Sud ne se transforment pas en problème politique majeur. Néanmoins sur le plan pratique, cet objectif a été établi suite au travail réalisé par Lester B. Pearson, ex-premier ministre du Canada et prix Nobel de la Paix en 1957, dans le cadre plus général des travaux engagés par la Commission sur le développement international animée par Robert Mc Namara, président de la Banque mondiale, et le ministre britannique Lord Reginald Prentice. Ce chiffre de 0,7 % a été repris depuis lors et jusqu'à aujourd'hui dans différentes enceintes internationales (Nations unies, G8, G20, CNUCED, conférences sur le financement du développement).

Le Club de Rome ou les précurseurs de la décroissance (1971)

Le Club de Rome dit halte à la croissance. A la suite de Goergescu Roegen[2], le Rapport Meadows, du nom de deux des quatre rédacteurs des publications de

2/ Nicholas Goergescu-Roegen est un économiste et mathématicien roumain du XXème siècle. Dans son ouvrage de référence s'intitulant *La loi de l'entropie et le processus économique* (1971), il a pointé la contradiction entre la deuxième loi de la thermodynamique – loi de l'entropie qui indique la dégradation des ressources naturelles utiles suite à leur usage- et le mythe d'une croissance économique matérielle sans limites.

1971 et de 1974 du Club de Rome, indique qu'il convient de rompre avec la société de consommation du « toujours plus » dont l'emblème est le produit intérieur brut. Le développement économique est présenté pour la première fois comme incompatible avec la protection de la planète à long terme. Une claire opposition entre croissance et protection de l'environnement est pour la première fois soulignée par des scientifiques de renom (Massachusetts Institute of Technology). La notion de décroissance n'est pas encore avancée mais les adeptes des rapports du Club de Rome évoluent déjà dans cette logique.

Le premier sommet de la Terre à Stockholm (1972)

La Conférence des Nations unies sur l'environnement se tient à Stockholm en 1972. Il s'agit du premier sommet de la terre. Cette conférence est à l'origine de l'élaboration du premier concept de développement durable qui associe à la croissance économique durable, l'équité sociale et la prudence écologique. Cette date coïncide également avec la création du Programme des Nations unies pour l'environnement (PNUE) qui constitue la première organisation permanente du système des Nations unies à être focalisée sur les questions environnementales. Cette institution abrite notamment le secrétariat de nombreuses conventions de protection de l'environnement. Les pays en développement sont encore peu présents dans le champ des préoccupations environnementales. Les moyens du PNUE sont à l'époque et restent aujourd'hui très limités (budget de 80 millions de $). Les pollutions, la protection des espèces menacées, l'épuisement des ressources de la Terre centrent les débats sur la responsabilité des pays développés.

La première définition du développement durable ou soutenable (1987)

La publication du rapport Brundtland « Notre avenir à tous » définit pour la première fois le développement durable et en fait un enjeu majeur pour l'humanité. Cette notion entre progressivement dans le débat public. Le développement durable se compose d'une composante économique (croissance économique), d'une composante sociale (respect des droits sociaux) et d'une composante environnementale (protection de l'environnement). Dès le départ, la notion a été relativement décriée parce qu'elle est parfois utilisée abusivement, de manière très extensive ou à des fins de communication (greenwashing ou écoblanchiment). De plus, la distinction entre développement durable et développement soutenable n'est pas mince. Or, le rapport Brundtland évoquait plus le développement soutenable que le développement durable comme cela a été traduit en français. La notion de durabilité est floue. La notion de soutenabilité par rapport à un milieu est plus précise. Enfin, ce sont bien évidemment les projets qui touchent à l'environnement qui sont déclarés en priorité comme étant des projets de développement durable.

La création du Groupe intergouvernemental d'étude sur le climat (GIEC), premier outil scientifique au service des décisions politiques (1988)

La création du Groupe intergouvernemental d'étude sur le climat (GIEC) part de la nécessité de s'appuyer sur des résultats scientifiques probants pour analyser la réalité et les causes du changement climatique, au moyen d'une discipline - la climatologie - relativement jeune et où les zones d'interrogations en matière de prévision sont grandes. En 1988, le lien entre le changement climatique et l'activité humaine n'est pas encore certain. Les climatosceptiques sont nombreux. Le GIEC – réunion de près de 1500 équipes de recherche de par le monde - a une triple mission : (1) confirmer la réalité d'un réchauffement climatique tout en essayant de prévoir à long terme son rythme et son ampleur, (2) indiquer clairement quelles sont les causes de ce réchauffement climatique et notamment si sa source ne serait pas à rechercher dans l'activité humaine, (3) traduire ces travaux scientifiques en synthèse utilisable par les responsables politiques pour agir (rapport de synthèse).

Dès 1990 dans son premier rapport de synthèse, le GIEC établit scientifiquement le lien existant entre activité humaine (entropie) et réchauffement climatique. Les politiques s'en emparent afin d'imaginer les mesures à prendre pour lutter contre ce changement climatique. Le GIEC constitue la caution scientifique de la réalité d'un changement climatique qui permet de bâtir en partie le succès de la Conférence de Rio en 1992, et favorise l'ascension de la question climatique au premier rang de l'agenda international.

La chute du mur de Berlin (1989)

Le 9 novembre 1989, la chute du mur de Berlin sonne le glas des ambitions soviétiques vis-à-vis du monde en développement. Le modèle d'économie planifiée est un échec. Le modèle libéral s'impose au monde en développement. Il est soutenu par l'ensemble de la communauté des bailleurs de fonds (multilatéraux et bilatéraux) avec le concours de la Banque mondiale et du FMI comme chefs de file sur le plan de la définition des cadres macroéconomiques de développement à adopter. L'ajustement structurel des politiques macroéconomiques (rigueur budgétaire, ouverture sur l'extérieur par abaissement voire suppression des barrières douanières, privatisation des entreprises publiques, baisse des dépenses sociales) qui avait commencé au début des années 1980 se poursuit jusqu'à la fin des années 1990. La disparition de l'antagonisme Est-Ouest retire à l'aide publique au développement une partie de sa dimension politique et stratégique. De ce fait, les montants alloués à cette politique sont en diminution relative à cette époque et jusqu'au début des années 2000.

Le vrai départ du développement durable : le sommet de Rio (1992)

La véritable prise en compte du développement durable se produit lors de la conférence des Nations unies de Rio sur l'environnement et le développement (CNUED). Plus de 100 chefs d'États participent à ce troisième sommet de la Terre, ce qui lui donne pour la première fois une dimension politique majeure. En 1982, le deuxième sommet de la Terre à Nairobi avait été un échec. La conférence de Rio constitue le véritable départ d'une action internationale en matière de développement durable. A la différence de la première conférence de Stockholm (premier sommet de la terre) qui ne traite que de protection de l'environnement, le sommet de Rio lie la problématique environnementale à la problématique du développement pour tous. Non seulement des objectifs sont avancés pour le 21ième siècle (agenda 21), mais des institutions sont créées pour suivre les décisions prises lors de ce sommet (Commission du développement durable qui pérennise au niveau des institutions de l'ONU un calendrier de réunions précis sur le développement durable, prémisse du financement du développement durable à l'échelle internationale par la création provisoire d'un fonds qui deviendra le Fonds pour l'Environnement Mondial ou FEM). A ce même sommet de Rio sont adoptées :

- La Convention cadre sur les changements climatiques. Il s'agit du premier texte international qui fixe des objectifs chiffrés en matière de rejets de gaz à effet de serre. L'objectif de réduction de 5,2 % des émissions d'ici 2020 est pour la première fois avancé par rapport à une année de référence qui est 1990. Cette convention sera très vite complétée par le Protocole de Kyoto qui donnera à cet engagement chiffré un caractère contraignant pour les 38 pays les plus développés. Le secrétariat de la Convention climat et du Protocole de Kyoto seront d'ailleurs fusionnés avec un même siège à Bonn et des conférences des parties communes (COP), réunissant tous les signataires à échéance régulière seront instaurées (COP 21 à Paris en 2015 avec l'Accord sur le climat, COP 26 à Glasgow en 2021).

- La Convention sur la diversité biologique. Cette convention entend protéger tous les organismes vivants de toutes origines y compris, entre autres, les écosystèmes terrestres, marins et autres écosystèmes aquatiques et les complexes écologiques dont ils font partie. Son cadre d'intervention comprend la diversité au sein des espèces et entre espèces ainsi que celle des écosystèmes. Cette convention, à l'inverse de la Convention climat avec le Protocole de Kyoto, n'a pas de cadre contraignant de mise en application. De plus, elle souffre en matière de notoriété du fait qu'il est difficile de chiffrer économiquement les dégâts engendrés par la dégradation de la biodiversité. Ces caractéristiques ne lui ont pas permis de devenir, comme la thématique du réchauffement climatique, l'enjeu de débats et de décisions au niveau international, bien malheureusement. En effet, la protection de la biodiversité devrait être aussi prioritaire que le réchauffement climatique.

- La Déclaration de principes sur les forêts. Il s'agit d'une déclaration non juridiquement contraignante mais faisant autorité pour un consensus mondial sur la gestion, la conservation et l'exploitation écologiquement viable de tous types de forêts. Les pays du Sud ont refusé le principe de la signature d'une convention contraignante. Ils ont souhaité conserver la souveraineté nationale sur l'exploitation de leurs forêts qui constitue une source de revenus importante. Le premier principe indique d'ailleurs explicitement que « les États ont le droit souverain d'exploiter leurs propres ressources selon leur politique d'environnement ». Or, certaines forêts pourraient être considérées comme des biens publics mondiaux car elles constituent de véritables poumons pour la planète et des capteurs de CO_2 incomparables (forêt amazonienne, forêt du bassin du Congo, forêt indonésienne). Les ONG environnementales et certains gouvernements du Nord voudraient en faire des sanctuaires inviolables. Les pays du Sud le refusent car ils y trouvent une source de revenus. Le mixage des deux points de vue aboutit à des concepts de gestion durable des forêts où l'exploitation raisonnée de la forêt devient compatible avec le maintien de sa surface et de sa qualité sur le long terme.

- La création d'un comité intergouvernemental de négociation chargé d'élaborer une convention internationale sur la lutte contre la désertification. Le sommet de Rio sera le point de départ de ce processus qui aboutira à l'adoption d'une convention sur ce thème à Paris le 17 juin 1994 dont l'entrée en vigueur interviendra le 25 décembre 1996 par la ratification de plus de 50 pays.

L'année 1992 est donc incontestablement sur le plan politique, institutionnel et de l'action, le point de départ d'une prise en compte forte du développement durable sur l'ensemble de la planète liant la nécessaire préservation de l'environnement et le développement pour tous.

Le financement multilatéral du développement durable : Le Fonds pour l'environnement mondial (1994)

Initié en 1991, ce Fonds inscrit son action dans le cadre des deux conventions internationales signées à Rio (Convention cadre des Nations unies sur les changements climatiques, Convention sur la diversité biologique). Réunissant 175 membres, son but est de s'attaquer aux problèmes environnementaux à l'échelle mondiale tout en encourageant un développement durable au niveau national. Le FEM intervient dans six secteurs : la biodiversité, le changement climatique, les eaux internationales, la dévastation des terres, l'appauvrissement de la couche d'ozone, les polluants organiques. Sa zone d'intervention est limitée aux pays en développement ou en transition. Trois agences d'exécution présentent principalement leurs projets de développement durable au FEM, à savoir le PNUE, le PNUD, la Banque mondiale. Les deux principes majeurs d'intervention sont les suivants : le FEM intervient pour permettre la réalisation de projet de développement durable, le FEM finance les coûts additionnels relatifs à la prise en charge des effets mondiaux des projets qui sollicitent son appui. Pour financer les projets, le FEM dispose de ressources sous forme de subventions. Tous les quatre ans, les ressources du FEM sont reconstituées.

La signature de la première convention internationale contraignante : le Protocole de Kyoto (1997)

Le Protocole de Kyoto engage les pays industrialisés (38) à réduire leurs émissions de gaz à effet de serre de 5,2 % en moyenne d'ici 2012 par rapport au niveau de 1990. Il est entré en vigueur le 16 février 2005, 141 pays l'ont ratifié, mais pas les États-Unis. Les 107 pays en développement n'ont que de simples obligations d'inventaire d'émissions polluantes. L'article 12 du Protocole précise bien qu'il y a deux catégories de pays : ceux qui doivent remplir leurs engagements (les pays développés) et ceux qui doivent parvenir à un développement durable en réduisant les émissions de gaz à effet de serre.

Il a pris fin en 2020 et a été remplacé par les accords de Paris.

Les engagements du Millénaire pour le développement (2000)

En septembre 2000, la conférence du Millénaire des Nations unies se donne huit objectifs de développement à atteindre pour certains dès 2015 ou à défaut en 2025. Après le relatif échec de l'ajustement structurel, après la baisse de l'intérêt de l'Occident pour le développement en raison de la disparition des antagonismes Est-Ouest, l'objectif est de recentrer l'aide vers la cible de la lutte contre la pauvreté afin d'en relancer l'intérêt et les volumes. Les objectifs de l'aide sont plus sociaux qu'économiques. La lutte pour la préservation de l'environnement n'est pas oubliée (objectif numéro 7). L'adoption des Objectifs du Millénaire pour le Développement (OMD) favorise effectivement la reprise en volume de l'aide publique au développement à partir des années 2000.

Le cycle de Doha (2002)

En 2002, l'Organisation mondiale du commerce (OMC) qui a été créée en 1994 par pérennisation du General agreement trade on tariffs (GATT) ouvre le cycle de Doha intitulé « cycle du développement ». Ce nouveau cycle de négociation commerciale a pour objectif d'accroître le commerce mondial, d'abaisser les barrières douanières, de faire entrer les pays pauvres dans le régime commun d'une libéralisation complète des échanges notamment sur le plan agricole et des services. Les statuts spécifiques et différenciés des pays les moins avancés ne sont pas totalement abolis, mais doivent converger vers le régime commun dans le cadre d'un calendrier précis. Le cycle de Doha qui devait s'achever en 2007 est toujours dans l'impasse. Le régime commercial adopté pour l'agriculture ne fait toujours pas consensus. La guerre commerciale entre les Etats-Unis et la Chine, les attaques contre l'OMC dans sa non-prise en compte des dimensions sociales et environnementales des échanges, le retour en grâce de l'interventionnisme et des thématiques liées à la souveraineté, notamment à l'occasion de la pandémie de COVID 19 éloignent la perspective de tout nouvel accord à l'OMC.

Le quatrième Sommet de la Terre : « La maison brûle et nous regardons ailleurs » (2002)

Le quatrième Sommet de la Terre se tient à Johannesburg. Il est pour la première fois appelé sommet mondial pour le développement durable. Il réunit en Afrique du Sud plus de 109 chefs d'État et de gouvernement et 40 000 délégués, 10 ans après la conférence de Rio. Le célèbre discours de Jacques Chirac - « Notre maison brûle et nous regardons ailleurs » - est une invite aux gouvernements à changer d'échelle dans la prise en compte de l'environnement par : (1) Un rééquilibrage des pouvoirs entre les priorités économiques et les impératifs sociaux et environnementaux avec la naissance du concept de responsabilité sociale et environnementale pour l'ensemble des acteurs. (2) De nouvelles pratiques dans la prise de décision gouvernementale en tenant compte du long terme, en donnant toute sa place aux acteurs du développement durable, bref en faisant entrer dans les faits une démocratie participative. (3) Le rééquilibrage des forces économiques entre les pays du Sud et les pays du Nord. On commence à parler de la taxe Tobin et d'un système éthique de redistribution planétaire. (4) Le respect des conventions et les accords multilatéraux sur l'environnement deviennent une priorité.

On évoque la possibilité de créer une institution internationale chargée de faire respecter les obligations souscrites par les États et notamment un plan d'action comportant plus de 153 articles dans lequel de nombreux sujets sont abordés comme la lutte contre la pauvreté, la préservation des ressources naturelles, le respect des droits de l'homme. S'agissant des thématiques sectorielles présentées comme essentielles, on retient l'accès à l'eau, la production d'énergie propre, l'accroissement de la productivité agricole dans le respect de l'environnement, le maintien de la biodiversité, l'amélioration de la santé.

Toutefois, le développement économique accéléré des pays émergents complexifie l'atteinte de ces objectifs. De nouveaux équilibres institutionnels sont à définir qui passent notamment par une meilleure représentation des pays émergents dans les institutions internationales.

La Déclaration sur l'efficacité de l'aide (2005)

En mars 2005, la conférence de Paris sur l'efficacité de l'aide organisée sous l'égide du Comité d'aide au développement de l'OCDE rappelle quelques principes de bonne utilisation de l'aide : appropriation par les pays en développement de leurs propres politiques, alignement des bailleurs de fonds sur les politiques définies par les pays eux-mêmes, harmonisation des approches des bailleurs de fonds pour aider les pays en développement. Cette conférence sera prolongée en septembre 2008 par la conférence d'Accra (Ghana), en novembre 2011 par la conférence de Busan (Corée) qui termine le cycle sur l'efficacité de l'aide engagé par l'OCDE.

L'entrée en vigueur du protocole de Kyoto, première convention contraignante sur le plan international (2005)

L'entrée en application du Protocole de Kyoto est effective pour la période 2008-2012. Les pays émergents qui polluent de plus en plus ne se voient toujours opposer aucune contrainte. On note un effacement progressif de la dimension « conservation de la biodiversité » au profit du débat sur le changement climatique qui devient une affaire de chefs d'État, en haut dans l'agenda international.

La publication du rapport Stern sur « l'économie du changement climatique » (2006)

Sir Nicholas Stern donne pour la première fois un chiffrage économique du coût de l'inaction en matière de changement climatique. Les politiques ont donc, et c'est inédit, une traduction économique des dégâts causés par le changement climatique. Ils savent qu'en dépensant maintenant pour la protection de l'environnement, ils s'éviteront des dépenses considérables à l'horizon 2050. L'intérêt de tous est donc d'agir maintenant. Cette traduction économique des changements climatiques accompagnée des moyens d'y remédier place les décideurs politiques face à leurs responsabilités et donc en capacité d'agir notamment sur le plan financier. Il est à noter qu'à l'inverse, le coût de la dégradation de la biodiversité – peut-être équivalent à celui du changement climatique – n'a jamais fait l'objet d'un chiffrage économique, passeport hélas obligé pour, semble-t-il, devenir une priorité politique.

Le rapport alarmiste du GIEC (2007)

Le quatrième rapport d'évaluation est publié le 16 novembre 2007. Il compile les travaux de chacun des groupes de travail présentés lors de trois sessions échelonnées au cours de l'année 2007 : le rapport du groupe de travail 1 sur les bases scientifiques et physiques des changements climatiques présenté à Paris, le 1er février 2007, le rapport du groupe de travail 2 sur les conséquences, l'adaptation et la vulnérabilité aux changements climatiques présenté à Bruxelles, le 5 avril 2007, et le rapport du groupe de travail 3 sur l'atténuation des changements climatiques présenté à Bangkok, le 3 mai 2007. Le rapport de synthèse donne à cet ensemble son homogénéité et surtout en fait un instrument utilisable par les décideurs politiques. Rédigé sous la direction de Rajendra K. Pachauri, président du GIEC, et publié avec la version finale, chacune de ses quatre parties est accompagnée d'un résumé à l'intention des décideurs qui récapitule dans un format condensé les conclusions du groupe de travail pour des non-experts, et en particulier les décideurs politiques. Le quatrième rapport du GIEC a servi de base aux négociations de la Conférence de Copenhague de 2009. Ses principales conclusions sont les suivantes : confirmation du réchauffement climatique, confirmation des causes anthropique du réchauffement climatique, responsabilité historique lourde des pays développés dans l'enclenchement du processus de réchauffement, importance des pays émergents dans le processus d'accélération du réchauffement climatique (la Chine devient en 2010 le premier émetteur de gaz à effet de serre), vulnérabilité forte des pays en développement à faible revenu au changement climatique.

Les négociations sur l'après Kyoto I (la phase II de 2012 à 2020) commencent en septembre à l'Assemblée générale des Nations unies, puis à Bali en décembre 2007 avec les ministres de l'environnement et sous l'égide du secrétaire général des Nations unies

L'échec de la conférence de Copenhague (2009)

Le sommet de Copenhague (COP 15) sur le réchauffement climatique est un échec : pas d'engagements chiffrés et contraignants sur la durée des principaux pollueurs, pas de système de vérification des efforts de chacun, pas d'évolution significative des pays émergents fortement émetteurs, pas d'engagements précis sur le plan financier en faveur des pays pauvres. Ce sommet est demeuré une vaste foire d'empoigne où les intérêts particuliers n'ont jamais semblé coïncider avec l'intérêt général. Cet échec aura bien entendu des conséquences. Il n'est pas moins sûr que ce type de rendez-vous avec l'Histoire puisse se représenter à nouveau. Mieux vaut ne pas trop espérer de la prochaine conférence sur ce thème à Mexico. Puisque deux ans de préparation n'ont donné aucun résultat, pourquoi une année supplémentaire pourrait-elle changer les choses ? Certains ont imputé l'échec de la conférence de Copenhague à l'incapacité des États-Unis à bouger sur une position non validée par le Congrès, d'autres au refus de la Chine et le l'Inde de se voir imposer de l'extérieur une politique ambitieuse dans un secteur qu'elles considèrent comme relevant de leur stricte souveraineté, d'autres encore à la faillite du système onusien qui n'arrive plus à dégager de consensus sur les questions majeures de notre avenir.

Et pourtant, est-ce qu'un système multilatéral rénové, est-ce qu'une agence des Nations unies pour l'environnement opportunément créée auraient eu la capacité de ployer les intérêts particuliers des puissances dominantes ? Pas si sûr. Le somment s'est heurté au mur des souverainetés : celle des États-Unis, celle de la Chine et dans une moindre mesure, celle de l'Inde, autant de blocs devenus incontournables. L'Europe de l'Union n'a pas pesé lourd face à ces superpuissances que la perspective d'un échec à Copenhague ne paraît pas avoir effrayé outre mesure. Or, une Europe unie et solidaire s'est exprimée à Copenhague sur la base d'un volontarisme évident pour aller de l'avant. Le bloc européen, l'Europe puissance, n'a pas été en mesure d'accéder à un accord.

Face à la spirale de l'échec, la vertu de l'exemple (2012)

Alors que faire après la conférence de Cancun sur le climat de décembre 2010, de Durban en 2011, et la grand-messe environnementale de Rio + 20 en 2012 ? S'entêter à vouloir reconstruire un nouveau multilatéralisme ? Une organisation mondiale de l'environnement comme le préconisait la France ? Il n'est pas évident qu'il faille attendre cette série de prérequis pour agir. Mieux vaut être réaliste et s'y prendre résolument autrement. Les États-Unis, la Chine et d'autres puissances émergentes ne souhaitent pas s'engager juridiquement et de manière contraignante dans une « décarbonisation » drastique de leurs économies, dont acte. N'en faisons plus un préalable pour agir au niveau des nations qui le souhaitent. Si la cause du réchauffement climatique est juste, elle s'imposera un jour ou l'autre et il est peut-être de la responsabilité des vieilles nations d'Europe de tracer le chemin, d'ouvrir la voie en mettant en œuvre sans plus tarder une politique responsable s'appuyant sur deux piliers : la baisse drastique des émissions de gaz à effet de serre de 30 % dès 2020, un appui généreux aux pays en développement pauvres qui commencent à souffrir du réchauffement climatique.

Il faut donc passer du rêve utopique du consensus général mais inatteignable, aux vertus de l'exemple. Les nations qui le souhaitent, qu'elles soient du Nord ou du Sud, n'ont que des avantages à être précurseur dans ce domaine. La croissance verte et solidaire peut être leur nouvel atout politique et économique face à l'inertie des superpuissances. D'aucuns diront que les nations ne peuvent aller seules sur cette voie, de peur de lester leur compétitivité face à leurs associés rivaux ? Ce n'est pas vrai. Les nouvelles technologies de la croissance verte et solidaire sont justement les atouts d'une économie de demain. La société de la sobriété et du partage constitue notre futur commun. Rien n'empêche les nations visionnaires de favoriser ce modèle, et au besoin en se protégeant des importations qui n'acquittent pas le juste prix de leurs pollutions. Dans ce cadre, la réaffirmation effective d'une solidarité forte vis-à-vis des pays du Sud est le meilleur signe du passage d'une civilisation en coma dépassé basée sur une compétition barbare - la guerre économique à n'importe quel prix social et environnemental - à une civilisation du partage qui refuse les inégalités, qui refuse le pillage et la dégradation des ressources de la planète. De ce point de vue, la création effective d'un Fonds Vert doté annuellement de 100 milliards de $ additionnels (en plus de l'APD), annoncée à Cancun et précisée à Durban en décembre 2011 fera office de test. Investir maintenant dans ce nouveau modèle constituera un atout majeur pour le futur. Croire aux vertus de l'exemple, à sa capacité d'attraction, de diffusion. Ne plus accepter le diktat du troupeau de ceux qui préfèrent la paralysie à l'action, la préservation d'un passé obsolète au pari de l'avenir d'une civilisation qui recouvre l'harmonie.

La réforme en 2018 de la mesure de l'aide publique au développement selon de nouveaux critères du Comité d'aide au développement de l'OCDE : une avancée ?

La définition de l'APD

La définition de l'aide publique au développement selon le CAD de l'OCDE est la suivante : les activités d'aide publique au développement représentent les projets et les programmes qui se concrétisent par des transferts financiers vers les pays en développement. Ils peuvent prendre plusieurs formes : transferts de biens (aide alimentaire, matériels), opérations de formation, projets de recherche, annulations ou restructurations de dettes ou encore contributions des donateurs bilatéraux aux financements des organisations non gouvernementales qui financent des activités de développement. En d'autres termes, l'aide publique au développement est la mesure des transferts financiers, de nature concessionnelle d'origine publique, destinés au développement des pays en développement, transferts nets des remboursements de prêts. Le terme de transfert est le plus important à retenir.

L'aide au développement est un concept beaucoup plus large qui intègre aux flux d'aide publique les flux d'origine privée (associations, fondations, secteur privé). Certains bailleurs de fonds publics débordent de beaucoup le cadre de l'aide publique puisqu'ils mènent des politiques de prêts non concessionnels aux pays en développement en dehors des règles du CAD de l'OCDE. On parle alors de *coopération pour le développement* ou de *financement du développement*. Ce type de prêts se rapproche alors beaucoup des Investissements Directs à l'Etranger (IDE) que peuvent pratiquer certaines sociétés privées. Certains bailleurs de fonds pratiquent également des politiques de garantie de prêts qui ne sont pas comptabilisables en APD. Les bailleurs de fonds qui pratiquent des prêts non concessionnels et/ou des garanties aux pays en développement souhaiteraient parfois que l'on élargisse la définition de l'aide publique au développement afin que l'on puisse y faire entrer l'intégralité de leurs activités financières. Ils n'ont pas pour l'instant obtenu gain de cause.

La mesure de l'APD jusqu'en 2018 et ses effets pour les bailleurs

Pour déclarer de l'APD, il convient de transférer une ressource publique vers des pays en développement dont la liste est exhaustive et ajustée tous les trois ans. Cette définition oblige les donateurs qui veulent maximiser leurs allocations d'APD à privilégier le don (100 % déclarable en APD lors du versement). En effet, le prêt concessionnel déclarable en APD (minimum de 25 % d'élément don par rapport à un taux d'actualisation de 10 % fixé par le CAD de l'OCDE) est par nature temporaire en matière de volume transféré. En période de décaissement du prêt, le bailleur de fonds transfère du capital et peut donc maximiser ses déclarations d'APD en incorporant ses prêts à sa déclaration d'APD, bénéficiant alors d'un effet de levier pouvant être élevé permettant de gonfler la déclaration. Toutefois, cet effet des prêts sur la déclaration d'APD est très temporaire. Une fois la période de décaissement du prêt terminée, le prêt doit être remboursé par le bénéficiaire. Le transfert s'effectue alors en sens inverse et dans les mêmes proportions. Le flux d'APD généré par les prêts en phase de remboursement par les bénéficiaires est négatif. Sur le long terme (période de décaissement et période de remboursement), l'effet net du prêt concessionnel en matière de déclaration d'APD est donc égal à zéro, dans le cas bien entendu où le prêt est effectivement remboursé. A titre d'exemple, dans les années 1990 certains pays africains étaient dans une situation négative en termes de transferts d'APD car leurs remboursements en capital étaient supérieurs aux décaissements des prêts ou des subventions dont ils bénéficiaient.

En France, l'Agence française de développement est un acteur important de la mise en œuvre de l'aide publique au développement pour le compte de l'État. Mais il est révélateur de souligner que sur le chiffre d'affaires global annuel de l'Agence, qui alloue essentiellement des prêts, seul un montant net relativement modeste (flux de décaissements de prêts déclarables en APD auxquels on retranche les flux de remboursements des prêts par les bénéficiaires) est comptabilisable chaque année en APD.

Ainsi, durant l'année 2009, l'AFD a engagé près de 6,2 milliards d'euros de financements (6,8 Mds d'euros en 2010). Or, sa contribution à l'aide publique au développement française ne représente pas plus d'un milliard d'euros selon les normes internationalement reconnues du Comité d'aide au développement de l'OCDE.

Les discussions autour du changement de mode de mesures de l'APD

Doit-on pour autant changer la définition de l'aide publique au développement du CAD et intégrer, d'une manière ou d'une autre, les flux bruts de prêts au calcul de l'APD ? Pas véritablement. A partir du moment où le prêt est remboursé, on ne peut pas considérer le prêt comme un transfert permanent (remboursement du prêt), surtout si ce prêt incorpore finalement un niveau de concessionnalité relativement faible. L'apport du bailleur de fonds qui fonctionne avec du prêt peu concessionnel est donc de prêter à des contreparties qui n'auraient pas obtenu ces ressources par le circuit bancaire traditionnel. Ce n'est pas négligeable. Toutefois, si ces ressources en prêt sont dirigées vers des pays à revenu intermédiaire qui bénéficient déjà de financements privés, l'apport du bailleur de fonds en prêt concessionnel devient plus un effet d'aubaine pour l'emprunteur qu'un réel appui au développement.

Un bailleur de fonds qui souhaite avoir une politique active en matière d'aide publique au développement doit donc obligatoirement délivrer un volume de subventions conséquent et donc disposer de la ressource nécessaire. Au Royaume-Uni, le DFID (Department for international development) ne délivre que des dons (3 à 4 milliards d'équivalents euros par an). La totalité de son activité correspond logiquement à de l'APD.

Il ne serait pas sain de changer le thermomètre de mesure de l'aide publique au développement sous prétexte que de nombreuses activités d'organismes comme l'AFD française (Agence française de développement), la KFW allemande (banque de développement s'appelant Gesetz Kreditanstalt für Wiederaufbau), la JICA japonaise (Japan International Cooperation Agency) ou encore la Banque européenne d'investissement (BEI) ne sont pas valorisables en termes d'aide publique au développement à cause de leur recours majoritaire aux prêts plus ou moins concessionnels. Le prêt est effectivement un transfert temporaire de financement. Il génère une dette qu'il convient de rembourser. Il ne peut donc être valorisé comme une subvention.

Enfin, il est bien entendu que l'aide publique au développement a été créée afin de bénéficier prioritairement aux pays à faible revenu. Or justement, ce sont ces pays à faible revenu qui ont besoin de subventions et éprouvent les pires difficultés à rembourser les prêts qui leur sont consentis, même sous une forme très concessionnelle. On peut donc dire qu'une politique d'aide publique au développement qui ne s'établirait qu'avec des prêts et se focaliserait principalement sur les pays à revenu intermédiaire manquerait sa cible.

La réforme du mode de comptabilisation de l'aide publique au développement est donc une mauvaise idée si elle se donne pour objectif de faire passer les opérations de prêts concessionnels ou faiblement concessionnels, ou pas concessionnels du tout, comme des transferts au même titre que les subventions aux pays à faible revenu. Encore une fois, ce sont des opérations de coopération financière internationale qui seront remboursées et n'ont donc que peu de choses à voir avec l'aide au développement qui suppose un transfert sans retour. Au contraire, le mode de comptabilisation de l'APD devrait être réformé pour exclure de son champ toutes les dépenses aujourd'hui déclarables en APD, mais qui ne correspondent pas à des transferts réels dans les pays en développement (bourses de formation, dépenses pour les réfugiés, annulation de dettes, écolages visant à intégrer le coût de la scolarité des étudiants étrangers, frais administratifs, etc.).

Toutefois, l'utilisation par le CAD de l'OCDE d'un taux d'actualisation de 10 % pour calculer l'élément don d'un prêt dans le but de savoir s'il est déclarable en APD ne correspond pas à une comparaison valable par rapport aux conditions du marché. En 2011, la moyenne du taux d'intérêt commercial de référence (TICR) est beaucoup plus faible : 4,62 % pour une maturité supérieure à 17 ou 18 ans pour la période allant du 15/08/2011 au 14/09/2011. Si l'on utilisait cette référence, ce que fait le FMI pour calculer l'élément don d'un prêt et donc son taux de concessionnalité, l'élément don des prêts serait alors bien inférieur à la barre des 25 % d'élément don nécessaire pour déclarer un prêt en APD. De nombreux prêts déclarés en APD avec un taux d'actualisation arbitraire de 10 % en seraient écartés. Les méthodes de calcul utilisées par le CAD de l'OCDE du taux de concessionnalité des prêts doivent être revues afin de mieux coller à la réalité. Un prêt non bonifié (prêt dont le taux d'intérêt ne bénéficie pas d'une bonification) ne devrait pouvoir être déclarable en APD.

La mesure de la comptabilisation de l'aide publique au développement entrée en vigueur en 2018

La réforme du mode de comptabilisation de l'aide publique au développement a été décidée le 16 octobre 2014 par le Comité d'Aide au Développement (CAD) de l'OCDE, pour une application à partir de l'année 2018. L'objectif central de la réforme est de répondre aux critiques de déclarations de prêts non bonifiés en APD grâce à la baisse des taux d'intérêt sur le marché en regard du taux d'actualisation standard de 10 %.

Avant la réforme, tout versement était enregistré en flux positif (avec au moins 25 % d'élément don) et tout remboursement (au titre d'un prêt) comme un flux négatif (méthode de cash-flow). Or, cet élément don de 25 % était possible sans bonification du prêt par de la subvention.

En décembre 2014, le CAD a décidé d'adopter une comptabilisation des prêts par < équivalent-don > à partir de l'année 2018 en substitution à la méthode des cash-flows.

L'équivalent-don d'un prêt se calcule de la façon suivante : pour un prêt de 1m€ à 50 % d'élément don, chaque versement du prêt sera multiplié par 0,50. Si le prêt est totalement décaissé, il aura généré 500 000 € d'APD comptabilisable sur toute la période de son décaissement. L'élément don contenu dans un prêt devient l'élément de mesure du prêt en APD.

Avec ce nouveau mode de comptabilisation, les remboursements des prêts des pays bénéficiaires ne sont plus pris en compte dans le calcul de l'APD et ne génère donc plus d'APD négative.

Ce qui ne change pas comme principe entre les deux méthodes, c'est que l'APD est toujours calculée en fonction des transferts effectifs de fonds vers le pays en développement, que le transfert soit du don ou du prêt. Ce n'est pas une comptabilisation d'engagement mais bien une comptabilisation de versement effectif dans un pays en développement. Pour le prêt, c'est le volume d'élément don incorporé dans le prêt qui est déclarable en APD et non plus la totalité des décaissements du prêt en flux positifs et la totalité des remboursements du capital du prêt en flux négatifs.

En termes d'allocations géographiques, le passage en équivalent-don valorise mieux les efforts faits par les bailleurs de fonds en faveur des pays pauvres prioritaires qui bénéficient de prêts avec un élément don très élevé (prêts très concessionnels) mais également qui bénéficient en général majoritairement d'aide sous forme de subventions dont le mode de calcul pour l'APD n'a pas été modifié.

Désormais, les nouvelles directives du CAD ne parleront plus de nature concessionnelle d'un prêt mais plutôt de seuils d'élément-don. Un prêt sera déclarable dans la mesure où son élément-don respecte les nouveaux seuils imposés d'élément don en fonction de trois taux d'actualisation de référence selon l'appartenance du pays à une des trois grandes catégories de revenu (PMA, pays à revenu intermédiaire de la tranche inférieure, pays à revenu intermédiaire de la tranche supérieure).

L'Accord de Paris de la COP 21 (2015) et la création du Fonds vert

La Conférence sur le climat de Paris, dite « COP21 », s'est tenue du 30 novembre au 12 décembre 2015. Il s'agit de la 21e Conférence des Parties de la Convention-Cadre des Nations Unies sur les changements climatiques. Elle a réuni les 195 pays signataires et l'Union européenne.

Après l'échec de Copenhague, la COP21 a permis d'aboutir à un accord historique engageant l'ensemble de ces pays à réduire leurs émissions de gaz à effet de serre. Cet accord a pour objectif de stabiliser le réchauffement climatique dû aux activités humaines à la surface de la Terre à 1,5°C d'ici 2100. Un mécanisme de révision à la hausse tous les 5 ans des engagements nationaux a été mis en place. Un bilan des actions menées par chaque pays doit être effectué en 2023 et les pays devront revoir à la hausse leurs engagements en 2025, puis tous les cinq ans.

Les émissions mondiales de gaz à effet de serre (GES) couvertes par le protocole de Kyoto ont atteint près de 49 milliards de tonnes équivalent CO_2 en 2010 selon les dernières données du GIEC. Elles ont augmenté de 80% entre 1970 et 2010, principalement en raison du doublement de la consommation d'énergie dans le monde sur cette période. La grande majorité de ces émissions est liée à la combustion d'énergies fossiles (charbon, pétrole, gaz).

Pour être un succès, les efforts à fournir demeurent considérables. Les émissions mondiales doivent baisser de 40% à 70% d'ici à 2050 (par rapport au niveau de 2010) et atteindre une économie quasiment neutre en carbone durant la deuxième partie du XXIe siècle pour limiter le réchauffement climatique à une hausse de température de 2°C à l'horizon 2100. Or, les émissions mondiales continuent actuellement d'augmenter de près de 2% par an depuis 2000. C'est donc un inversement de tendance majeure qui est attendu.

Les négociations climatiques intègrent un principe de « responsabilité partagée (tous les pays sont responsables) mais différenciée (le monde industrialisé a une responsabilité plus grande) ».

A l'heure actuelle, plus de 40% du mix électrique mondial repose toutefois encore sur le charbon d'après les dernières données officielles de l'AIE portant sur l'année 2012. Il convient donc d'accélérer la transition énergétique vers les énergies vertes (solaire, éolien, hydroélectricité…). En 2017, le retrait des Etats-Unis de l'Accord (décision du président Trump) menace l'équilibre du système. En 2021, l'élection de Joe Biden comme président des Etats-Unis redonne quelques espoirs avec la réintégration des EU à l'Accord de Paris.

Le Fonds vert

Pour aider les pays en développement dans leurs actions de lutte contre le changement climatique, le principe d'un « Fonds vert pour le climat » doté de 100 milliards de dollars par an avait été décidé lors du sommet de Durban en 2011 (COP17). Avant la COP21, les ressources de ce Fonds restaient toutefois à préciser bien que quelques pays s'étaient déjà engagés à verser une contribution comme la France (un milliard de dollars d'ici à 2018).

Le Fonds vert est entré en application dès 2016. Les premiers financements des premiers projets sont effectifs depuis 2016. Le fonds vert a l'ambition d'aider prioritairement les pays du Sud à s'adapter au changement climatique, et non pas comme le Fonds pour l'environnement mondial à financier l'atténuation principalement auprès des pays émergents.

En 2023, les engagements de versement de fonds à 100 Mds$/an sont loin d'être atteints. On peut même dire que la dynamique de succès des COP est plutôt éteinte depuis l'Accord de Paris en 2015.

Les COP se succèdent chaque année depuis, sans aboutir à des résultats probants. L'efficacité du cadre institutionnel des COP est de plus en plus discutée. Si la COP 27 à Charm El Cheik a réussi à réunir les principaux décideurs en Egypte, il n'en va pas de même à la COP 15 sur la protection de la biodiversité qui s'est tenu à Montréal en décembre 2022 sans chefs d'Etats.

La protection de la biodiversité demeure le parent pauvre de l'agenda international qui s'occupe de développement durable.

La COP 27 Climat en 2022 et la création d'un fonds pour lutter contre les effets du changement climatique

La conférence qui s'est tenue à Charm El Cheik en Egypte en novembre 2022 n'a pas été un succès quant aux engagements complémentaires des principaux pays émetteurs de gaz à effet de serre visant à abaisser leurs émissions. L'objectif de l'Accord de Paris de 2015 d'en rester à une augmentation de la température de la planète de 1,5 °C voire 2 ° d'ici 2050 s'éloigne. Les émissions de CO2 continuent d'augmenter dans le monde. La transition énergétique effective par l'abandon des énergies fossiles n'est toujours pas à l'ordre du jour, au Nord comme au Sud.

La conférence a décidé la création d'un fonds pour financer les pertes et préjudices subies par les pays en développement du fait du changement climatique provoqué essentiellement par les pays développés. Ce volet de la finance climatique vise à compenser les dommages subis par les États affectés par les changements climatiques.

Soutenu par les pays en développement, la création d'un fonds et d'un comité transitoire pour opérationnaliser la question des pertes et préjudices est une décision historique arrachée à certains Etats développés qui acceptent ainsi l'idée qu'ils ont causé et qu'ils causent encore par leur mode de développement des dégâts dans les pays en développement qu'il s'agit maintenant de réparer ou à défaut de compenser financièrement. Les pays développés acceptent ainsi d'être redevables d'une sorte de dette environnementale vis-à-vis des pays en développement, déjà durement affectés par le changement climatique.

Ce nouveau mécanisme devrait être opérationnel en 2024. Cependant, des inquiétudes se font jour sur la réalité de son financement. L'ensemble des pays développés n'ont pas accepté le principe d'une contribution. Des pays comme la Chine ne veulent pas contribuer se considérant toujours comme faisant partie du groupe des pays en développement. Les Etats pétroliers ne veulent pas

La COP 15 biodiversité à Montréal en décembre 2022

La 15e conférence des Parties (COP15) à la Convention sur la diversité biologique s'est tenue à Montréal du 7 au 19 décembre 2022 sous présidence chinoise. Un accord a été trouvé sur le cadre mondial de préservation de la biodiversité.

Le constat de l'effondrement de la biodiversité est sans appel : 1 million d'espèces sont menacées d'extinction, 75 % de la surface terrestre est altérée de manière significative et 85 % des zones humides ont disparu.

Face à ce constat, le cadre mondial pour la biodiversité adopté lors de la COP15 définit un cap pour la période 2020-2030, pour mettre fin à la perte de la biodiversité et la restaurer en fixant des objectifs quantifiés, mesurables et dotés d'un cadre de suivi. Cet accord tiendra compte de l'évolution des écosystèmes pour adapter les actions et les efforts de préservation.

L'accord prévoit des financements permettant :

- un changement de nos modèles économiques, avec des financements conséquents pour les pays en développement et un engagement de tous à mettre fin aux subventions néfastes à la biodiversité, à hauteur de 500 milliards de dollars par an d'ici 2030 ;
- une mobilisation générale de 200 milliards par an d'ici 2030 de toutes les sources (publiques, privées, internationales et nationales) ;
- une solidarité à destination des pays en développement avec la mobilisation de 30 milliards de dollars d'ici à 2030 de la part des pays développés et de tous les contributeurs publics ou privés. À cet effet, un nouveau fonds établi par le Fonds mondial pour l'environnement (FEM) sera créé dès 2023 pour contribuer à la mise en œuvre du cadre et mobiliser les ressources nécessaires.

L'accord prévoit la protection de 30 % des terres et de 30 % des mers à échéance 2030. Mais également :

- La réduction de moitié des pesticides et des excès de nitrates ;
- 30 % de restauration des écosystèmes terrestres et maritimes dégradés d'ici à 2030 ;
- la protection de 30 % d'aires terrestres et de 30 % d'aires marines ;
- la réduction de 50 % d'espèces exotiques envahissantes ;
- l'arrêt de l'extinction des espèces protégées dues aux activités anthropiques d'ici 2050 ;
- la préservation des écosystèmes les plus importants sur l'ensemble de la planète, à travers la planification spatiale.

Toutefois, comme pour les COP Climat, les Etats présents se mettent d'accord sur les engagements qui ne sont pas contraignants. Les Etats-Unis ne sont pas membre de la COP biodiversité. Les notions de protection des terres et de protection des mers sont encore relativement floues puisqu'elles peuvent osciller entre des zones protégées où l'activité humaine à encore toute sa place et des zones totalement protégées. Les échéances sont encore lointaines. Sur le plan financier, on ne sait pas encore qui contribuera vraiment à la sauvegarde de la biodiversité et selon quel montant.

Cela dit, le cadre de ce qu'il faudrait faire est fixé et pourra faire office de repère pour les années à venir.

L'agenda 2015-2030 : les Objectifs du Développement Durable (ODD) ou le changement de paradigme

A la suite des Objectifs du Millénaire pour le Développement (OMD) pour la période 2000-2015 (8 objectifs essentiellement centrés sur la lutte contre la pauvreté), la communauté internationale a adopté en 2015 à l'ONU les Objectifs du Développement Durable (ODD) à atteindre durant la période 2015-2030 et qui se traduisent par 17 objectifs, non seulement dans le domaine social et économique mais également sur la plan environnemental, tout en s'appliquant à l'ensemble des pays de la planète, pays développés ou pays en développement.

Les 17 ODD sont les suivants :

1. Éliminer la pauvreté sous toutes ses formes et partout dans le monde
2. Éliminer la faim, assurer la sécurité alimentaire, améliorer la nutrition et promouvoir l'agriculture durable
3. Permettre à tous de vivre en bonne santé et promouvoir le bien-être de tous à tout âge
4. Assurer à tous une éducation équitable, inclusive et de qualité et des possibilités d'apprentissage tout au long de la vie
5. Égalité des genres : parvenir à l'égalité des sexes et autonomiser toutes les femmes et les filles
6. Garantir l'accès de tous à des services d'alimentation en eau et d'assainissement gérés de façon durable
7. Garantir l'accès de tous à des services énergétiques fiables, durables et modernes, à un coût abordable
8. Promouvoir une croissance économique soutenue, partagée et durable, le plein emploi productif et un travail décent pour tous

9. Bâtir une infrastructure résiliente, promouvoir une industrialisation durable qui profite à tous et encourager l'innovation
10. Réduire les inégalités dans les pays et d'un pays à l'autre
11. Faire en sorte que les villes et les établissements humains soient ouverts à tous, sûrs, résilients et durables
12. Établir des modes de consommation et de production durables
13. Prendre d'urgence des mesures pour lutter contre les changements climatiques et leurs répercussions
14. Conserver et exploiter de manière durable les océans, les mers et les ressources marines aux fins du développement durable
15. Préserver et restaurer les écosystèmes terrestres, en veillant à les exploiter de façon durable, gérer durablement les forêts, lutter contre la désertification, enrayer et inverser le processus de dégradation des terres et mettre fin à l'appauvrissement de la biodiversité
16. Promouvoir l'avènement de sociétés pacifiques et inclusives aux fins du développement durable, assurer l'accès de tous à la justice et mettre en place, à tous les niveaux, des institutions efficaces, responsables et ouvertes à tous
17. Renforcer les moyens de mettre en œuvre le Partenariat mondial pour le développement durable et le revitaliser

Ces 17 objectifs se déclinent en 169 cibles à atteindre.

Si les pays en développement sont pleinement concernés par ces 17 objectifs, on peut dire que les pays déjà développés voient leur modèle de développement, qui atteint déjà en grande partie les 9 premiers objectifs, remis en cause par la non-atteinte des objectifs 10 à 15, qui leur ajoutent des obligations environnementales non prise en compte avec cette vigueur dans les OMD. L'ensemble des pays de la planète est concerné par cet agenda universel.

Les objectifs 16 et 17 sont de nature plus politique (droits humains) et ont trait à l'instauration d'un réel partenariat mondial afin d'atteindre ces objectifs.

Ces objectifs de développement durable couvrent donc un spectre beaucoup plus large sur le plan géographique, sectoriel et institutionnel. Rien n'est oublié. Il s'agit du cadre de références pour tous auquel chaque pays peut puiser pour savoir s'il est véritablement sur le bon chemin, sur la bonne trajectoire. Le développement économique ne doit plus se faire au détriment d'un accroissement des inégalités. Le développement économique ne peut plus se faire contre la préservation de l'environnement. Le développement de la productivité ne peut plus s'établir par la mise entre parenthèses des droits humains fondamentaux. Le dumping social et environnemental n'est plus permis dans la compétition internationale.

Un modèle de développement, respectueux de l'humain, respectueux de l'environnement, favorable à un bien-être et une prospérité pour tous est maintenant au rendez-vous. Le cadre est fixé et il s'agit pour chaque pays de s'y inscrire au mieux.

On est complètement sorti d'un Nord comme modèle dont la mission est de permettre au Sud de le rattraper économiquement par l'aide au développement. Le Nord comme le Sud ont les mêmes objectifs. Néanmoins, les transferts financiers sont toujours nécessaires pour aider le Sud. La troisième conférence sur le financement du développement d'Addis Abeba en juillet 2015 a essayé de fixer des objectifs en matière de financement du développement afin d'accompagner les pays les plus pauvres, ceux qui sur le plan économique ont le plus de chemin à parcourir.

3. Les théories du développement[3] et du développement durable au cours du temps

À chaque période de l'histoire, des économistes ont essayé de comprendre les processus d'accumulation et de transformation des économies dans lesquelles ils vivaient. On peut dire que les théories du développement épousent d'une certaine manière leur temps en cherchant à en expliciter les ressorts.

La pensée physiocratique. Quesnay et son « Tableau économique » (1758). Turgot et son « Edit sur le commerce des grains » (1763)

Pour les physiocrates, le système économique s'apparente au fonctionnement d'un corps humain. Le moteur unique du développement est constitué par l'agriculture. Le don gratuit de la terre représente le vecteur de la croissance et du développement d'une économie. Il est donc très important que l'agriculture soit productive de manière à donner plus qu'elle ne reçoit. C'est de son fonctionnement qu'on tire le surplus. A l'inverse, on comprend que les pays qui ne peuvent pas dégager un surplus agricole ne peuvent pas se développer.

Les ressources que l'on peut tirer de la nature en l'exploitant sont placées au centre de la problématique du développement économique. Comme la nature produit et même donne plus qu'elle ne reçoit, on est en présence d'une ressource renouvelable. Avant l'heure, les physiocrates qui centrent leur modèle économique sur l'exploitation des ressources naturelles dans l'agriculture ne sont pas si éloignés de certains écologistes contemporains. Ils sont même considérés en 2021 comme des précurseurs tant ils accordent une importance capitale à la nature et surtout à l'équilibre qui doit s'instaurer entre gestion de la nature et

---

3 / Ce chapitre doit beaucoup à la lecture d'un ouvrage : « Les théories du développement » de Gérard Azoulay, PUF.

activité humaine. Pour les physiocrates, la seule richesse a exploité par l'homme vient de la nature. A l'époque, il faut dire que l'agriculture est bien au cœur de l'activité économique et ainsi de la problématique du développement : 95 % de la population vit de l'agriculture, en Europe et dans le monde.

Turgot, physiocrate et contrôleur général de Louis XVI, souhaite la libéralisation du commerce intérieur des grains en France. En effet, il a remarqué que des pénuries coexistent avec des surplus dans le royaume de France. Il constate également que les prix sont très fluctuants. Il souhaite donc que la libéralisation des échanges internes permette une stabilisation des prix mais également une satisfaction des besoins de tous. En revanche, il ne recommande pas une libéralisation externe du commerce des grains. Les questions de libéralisation ou de protection sont déjà présentent dans la conduite de la politique économique.

Le premier représentant de l'école classique. Adam Smith, et la « Recherche sur la cause de la richesse des nations » (1776)

Il s'agit du premier penseur de ce que l'on appelle l'économie politique classique. La meilleure politique de développement est le libéralisme, à l'image du « laissez-faire laissez-passer » popularisé par le Français Vincent de Gournay. Adam Smith s'oppose au dirigisme de l'État. Le développement est perçu comme un phénomène spontané et naturel.

A l'inverse des physiocrates qui se polarisent sur le seul apport de l'agriculture à l'économie, Adam Smith indique que l'industrie et le commerce peuvent créer de la valeur. Le développement économique repose avant tout sur la division du travail, qui permet l'accroissement des marchés par une hausse de la productivité du travail et une baisse des coûts de production.

Le schéma principal en est le suivant : l'agriculture se développe pour assurer la subsistance. Les surplus dégagés par l'agriculture permettent des investissements dans la fabrication des produits manufacturés qui s'écoulent non seulement sur le marché intérieur, mais également grâce au commerce extérieur. Les effets de la spécialisation sont positifs. On produit ce pour quoi on a un avantage local, régional, national ou mondial. Adam Smith popularise la théorie des avantages absolus dans l'échange, à savoir que les plus forts dominent les plus faibles. Le plus compétitif à produire un bien prend le dessus sur les autres producteurs, plus ou moins compétitifs.

Les bénéfices à attendre de la spécialisation internationale sont donc beaucoup moins bien répartis que dans la théorie de Ricardo sur les avantages comparatifs qui suivra quarante années plus tard, et où il ne sera dès lors plus nécessaire d'être le plus compétitif sur le plan international pour se spécialiser avantageusement dans la production d'un bien ou d'un service, en économie ouverte.

A l'époque d'Adam Smith, les coûts de transport, la faible mécanisation, les limites des économies d'échelle et du progrès technique faisaient obstacle à la main mise d'un seul producteur sur l'ensemble du marché mondial de ce produit.

Aujourd'hui, pour certaines productions, le nouvel atelier du monde que constitue la Chine se trouve en capacité de produire pour l'ensemble de la planète. La spécialisation n'est plus une trajectoire de développement possible pour les producteurs qui ne sont pas les plus compétitifs.

Condorcet. Le discours de la Révolution française de 1789 sur l'émancipation des peuples (1789)

Dès 1794, Condorcet écrit dans « Esquisse d'un tableau des progrès humains » la phrase suivante : « L'Europe contribuera à répandre (dans les pays pauvres) les vérités utiles à leur bonheur, car de vastes pays lui offriront ici des peuples nombreux, qui semblent n'attendre, pour se civiliser, que d'en recevoir de nous les moyens, et de trouver des frères dans les Européens, pour devenir leurs amis et leurs disciples. »

La conscience universelle d'un devoir des peuples les uns envers les autres est explicite dès la Révolution française préparée par la philosophie des Lumières qui l'accompagne. Le besoin d'égalité est palpable à une époque où de nombreuses régions du monde sont déjà colonisées (les Amériques notamment). Condorcet est un des premiers philosophes à prôner l'égalité entre les peuples, à demander la fin de l'esclavage[4], à souhaiter même une égalité entre les hommes et les femmes.

C'est à sa manière un des précurseurs de l'aide au développement visant à ce que les pays riches transfèrent leurs savoirs et leurs moyens aux pays et aux peuples pauvres, dans le respect de leurs souverainetés respectives car ce sont nos égaux.

David Ricardo. « Des principes de l'économie politique et de l'impôt » ou la loi des avantages comparatifs (1817)

Après Adam Smith, David Ricardo est un autre digne représentant de l'école classique. Le développement économique est présenté par l'économiste comme un processus naturel et donc ne mérite pas une intervention publique. Le rôle des classes sociales est important : les ouvriers apportent leur force de travail, les entrepreneurs capitalistes investissent, les propriétaires terriens dépensent leurs surplus en produits de luxe et sont touchés par la loi des rendements décroissants. Ce sont les entrepreneurs capitalistiques qui dégagent du profit pour ensuite l'investir. Ils constituent le moteur du développement.

4 / Réflexion sur l'esclavage des nègres, 1781.

Pour Ricardo, le commerce international joue un rôle prépondérant dans le développement économique, bien plus que chez Adam Smith. David Ricardo théorise à son sujet en élaborant la loi des avantages comparatifs. Selon lui, chaque pays a intérêt à se spécialiser même s'il n'est pas le plus productif dans le secteur où il s'avère relativement le plus productif. En s'ouvrant, chaque pays peut espérer tirer un avantage du commerce international : exporter les biens pour lesquels on s'est spécialisé, importer les biens pour lesquels on est mal placé pour produire efficacement. Un pays peut bénéficier de la spécialisation internationale en produisant des biens pour lesquels il possède un avantage comparatif et ce, même s'il ne possède pas un avantage absolu pour ce type de production à la différence d'Adam Smith.

La spécialisation en économie ouverte est présentée comme potentiellement favorable à tous, quel que soit le niveau de développement de chaque pays engagé dans l'échange. Les effets de domination sont évacués.

Sa pensée sera prolongée et complétée par la théorie d'Hecksher-Ohlin-Samuelson qui établit en 1941 que chaque pays exporte les biens qui utilisent intensivement le facteur de production le plus abondant (capital, travail qualifié, travail non qualifié, terre). Paul Krugman en 1989 continuera d'explorer cette voie pour expliquer la croissance et l'intérêt du commerce international par les économies d'échelle qu'il procure à certaines sociétés.

La théorie des avantages comparatifs que l'on doit à David Ricardo a été et reste toujours aujourd'hui le socle des théories libérales dominantes du début de XXIème siècle prônant ouverture pour un développement bénéfique à tous. Chaque pays peut trouver sa voie dans un processus de spécialisation positive. La théorie des avantages comparatifs permet de justifier une ouverture universelle de toutes les économies, quel que soit le niveau de productivité et de compétitivité de chacun. Il n'y a pas à craindre d'effets de domination.

Toutefois, les effets sur l'environnement du commerce international, les effets de domination de certains producteurs (Chine) sur d'autres économies, la montée en puissance de l'interventionnisme dans l'économie, remettent en cause progressivement le leadership planétaire que le libéralisme avait acquis depuis la chute du mur de Berlin en 1989.

Frédéric List. Le « Système national d'économie politique » (1841)

Cet économiste s'écarte quelque peu de la pensée classique. Il évoque la dépendance des « pays arides » vis-à-vis des « pays de la zone tempérée » qui produisent des biens manufacturés. Il convient d'empêcher l'abus de pouvoir des sociétés riches sur les sociétés pauvres. Si une seule nation monopolise la grandeur industrielle et commerciale, il y a danger d'esclavage pour les sociétés tropicales. Il reste favorable à une division internationale du travail. Le principal facteur de développement est le niveau des forces productives. Ce niveau est d'autant plus élevé que les forces productives agricoles et industrielles sont liées harmonieusement.

Frédéric List n'hésite pas à préconiser des mesures protectionnistes pour les économies amorçant leur développement à l'égard des nations les plus productives et donc dominantes.

On peut parler à son sujet d'une première ébauche de ce qu'on appellera dans les années 1960 la théorie du « développement autocentré ». Il n'hésite pas à considérer que la théorie ricardienne correspond avant tout aux intérêts de l'époque de la Grande-Bretagne et non pas aux intérêts des économies moins développées.

John Stuart Mill ou « Principes d'économie politique avec quelques-unes de leurs applications à l'économie sociale » (1848)

John Stuart Mill fait partie de l'école classique. Il reconnait qu'il peut y avoir différents rythmes de développement selon les pays. Toutes les sociétés ne sont pas parvenues au même stade d'évolution. John Stuart Mill évoque la possibilité de plusieurs phases de développement. Le faible rythme de développement provient d'un surplus agricole trop faible qui ne permet pas de libérer du capital et du travail pour la croissance d'autres activités. Il tente d'expliquer la stagnation apparente sur le plan économique de certaines sociétés comme la « société orientale » ou encore la « société asiatique ». À la différence de Ricardo et en accord avec Smith, John Stuart Mill admet qu'il n'y a pas que des gagnants dans l'échange.

Joseph Schumpeter. La démarche néoclassique dans « L'analyse du développement économique » (1912)

Joseph Schumpeter se situe dans la droite ligne des classiques. L'expansion des marchés, la croissance de l'épargne et de l'investissement permettent une accumulation des profits qui peuvent être à leur tour réinvestis. Il introduit une différence entre la croissance - augmentation de produits identiques avec les mêmes méthodes de production - et le développement économique - nouvelles combinaisons de moyens de production aboutissant à de nouveaux produits et créant de nouveaux marchés. Pour Schumpeter, le rôle de l'innovation est primordial dans le développement économique. Les rôles de l'entrepreneur et du capitaliste (apporteur de capitaux) sont fondamentaux. L'introduction du progrès technique rend obsolète certaines activités qui sont remplacées par d'autres. Schumpeter avance le concept de destruction créatrice.

Dans le modèle schumpetérien présenté par l'auteur en 1942 dans son livre intitulé « Capitalisme, socialisme et démocratie », la croissance est placée au centre du modèle économique et est essentiellement tirée par les innovations.

Plusieurs facteurs contribuent à ce socle de croissance par l'innovation. Le premier facteur est constitué par l'investissement de l'entrepreneur, celui qui crée et par qui, grâce à son financement, un nouvel espace de production est possible. Le deuxième facteur permet par l'innovation des gains de productivité. L'innovation induit une plus grande efficacité économique, une plus grande efficience et ouvre ainsi des possibilités de produire plus avec des coûts réduits. Le troisième facteur est ce que Joseph Schumpeter (1883-1950) appelle la destruction créatrice. Les nouvelles innovations rendent les innovations antérieures obsolètes. Elles les remplacent peu à peu dans le cycle de production. La nouvelle économie remplace l'ancienne détruite par de nouvelles activités plus productives, plus efficientes, plus concurrentielles, qui répondent mieux aux besoins des consommateurs ou même offrent de nouveaux biens et services dont les coûts étaient prohibitifs.

C'est un adepte de la théorie de l'évolution économique qui grâce au capital humain s'affranchit en quelque sorte des limites du capital naturel : avec le progrès technique, on peut produire avec moins de matières premières et surtout on peut utiliser des ressources nouvelles qui n'étaient pas exploitables auparavant (substituabilité entre capital naturel et les autres, rendements croissant dans l'industrie et les services). Avant l'heure, il s'oppose donc aux adeptes de la décroissance qui envisagent les ressources de la planète comme finies.

On retrouve ici avec cet auteur les prémisses de ce que sera à ses débuts l'ambition première de l'aide publique au développement, à savoir un transfert de technologie du Nord vers le Sud au moyen de financements.

L'importance du progrès technique, pouvant selon certains économistes nous affranchir des limites naturelles, est toujours très présent dans les débats actuels sur le développement durable entre ceux qui prônent la croissance verte et ceux qui nous parlent de nécessaire décroissance.

Le modèle de croissance d'Harrod et Domar et l'importance du taux d'épargne (1947)

Nous sommes après la guerre. On entre ici dans la période où apparaît une pensée spécifique en matière d'économie du développement qui devient une des branches de la science économique. La contrainte fondamentale du développement est liée au manque de capital. La valeur du taux d'épargne est ainsi la variable centrale de la croissance. Le taux de croissance, assimilé au taux de développement, est fondé sur deux piliers : le taux d'épargne et le ratio capital/produit propre à chaque société. L'augmentation de l'investissement est ainsi la condition du développement.

Ce modèle[5] a obtenu beaucoup de succès auprès des développeurs car il est très simple. Il possède quelque chose de mécanique. Si le ratio capital/produit est de 3, il faut un taux d'investissement de 18 % pour obtenir un taux de croissance de 6 %. On est ici dans la droite ligne de la pensée libérale avec une économie vue comme un système qu'il convient de régler le mieux possible. La variation d'un paramètre entraîne mécaniquement la variation d'un autre paramètre. L'ère de la modélisation commence. Les pays en développement font l'objet d'une approche spécifique. La science économique prend le pas sur l'économie politique. Le rôle de l'État n'est plus d'intervenir par des politiques publiques mais plutôt de déterminer les bons réglages d'un système autonome.

Au début des années 1970, ce modèle a servi à déterminer l'objectif d'aide publique au développement des pays de l'OCDE fixé à 0,7%/an du PIB. La Commission sur le développement animée par le président de la Banque mondiale, Robert Mc Namara, s'est chargée de cette question.

Le modèle de croissance de Solow et la prise en compte des facteurs de production (capital et travail). (1954-1956)

Le modèle de Solow[6], prix Nobel d'économie en 1987, est d'inspiration néoclassique. Il est utilisé pour comprendre l'origine de la croissance économique. Il se fonde sur deux hypothèses fondamentales : premièrement les facteurs de production (capital et travail) ont des rendements décroissants ; deuxièmement les facteurs de production sont utilisés d'une manière efficace. Les pays pauvres devraient donc enregistrer spontanément un taux de croissance plus élevé que les pays développés car leur stock de capital est plus faible. Le rendement du capital des pays pauvres, moins abondant que dans les pays développés, devrait être supérieur à celui des pays développés. L'équilibre serait la règle sur le long terme entre les différents pays dont les performances devraient converger au moyen de stocks de capitaux et de stocks de main d'œuvre qui tendraient à s'égaliser. Toutefois, cet équilibre n'est jamais atteint en raison du progrès technique, de nature exogène, qui accroît de manière imprévisible la productivité des facteurs.

Le modèle dualiste de Lewis ou le basculement de secteurs peu productifs (agriculture, informel) vers un secteur plus productif (industrie). (1954)

De nombreuses économies peuvent être caractérisées par un secteur à productivité faible – l'agriculture traditionnelle, le secteur informel – et par un

5 / Ray Forbes Harrod dans un article un article de *l'Economic journal* de 1939 intitulé *An essay in dynamic theory*. Ersey Domar dans un article de 1947 intitulé *Expansion and Employment.*
6 / A contribution to theory of économic growth, 1956.

secteur à productivité forte – l'industrie. Selon Lewis, le développement dans une économie dualiste consiste à passer progressivement d'une activité polarisée dans les secteurs de subsistance peu productifs vers une activité polarisée dans les secteurs modernes et productifs. Il convient donc que l'excédent de main-d'œuvre du secteur agricole jugé peu productif trouve à s'employer dans le secteur moderne, jugé plus productif. Pour cet auteur, le profit est à l'origine de l'investissement et de la croissance. Seul le profit est susceptible de créer de l'épargne. Seule la classe des capitalistes industriels et agricoles est apte à investir de façon productive. W Arthur Lewis est considéré par certains économistes7 comme le théoricien fondateur de l'économie du développement. Pour cet auteur, « le développement doit être inégalitaire ». Les revenus doivent être mis entre les mains des riches pour s'investir au mieux dans les secteurs économiques les plus productifs. On retrouve ici les prémisses chez Lewis (comme chez Kuznets d'ailleurs) de la théorie du ruissellement.

L'action de l'État dans l'économie n'est pas interdite. L'État peut investir dans le secteur social (redistribution) ou aider au financement de l'économie dans les secteurs les plus productifs.

On trouve dans cette approche une des racines de l'abandon progressif par l'aide publique au développement de l'investissement dans le secteur agricole jugé peu productif. Plus précisément, le secteur de l'agriculture de subsistance dans les pays en développement, qui est pourtant celui qui nourrit les populations, doit donc être délaissée au profit d'une polarisation de l'aide sur d'autres secteurs jugés plus productifs (secteur industriel mais également pourquoi pas cultures de rente).

La pensée structuraliste chez Prebisch[8], Singer, Furtado et Seers (1950-1960)

Pour ces économistes sensibles au contexte sud-américain et pour certains membres de la Commission économique des Nations unies pour l'Amérique Latine, il existe un centre économique qui domine et une périphérie qui subit. L'évolution des termes de l'échange entre le centre et la périphérie est inégale. On parle même d'échange inégal. Il faut toujours plus de production de la périphérie pour acheter le même volume de produits fabriqués par le centre.

On assiste sur le long terme à une accumulation au centre et à la création de structures désarticulées et duales à la périphérie. Le sous-développement n'est pas une étape dans le processus de développement mais une phase historique de certaines sociétés qui sont dominées par le centre. Les économistes comme Raul Presbish soutiennent que les structures économiques des pays en développement ont été historiquement façonnées par le processus de leur intégration dans

7 / Kate Raworth, la théorie du Donut, éditions Plon, page 226.

8 / Le développement économique pour l'Amérique Latine et les Caraïbes, 1950.

l'économie mondiale : spécialisation de la périphérie dans la production de matières premières dont les termes de l'échange s'érodent ; spécialisation du centre dans la production de produits transformés dont les termes de l'échange s'accroissent.

Pour sortir du sous-développement, pour sortir de cette domination du centre sur la périphérie, on a besoin d'une action volontariste des États visant à une transformation structurelle progressive des économies de la périphérie leur ouvrant la voie d'une industrialisation diversifiée et axée sur la satisfaction des besoins de leurs marchés intérieurs. Les structuralistes sont en rupture avec les avantages supposés d'un modèle d'intégration au marché mondial sur la base des avantages comparatifs. Pour eux, l'application de la loi des avantages comparatifs aboutit à l'échange inégal entre un Sud spécialisé dans la production de matières premières à faible valeur ajoutée, et un Nord spécialisé dans les biens transformés et les services à forte valeur ajoutée.

Cependant, les structuralistes ne rejettent pas le principe du développement par le capitaliste à l'inverse de la pensée marxiste. Toutefois, ils constatent sur le long terme la dégradation des termes de l'échange des productions de la périphérie par rapport au centre. Le commerce international ne se fait pas au bénéfice de tous les échangistes (voir Samir Amin).

Le structuralisme, c'est donc une stratégie volontariste d'industrialisation de la périphérie face à la domination du centre. Pour y parvenir, le recours au protectionnisme est possible et même recommandé, afin de construire les bases d'une économie nationale diversifiée. Un processus d'industrialisation par substitution aux importations constitue une voie à emprunter.

Le structuralisme chez Kuznets et sa courbe en U inversé (1966)

A la différence des néoclassiques où la structure de répartition des ressources est considérée comme exogène au modèle[9], où le contexte institutionnel n'intervient que marginalement, le courant structuraliste s'intéresse justement à ces deux paramètres dans le but d'en changer la structure afin de favoriser le développement. Selon Kuznets, cette transformation structurelle peut être définie comme un ensemble de changements dans la composition de la demande, de la production, de l'échange et de l'emploi. Les éléments centraux de ce processus de transformation sont le taux de croissance de la productivité des facteurs et en particulier celui de la productivité du travail. Kuznets considère l'économie comme comportant trois secteurs : l'industrie, l'agriculture et les services. En étudiant l'évolution de ces trois secteurs dans plusieurs pays, il en retire une courbe en U inversé. Le déclin de la productivité agricole au fur et à mesure de la croissance du revenu par habitant est inscrit dans cette courbe. Par extension, il extrapole l'évolution en U inversé à la répartition du revenu. Celle-

9 / Economic growth and income inequality, the American economic review, 1955.

ci se caractérise par une inégalité croissante au départ, pour évoluer vers une plus grande égalité avec la croissance du revenu par tête. La courbe de Kuznets en U inversé légitime en quelque sorte la hausse des inégalités qui est présentée comme un accompagnement inévitable dans un premier temps de l'enclenchement d'un processus de la croissance et donc du développement.

Le changement structurel se matérialise donc par l'industrialisation, le déclin de l'agriculture, la part croissante du capital humain et du savoir dans la production et le changement des institutions.

Kuznets colle ici à la réalité de son temps fortement marquée par le processus de développement de l'après-guerre.

Le modèle de Rostow ou le développement par étape (1966)

Cet économiste popularise le développement comme une suite logique d'étapes successives qui s'enchaînent toujours de la même façon[10]. Le développement n'est plus une rupture mais un processus. Les étapes successives du développement sont les suivantes : société traditionnelle, établissement des conditions préalables au démarrage, décollage, marche vers la maturité, époque de la consommation de masse. Pour passer d'une étape à l'autre, le moteur principal est celui de l'investissement qui peut être financé par de l'épargne locale ou des capitaux extérieurs. On parle de big push pour enclencher le décollage.

Le sous-développement est vécu comme un retard, comme dans la théorie néoclassique. Le développement repose sur la croissance, l'émergence d'une classe d'entrepreneurs et un excédent de main d'œuvre traditionnelle. Rostow estime qu'un taux d'investissement de 10 % du PIB/an durant plusieurs années est nécessaire pour enclencher le processus de développement.

Cet investissement peut être financé en interne ou par l'extérieur. L'aide publique au développement peut y contribuer. Dans ce contexte théorique, on comprend que le volume de cette aide prend alors une importance capitale dans les pays pauvres privés de ressources suffisantes pour investir. C'est à cette époque et muni de ce sous-bassement théorique que l'on évoque l'objectif de transfert vers le monde en développement d'un minimum de 0,7 % du revenu national brut du monde développé.

Sans atteindre ce niveau d'aide, pas de big push possible comme le souligne également à la même époque Paul Rosenstein-Rodan (économiste de la Banque mondiale et du Massachusetts Institute of Technology).

La pensée structuraliste de François Perroux (1970-1980)

Les économistes néoclassiques soutiennent que l'harmonie des intérêts individuels conduit à l'intérêt général et donc à un optimum. Pour François

10 / The stages of economic growth, Economic history review, 1959.

Perroux[11], le sous-développement ne doit pas être vu comme un retard car ce n'est pas une étape normale dans le développement mais un phénomène historique et spécifique à certaines sociétés qui trouve son origine dans le processus de domination du Sud par le Nord. Cet auteur s'approche ainsi de la pensée structuraliste. Le sous-développement est le résultat d'un blocage de croissance des économies du Sud, plus ou moins provoqué par les pays développés, car les économies développées ne transmettent pas mécaniquement leur croissance aux économies sous-développées.

Pour François Perroux, il existe bien un effet de domination. Cet effet de domination prend la forme d'une rupture dans l'équilibre de l'échange. La subsistance de tous n'est plus assurée.

Le Club de Rome et la croissance zéro. La notion de décroissance (1972)

En 1968, le Club de Rome, une association d'économistes et d'hommes et de femmes politiques, commande un rapport au Massachusetts Institute of Technology (MIT) qui paraîtra en 1972 avec un titre en français sans équivoque : « Halte à la croissance ». Un second rapport sera diffusé en 1974 ayant pour thème « Sortir du gaspillage ». On évoque ces deux rapports sous le terme de rapports Meadows du nom de deux de leurs auteurs (Dennis et Donella Meadows).

Le Club de Rome met en garde contre les dangers de la croissance de la consommation et de la croissance démographique. La croissance économique est présentée comme un facteur essentiel de l'aggravation des dérèglements planétaires. La pollution, la pénurie de matières premières, la destruction des écosystèmes font partie des conséquences d'une croissance de la consommation mal maîtrisée. Le croît démographique de la planète est jugé comme trop rapide.

Les rapports Meadows constituent une des racines du courant de la décroissance. Le théoricien emblématique de cette période, le Roumain Nichos Georgescu Roegen en est une autre. Il publie en 1971 un livre dont le titre en français est le suivant : « Demain la décroissance ». Il popularise le premier ce concept en constatant l'entropie croissante sur terre due à la croissance de l'activité économique.

Le Club de Rome joue donc le rôle de précurseur pour tout le courant écologiste ?

---

11 / Politique du développement et lacunes du calcul économique, monde en développement, 1975.

La pensée de Samir Amin : la théorie du développement inégal (1973)

L'auteur est très proche de la pensée structuraliste[12]. Avant que la globalisation de l'économie n'ait pris l'ampleur que nous lui connaissons aujourd'hui, il présente l'économie mondiale de son temps comme un tout cohérent né du capitalisme. Dans ce système qui intègre les pays sous-développés, l'accumulation des richesses se réalise uniquement dans les pays développés. Cette accumulation asymétrique entre le Nord et le Sud résulte de l'échange inégal. Il reprend à son compte l'existence d'un centre et d'une périphérie déjà évoquée par les structuralistes. Les pays du centre se développent grâce à la domination qu'ils exercent sur la périphérie. Les pays sous-développés sont maintenus dans une situation de dépendance vis-à-vis du centre. Le système mondial de l'économie est donc impérialiste et colonialiste. La périphérie apporte ses matières premières au centre qui les transforme et capte au passage le profit et donc bénéficie seul d'un processus d'accumulation.

Le courant écologiste. Le développement durable à la suite de la Conférence de Rio de 1992 (Nicolas Stern, Hans Jonas, Serge Latouche…)

La prise en compte du caractère fini de certaines ressources de la terre amène les économistes à essayer d'intégrer cette nouvelle dimension à leurs approches du développement. En effet, ce processus ne peut se réduire à la croissance économique et au bien-être social de notre génération, surtout si ces deux objectifs sont atteints au prix du pillage des ressources non renouvelables de la planète. Or selon le courant écologiste, la généralisation des modes de consommation à l'occidentale ne permet pas de renouveler les ressources disponibles de la terre en quantité finie. L'empreinte écologique du mode de développement à l'occidentale est telle qu'il faudrait selon les spécialistes 5 à 6 planètes pour que nos ressources se renouvellent si ce modèle de développement devait être étendu à l'ensemble des pays et des populations de notre planète.

Cependant, le courant écologiste se scinde en deux courants bien distincts sur le plan théorique.

D'un côté, les tenants de la durabilité faible. Le chef de file de ce courant de pensée est Sir Nicholas Stern, économiste britannique et ancien vice-président de la Banque mondiale, auteur d'un rapport paru le 30 octobre 2006 ayant obtenu une très large diffusion et intitulé « L'économie du réchauffement climatique ». Il tente pour la première fois de chiffrer les conséquences du réchauffement sur nos économies. Le coût de l'inaction serait très lourd. Il mettrait en péril notre

12 / Le développement inégal, 1973.

croissance future engendrant une perte de 5 à 20 % du PIB mondial chaque année. De plus, Nicholas Stern ajoute que « le changement climatique présente un défi unique pour l'économie : il constitue l'échec du marché le plus important et le plus étendu que l'on n'ait jamais connu ». Pourtant, une solution existe. Elle consisterait à agir sans tarder en dépensant chaque année 1 % du PIB mondial d'ici 2050 afin de stabiliser le réchauffement climatique à un niveau acceptable. En d'autres termes, une « décarbonisation » de l'activité mondiale pourrait entraîner une baisse drastique de l'utilisation de l'énergie fossile responsable aux deux tiers des émissions de gaz à effet de serre.

L'instauration d'un modèle de développement durable alliant croissance économique et respect de l'environnement ne serait guère une utopie. Selon Nicholas Stern[13], il convient néanmoins de réhabiliter l'interventionnisme public (État et/ou gouvernance mondiale). S'agit-il pour autant d'une remise en cause de l'économie de marché ? Pas du tout. Le rôle de l'État est rehaussé afin de pallier les défaillances momentanées du marché. La puissance publique, nouvel acteur d'une économie politique régénérée, joue curieusement le rôle d'un poisson-pilote susceptible d'accélérer l'intégration des externalités négatives d'une économie trop carbonée. La substitution entre capital naturel et autres formes de capital est possible (« durabilité faible »). Le déclassement accéléré de la vieille économie industrielle à bout de souffle car trop fortement imbibée de pétrole et de charbon est provoqué. On adopte les positions d'écologie politique de la droite républicaine de la côte Ouest des États-Unis, le changement climatique n'est pas une priorité, il n'implique pas un changement de nos habitudes de consommation puisque le progrès technique mettra un jour un terme à cette menace, plutôt que celles de la côte Est : le changement climatique est une priorité, il doit entraîner rapidement un changement de nos habitudes de consommation, le progrès technique doit être utilisé pour lutter efficacement contre ce phénomène. Nous sommes bien loin d'une révolution politique, d'un changement de société, bien que la puissance publique soit momentanément et curieusement appelée au chevet du marché.

Mais pour ce faire, il convient de convaincre les grands pays émergents d'accepter la mise en place de ce nouveau modèle, leur faire comprendre qu'ils ont entre leurs mains la pérennité de l'économie mondialisée à laquelle ils viennent tout juste d'adhérer. Ces derniers seront en effet à l'origine de 80 % de la croissance future des émissions. Mais, peut-on demander d'un côté, la responsabilité écologique, ce que l'on refuse de l'autre, le partage du pouvoir et le transfert massif des technologies d'avenir ? Toutes les grandes institutions internationales (FMI, Banque mondiale, OMC) ne sont-elles pas dominées par les Occidentaux ? Le partage du pouvoir dans un monde multipolaire est donc à l'ordre du jour.

---

13 / Economie du changement climatique, octobre 2006.

De l'autre côté, les tenants de la durabilité forte. Il existe pour ce courant de pensée écologique une incompatibilité effective entre croissance économique et stabilisation du climat, faute de disposer d'un modèle technologique efficace et performant applicable à tous simultanément et suffisamment rapidement. Comme le suggère le philosophe allemand Hans Jonas (1903-1993), il convient de se méfier de la technique. Hans Jonas est un des précurseurs du principe de précaution. Le réchauffement climatique, la perte de la biodiversité, l'épuisement de l'ensemble des ressources fossiles, la destruction des sols et des forêts, l'acidification des océans sont inéluctables si l'on ne change pas de système de développement de manière drastique. Cette rupture passe par l'instauration de nouveaux modes de vie (sobriété pour tous), voire la décroissance (Serge Latouche) au plus vite face à l'urgence climatique et l'effondrement de la biodiversité.

Les plus intransigeants de courant de pensée prônent la protection massive de zones géographiques à forte valeur écologique ou encore une régulation démographique mondiale sur un principe de seuil indépassable. Ces représentants d'une optique de conservation contestent les substitutions possibles entre capital naturel et autres formes de capital, contestent le caractère réversible de certaines tendances, contestent enfin sur le plan philosophique le droit et la légitimité pour l'économie de s'arroger le monopole de la conduite de notre humanité. Pour eux, le développement durable, si ce concept continue d'intégrer la croissance économique, est bien le nouvel oxymore des temps modernes.

Sur le plan de la population mondiale, il y aurait une limite à ne pas dépasser sous peine de risquer de détruire la planète. On évoque une taille de population soutenable au niveau mondial. C'est donc un courant de pensée malthusien dans le sens où il est anti-productiviste, anticonsumériste et prône le contrôle de la démographie mondiale.

On peut voir dans ce courant un retour à une vision naturaliste de la Terre comme celle d'un gigantesque être vivant dont les équilibres fondamentaux ne doivent pas être rompus. Ses ressources ont un caractère fini. On doit respecter « cet être vivant » qui sinon peut mourir. La boucle est bouclée. On en revient, comme du temps des physiocrates, à une vision physiologique du fonctionnement de l'économie, comme s'il s'agissait d'une mécanique comparable à celle du corps humain.

La pensée contemporaine foisonnante des économistes du développement : Elliot Berg, Amartya Sen, Joseph Stiglitz, Paul Krugman, Tim Jackson, Edward et Robert Skidelsky, Robert Costanza, Elinor Ostrom, Gael Giraud, Esther Duflo, Abhijit Banergee, Kate Raworth, Stéphane Madaule, Thomas Piketty…

Sur un plan individuel, plusieurs auteurs et économistes marquent l'époque de leurs idées neuves et originales, mais parfois aussi contradictoires. On assiste à la coexistence de plusieurs écoles de pensée dont l'influence est fluctuante avec le temps.

Elliot Berg

Elliot Berg voit dans les distorsions du commerce la cause de la faible croissance dans les pays en développement[14]. La libéralisation des échanges et le processus de privatisation sont les voies à suivre. Eliot Berg a beaucoup influencé la Banque mondiale dans sa vision libérale, notamment à l'occasion du lancement du processus d'ajustement structurel au début des années 1980. Il a été à la base de ce que l'on a appelé le consensus de Washington (1989) popularisé par John Williamson (équilibre budgétaire, ouverture, non intervention de l'État, rôle exclusif du secteur privé dans l'économie, etc.).

Amartya Sen

Amartya Sen[15] est l'un des inventeurs du concept de développement humain repris par le PNUD sous la forme pour chaque pays d'un Indice de Développement Humain (IDH). Il est également à l'origine de la notion de capabilité. Il recentre le débat sur la satisfaction prioritaire des besoins fondamentaux des populations pauvres. La notion de capabilité vise à donner à chacun, par la formation et l'éducation, les moyens de choisir son propre développement.

Le revenu national brut par habitant est désacralisé au profit de la mesure de l'indice de développement humain. La lutte contre la pauvreté devient l'objectif prioritaire avant la croissance qui n'est pas obligatoirement porteuse d'une baisse des inégalités. La croissance indifférenciée peut engendrer une montée de la pauvreté et des inégalités. A l'inverse, la croissance pro-pauvre, la croissance inclusive centrée sur l'activité des pauvres, est en revanche une voie possible d'un développement harmonieux.

---

14 / Rapport d'Elliot Berg de la Banque mondiale intitulé *Accelerated development in sub-saharan Africa*, 1981.
15 / Repenser l'inégalité, éditions du Seuil, 2000.

Joseph Stiglitz

Joseph Stiglitz[16] évoque les asymétries d'information des opérateurs économiques par rapport aux signaux des marchés. Il souligne en cela les insuffisances du marché. Il prône donc un retour de l'Etat dans le réglage de l'économie. Il marque un retour au keynésianisme. Stiglitz donne à nouveau un rôle d'impulsion et d'encadrement à l'État. Selon cet auteur, la sphère financière doit être régulée.

Paul Krugman

Paul Krugman[17] allie la pensée libre-échangiste à la nécessité d'une politique nationale volontariste assurant le bien-être pour le plus grand nombre. Les économies d'échelle, les effets de réseau expliquent le développement de certains pays. Toutefois, la concurrence est imparfaite et l'intervention de la puissance publique retrouve son droit de cité afin de réguler les inégalités, de redistribuer équitablement les richesses créées par le modèle libre-échangiste.

Hans Jonas, Tim Jackson, Serge Latouche, Edward et Robert Skidelsky, Robert Costanza

A la suite du philosophe allemand Hans Jonas[18], précurseur du principe de précaution, Serge Latouche[19] souhaite l'instauration d'une société de la sobriété et de la décroissance. Selon cet auteur, on doit changer de modèle de société car les ressources de la planète ont un caractère fini et donc non renouvelable. Il ne peut pas y avoir de substitution entre capital naturel et capital physique et technique. La croissance pour tous ne doit plus être un objectif en soi.

Selon Latouche, la social-démocratie s'est en grande majorité ralliée au modèle de concurrence indifférenciée, même si elle clame souvent le besoin de réguler la mondialisation, une mondialisation économique pourtant souvent synonyme de dérégulation. On peut donc se demander si ce n'est pas finalement un seul système qui domine le monde, celui de la concurrence indifférenciée, celui du libre-échange, la voie communiste ou étatiste (économie administrée) étant aujourd'hui largement hors-jeu, la voie protectionniste étant encore proscrite par les grandes institutions internationales (Organisation mondiale du commerce, Fonds monétaire international, Banque mondiale, Union européenne, OCDE) mais de retour pour certains pays (Etats-Unis) ou groupe de pays (Europe qui protège).

Plusieurs économistes contemporains (Tim Jackson dans Prospérité *sans croissance*, Edward et Robert Skidelsky dans « *How much is enough* ? », Robert Costanza dans *Vivement 2050 !* ou encore Joseph Stiglitz pour ses travaux sur

---

16 / La grande désillusion, 2002.
17 / L'âge des rendements décroissants, éditions Economica, 2000.
18 / Le principe de responsabilité, 1979.
19 / Le pari de la décroissance, 2006.

l'asymétrie de l'information ou la grande cupidité de notre monde) remettent en cause la croissance comme moteur possible de notre développement futur.

Tim Jackson insiste pour indiquer que la croissance est incompatible avec les ressources limitées de la planète. Il convient selon lui d'envisager un découplage absolu entre développement économique et utilisation des ressources naturelles.

Edward et Robert Skidelsky essaient d'identifier les « biens basiques » propres à promouvoir le « bien vivre ». Parmi les biens basiques, on compte : la santé, la sécurité, le respect, l'harmonie avec la nature, l'amitié et le loisir. Ils souhaitent l'avènement d'un état stationnaire de l'activité sur notre planète afin que nos sociétés en finissent avec leur insatiabilité. Car cette insatiabilité est le fruit de notre utilitarisme généralisé qui nous fait abandonner la notion de valeur d'usage au profit de la valeur d'échange.

Robert Costanza recommande l'abandon de l'objectif universel de croissance du produit intérieur brut pour lui substituer des objectifs d'autonomie matérielle, de distribution équitable et de bien-être humain.

Elinor Ostrom, Gael Giraud

La théorie des communs (Elinor Ostrom, Gael Giraud...) est à cheval entre le libéralisme et le collectivisme. Elle remet en cause le régime de la propriété à jouissance exclusive du propriétaire à partir du moment où cette propriété privée est parfois gérée en commun. Et c'est bien cette gestion en commun, ce partage lorsqu'il est correctement mené par une communauté d'humains rassemblés et organisés autour de sa gestion, qui créée la durabilité de la ressource. C'est pourquoi les économistes du développement s'y intéressent particulièrement, notamment depuis la montée en puissance de la thématique du développement durable. La valeur d'usage d'un bien commun est ainsi remise au goût du jour. A la différence du bien public, qui est géré par l'Etat, le bien commun peut-être géré soit par une communauté de personnes privées (exemple : une coopérative) ou par la société civile (exemple : une association de préservation du patrimoine culturel).

Sur le plan théorique, le point essentiel consiste à revisiter le régime de la propriété. Entre le droit exclusif relevant de la propriété privée et l'ouverture à tous d'un bien public, la théorie montre qu'il existe un « faisceau de droits » – le droit d'accès, le droit de prélèvement, le droit de gestion, le droit d'exclure et le droit d'aliéner (céder un des droits précédents) – répartis différemment entre les associés au partage d'une ressource, selon qu'ils sont propriétaires avec ou sans droit d'aliénation, détenteurs de droits d'usage et de gestion ou usagers autorisés. Il existe donc un espace entre le bien privé et le bien public qui s'appelle le bien commun. Il s'agit d'une ressource naturelle ou culturelle que partage un groupe, avec des règles précises de distribution, de préservation et de promotion.

La définition des communs que l'on peut tirer de l'analyse d'Elinor Ostrom est la suivante : « *Ensembles de ressources collectivement gouvernées, au moyen d'une structure de gouvernance assurant une distribution des droits entre les partenaires participant au commun et visant à l'exploitation ordonnée de la ressource, permettant sa reproduction sur le long terme.* »

Selon Elinor Ostrom, des organisations sociales parviennent ainsi à gérer, en les partageant tout en les protégeant, des ressources communes (exemples : eau nécessaire à des propriétaires privés pour irriguer leurs parcelles, gestion commune d'une source d'énergie, coopérative agricole, coopérative de matériels agricoles mais aussi la biodiversité mondiale, la qualité des océans, le patrimoine culturel de l'humanité…). Les règles de gestion peuvent être informelles, mais l'implication des individus concernés est toujours forte. On peut définir plusieurs principes fondamentaux qui gouvernent les communs : (1) *des groupes aux frontières définies (2) des règles régissant l'usage des biens collectifs qui répondent aux spécificités et besoins locaux (3) la capacité des individus concernés à les modifier (4) le respect de ces règles par les autorités extérieures (5) le contrôle du respect des règles par la communauté qui dispose d'un système de sanctions graduées (6) l'accès à des mécanismes de résolution des conflits peu coûteux (7) la résolution des conflits et activités de gouvernance organisées en strates différentes et imbriquées.*

Chaque commun possède des caractéristiques propres. En revanche, les communs en général se définissent principalement par les relations qui s'établissent entre les individus ou communautés pour la gestion des ressources, et non simplement par les ressources elles-mêmes. « *Ce qui est alors ouvert au partage n'est pas seulement une ressource, mais bien un agencement social particulier ; en conséquence, la préservation de la ressource passe par la prise de conscience des interactions sociales qui permettent le partage.* » C'est par la mise en commun que la ressource est préservée et que l'on peut donc rattacher cette école de pensée au courant environnementaliste.

Sur le plan du développement durable, face à la disparition ou à l'altération de certaines ressources finies de la terre, la mise en commun de ce patrimoine avec des règles de partage s'avère être un facteur de durabilité de ces ressources elles-mêmes.

Esther Duflo et Abhijit Barnerjee

Esther Duflo et Abhijit Barnerjee sont les promoteurs d'une nouvelle méthode d'évaluation des mesures de nature économique qui leur a valu le prix Nobel en 2020. Cette nouvelle méthode donne des perspectives nouvelles à l'aide publique au développement dont les résultats et l'impact sont difficiles à mesurer et dont les effets réels sont souvent discutés. Elle est relativement simple à expliquer. On teste une mesure simple de politique économique dans la durée au moyen d'un groupe cible qui en bénéficie et d'un groupe témoin qui n'en bénéficie pas. On peut donc établir ensuite si la mesure testée, a ou non un effet sensible positif, négatif ou nul sur la population qui en bénéficie. Il s'en suit une adaptation vertueuse des politiques publiques en fonction de ce retour d'expérience. Les effets possibles d'une mesure ne sont donc plus modélisés au moyen d'une approche théorique ; ils sont testés sur le terrain par une approche expérimentale à caractère scientifique la plus objective possible. Le grand enjeu de l'application de cette méthode au champ social, économique, voire environnementale est de pouvoir sélectionner les politiques qui apportent un bienfait en matière de développement par rapport à celles qui ne produisent pas d'effets significatifs. Toute chose étant égale par ailleurs, on peut donc en arriver, par tests successifs, à améliorer l'efficacité et même l'efficience des politiques publiques qui ont parfois un coût budgétaire important ou bénéficient d'un appui financier extérieur sous forme d'aide publique au développement.

Toutefois, il existe quelques limites à l'utilisation de cette méthode. Tout d'abord, c'est une méthode expérimentale relativement onéreuse dont les résultats ne sont pas immédiats. Effectivement, tester une mesure publique sur plusieurs années avec un groupe cible et un groupe témoin coûte cher. C'est un coût qui n'est pas à la portée de la plupart des pays en développement. Pour les petits projets de développement de 3 à 5 ans, est-il véritablement possible de supporter en amont un tel dispositif avant d'intervenir ? De plus, comment tester une politique souvent composée d'une combinaison de mesures et en extraire une mesure particulière, bien difficile à isoler pour la tester ? Enfin sur le plan méthodologique, ces tests grandeur nature sont ardus à mettre en place, complexes à interpréter au-delà des résultats qu'ils ont produits dans le contexte particulier de l'expérience. Cela veut dire qu'il est à la fois aléatoire d'en étendre le champ géographique, le fameux passage à l'échelle dans un même pays, comme il est aléatoire d'en utiliser les résultats dans d'autres contextes particuliers. En d'autres termes, une expérience donne des résultats dans un contexte particulier mais ce contexte particulier est spécifique et il est bien difficile d'en tirer des conclusions pour l'action ailleurs. Est-ce à dire que ces expérimentations ne servent à rien, ne sont pas utiles pour l'action et la définition de politiques publiques efficaces ? Non bien évidemment. Elles aident notamment à déconstruire les discours les mieux établis. Mais leur champ d'utilité pour les politiques publiques est relativement contraint. Il convient d'avoir le temps d'attendre. Il convient d'avoir la technicité requise pour mettre en place le test. Il convient de disposer des financements nécessaires pour opérer ce test préalable avant l'action. Il convient enfin de disposer d'un contexte particulier suffisamment homogène et étendu pour en tirer des mesures de politiques économiques, sociales ou environnementales pour le plus grand nombre.

Deux exemples pour mieux comprendre cette difficulté d'application. Un test sur le bon prix de l'eau potable pour une meilleure utilisation de ce bien dans un pays donné n'aura pas la même portée dans un milieu urbain ou dans un milieu rural, dans un contexte de pénurie ou dans un contexte d'opulence, dans un contexte où les fraudes sont possibles et un autre où elles ne le sont pas, dans un contexte de croissance économique ou de récession, dans un contexte d'alternatives possibles gratuites ou non, dans un contexte préalable de forte utilisation ou de faible utilisation de l'eau, dans un contexte budgétaire tendu ou non… Autre exemple, s'agissant de la distribution gratuite de manuels scolaires dans les écoles et leurs possibles impacts positifs sur les élèves. Ces derniers n'auront pas le même impact s'ils sont adaptés ou non à ceux qui les utilisent, enseignants et écoliers, s'ils s'intègrent ou non à la pédagogie pratiquée sur place, si le niveau des classes est homogène ou hétérogène, si leur distribution a été précédée ou non d'une formation des équipes pédagogiques… Hélas, l'efficacité des politiques publiques dépend souvent de circonstances particulières qu'il n'est guère possible d'expérimenter au préalable, qu'il n'est guère possible de modéliser tant l'interaction entre différents facteurs est complexe, qu'il n'est guère possible de généraliser ou d'exporter à l'extérieur, qu'il n'est guère possible de prévoir à l'avance. Esther Duflo et son équipe ont le grand mérite de nous avoir apporté une méthodologie complémentaire pouvant améliorer nos politiques. Qu'elle en soit vivement remerciée, même s'il ne s'agit pas de la panacée pour lutter partout contre la pauvreté.

Dans leur dernier livre « Economie utile dans des temps difficiles » aux éditions du Seuil, Esther Duflo et Abhijit Barnerjee, prix Nobel d'économie en 2020 nous proposent un vaste panorama des analyses et réponses proposées par la science économique aux grandes questions qui agitent aujourd'hui le débat politique mondial.

Ainsi, les problématiques fort discutées des migrations, du commerce international, de la croissance, de l'environnement, du rôle et de la légitimité de l'Etat, de l'automatisation, des politiques de redistribution sociale sont tour à tour analysées. Les auteurs ont le souci de faire partager ce qui émerge de la science économique de qualité, dont on connait peu les avancées récentes. Abhijit Banerjee et Esther Duflo comparent l'approche des économistes à celles de plombiers qui, munis d'une bonne caisse à outils, trouvent les bonnes solutions à chaque cas particulier, comme le ferait un médecin. Ils n'ont pas l'ambition démesurée de se comparer à des ingénieurs ou plus encore à des physiciens ou des mathématiciens qui travaillent sur des sciences exactes. Ils opèrent sur le vivant, dans le domaine des sciences sociales, avec toutes les limites mais également toute la richesse des interprétations possibles.

Sur l'ensemble des thèmes traités, il existe un grand écart, voire des contradictions entre ce que l'on dit habituellement de certains sujets, objets de lutte politiques et idéologiques sévères, et la réalité de ce que la science économique, la vraie, nous enseigne.

La première problématique évoquée par les auteurs est celle des migrations. Contrairement aux affirmations courantes qui font des migrations un danger pour les travailleurs non qualifiés, un risque pour l'emploi, une perte assurée de revenu, toutes les études sérieuses montrent qu'il n'en est rien. L'explication majeure de cette mauvaise intuition tient au fait que le fonctionnement du marché du travail, tel qu'on l'enseigne habituellement, avec une courbe de l'offre et une courbe de la demande qui se croisent, est bien différent d'un tel schéma. En réalité, l'arrivée de migrants crée de nouveaux emplois, restructure le marché de l'emploi pour les moins qualifiés : migrants d'un côté qui occupent les emplois que personne ne veut occuper localement ; main d'œuvre non qualifiée locale de l'autre qui se positionne sur un autre segment du marché. Cela se traduit en général par un surcroît d'activité dont les travailleurs du pays d'accueil peuvent profiter. Ce surcroît d'activité est lié en partie aux dépenses réalisées sur place par les migrants. A l'inverse, la venue de main d'œuvre qualifiée entre en concurrence directe avec la main d'œuvre qualifiée locale du pays d'accueil et fait donc baisser les salaires. Contrairement à ce que l'on dit habituellement, le marché de l'emploi n'est pas un marché comme les autres. La mobilité y est beaucoup plus faible qu'envisagée, beaucoup trop faible et incertaine en tout cas pour la modéliser en formule mathématique prévoyant une allocation optimale des ressources dans une économie de marché fonctionnant à l'optimum. Cette faible mobilité des personnes sur le marché du travail s'applique également aux migrations qui pourraient être beaucoup plus importantes mais restent finalement limitées sur longue période, bien loin d'atteindre l'invasion que redoutent certains. Les candidats à la migration vivent en effet un véritable déchirement, plein de risques et d'incertitudes, car il leur faut quitter leurs proches, leurs familles, leurs modes de vie, ce qui s'avère très difficile. La mobilité des personnes à l'intérieur d'un pays, comme entre pays est donc fortement freinée. Or, c'est justement une plus grande mobilité des personnes et donc du travail qui permettrait à l'économie de fonctionner à son optimum en matière de bonne allocation des ressources. La migration doit être considérée comme une mobilité complémentaire possible sur un marché du travail déjà rigide à l'intérieur. C'est pourquoi, contrairement à ce que l'on dit habituellement, les migrations ont un effet positif sur la création de richesses.

Le deuxième thème abordé par les auteurs est celui des effets du commerce international. Ils sont souvent présentés par certains comme particulièrement néfastes pour les travailleurs qui subissent les délocalisations, qui subissent les pertes d'emplois et de revenus. Certains hommes politiques répondent à ces angoisses par des politiques protectionnistes, par le réengagement de guerres commerciales, par l'instauration de droits de douanes. Là encore, on fait fausse route. Le commerce international est intrinsèquement favorable à la croissance économique. Il permet une meilleure allocation des ressources, donc une croissance plus forte créatrice de richesses. Chaque pays est doté d'avantages comparatifs à produire des biens et services. En revanche, ce que ne disent pas assez ou pas du tout les économistes spécialisés dans le commerce international, c'est qu'il y a des perdants (entreprises, individus) à l'ouverture au commerce international, qu'il s'agit de considérer, d'aider et de ne pas occulter. C'est le rôle de l'Etat d'intervenir et de permettre aux perdants de se voir attribuer une partie de la richesse produite supplémentaire, grâce au développement des échanges internationaux.

Le troisième grand thème questionné est celui de la croissance. Les auteurs indiquent qu'ils sortent ici de leur domaine direct de compétences. Mais surtout, ils admettent partager humblement et modestement sur ce thème qui ne fait pas consensus au sein de la communauté des économistes de renom. Selon eux, les ressorts de la croissance, la combinaison de facteurs à même de l'expliquer dans le temps et dans l'espace, les comportements individuels, le niveau de productivité totale des facteurs sont si complexes à agréger qu'ils sont difficilement modélisables et restent pour l'essentiel cachés. Impossible de démêler les causes des effets, impossible de dire ce qui dans une politique à favoriser ou non la croissance, impossible de la prévoir à court terme moyen terme ou long terme. C'est donc un agrégat macroéconomique que l'on constate plus qu'on ne peut le prévoir. La croissance se mesure en général sous la forme du PIB. On 'assimile trop souvent la croissance du PIB à un surcroît de bien-être. Cette croissance est nécessaire pour lutter contre la pauvreté et les inégalités. Les politiques qui encouragent la mobilité des travailleurs, qui assouplissent la rigidité de certaines économies, qui s'ouvrent au commerce extérieur, favorisent la croissance et l'accumulation des richesses. Toutefois, les fruits de la croissance sont plutôt mal répartis. Il revient à l'Etat de veiller à ce que chacun en profite. Pour ce faire, il est contre-productif économiquement que les inégalités aillent croissantes au sein d'un même pays, mais également entre pays. Cette politique d'intervention de la puissance publique, de redistribution, de taxations des plus fortunés n'est d'ailleurs pas défavorable à la croissance, bien au contraire. Sur le long terme, il n'y a pas de convergence obligatoire entre le niveau de développement des pays en développement et des pays développés. Une grande partie de ce résultat s'explique par les rigidités plus fortes des économies des pays en développement. Plutôt que d'essayer que ces pays pauvres fabriquent un peu plus de croissance, ce qui échappe à nos connaissances, assurons-nous qu'ils utilisent en premier lieu le mieux possible leurs ressources. Assurons-nous qu'ils améliorent leur intégration interne (fluidité de leurs marchés du travail et du capital, infrastructures internes), tout en menant des politiques qui améliorent le bien-être des plus pauvres.

Les autres thèmes abordés ont trait au réchauffement climatique, aux effets du progrès technique, au rôle de l'Etat, aux politiques de redistribution sociale. Sur le réchauffement climatique, les auteurs montrent comme cet enjeu est crucial pour l'avenir de l'humanité. Ils pointent la grande injustice de sa résolution qui voudrait que les pauvres soient aujourd'hui bridés dans une consommation supplémentaire d'énergie, pourtant facteur d'un bien-être additionnel, alors que les riches qui ont déjà presque tout ne doivent se priver que du superflu et surtout, peuvent se protéger plus efficacement des effets du réchauffement. Esther Duflo et Abhijit Barnerjee insistent sur le fait que les pays pauvres et les pauvres des pays pauvres sont les premières victimes de ce dérèglement provoqué par l'activité humaine des 10 % les plus riches. Ils rappellent la grande corrélation existante (90 %) entre croissance économique et rejet de CO2. Pour combattre le réchauffement climatique qui est présenté comme une urgence du présent, les outils à notre disposition se composent de la taxation des activités polluantes, de l'emploi et du subventionnement de nouvelles technologies propres, mais surtout par la fin du « toujours plus » en matière de consommation. Notre avenir passe non pas par la décroissance mais plutôt par la construction d'un bien-être partagé au sein d'une économie de marché qu'il convient de réguler.

S'agissant des effets de l'automatisation et de l'intelligence artificielle, Esther Duflo et Abhijit Banerjee nous montrent que les économistes n'en sont plus à nous dire que ces nouvelles technologies créeront plus d'emplois qu'elles n'en détruisent mais qu'il convient de se préparer à cette onde de choc qui verra des emplois de plus en plus qualifiés s'automatiser pour être remplacés par des robots. Plutôt que nier le problème, il convient de l'aborder en face, en accompagnant cette mutation par des politiques sociales permettant une transition possible pour les travailleurs les plus impactés.

Le rôle de l'État et sa légitimité à faire ce que le marché ne veut ou ne sait pas faire, doivent être recouvrés. La puissance publique peut être débarrassée de son image d'inefficacité et de corruption qui ne colle pas aux résultats de la recherche. La puissance publique, quand elle est dotée des moyens suffisants pour intervenir et corriger les insuffisances du marché (faible mobilité des personnes, rigidité de l'économie, perdants de l'économie du marché et des nouvelles technologies) est irremplaçable. Dans les pays riches comme dans les pays pauvres, cela passe par la mise en œuvre de politiques de redistribution, et notamment de transferts sociaux conditionnels ou non conditionnels, de l'instauration peut-être d'un revenu universel pour tous, ce qui demanderait des ressources budgétaires complémentaires. Les auteurs indiquent simplement que l'on ne sait toujours pas à long terme, faute de tests précis, si ces mécanismes sociaux apportent un surplus sur le plan économique. Simplement, on sait par des tests randomisés que ces politiques bien menées améliorent les conditions de vie des populations les plus pauvres. Il s'agit en priorité de respecter la dignité des plus pauvres, des plus fragiles et cette dignité passe souvent par l'obtention d'un travail. L'assistanat de long terme n'est donc peut-être pas une solution. Les auteurs finissent leur propos en souhaitant que les recherches s'intensifient afin de fabriquer de bonnes politiques de protection sociale dont nous avons tant besoin, au Nord comme au Sud.

Repenser l'économie afin de disposer d'une nouvelle *« boussole »* pour notre XXIe siècle, telle pourrait être l'ambition première de l'économiste britannique Kate Raworth qui enseigne à l'université d'Oxford et à l'institut pour le développement durable de Cambridge.

Kate Raworth nous invite à transformer notre approche de l'économie afin qu'elle se dote d'un but, d'un sens, d'une trajectoire nous permettant d'affronter les défis sociaux et environnementaux d'aujourd'hui et de demain. Sa théorie est clairement exposée dans un livre édité aux éditions Plon. (20)

Pour ce faire, il nous faut nous dit Kate Raworth rapidement abandonner les schémas du passé qui gouvernent encore trop souvent notre pensée et nos

---

20/ Kate Raworth, la théorie du Donut, éditions Plon 2018.

actions économiques. Abandonner notre culte du PIB, sa croissance infinie, qui ne cadre pas avec les limites environnementales de notre planète, qui ne cadre pas avec un accroissement du bien-être partagé. Abandonner notre soumission quelque peu aveugle au marché, comme s'il s'agissait du seul moyen de satisfaire nos besoins et d'accéder à la prospérité collective. Abandonner les vieux schémas de l'économie classique et néoclassique qui voudrait que la croissance soit absolument nécessaire, que les courbes de l'offre et de la demande se croisent et s'équilibrent, qu'il faille obligatoirement en passer par de la souffrance et des inégalités pour engendrer le développement, comme cette courbe en U inversé de Kuznets. Contredire W. Arthur Lewis, pourtant théoricien fondateur de l'économie du développement, lorsqu'il soutient que le développement est nécessairement *« inégalitaire »* et les revenus entre les mains des seuls riches pour investir (21).

Refuser également cette représentation simplifiée et caricaturale de l'homo économicus (22), formaté comme étant un être rationnel, omniscient, individualiste, calculateur, dans le seul but de modéliser son comportement au moyen d'outils mathématiques. Abandonner enfin la culture exclusive du profit pour l'entreprise en faveur d'actionnaires qui en veulent toujours plus. *« Écartons l'équilibre et commençons à penser en systèmes ». « Arrachons les courbes iconiques de l'offre et de la demande à leur croisement rigide, et tordons-les pour en faire des courbes de rétroaction ».* Renonçons à la sacro-sainte notion *« d'externalités »* ou *« coûts externes »* pour la simple raison que nous ne les avions pas prévues dans nos théories économiques (23).

Comme le suggérerait déjà Friedrich Hayek dans les années 1970 : *« les économistes devaient ressembler moins à des artisans façonnant leur ouvrage et davantage à des jardiniers soignant leurs plantes ».* En effet, il nous faut selon l'auteure cesser de croire à l'autorégulation, au laisser-faire. Il nous faut surtout ne plus raisonner avec les instruments du passé d'une science économique d'autrefois.

Afin de sortir des méandres et des archaïsmes de l'économie d'hier, l'auteure nous propose une autre trajectoire pour l'économie du XXIe siècle qui est représentée, qui est illustrée, qui est schématisée par le Donut, cette image d'un beignet circulaire, creux à l'intérieur, qui théorise le nouveau territoire des possibles pour notre humanité. Il s'agit de donner à tous les moyens d'un bien-être social. C'est ce que l'auteure appelle *« le fondement social du bien-être humain »* ou plancher en dessous duquel il ne faut pas descendre. Il s'agit également de respecter les limites environnementales de notre planète. C'est ce que l'auteure appelle *« le plafond écologique de pression planétaire »* ou limite qu'il convient de ne pas dépasser. Entre ce plancher et ce plafond, il y a l'espace au sein duquel nous devrions tous avoir pour objectif de nous situer, un *« espace juste et sûr pour*

---

21 / Ibid 226
22 /Ibid p 134
23 /Ibid p 194

l'humanité ». C'est ce nouvel objectif qu'il faut atteindre pour notre économie du futur.

Bien entendu, les pays riches et développés ont déjà crevé le plafond écologique. Ils doivent donc se convertir rapidement à la croissance verte, ou si cette dernière n'est finalement qu'un leurre, se résoudre à *« atterrir »* ou à *« décroître »* pour ne pas continuer à dégrader notre environnement. Pour les pays en développement à faible revenu, il convient d'atteindre le plancher social, par de la croissance verte qui ait un caractère clairement redistributif dès l'origine.

Les activités économiques du futur ne sont plus des activités qui doivent dégrader l'environnement mais le régénérer. Les atouts de l'économie circulaire sont mis en avant. On ne raisonne plus de manière linéaire, mais en systèmes interdépendants et complexes, avec des boucles de rétroaction, qui nous pousse souvent vers l'inconnue et nous ramène parfois vers l'équilibre. Comme le suggère Donella Meadows (24) citée par l'auteure : *« Soyons réalistes, l'univers est une vraie pagaille. Il est non linéaire, perturbé, chaotique. Il est dynamique. Il passe son temps en transit d'une chose à l'autre, et non dans un bel équilibre mathématique… »*

Les acteurs économiques qui comptent et peuvent agir sur cet environnement instable n'en sont plus réduits à laisser-faire exclusivement le marché. Les ménages, l'État, les communs, les entreprises ont également leurs rôles à jouer dans une économie qui devient *« agnostique à la croissance »*, c'est-à-dire qui est capable de créer du bien-être pour tous, indépendamment de l'évolution positive ou négative de la croissance économique qui n'est plus un objectif en soi. L'économie des ménages qui était exclue du marché, qui était parfois grignotée par le marché, reprend sa place et ses lettres de noblesse. Elle n'est pas marchande. Elle est difficilement quantifiable et pourtant elle est présente au quotidien, et est en capacité d'améliorer notre vie de tous les jours. L'État n'est plus exclu. Il se doit d'intervenir. Il a même un rôle éminent d'impulsion, de cadrage par ses investissements, par les impôts et les taxes, dans la mise en place d'une économie qui régénère à dessein les attributs de la nature et du vivant. Les communs, ces ressources partageables issues de la nature et de la société utilisées et gérées en groupe, sont créatifs et de mieux en mieux gérer. Le marché doit être prudemment encadré par des réglementations publiques, et intégré au sein de l'économie, en étant rendu compatible avec la préservation des cycles de la nature. Pour les entreprises, il faut qu'elles passent comme le dit Todd Johnson : *« de l'indifférence sociale à la bienfaisance sociale »* comme c'est le cas pour les *« entreprises à mission »* ou les entreprises *à « objet social étendu »*. Leur responsabilité ne peut plus être, comme le déclarait Milton Friedman dans les années 1970, simplement *« d'augmenter les profits »* (25).

24/ qui a été une des auteurs avec son mari Dennis Meadows du rapport du Club de Rome publié en 1972 et consacré aux *« Limites de la croissance »*.
25 / Ibid p.312

Dans le débat qui oppose les tenants de la croissance verte et les adeptes de la décroissance, l'auteure se refuse de trancher. La croissance verte dans les pays développés apparaît nécessaire mais plus que timide alors qu'elle devrait remplacer très rapidement la vieille économie. La décroissance est difficile à imaginer pour les populations des pays en développement qui n'ont pas encore atteint le plancher du socle social. C'est pourquoi l'auteur nous propose d'être *« agnostiques »* par rapport à la croissance, afin qu'elle ne soit plus considérée au centre de l'échiquier économique mais à sa périphérie, le centre étant constitué par le Donut qui nous oriente vers l'objectif à atteindre.

L'économie n'est donc plus cette science réduite et quelque peu rabougrie limitée à la seule remorque d'un PIB qui croit. Elle redevient une science sociale, politique, riche de sa diversité, capable d'afficher des objectifs pour tous, une science qui embrasse le vivant, tous les vivants, en connexion permanente avec les cycles de la Terre.

La théorie du partage par le socle d'indépendance de Stéphane Madaule (26)

Jusqu'au milieu du XXe siècle, nous pouvions croire que les ressources naturelles de la Terre avaient un caractère infini. Il était alors possible de faire fonctionner le moteur de la compétition pour exploiter ces ressources. La logique de l'accaparement et la logique de l'exploitation sans limites étaient alors possibles. La mondialisation économique s'est construite sur ces bases.

Aujourd'hui, nous savons que les ressources naturelles de la Terre ont un caractère fini. Nous pouvons bien entendu attendre du progrès technique que certaines limites soient dans certains cas repoussées, que de nouvelles ressources soient rendues exploitables, nous constatons cependant que plusieurs ressources naturelles indispensables s'épuisent (phosphate comme intrant pour les cultures), que de nombreux milieux se dégradent (air, eau, terre).

Il nous faut donc apprendre à gérer un nouvel équilibre entre l'Homme et son environnement. Le patrimoine commun trouve ses limites. Le partage devient nécessaire, voire obligatoire.

Afin de permettre que ce partage s'effectue au mieux, la théorie présentée recommande l'adoption d'un socle d'indépendance, c'est-à-dire qu'un premier équilibre entre populations et ressources soit trouvé au niveau de chaque pays dans la satisfaction des besoins fondamentaux (et à l'intérieur de chaque pays, entre bassins de production et bassins de population) de manière à privilégier les circuits courts dans une approche d'équilibre territorial entre la géographique physique et la géographie humaine. Le but est de multiplier les équilibres particuliers (au niveau de chaque pays) pour aller vers un équilibre général entre

---

26/ Stéphane Madaule dans le livre « Plaidoyer pour une nouvelle modernité, théorie du partage par le socle d'indépendance », 2014 Harmattan.

exploitation des ressources naturelles de la planète et satisfaction des besoins fondamentaux de la population mondiale.

L'intérêt du détour par le socle d'indépendance est de mieux appréhender les limites, de permettre à chaque pays de n'exploiter pas plus de ressources qu'il ne possède et d'adopter ainsi une trajectoire de développement durable particulière. Les limites sont présentes et effectives dès le niveau local et chaque pays doit en tenir compte dans la définition de son modèle de développement.

On évite ainsi quatre écueils :

- L'approche par le haut, une gouvernance mondiale face à une mondialisation, si difficile à mettre en place et à envisager en ce qui concerne l'économie.
- La systématisation de l'échange avec l'extérieur qui brouille la notion de limites et entraîne la compétition et la surexploitation de certaines ressources.
- La croyance dans un progrès technique infini, capable in fine de résoudre tous nos problèmes.
- La difficile prise en compte par le marché du long terme, incapable de renseigner correctement sur l'épuisement ou l'altération de certaines ressources (biens publics mondiaux comme l'air et l'eau ou matières premières dont le prix fluctue parfois à la baisse alors que les disponibilités se réduisent comme pour le pétrole).

Toutefois, certains pays disposent à l'évidence de stocks de ressources naturelles différents. Il ne peut y avoir égalité complète entre pays sur le plan de la dotation en ressources naturelles par habitant. La théorie présentée intègre cette inégalité de fait qui ne peut être corrigée. Néanmoins avec ces dotations particulières, chaque pays doit être en capacité d'assurer la satisfaction des besoins fondamentaux de sa population.

Pour résumer, le raisonnement est donc le suivant :

(1) Dans le passé, les ressources naturelles de la Terre étaient considérées comme infinies, d'où la mise en place d'une logique d'exploitation, de compétition exacerbée, d'insatiabilité poussant à l'accaparement.

(2) Aujourd'hui et dans le futur, les ressources naturelles de la Terre ont un caractère fini, d'où la nécessité d'instaurer une logique de partage.

(3) Pour rendre ce partage possible, plutôt que d'attendre la mise en place très hypothétique d'une gouvernance mondiale, plutôt que d'effacer les limites par l'échange systématique avec l'extérieur, plutôt que d'anticiper les effets salvateurs du progrès technique, le socle d'indépendance permet au niveau de chaque pays de récréer les conditions d'une multiplication d'équilibres particuliers tenant compte des ressources naturelles de chaque pays. Le partage dans l'équilibre a donc lieu au niveau de chaque pays.

(4) De l'addition de ces équilibres particuliers naît un équilibre général au niveau de la planète qui permet une trajectoire de développement durable pour tous.

Le bien-être du plus grand nombre ne se mesure plus à l'aune du niveau de consommation atteint par chaque individu. C'est plutôt donner aux hommes et aux femmes de cette planète la faculté de choisir leurs activités, leurs cultures, en leur permettant de satisfaire par eux-mêmes. Il convient d'élever le niveau des capabilités de chacun : C'est-à-dire au sens d'Armatya Sen, le créateur de ce concept, la possibilité effective pour chaque individu de choisir son avenir car bénéficiant au préalable de droits sociaux dont un droit à l'éducation, soit selon ses termes une liberté positive. Il s'agit également de satisfaire les besoins fondamentaux (se nourrir, se loger, se vêtir) en respectant le capital naturel de notre Terre. Le bien-être qui est une notion essentiellement qualitative et non quantitative, dépend également de la qualité des relations sociales (cohésion sociale), du degré d'équité de la société (inégalités), du degré des libertés publiques (démocratie). On sort donc du schéma de la mesure par la production et la consommation (PIB) pour entrer dans une approche du bien-être, essentiellement qualitative, qui conduit au partage dans un monde aux ressources finies. On se rapproche de nouveaux indicateurs comme l'Indicateur de Développement Humain (IDH) défini par Armatya Sen et utilisé notamment par le Programme des Nations unies pour le développement (PNUD). L'IDH ne raisonne plus uniquement en termes d'évolution du PIB mais intègre également le niveau d'éducation, la santé, l'espérance de vie. La science économique n'est plus essentiellement au service de la consommation du plus grand nombre, indépendamment des contraintes sociales ou environnementales, mais se transforme en économie écologique et politique, au service de l'humain. La construction de modes de production et de consommation durables est alors possible, à l'écart de contraintes de compétitivité trop étroites, de court terme et qui favorisent la croissance des externalités négatives (consommation non payante dans l'acte de production des biens communs).

Le développement durable se construit d'abord au niveau local au sein d'une même nation. Et c'est de l'addition de ces trajectoires durables adaptées à chaque contexte que peut naître un développement durable pour tous qui préserve dans la durée et pour les générations futures les potentialités de la planète. L'approche du développement durable par le bas, l'équilibre durable des territoires nationaux, peut précéder une approche par le haut, des accords internationaux sur le développement durable, si difficiles à obtenir.

Ainsi, on s'assure en premier lieu que tout territoire national qui porte une population donnée, avec ses caractéristiques particulières, est en capacité d'assurer dans la durée le bien-être de tous, sans compter en premier lieu sur l'extérieur. On réapprend la notion de limites et donc de partage. Et de cet équilibre dans la durée des territoires nationaux, on débouche naturellement sur un équilibre général au niveau de la planète.

On évite ainsi de trop grandes distorsions entre zones de production et zones de consommation qui aboutissent parfois à une exploitation trop intensive de certaines ressources. On n'extrapole plus l'existence à distance, hors du territoire national, de ressources auxquelles on pourrait avoir accès sans se soucier de leur exploitation dans la durée. On « recontextualise » le développement de chacun de préférence à un développement hors-sol, sans frontières et sans limites, adossé sur l'échange qui se soucie peu des contraintes environnementales.

Bien entendu, les échanges économiques avec l'extérieur, notamment sur le marché mondial, sont toujours possibles mais ils ne représentent plus l'axe de polarisation essentiel de l'activité locale qui est plutôt centrée sur l'exploitation durable de chaque territoire. Le marché mondial ne constitue plus la référence par rapport à laquelle tout producteur doit se caler. La référence redevient locale, et donc multiple et diverse car basée sur la définition du bon équilibre entre une population donnée, munie de ses caractéristiques particulières, et la gestion durable de son milieu.

Les écarts de productivité à l'échelle mondiale sont plus élevés que les écarts de productivité qui existent au sein d'un territoire donné. Ainsi, les coûts d'adaptation par rapport à une norme mondiale sont parfois particulièrement élevés et rudes, voire impossibles à atteindre pour certains producteurs.

Ainsi dans certaines activités, les écarts de productivité vont de 1 à 1000 à travers le monde, à l'exemple de l'agriculture. Il est donc très peu probable que dans un univers de concurrence libre et non faussée, le producteur le moins productif puisse s'adapter aux conditions de concurrence fixées par le marché mondial. S'il est directement connecté au marché mondial, le producteur local risque de perdre son activité, de perdre son emploi, sans garantie d'en retrouver un autre. Le choc de la concurrence indifférenciée, de l'ouverture sans précautions risque d'être particulièrement destructeur pour ceux que les circonstances et le contexte local rendent peu productifs sur le plan quantitatif.

Or, chacun doit continuer à avoir le droit de produire pour vivre, le droit de travailler pour vivre, surtout si le milieu dans lequel il évolue n'est pas forcément des plus propices à une productivité élevée (agriculture de montagne ou en zone fragile ; production industrielle dans des zones enclavées ; capacités de résistance dans les zones climatiques difficiles, activités dans les zones arides). Cette activité locale ne doit pas disparaître au motif qu'elle ne correspond plus aux standards internationaux fixés par d'autres.

En revanche, sur le plan du territoire national, qu'une concurrence existe entre différents producteurs afin de susciter des gains de productivité de partenaires jouant avec des atouts comparables, c'est nécessaire et humainement concevable. On accepte et on organise l'émulation entre systèmes de production relativement proches qui fonctionnent dans un même cadre. Ces systèmes de production sont bien adaptés aux territoires en termes de productivité et d'emplois offerts et doivent respecter l'environnement (économie de qualité plus qu'économie de quantité). En revanche, on rejette la compétition entre le très fort et le très faible où le résultat du match est connu d'avance.

Dans un système de développement durable adapté à chaque milieu qui n'est plus influencé par un centre omnipotent, la multiplicité des choix de modèles économiques et sociaux différents, selon les caractéristiques particulières des territoires nationaux sur le plan physique et humain (culture, choix démocratique exprimé), devient à nouveau possible.

D'un monde économique et social unipolaire centré sur les signaux délivrés de manière univoque et parfois erratique par les marchés mondiaux, on passe à un monde économique et social multipolaire où la diversité des trajectoires est à nouveau possible. Les choix démocratiques sont ainsi mieux respectés, l'adaptation à plusieurs centres étant possible.

Il s'agit d'en revenir à une production de biens et de services qui répondent à un besoin et ne sont donc pas produits pour les valeurs d'échange qu'ils suscitent. Autrement dit, on essaie de sortir à la fois de la sphère de la spéculation, de la sphère de la consommation pour la consommation, de l'obsolescence programmée des produits qui suscite artificiellement la demande, de l'exploitation d'une ressource avec pour motivation essentielle l'obtention d'un gain financier. L'économie financiarisée doit se reconnecter à l'économie réelle et surtout ne pas faire l'impasse sur les externalités négatives d'une exploitation purement mercantile, lesquelles peuvent prendre plusieurs formes : dégradation de l'environnement par non-intégration des coûts indirects de modes de production destructeurs (pollution de l'air, de l'eau, réchauffement climatique, perte de biodiversité, dégradation des sols) ; raréfaction des ressources naturelles utilisées, sans se préoccuper de leur durabilité, pouvant entraîner l'extinction de la ressource à brève échéance.

De ce point de vue, un territoire géographiquement fini, bien délimité, doté de ressources naturelles non-renouvelables en quantité pouvant servir à d'autres territoires dans leur processus de production, devient en quelque sorte un des garants mondiaux de leur pérennité. Il doit veiller à les exploiter pour se développer en répondant à la demande externe, tout en apprenant à s'en servir dans la durée afin de préserver leur utilisation possible pour les générations futures. Le développement d'un pays ayant dans son sous-sol des richesses naturelles exploitables et prisées sur le marché international doit être fondé sur une approche de long terme, surtout si cette ressource n'est pas renouvelable.

On ne recherche pas la compétitivité prix à tout va mais plutôt l'économie de qualité qui intègre pour chaque produit et chaque service son adaptation à son milieu (emploi, environnement, durabilité, valeur d'usage, modes de production et de consommation durables). On vise la triple performance : économique, sociale et environnementale sans privilégier l'une par rapport à l'autre. Ceci veut dire de ne pas donner, comme trop souvent aujourd'hui, la primauté à l'atteinte de résultats économiques quelles que soient leurs conséquences sur le plan social (perte d'emplois, conditions de travail) ou environnemental (exploitation forcenée du capital naturel dont l'utilisation de certaines formes comme l'eau ou l'air est parfois gratuite).

Il s'agit de mutualiser, de partager au mieux le progrès technique et les connaissances nécessaires à l'établissement du socle d'indépendance, sans en faire des enjeux de compétitivité sur le plan économique. En d'autres termes, le progrès technique mutualisé vise à permettre au plus grand nombre dans le respect de l'environnement de se nourrir, de se loger, de se vêtir, de bénéficier d'un socle de protection sociale et d'une éducation pour tous. S'agissant de la sphère du socle d'indépendance, on s'éloigne d'une société basée sur la compétition pour se rapprocher d'une société de partage destinée à permettre au plus grand nombre une vie meilleure. Les moyens modernes de communication rendent les informations facilement disponibles. Ce n'est plus l'appât du gain qui constitue le moteur principal de la recherche privée ou publique. Ce qui motive la recherche, c'est également la rencontre de l'intérêt général pour la production et la diffusion des besoins de base. Dans ce premier cercle, le socle d'indépendance, le progrès technique est donc mis en commun. Au besoin, une organisation mondiale de la recherche peut contribuer à renforcer cette mutualisation en diffusant à tous les découvertes fondamentales qui permettent d'acquérir le socle d'indépendance.

Pour le reste de l'économie (deuxième et troisième cercles), le progrès technique peut se diffuser comme aujourd'hui (système des brevets) selon le même cadre en essayant d'éviter simplement qu'il renforce la dégradation du capital naturel. Le mode de financement de la recherche (privé ou public) demeure le même qu'actuellement.

Comme dans la prise en charge de l'environnement, le progrès technique et les connaissances relatifs au socle d'indépendance doivent être mis à la portée de tous. Ils ne peuvent faire l'objet d'enjeux ou de rivalités mercantiles. La création d'une organisation mondiale de la recherche comme la création d'une organisation mondiale de l'environnement, capables toutes les deux de se saisir avec efficacité de ces enjeux mondiaux sont souhaitables.

Cette nouvelle théorie ne s'inscrit pas en rupture avec la globalisation, puisqu'elle suggère un mode de fonctionnement où le partage en matière environnemental et sur le plan des connaissances ne peut se passer d'un échelon mondial. C'est en revanche à un autre type de globalisation qu'il est opportun de travailler : non pas celle d'aujourd'hui qui porte principalement sur le plan économique et social et demande une adaptation continue et indéfinie à une norme mondiale unique fixée par les marchés, mais plutôt une globalisation de partage en matière de connaissances et d'environnement (souveraineté partagée). En d'autres termes, il est approprié de rééquilibrer notre globalisation : retrouver de la souveraineté en matière économique et sociale, accepter de la souveraineté partagée en matière environnementale et pour une partie du progrès technique (socle d'indépendance).

La dépendance aux marchés en matière économique et sociale s'avère en effet incompatible avec le fonctionnement normal de la démocratie, qui se voit imposer de l'extérieur les grands choix à opérer. De plus, les écarts de compétitivité, les écarts de productivité entre les producteurs sont tels qu'il est difficile de créer un système harmonieux, une sorte d'aménagement du territoire à l'échelle de la planète qui permette la coexistence de bassins de production et de population suffisamment répartis où chacun puisse trouver sa place en matière de production, d'emploi et de mode de vie librement consenti.

Les ressources naturelles, on le sait aujourd'hui plus qu'hier, ont un caractère fini, même s'il est toujours difficile pour certaines d'entre elles de chiffrer exactement ces limites. Le terme de leur exploitation se rapproche d'autant plus que les modes d'exploitation et de consommation, associés à la croissance rapide de la population mondiale, ne sont guère tournés vers la sobriété mais plutôt vers le « toujours plus », voire le gaspillage. Bien entendu, le progrès technique redistribue souvent les cartes et donne parfois la possibilité de substituer à une ressource qui se raréfie une autre ressource plus abondante ou qui n'avait jusqu'à présent pas été exploitée.

Toutefois, s'agissant des matières premières non renouvelables difficilement contournables où des substituts sont difficiles à trouver, on voit bien que les limites sont de plus en plus proches. Le fer, le zinc, le cuivre, le nickel, les terres rares, l'aluminium, l'uranium, le pétrole, le charbon, le gaz, le sable, le phosphate font partie de cette catégorie. Un tel processus d'accroissement simultané de la rareté touchant de nombreuses matières premières non renouvelables ne s'est jamais produit par le passé. Ainsi, il est très aléatoire, comme on le fait parfois, de continuer à parier sur le génie de l'homme pour trouver en permanence des substituts qui permettraient de repousser les limites. Le chemin vers la rareté généralisée sur Terre est de plus en plus court.

Le rythme d'exploitation des ressources non renouvelables s'effectue aujourd'hui encore en fonction de la demande sur les marchés internationaux. Ce processus est relativement disjoint d'une gestion dans la durée de la ressource en fonction de sa rareté. D'ailleurs, lorsque les prix augmentent, l'exploitation s'intensifie pour le plus grand profit des producteurs alors qu'il faudrait d'un point de vue environnemental réduire les prélèvements. Afin de satisfaire la demande, on exploite sans trop se préoccuper de l'état de la ressource et des dégâts parfois causés à la biodiversité. On gaspille sciemment en limitant délibérément la durée de vie de certains produits pour accroître la demande. Comment en effet continuer d'admettre que certains ingénieurs travaillent à la mort programmée de certains produits dans le but de relancer le business de la firme qui les emploie ? Dans un monde aux ressources limitées, l'obsolescence programmée n'est plus concevable (entente célèbre des quelques producteurs d'ampoules à filament dans les années 1920 visant à réduire la durée de vie de leurs produits afin d'accroître leurs profits). Aujourd'hui, l'obsolescence programmée vise à s'étendre à tous les produits de consommation courante. Il faut refuser cette tendance.

C'est donc in fine de la responsabilité de chaque territoire qui recèle des ressources naturelles non renouvelables d'en faire une exploitation raisonnée, au-delà de l'appât du profit de court terme, de la tentation de puiser sur son patrimoine naturel pour couvrir les besoins courants de sa population. Et cette exploitation raisonnée et respectueuse de l'environnement doit se réaliser en référence et en coordination avec une autorité mondiale de l'environnement qui place chaque État en face de ses responsabilités. C'est pourquoi nous parlons de souveraineté partagée en ce qui concerne les questions environnementales.

Néanmoins, les besoins de base de la population doivent être satisfaits par la production de biens et de services locaux, par l'emploi local, et non par l'exploitation rapide de ressources naturelles qui s'épuisent. La gestion des ressources naturelles non renouvelables est ainsi à déconnecter de la satisfaction des besoins fondamentaux de chaque territoire national accueillant une population donnée. Ces besoins fondamentaux (se nourrir, se vêtir, se loger, être éduqué, bénéficier d'un socle de protection sociale, choisir sa culture) doivent être assurés de manière durable.

Toutes les innovations technologiques ne sont pas bonnes à prendre, surtout lorsqu'elles accélèrent l'exploitation de ressources naturelles non renouvelables ou font prendre des risques inconsidérés car non maîtrisables. C'est pourquoi nous parlons ici de progrès technique plutôt que d'innovations technologiques, un progrès technique utile à l'homme et qui respecte l'environnement en améliorant la productivité du capital naturel, un progrès technique adapté au contexte naturel (innovations frugales ou innovations de rupture) notamment dans les secteurs qui concernent la construction du socle d'indépendance.

Dans le secteur de l'agriculture et de l'alimentation, il est pertinent d'utiliser les techniques nouvelles qui permettent des hausses de productivité par l'intermédiaire de l'emploi d'engrais verts, de préparation des sols (semis sous couvert végétal), d'utilisation de ces nouvelles technologies intensives sur le plan écologique (agroforesterie, conservation de l'eau et des sols, gestion intégrée des ravageurs, association du bétail et des cultures fourragères) dans le cadre des exploitations agricoles de type familial. Le concept d'agriculture écologiquement intensive peut se définir ainsi : il s'agit non seulement de tirer le meilleur parti des ressources naturelles, en s'assurant de leur pérennité, mais également de jouer davantage sur le capital humain que sur le capital physique ou financier, ce qui est compatible avec un schéma d'agriculture familiale — nécessitant une main-d'œuvre plus nombreuse (dans les pays riches pour résorber le chômage, aussi bien que dans les pays pauvres où l'agriculture familiale emploie près de 50 % de la population active). L'agriculture de conservation, l'agroécologie, l'écoagriculture (innovations frugales) deviennent de nouvelles voies à explorer pour l'avenir à l'écart de l'agriculture intensive actuelle dont l'avenir est fragilisé par les contraintes suivantes : (1) augmentation des prix du pétrole rendant les labours de plus en plus onéreux, (2) augmentation du coût des engrais chimiques, notamment les engrais azotés qui sont issus du gaz naturel, (3) opposition de plus en plus résolue des sociétés civiles aux pollutions engendrées par les pesticides (insecticides, fongicides, herbicides) nuisibles pour la santé.

Dans le domaine de l'alimentation, il ne faut pas oublier la mise au point de nouveaux aliments à base de matières premières locales utilisant sur place des techniques avancées de transformation favorisant une nutrition de qualité pour l'ensemble de la population, notamment dans les pays pauvres. Il s'agit d'utiliser le savoir-faire de l'agroalimentaire pour valoriser au mieux la matière première locale, notamment celle qui est disponible et en général perdue faute de transformation et donc de conservation possible. Par ailleurs, les voies prometteuses de la nutrition à base d'insectes ne doivent pas être négligées.

Il n'est donc pas dit que l'intensité écologique de la production agricole ne fournira pas sur le long terme des résultats meilleurs que l'agriculture intensive en capital. Mais pour que cette nouvelle agriculture riche en emplois puisse se propager, il est nécessaire bien entendu qu'elle soit encadrée par des politiques agricoles favorables à la production locale de proximité, s'appuie pour se diffuser sur des agriculteurs mieux formés ou Nord comme au Sud, valorise le modèle des exploitations familiales. Il est pertinent également que le progrès technique soit utilisé à son profit. Il faut savoir qu'actuellement, les rendements de l'agriculture biologique sont de 30 % inférieurs à ceux de l'agriculture conventionnelle (source : revue Nature 2012 « Comparing the yields of organic and conventional agriculture »), ce qui est incompatible avec le fait de nourrir 9 milliards d'habitants en 2050, voir 11 milliards en 2100 comme le prévoit l'ONU (sources : publication de juin 2013 de la division population du département des affaires économiques et sociales confirmée par l'Institut national des études démographiques en octobre 2013) . Il faut donc trouver les moyens de rester productif tout en respectant l'environnement. Il convient de se mettre en capacité de diffuser l'agroécologie dans les pays du Sud, ce qui n'est pas encore complètement le cas.

Pour l'élevage, on parle alors de polyculture élevage bovin laitier autonome et de système de production de porcs sur paille. Pour les productions végétales, on évoque les systèmes de grandes cultures à bas niveaux d'intrants, les systèmes de grandes cultures avec réduction du travail du sol, les systèmes de cultures pérennes en protection intégrée, les systèmes agroforestiers (source : centre d'études et de prospective du ministère de l'agriculture français, n° 60 juillet 2013). Toutefois, toutes ces innovations sont complexes à mener au niveau des exploitations familiales et demandent parfois plus de capital humain.

À la base, tout acte de production agricole sur une parcelle donnée entraîne une exportation de matière du sol exploité (substances nutritives telles que l'azote et le phosphore prélevées du sol par les plantes) qu'il s'agit ensuite, d'une manière ou d'une autre, de compenser par des apports externes (engrais minéraux ou organiques) pour que cette parcelle reste pareillement productive l'année suivante. Tout l'enjeu est que ces apports externes soient écologiquement responsables, sans provoquer une élévation trop importante de la quantité de travail fournie par l'agriculteur à rendement constant.

Dans le secteur du logement, selon le même principe, il est préférable de réfléchir à la fois à l'utilisation de matériaux de construction disponibles sur place et fabriqués à partir d'une matière première locale. Ainsi, on redécouvre progressivement l'intérêt d'utiliser les laines naturelles comme isolants. La terre crue qui est utilisée sur les cinq continents et avait parfois disparu au profit du béton importé, beaucoup moins écologique et pas forcément plus résistant sur le long terme, redevient une option possible. Il est pertinent également de construire des logements individuels ou collectifs faiblement consommateurs en énergie et de les situer à proximité des lieux d'activité.

Dans le secteur textile, il faut être capable d'utiliser de la matière première locale tout en favorisant les gains de productivité de l'artisanat local, pourvoyeur d'emplois pour une nombreuse population.

D'une manière générale, la durée de vie des produits fabriqués doit être allongée (à l'inverse de l'obsolescence programmée) en étant moins sensible aux effets de mode. Les produits doivent être réparables pour éviter les gaspillages. La production à proximité des lieux de consommation et en utilisant de la matière première locale et de l'énergie locale doit être la cible. On est donc très proche de la notion d'économie circulaire dont l'objectif est de produire des biens et services tout en limitant fortement la consommation et le gaspillage des matières premières, en insistant sur le recyclage des produits en fin de vie. La qualité d'un produit ou d'un service n'est plus mesurée par rapport à la seule satisfaction des besoins des consommateurs mais intègre le caractère durable du mode de production.

Des entreprises privées s'intéressent de plus en plus à ces nouveaux produits, à ces nouveaux procédés, à ces nouvelles approches. Elles essaient de construire dans les pays pauvres des processus de production et de commercialisation adaptés à l'environnement local (production et commercialisation à petits prix pour s'adapter au faible pouvoir d'achat local). Le concept « Base Of the Pyramid » ou « BOP » tendant vers une baisse des coûts de production et de commercialisation des produits pour les rendre accessibles aux populations pauvres est intéressant. Ce concept devrait être croisé à l'avenir avec l'utilisation de matériaux, de produits, de techniques écologiquement responsables. Cela ne veut pas dire le retour à l'âge de pierre, bien au contraire. Il s'agit de cibler et d'utiliser les nouvelles technologies pour permettre une production adaptée au pouvoir d'achat des populations et respectueuse de l'environnement.

De même, la belle notion d'entrepreneuriat social (social business), qui signifie une activité économique dont la finalité première est de satisfaire les besoins sociaux et environnementaux des plus pauvres (emplois, respect de l'environnement, couverture des besoins fondamentaux) doit être défendue et partagée par le plus grand nombre (Greenlight Planet en Inde qui a déjà vendu depuis 2005 plus d'un million de lampes autonomes aux pauvres qui ne sont pas raccordés au réseau électrique, Naandi Water Community Services qui apporte de l'eau potable à plus de 600 000 personnes vivant dans des communautés rurales indiennes, le socle agro-industriel de PlumpyField accompagné par le groupe Nutriset qui permet de construire, dans 11 pays en développement, un premier socle d'*autonomie nutritionnelle pour tous*, Simgas pour la production de bio digesteurs en Afrique de l'Est, Loop au Pérou avec le recyclage de sacs plastiques…

Enfin, le soutien aux incubateurs d'entreprises dans les pays en développement est important (2 IE à Ouagadougou avec la mise au point d'un savon contre le paludisme, le développement de la nutrition humaine à base de chenilles de karité, la transformation de produits locaux à destination des populations locales avec création de valeur ajoutée sur place, la fabrication de matériaux de construction à base de produits locaux).

Impossible dans un monde d'interdépendance où la main invisible du marché est par nature insaisissable de se projeter dans le long terme. Le court terme prime car il est nécessaire en permanence de s'adapter et de satisfaire les exigences des marchés financiers (crise de l'endettement public, crise de l'endettement privé). Or, le développement durable a besoin d'être en capacité de bâtir des trajectoires sur le long terme. Pour ce faire, le socle d'indépendance autorise ce type de choix, des choix librement consentis et non contraints par le traitement d'une crise qui succède à d'autres crises (crise financière, crise économique, crise écologique) qui demandent des réponses rapides. La démocratie y gagne aussi car les élections peuvent à nouveau se construire sur la base de programmes économiques et sociaux ayant des chances d'être appliqués, par opposition à une posture d'adaptation permanente qui libère très vite les exécutifs de leurs engagements électoraux.

La programmation dans le temps reprend un sens, une signification. Se projeter dans l'avenir n'est plus une utopie puisqu'on tente de ressaisir les manettes de notre futur.

Le partage

Ce concept se situe au centre de la nouvelle théorie. Il prend en compte le caractère fini des ressources naturelles de la Terre et invite les citoyens du monde à passer d'une logique de compétition, d'une logique de concurrence, à une logique de partage de ces ressources. La course à l'accaparement n'étant plus possible, il nous convient d'ériger un nouveau système de valeur sur le plan économique, sociale et environnementale qui garantisse à chacun un accès privilégié aux ressources. Ce concept se décline particulièrement bien pour l'environnement, qui nous concerne tous et dont nous sommes tous les garants pour les générations futures, la mise en commun du progrès technique, la mise en commun des connaissances. Sur le plan économique, il rompt avec la logique du libéralisme d'augmentation des flux (le calcul du PIB) pour aller vers une logique de gestion des stocks, notre Terre étant considérée comme un patrimoine commun qu'il s'agit au mieux de partager.

Chaque pays étant doté de ressources naturelles spécifiques, il s'agit de construire un modèle économique, social et environnemental susceptible d'exploiter au mieux dans la durée ce patrimoine, ce stock afin d'en partager les fruits avec l'ensemble de la population nationale pour son plus grand bien-être.

Stéphane Madaule *Du développement au développement durable*

Le socle d'indépendance

La théorie proposée possède une architecture formée de cercles concentriques successifs avec un centre ou premier cercle appelé socle d'indépendance. Le socle d'indépendance vise à couvrir les besoins de base (nourriture, habillement, logement, éducation, emploi, socle de protection sociale, culture), en respectant l'environnement, de manière autonome par rapport à l'extérieur et plus précisément en relative déconnexion des marchés mondiaux. Le socle d'indépendance constitue un concept de rupture avec le mode de fonctionnement actuel de notre monde où l'interdépendance est la règle. Avec le socle d'indépendance, chaque pays parce qu'il se protège de l'extérieur, retrouve des marges de manœuvre pour mener à bien sa propre politique en évitant le non-choix, c'est-à-dire l'adaptation permanente aux marchés mondiaux. Le socle d'indépendance est une notion valable aussi bien pour les pays « riches » que pour les pays « pauvres ». Elle permet le bon fonctionnement de la démocratie car la responsabilité des politiques menées incombe en priorité aux exécutifs élus et non comme c'est souvent le cas aujourd'hui à des ajustements express imposés de l'extérieur.

Le premier cercle ou socle d'indépendance

C'est le socle d'autonomie nécessaire à chaque pays apte à assurer des conditions de vie décentes et un emploi pour tous. Ce socle doit tenir compte des conditions particulières de chaque pays, notamment en matière de dotation en ressources naturelles. Ce socle doit être conforme aux politiques économiques et sociales qui ont été démocratiquement choisies. Dans les limites géographiques de chaque pays, la concurrence entre les différents producteurs doit jouer. Toutefois, s'agissant de la production et de la consommation des produits de base indispensables, ces secteurs n'ont pas à être soumis directement à la concurrence externe. Ils bénéficient d'une protection, d'une régulation vis-à-vis de l'extérieur. Ils constituent le socle minimum d'activité, donnant suffisamment d'indépendance sur le plan économique et financier, tout en proposant de l'emploi au plus grand nombre. Par la redistribution, grâce à l'impôt ou par les taxes, un socle de protection sociale est financé à partir de cette base permettant d'offrir à chaque citoyen des droits sociaux, notamment dans le domaine de la santé.

L'éducation et les biens et services culturels doivent également être consolidés sur la base du socle d'indépendance. L'éducation pour tous a pour but de permettre de donner à chacun la possibilité de choisir sa propre voie, son propre destin. De même, la culture et les modes de vie en général font partie de l'espace de liberté nécessaire à l'épanouissement particulier de chaque peuple (être en capacité de choisir librement son identité, son modèle de développement, son ou ses modes de vie). De ce point de vue, la culture n'est pas un bien ou un service comme les autres. Il ne peut pas répondre à une logique de marché. L'exception culturelle conserve un sens. À ce niveau, on vise à mutualiser le progrès technique.

Le deuxième cercle ou cercle des biens communs à valeur d'usage

Il regroupe l'ensemble des biens et services à valeur d'usage qui concourent dans la durée au bien-être commun et qui demandent pour être disponible une intervention de l'État afin d'être accessibles à tous. Les secteurs de l'eau (eau potable pour tous), de l'énergie (transition énergétique en allant vers les énergies « vertes »), de la protection de l'environnement, de la santé, de l'aménagement du territoire font partie de ce deuxième cercle. Le rôle de l'État en tant que régulateur est fort vis-à-vis de ces activités utiles sur le plan collectif et individuel. Il fixe les règles qui permettent à tous de jouir de ces biens précieux. La concurrence joue à ce niveau mais des appels à l'extérieur peuvent intervenir. S'agissant de la transition énergétique, l'ambition de chaque nation devrait être d'assurer par elle-même et dans la durée son autonomie énergétique.

Le troisième cercle ou cercle des biens à valeur d'échange

C'est le cercle où la concurrence peut jouer sans restriction, sur le plan national comme international. La concurrence est indifférenciée et les produits ou les services échangés doivent répondre simplement au cahier des charges environnementales et sociales afin de s'assurer qu'ils respectent la durabilité à long terme de la planète et des normes sociales pour tous.

La souveraineté partagée

La souveraineté partagée part du principe que certaines questions à résoudre pour les citoyens du monde que nous sommes ont non seulement une résonance nationale mais également une résonance mondiale. On ne peut donc prétendre mener des politiques nationales sans se soucier de leurs effets sur le plan international. On rompt ici avec le principe de souveraineté nationale pourtant placé au cœur de la charte des Nations unies du 26 juin 1945. C'est typiquement le cas sur le plan environnemental où les biens publics mondiaux (eau, air, océan) nous appartiennent à tous. Les objectifs nationaux d'un développement durable doivent ainsi s'inscrire en cohérence avec une gestion de ces ressources au niveau mondial.

Le progrès technique mutualisé

De manière transverse, le progrès technique utile à tous, celui nécessaire au socle d'indépendance, devrait relever du partage, du don et du contre-don entre tous les acteurs faisant partie d'une même communauté internationale. Ce nouveau statut du progrès technique devrait être mis en place à l'intérieur de chaque pays, puis progressivement, dans les échanges entre pays. Il s'appuie sur la globalisation de l'information qui permet ainsi de mettre chaque producteur sur un pied d'égalité en lui permettant d'accéder aux meilleures techniques, sans discrimination, des techniques qui respectent l'intégrité et la durabilité des potentialités du milieu naturel.

Avec ce cadre théorique nouveau, on sort du « tout marché », du jeu global de la loi des avantages comparatifs qui s'étend à toutes les productions et les services pour entrer dans un système de partage. Il ne s'agit donc pas d'un retour en arrière (âge de pierre, retour à la bougie) mais bien d'un ajustement de notre mode de vie en société prenant en compte des facteurs nouveaux et incontournables apportés par le progrès technique.

Le but n'est plus de gagner la guerre économique en se forgeant une compétitivité à toute épreuve, au besoin en privatisant le recours au progrès technique, mais bien plutôt de le diffuser au plus grand nombre.

Le progrès technique mutualisé est un concept qui s'insère particulièrement bien avec une société du partage. Il doit néanmoins être compatible avec le financement privé de la recherche qui ne doit pas s'arrêter mais être amplifié.

S'agissant du deuxième cercle et du troisième cercle, le progrès technique répond aux mêmes critères qu'aujourd'hui : recherche publique et/ou privée, protection par le biais de brevets, liberté du secteur de recherche choisi.

Thomas Piketty ou l'impact des inégalités de revenus et de patrimoine (27)

En tant que théoricien du développement, la question centrale à laquelle Thomas Piketty tente d'apporter une réponse est la suivante : doit-on s'inquiéter d'une élévation continue des inégalités de revenus et de capital en ce début de XXIe siècle dans l'ensemble du monde développé et en développement qui applique peu ou prou le capitalisme d'ouverture et l'économie de marché ? Oui répond l'économiste car dans notre modèle économique néolibéral, il n'existe pas de stabilisateurs automatiques qui permettent à moyen terme d'enrayer cette évolution, d'aller sans intervention publique vers un équilibre acceptable et souhaitable pour tous.

En effet, pour Thomas Piketty, l'économie n'est pas une science exacte et ne devrait pas avoir la prétention de vouloir se suffire à elle-même. Elle doit être pilotée par l'intervention humaine. On ne peut la concevoir et l'interpréter en utilisant des théorèmes à base de modèles mathématiques, ce dont abusent parfois trop souvent certains économistes dans leur volonté d'ancrer la discipline dans le giron des sciences exactes. C'est plutôt une discipline qui fait partie des sciences humaines qui doit entretenir des liens féconds avec la sociologie, la psychologie, la philosophie, l'histoire et la géographie, mais surtout avec la politique. D'ailleurs, on devrait continuer de la nommer « économie politique » et non « science économique ». C'est pourquoi plusieurs interprétations sont possibles pour décrire et comprendre ce que nous livre l'étude des faits économiques passés et récents. C'est pourquoi les choix des hommes et des

---

27 / L'essentiel de ce développement est tiré d'une lecture attentive du livre majeur de Thomas Piketty intitulé : « Le capital au XXIe siècle.

femmes à titre individuel (grâce à la liberté) ou collectif (par la démocratie) sont si importants pour bâtir une politique économique permettant à chacun, dans la solidarité, de trouver son chemin.

Les principaux enseignements de son analyse historique de l'économie sont de deux ordres. En premier lieu, le rapport entre le capital (le patrimoine d'une nation détenu par ses agents économiques) et les revenus (revenu national du travail et du capital engrangé chaque année par ces mêmes acteurs économiques) évolue de manière relativement homogène dans l'ensemble du monde développé depuis le début des années 1980. D'un pic capitalistique très marqué à la « Belle Époque » du début du XXe siècle en Europe où le capital accumulé des principaux pays (France, Angleterre) pouvait représenter six à sept fois le revenu annuel de chaque pays, la crise de 1929 et les deux guerres mondiales ont fait baisser de manière drastique ce ratio en Europe jusque dans les années 1950. Or aujourd'hui, même pour les États-Unis qui étaient au départ une société moins inégalitaire, à la démographie plus dynamique que l'Europe, ce ratio tend à remonter, sans que l'on sache vraiment jusqu'où cette évolution nous conduira.

Or, second enseignement, le rendement moyen du capital (5 %) est en moyenne sur longue période beaucoup plus élevé que le taux de croissance économique (1 %). Ceci veut dire que les revenus du capital et donc le patrimoine lui-même tendent à croître à un rythme plus rapide que les revenus du travail. Si aucune intervention publique et régulatrice ne vient enfreindre ce mouvement, on aboutit mécaniquement à une élévation des inégalités : des riches de plus en plus riches, pouvant posséder jusqu'à 90 % du patrimoine d'un pays, et des pauvres toujours pauvres et sans capital. Selon Thomas Piketty, c'est la situation dans laquelle se trouve le monde développé aujourd'hui.

Si la puissance publique n'intervient pas, ne fixe pas de règles pour plus de solidarité et de redistribution, de partage dans le domaine des connaissances, l'écart entre riches et pauvres mine la cohésion sociale. D'une société où le mérite du travail est justement reconnu, on passe progressivement à une société de rentiers qui voit le capital se reproduire à l'excès, comme au XIXe siècle en France et en Angleterre. Or, notre époque économique actuelle - faible croissance, démographie en phase de stabilisation dans les pays développés, mondialisation de flux financiers défiscalisés - fait à nouveau la part belle aux rentiers, même aux États-Unis. Afin de ne pas se priver des effets dynamisants de la concurrence et de l'économie de marché, il s'agit donc pour Thomas Piketty de trouver les moyens d'intervenir pour réguler au mieux ses évolutions issues d'une mondialisation qui rend les choix politiques des États complexes et parfois plus difficilement efficaces.

Les enseignements politiques de la pensée de Thomas Piketty

Premièrement enseignement, partout dans le monde, l'écart entre le taux de rendement du capital (4-5 %/an) et le taux de croissance économique sur le long terme (1 % à 1,5 %/an) *« peut produire des effets extrêmement puissants et déstabilisants sur la structure et la dynamique des inégalités dans une société » (28).* Cet écart provoque aujourd'hui une hausse rapide du rapport capital national/revenu national, rapport compris entre 5 et 6 dans tous les pays développés, ce qui nous rapproche d'un modèle de société de rente extrêmement inégalitaire, où le patrimoine et l'héritage prennent le pas sur la rétribution du mérite, comme cela était particulièrement le cas en France et au Royaume-Uni dans les années 1910. Or, *« aucun mécanisme autocorrecteur n'empêche qu'une hausse continue du rapport capital/revenu s'accompagne d'une progression permanente de la part du capital dans le revenu national » (29)* contrairement à ce que disent certains économistes (Vilfredo Pareto notamment). Il est donc important d'intervenir pour réguler cette évolution car *« il serait illusoire d'imaginer qu'il existe dans la structure de la croissance moderne, ou dans les lois de l'économie de marché, des forces de convergence menant naturellement à une réduction des inégalités patrimoniales ou à une harmonieuse stabilisation » (30).* Or les politiques libérales instaurées depuis les années 1980 ne s'opposent plus à l'envolée de ces inégalités dont le niveau est renforcé par une croissance économique historiquement faible sur le long terme (1 à 1,5 %/an, en ligne avec la hausse de la productivité et une stabilisation de la démographie dans les pays développés).

Deuxième enseignement, la voie préconisée par Thomas Piketty afin de réguler ces inégalités est l'impôt progressif sur le capital qui *« permettrait de faire prévaloir l'intérêt général sur les intérêts privés, tout en préservant l'ouverture économique et les forces de la concurrence » (31).* Toutefois, *« dans sa forme véritablement mondiale, l'impôt sur le capital est sans doute une utopie »* à cause de la concurrence fiscale qui s'est instaurée entre pays pour attirer les capitaux. Thomas Piketty suggère que ce type de mesure de nature politique soit envisagé dans un premier temps au niveau de blocs économiques comme les États-Unis ou l'Europe.

Troisième enseignement, le rendement moyen du capital (4-5 %/an) est relativement constant sur le long terme mais relativement disparate selon les individus ou les structures considérées. *« L'inégalité des rendements en fonction de la taille du capital initial, conduit souvent à une concentration excessive et pérenne du patrimoine » (32).* À titre d'exemple, le rendement pur des dotations aux riches universités américaines a été de 8,2 % par an en moyenne sur la période 1980-2010 (33). Dans le même temps, les ménages français de la classe moyenne possèdent l'essentiel de leurs liquidités à la caisse d'épargne, rémunérées à 1 % ou sur leurs comptes bancaires. Cet écart dans les rendements explique la nécessité de la progressivité de l'impôt sur le capital qui doit taxer en priorité les patrimoines

28 Ibid p.131
29 Ibid p.351
30 Ibid p.598
31 Ibid p.752
32 Ibid p.708
33 Ibid p.714

élevés, comme cela avait été appliqué en France en 1945 (34) ou aux États-Unis, précurseur en la matière dans les années 1919-1922 et 1937-1939 (35).

Quatrième enseignement, une politique nationale de redistribution dynamique suppose au préalable la mise en place d'un système fiscal efficace permettant (1) d'assurer les missions régaliennes de l'État nécessitant en moyenne un transfert équivalent à 10 % du PIB (2) des revenus de remplacement comme les retraites ou les allocations-chômage pour 10 à 15 % du PIB (3) les dépenses d'éducation et de santé pour 10 à 15 % du PIB, soit une redistribution comprise au total entre 30-35 % du PIB au Japon et aux États-Unis et de 45-50 % du PIB en Europe. *« Le développement de l'État fiscal au cours du siècle dernier correspond pour l'essentiel à la constitution de l'État social » (36).* Il est même à l'origine en partie d'une stimulation des processus de développement des pays qui s'en sont dotés.

Cinquième enseignement, pendant que le taux de prélèvement des pays riches augmentait sensiblement dans les années 1950-1990, il n'a cessé de baisser dans les pays pauvres (15 % du PIB en Afrique subsaharienne et en Asie du Sud dans les années 1970 contre 10 % dans les années 1990-2000). *« À partir des années 1980-1990, la nouvelle vague ultralibérale venue des pays développés impose aux pays pauvres des coupes dans les secteurs publics et place en dernier rang des priorités la construction d'un système fiscal propice au développement » (37). « Cette évolution est préoccupante dans la mesure où le processus de construction d'un État fiscal et social a été dans tous les pays développés un élément essentiel du processus de modernisation et de développement ».* Dans ces conditions, comment éviter l'instauration dans les pays pauvres d'un cercle vicieux où la médiocrité des services publics contribue à miner la confiance de l'État, ce qui en retour rend plus compliquée la mobilisation de recettes fiscales significatives ?

Sixième enseignement, le problème de la dette publique des pays développés, spécialement en Europe, existe mais est à relativiser. C'est avant tout *« une question de répartition de richesse, en particulier entre acteurs publics et privés, et non une question de niveau absolu de richesse » (38)* qui n'a jamais été aussi élevé qu'aujourd'hui dans le monde développé. Afin de réduire la dette publique, *« la solution la pire, en termes de justice comme en termes d'efficacité est une cure prolongée d'austérité » (39). « La solution de loin la plus satisfaisante pour réduire la dette publique consiste à prélever un impôt exceptionnel sur le capital privé » (40),* de préférence à plus d'inflation qui aide également à éponger la dette mais taxe avant tout le petit capital oisif des classes modestes.

Septième enseignement, la concurrence fiscale entre pays pour attirer les capitaux et se développer oblige à une coordination internationale, ou à défaut européenne

34 Ibid p.890
35 Ibid p 815
36 Ibid p.765
37 Ibid p.788
38 Ibid p.884
39 Ibid p.885
40 Ibid p.887

pour faire émerger une solution de taxation progressive du patrimoine. *« Il est très difficile pour un pays isolé d'appliquer actuellement un impôt progressif sur le capital global » (41).* C'est ainsi que *« pour les pays européens, la priorité aujourd'hui devrait être de bâtir une puissance publique continentale capable de reprendre le contrôle du capitalisme patrimonial et des intérêts privés » (42).*

Huitième enseignement, La détérioration du capital naturel est bien plus importante que le problème conjoncturel d'endettement des pays riches. Il s'agit de la *« principale inquiétude à long terme »*. L'enjeu est de découvrir de nouvelles technologies non polluantes et des énergies renouvelables suffisamment abordables pour se passer des hydrocarbures (43). *« Plutôt que de s'inquiéter de la dette publique (qui est très inférieure aux patrimoines privés, et qui dans le fond peut être supprimée assez rapidement), il serait plus urgent de se soucier d'augmenter notre capital éducatif et d'éviter que notre capital naturel se dégrade » (44)* mais *« personne ne connaît à ce jour les réponses qui seront à apporter à ces défis et le rôle que jouera la puissance publique » (45).*

Neuvième enseignement, avec l'impôt sur le patrimoine, les seules forces de convergences susceptibles de réduire le déséquilibre engendré par le capitalisme dû à l'écart entre rendement du capital et croissance économique proviennent du partage des connaissances et des dépenses de formation et d'éducation (46). Il convient donc d'accélérer ce type de partage, meilleur rempart contre les inégalités et le mal développement.

Dixième et dernier enseignement, les conseils de Thomas Piketty en matière politique seraient moins pertinents s'ils ne s'appuyaient pas sur une étude approfondie des faits économiques sur le long terme, qui résultent de la combinaison des lois du capitalisme et de l'action publique. L'auteur milite d'ailleurs pour une économie politique et historique (47) et contre un usage immodéré des modèles mathématiques. De ce point de vue, il revendique clairement sa filiation avec *« l'histoire sérielle »* qui prospère en France de 1930 à 1970 et qu'il entend ainsi réactiver. À titre d'exemples, ce type d'approche permet de spécifier le caractère globalement non permanent des périodes de forte croissance (Trente Glorieuses en France, pays émergents aujourd'hui) qui sont assimilables à des phases de rattrapage ou de reconstruction relativement courte dans l'histoire économique des pays considérés. Par ailleurs, le centile des plus riches au monde qui forment une oligarchie planétaire, qui structurent le paysage économique et politique mondial, prospère grâce au rendement élevé du capital, oligarchie planétaire qui pratique l'optimisation fiscale via les paradis fiscaux. Enfin, en économie ouverte, les séries statistiques de longue durée montrent

---

41 Ibid p.862
42 Ibid p.921
43 Ibid p.935
44 Ibid p.936
45 Ibid p.937
46 Ibid p.50
47 Ibid p.945

l'existence d'une certaine unité dans les trajectoires de développement empruntées par tous les pays. De ce point de vue, la croissance rapide des pays émergents trouvera assez rapidement son terme, une fois qu'ils auront atteint la frontière technologique mondiale.

Son nouveau livre "Capital et idéologie" (2019) s'inscrit dans cette même lignée. Il en tire des conclusions politiques à partir du constat d'inégalités croissantes de patrimoine mais également de revenus. Les inégalités sont vues comme une construction politique issue du libéralisme triomphant qu'il s'agit de combattre par la taxation des riches et donc par une politique beaucoup plus active de redistribution. Thomas Piketty souhaite-t-il que l'on sorte du système capitaliste ? Propose-t-il une autre voie ? La seule taxation des riches est-elle adaptée au traitement politique de nos enjeux environnementaux ? Autant de questions qui demeurent sur la table.

4. Le cadre institutionnel du développement et du développement durable

Le cadre institutionnel du développement

Le Comité d'Aide au Développement (CAD) de l'OCDE définit les règles du jeu de l'aide publique au développement. Il en donne la définition. Il établit la liste possible des pays donateurs et la liste des pays qui peuvent faire partie des bénéficiaires. Il établit chaque année les statistiques de l'aide. Il évolue les politiques d'aide menées des donateurs par leurs pairs à raison d'une revue chaque année. Il s'occupe également d'essayer d'améliorer la qualité de l'aide en émettant des conseils (déclaration de Paris sur l'efficacité de l'aide, déliement de l'aide, réforme de sa comptabilité).

Le CAD de l'OCDE travaille de concert avec le secrétariat général des Nations unies et l'Assemblée Générale des Nations unies qui édictent les grandes recommandations en matière d'aide et ont adopté les Objectifs du Millénaire 2000-2015 puis Objectifs du Développement Durable (ODD) pour 2015-2030. Le G20 lance également des initiatives en matière d'appui aux pays en développement concernant le volume des flux mais également en termes d'allègement de la dette.

Les autres institutions qui s'occupent d'aide se scindent en plusieurs groupes :

- Les donateurs bilatéraux du CAD de l'OCDE (exemples : USAID, DFID, AFD…). Ils constituent la part majoritaire d'aide publique au développement délivrée chaque année

- Les donateurs bilatéraux des pays émergents et autres (Chine, Russie, Inde, Turquie, Maroc, Sénégal…). Ils montent en puissance mais leurs flux Sud Sud restent limités par rapport aux pays du Nord. Surtout, ils ne respectent pas les normes de l'aide édictées par le CAD (aide liée, mélange entre aide et prêt commercial, troc), ce qui rend toute comptabilisation et toute comparaison avec les pays du Nord particulièrement aléatoires.
- Les donateurs multilatéraux des banques de développement (exemples : Banque mondiale, banques régionales de développement). Ils apportent des fonds importants surtout sous forme de prêt. La Banque mondiale fait office de leader. Avec le FMI, ils cadrent les objectifs des pays en développement en matière de cadre macroéconomique et financier (ajustement structurel). Les donateurs bilatéraux du Nord conditionnent leurs aides à un accord préalable avec le FMI et la Banque mondiale concernant le cadre économique à adopter.
- Le FMI. Il suit l'évolution financière des pays en développement. Il intervient financièrement en prêt pour accompagner les pays en développement en difficulté financière.
- Le Club de Paris. Il réunit les donateurs publics qui suivent l'évolution de la dette des pays en développement et procèdent en cas de tentation à des annulations de dettes, des restructurations de dette, des aménagements de période de remboursement.
- Le Club de Londres. Il réunit les prêteurs privés des pays en développement qui procèdent à des allégements de dettes privées.
- Les donateurs multilatéraux des agences des Nations unies (PNUD, PAM, FAO, CNUCED, FNUAP, UNICEF…).
- Les organisations non gouvernementales.
- Les fondations (exemple : fondation Bill et Mélinda Gates).
- Les donateurs privés.

Le cadre institutionnel du développement durable

La Commission du développement durable

C'est une institution du système des Nations unies qui a plusieurs objectifs :

- Contrôler les progrès réalisés dans l'application d'Action 21 dans le cadre de la conférence de Rio.

- Examiner les informations communiquées par les gouvernements dans l'application d'Action 21 et les progrès accomplis.

- Recevoir et analyser les informations fournies par les organisations non gouvernementales compétentes, les milieux scientifiques et le secteur privé concernant l'application globale d'Action 21.

- Renforcer le dialogue du système des Nations unies avec les organisations non gouvernementales et le secteur indépendant, ainsi qu'avec d'autres organismes ne relevant pas des Nations unies.

Pour les pays en développement comme les pays développés, il s'agit à échéance régulière de présenter les mesures qu'ils mettent en œuvre pour appliquer l'agenda 21. Pour les pays à faible revenu, cet exercice – la présentation de politiques de développement durable - dépend souvent des appuis externes des bailleurs de fonds et des ONG environnementales. Pour les pays à revenu intermédiaire comme pour les pays développés, ces mesures et leur cadre stratégique sont réalisés de manière autonome. Ainsi, les grands pays émergents comme la Chine, l'Inde, le Brésil s'inscrivent dans le cadre de l'Agenda 21.

L'agenda 21

La communauté internationale s'est engagée à élaborer une stratégie de développement durable, l'agenda 21 ou Programme d'action pour le 21e siècle. Adopté par 182 chefs d'État lors du sommet de Rio en 1992, ce programme d'action comporte 40 chapitres en forme de recommandations (plus de 2 500 !) regroupés en 4 sections principales.

La section 1 présente la dimension sociale et économique du développement futur : coopération internationale visant à accélérer le développement durable dans les pays en développement, lutte contre la pauvreté, modification des modes de consommation, dynamique démographique, protection de la santé, etc.

La section 2 s'attèle à la conservation et à la gestion des ressources : protection de l'atmosphère, gestion des terres, lutte contre le déboisement, protection des écosystèmes fragiles, préservation de la biodiversité biologique, gestion écologique des biotechnologies, protection des océans, protection des ressources en eau, gestion écologique des substances chimiques, des déchets dangereux, etc.

La section 3 vise au renforcement du rôle des groupes sociaux : enfants, jeunes, femmes, ONG, collectivités locales, syndicats, etc.

La section 4 envisage les moyens d'exécution nécessaires à la mise en place de cette nouvelle stratégie : ressources et mécanismes financiers, transfert de techniques écologiquement naturelles, recherche scientifique au service du développement durable, éducation, mécanismes nationaux et coopérations internationales pour le renforcement des capacités des pays en développement, arrangements institutionnels internationaux dont la création de la Commission du développement durable, instruments et mécanismes juridiques internationaux.

C'est au niveau de cette section 4 que devaient être mis en place les mécanismes de financement et d'appui des pays en développement afin de les aider à participer à cette nouvelle stratégie. À part la constitution du Fonds pour l'environnement mondial doté de 3,3 milliards tous les 4 ans, il faut bien dire que les ressources et mécanismes financiers évoqués, les transferts de techniques, les mécanismes de coopération internationale envisagés n'ont pas été suivis d'effets sur une base multilatérale.

En revanche, de nombreuses initiatives bilatérales ont essaimé pour aider les pays en développement à inscrire leur développement dans cette stratégie (fonds carbone, fonds d'adaptation, initiatives REDD). Elles vont de l'aide projet (projet de développement durable ou à défaut prise en compte de la RSE) à l'aide programme (financement d'une politique de développement durable). L'agenda 21 constitue donc un cadre d'action pour le développement durable.

Cependant, les moyens dégagés pour appliquer ce plan d'actions restent insuffisants.

La Déclaration de Rio sur l'environnement et le développement commentée

En 1992, plus de 180 pays acceptent pour la première fois de signer une Déclaration commune, la Déclaration de Rio sur l'environnement et le développement. Cette Déclaration constitue un compromis entre les pays développés et les pays en développement. Sur un plan général, par rapport à la conférence de Stockholm (1972), deux évolutions majeures se produisent :

- La prise de conscience de la dégradation accélérée de l'environnement de la planète.
- La prise de conscience de l'interdépendance entre progrès économique à long terme et la nécessité d'une protection de l'environnement.

Les pays développés et les pays en développement forment deux groupes distincts. Les pays émergents font partie du groupe des pays en développement et ne veulent pas avoir un statut particulier, eux qui ont pourtant un impact de plus en plus important sur la dégradation de l'environnement. D'un côté, les pays développés souhaitent une déclaration de principe engageant les pays en développement vers une perspective de développement durable. De l'autre côté, les pays en développement emmenés par les pays émergents désirent qu'on leur reconnaisse un droit prioritaire au développement. Ils considèrent à juste titre que la responsabilité des pays développés dans les problèmes environnementaux demeure primordiale. C'est donc à eux de dégager des moyens supplémentaires pour le Sud, non seulement pour lutter contre les conséquences de la dégradation de l'environnement mais également pour mettre en œuvre une nouvelle trajectoire de développement respectueuse de l'environnement.

Les principaux articles de la Déclaration de Rio méritent d'être commentés afin d'en mesurer la portée réelle mais également les limites. Toute l'ambiguïté possible de la notion de développement durable transparaît de ce texte.

Principe 1. « Les êtres humains sont au centre des préoccupations relatives au développement durable ». La protection de l'environnement ne doit pas se faire au détriment des êtres humains. L'enjeu est très important car il essaie de concilier développement de l'activité humaine et protection de l'environnement. D'autres approches sont possibles. La nature et la protection de l'environnement pourraient être placées au centre de la problématique, l'humain devant s'adapter à ce contexte et non l'inverse. « Ils ont droit à une vie saine et productive en harmonie avec la nature ». La protection de l'environnement n'est pas déclarée comme antinomique à la croissance des activités productives pour le bien-être des populations. En fait, le développement économique de certaines activités polluantes et la protection de l'environnement sont parfois difficilement conciliables. Ce premier principe préfère ne pas aborder cette question de front.

Principe 2. « Conformément de la Charte des Nations unies et aux principes du droit international, les États ont le droit souverain d'exploiter leurs propres ressources selon leur politique d'environnement et de développement ». Le droit souverain des États à exploiter leurs propres ressources selon leur politique d'environnement et de développement est pleinement souligné. On trouve ici l'origine de la difficulté à faire naître une législation internationale environnementale qui soit contraignante et puisse transcender le pouvoir souverain des États. Ce deuxième principe fait référence à la charte des Nations unies adoptée à la Conférence de San Francisco le 26 juin 1945 qui consacre dans son article 1 « le droit des peuples à disposer d'eux-mêmes et ainsi leur souveraineté pleine et entière sur leur territoire ». Le principe de souveraineté des États s'impose. On ne peut rien leur imposer. Ils sont aptes à choisir eux-mêmes. Pas d'ingérence, chacun est maître chez lui. « Ils ont le devoir de faire en sorte que les activités exercées dans les limites de leur juridiction ou sous leur contrôle ne causent pas de dommages à l'environnement dans d'autres États ou dans des zones ne relevant d'aucune juridiction nationale ». Il s'agit d'une position de principe puisque aucune juridiction n'est prévue pour cela.

Principe 3. « Le droit au développement doit être réalisé de façon à satisfaire équitablement les besoins relatifs au développement et à l'environnement des générations présentes et futures ». On parle de droit au développement comme s'il s'agissait d'un dû. Comment quantifier les besoins des générations actuelles et les besoins des générations futures ?

Principe 5. « Tous les États et tous les peuples doivent coopérer à la tâche essentielle de l'élimination de la pauvreté, qui constitue une condition indispensable du développement durable, afin de réduire les différences de niveaux de vie et de mieux répondre aux besoins de la majorité des peuples du monde » On intègre ici des notions de lutte contre la pauvreté et les inégalités. Un monde trop injuste n'est pas un monde durable. Toutefois, le lien entre pauvreté et protection de l'environnement n'est pas évident. On peut même dire que les populations pauvres ayant de faibles moyens pour assouvir leurs besoins ont un impact sur l'environnement moins élevé que les populations riches qui gaspillent les ressources. Les signataires de la Déclaration ne veulent pas tomber dans le piège du non-développement d'une partie de l'humanité qui serait une manière inéquitable de résoudre les problèmes de l'environnement à l'échelle de la planète.

Principe 6. « La situation et les besoins particuliers des pays en développement, en particulier des pays les moins avancés et des pays les plus vulnérables sur le plan de l'environnement, doivent se voir accorder une priorité spéciale » Qu'est-ce qu'une priorité spéciale ? La langue de bois onusienne est ici à l'œuvre. On se rend compte en réalité que l'impact des pays pauvres sur l'environnement est relativement faible par rapport à celui des pays riches et des pays émergents. Néanmoins, ces pays pauvres souffriront les premiers des dérèglements de notre environnement. Il convient donc que les pays développés assurent les transferts nécessaires à l'assurance des besoins particuliers des pays pauvres. On touche ici avant l'heure à la thématique du financement de l'adaptation aux changements climatiques, par opposition à la thématique de l'atténuation, qui touche principalement les pays qui polluent le plus, à savoir les pays développés et les pays émergents. Les actions internationales entreprises en matière d'environnement et de développement devraient également prendre en considération les intérêts et les besoins de tous les pays.

Principe 7. « Les États doivent coopérer dans un esprit de partenariat mondial (après avoir rappelé la prédominance du concept de souveraineté, on souhaite néanmoins l'apparition d'une gouvernance mondiale) en vue de conserver, de protéger et de rétablir la santé et l'intégrité de l'écosystème terrestre. Étant donné la diversité des rôles joués dans la dégradation de l'environnement mondial, les États ont des responsabilités communes mais différenciées. Les pays développés admettent la responsabilité qui leur incombe dans l'effort international en faveur du développement durable, compte tenu des pressions que leurs sociétés exercent sur l'environnement mondial et des techniques et ressources financières dont ils disposent ». Les pays développés reconnaissent qu'ils ont un impact sur l'environnement plus important que les pays en développement. On ne parle pas encore des pays émergents. Le groupe des pays en développement n'est pourtant plus homogène et les intérêts des uns ne coïncident pas forcément avec les intérêts des autres.

Principe 8. « Afin de parvenir à un développement durable et à une meilleure qualité de vie pour tous les peuples, les États devraient réduire et éliminer les modes de production et de consommation non viables et promouvoir les politiques démographiques appropriées. » Qu'est-ce qu'une politique démographique appropriée dans le cadre d'une approche de développement durable ? On ne répond pas à la question car il s'agit d'une question taboue. Jusqu'à présent, la pensée dominante veut qu'une démographie maîtrisée soit le fruit d'un développement économique préalable. Or, il est bien évident qu'un contrôle préalable de la natalité dans certains pays qui souffrent de surpopulation peut aider en amont à la mise en place d'un processus de développement durable. Encore convient-il de s'entendre sur la notion de surpopulation !

Principe 9. « Les États devraient coopérer ou intensifier le renforcement des capacités endogènes en matière de développement durable en améliorant la compréhension scientifique par des échanges de connaissances scientifiques et techniques et en facilitant la mise au point, l'adaptation, la diffusion et le transfert de techniques, y compris de techniques nouvelles et novatrices. » La problématique du transfert de technologie demeure entière. Comment demander à des sociétés ou des États qui investissent dans la recherche-développement de mettre à disposition leurs technologies nouvelles, qui constituent leurs atouts pour l'avenir ?

Principe 10. « La meilleure façon de traiter les questions d'environnement est d'assurer la participation de tous les citoyens concernés, au niveau qui convient ». La société civile est enfin associée. Mais cette Déclaration traite-t-elle des questions d'environnement ou de développement durable ? Le texte oscille en permanence entre les deux. On sent que le développement pour tous ne doit pas être sacrifié sur l'autel de la protection de l'environnement de tous.

Principe 11. « Les États doivent promulguer des mesures législatives efficaces en matière d'environnement. Les normes écologiques et les objectifs et priorités pour la gestion de l'environnement devraient être adaptés à la situation en matière d'environnement et de développement à laquelle ils s'appliquent. Les normes appliquées par certains pays peuvent ne pas convenir à d'autres pays, en particulier à des pays en développement, et leur imposer un coût économique et social injustifié ». Les normes sont à géométrie variable en fonction de la situation de chaque pays, en fonction en particulier de leur niveau de développement. Il est difficile dans ces conditions de ne pas aboutir à terme à fausser la concurrence.

Principe 12. « Les États devraient coopérer pour promouvoir un système économique ouvert et favorable, propre à engendrer une croissance économique et un développement durable dans tous les pays, qui permettrait de mieux lutter contre les problèmes de dégradation de l'environnement ». La promotion d'un système économique ouvert et favorable indique nettement le choix d'un modèle libéral et d'une accélération de la mondialisation. Or, il n'est pas sûr du tout que les déséquilibres créés par la mondialisation, les délocalisations, la course à la compétitivité, aux matières premières, au dumping social et environnemental ne soient pas un des facteurs explicatifs de la dégradation de l'environnement. Un système économique ouvert est-il plus favorable sur le plan du développement durable qu'un système plus fermé ? « Les mesures de politique commerciale motivées par des considérations relatives à l'environnement ne devraient pas constituer un moyen de discrimination arbitraire ou injustifiable, ni de restriction déguisée aux échanges internationaux ». La liberté du commerce semble être la valeur suprême de ce paragraphe. La prise en compte de l'environnement ne doit en aucun cas fausser la concurrence. « Toute action unilatérale visant à résoudre les grands problèmes écologiques au-delà de la juridiction du pays importateur devrait être évitée. Les mesures de lutte contre les problèmes écologiques transfrontaliers ou mondiaux devraient, autant que possible, être fondées sur un consensus international ». Certes, mais sous l'égide de quelle autorité ?

Principe 13. « Les États doivent élaborer une législation nationale concernant la responsabilité de la pollution et d'autres dommages à l'environnement et l'indemnisation de leurs victimes. Ils doivent aussi coopérer diligemment et plus résolument pour développer davantage le droit international concernant la responsabilité et l'indemnisation en cas d'effets néfastes de dommages causés à l'environnement dans les zones situées au-delà des limites de leur juridiction par des activités menées dans les limites de leur juridiction ou sous leur contrôle » L'approche souveraine des problèmes d'environnement laisse bien peu de place à une approche de droit international, c'est la grande faiblesse de cette Déclaration.

Principe 14. « Les États devraient concentrer efficacement leurs efforts pour décourager ou prévenir les déplacements et les transferts dans d'autres États de toutes activités et substances qui provoquent une grave détérioration de l'environnement ou dont on a constaté qu'elles étaient nocives pour la santé de l'homme ». Mais ne sommes-nous pas en train d'assister à une délocalisation en masse des activités polluantes dans les pays en développement, dans les pays émergents en particulier ?

Principe 16. « Les autorités nationales devraient s'efforcer de promouvoir l'internationalisation des coûts de protection de l'environnement et l'utilisation d'instruments économiques (Il existe un conflit entre une approche nationale et une approche internationale. C'est une autorité internationale qui pourrait imposer que l'on intègre à un produit son coût environnemental) en vertu du principe selon lequel c'est le pollueur qui doit, en principe, assumer le coût de la pollution, dans le souci de l'intérêt public et sans fausser le jeu de la concurrence internationale et de l'investissement. »

Principe 23. « L'environnement et les ressources naturelles des peuples soumis à l'oppression, domination et occupation doivent être protégés ». L'ingérence est donc possible dans certains cas. Mais quelle est au juste la définition exacte d'un peuple dominé ? Tous les peuples qui n'ont pas accès à la démocratie sont-ils des peuples dominés ?

La responsabilité sociale et environnementale : un concept nouveau qui s'applique faiblement dans les pays en développement.

La Responsabilité sociale et environnementale (RSE) est un concept nouveau dont les prémisses datent du début des années 1980 et qui concerne essentiellement le monde de l'entreprise.

En premier lieu, l'objectif de la RSE est de prendre en compte les effets sociaux et environnementaux négatifs de certaines activités à risque, et de ce point de vue de leur apporter une solution acceptable. Par exemple, lorsque Redcats, première société américaine de vente par correspondance, lance des programmes de reforestation pour minimiser l'impact sur les forêts du papier utilisé pour l'impression de ses catalogues, il s'agit bien de compenser par ce biais, au moins symboliquement, les effets négatifs de son activité économique sur l'environnement. Ce type d'actions peut néanmoins porter à la controverse. L'entreprise Redacts se sent-elle réellement concernée par le sort des forêts de la planète, ou cherche-t-elle d'abord à verdir son image ? On peut parfois parler dans ce cas de « greenwashing ».

En second lieu, certaines entreprises vont plus loin et se préoccupent d'améliorer directement l'environnement ou les conditions de vie de certaines populations par des interventions ciblées, indépendamment de leur domaine d'activité. On peut alors parler de RSE positive. Ainsi, quand Danone participe en Inde au financement de programmes de microcrédit ou à la création de nouveaux outils de microfinance avec Mohamed Yunus, ou quand le groupe agroalimentaire Casino soutient financièrement et humainement l'académie Christophe Tiozzo qui veut ouvrir des clubs de boxe dans les banlieues défavorisées, cela couplé avec une stratégie d'insertion professionnelle à destination de jeunes en situation de rupture sociale, il ne s'agit pas de mesures d'atténuation des effets négatifs de l'activité économique de ces entreprises, puisqu'on est là bien loin du cœur de métier de ces deux entreprises.

Avec la RSE positive, l'entreprise assume le fait qu'elle est un acteur à part entière du tissu social et environnemental, qu'elle a à ce titre des obligations vis-à-vis de l'environnement global, que ses actions ne sont pas neutres, et qu'elle se doit de répondre, presque à la manière des politiques publiques, aux questions sociétales de son temps en entreprise citoyenne.

À noter que parfois, la mise en œuvre de la RSE peut rejoindre les intérêts de l'entreprise. À cet égard, on peut citer l'exemple de l'entreprise de télécommunications SFR, qui depuis longtemps maintenant, s'est engagée en faveur de la cause des personnes handicapées, et qui a par exemple généralisé le recrutement de personnes victimes de handicap bien au-delà de ses obligations légales. Mais parallèlement, SFR a également développé de nouveaux produits de téléphonie spécialement conçus en direction des personnes malentendantes et malvoyantes. Si la communication institutionnelle du groupe prétend qu'il ne s'agit là que de réduire la fracture numérique qui affecte les personnes souffrant de handicap, on peut néanmoins légitimement penser que SFR gagne ainsi quelques points de parts de marché.

De manière générale, la finalité de la RSE vise à assurer le bien-être de la collectivité dans une optique de développement durable. Dans un pays développé comme la France, la loi sur les Nouvelles régulations économiques (NRE) a été adoptée le 15 mai 2001 avec cet objectif en ligne de mire. Le contexte international est porteur quant à l'élaboration par le secteur privé comme par le secteur public d'un reporting social et environnemental. Les principaux jalons internationaux de cette évolution sont les suivants :

- Les initiatives de la Commission européenne afin de promouvoir un cadre européen pour la responsabilité sociale et environnementale des entreprises (communication sur la stratégie de l'Union européenne en faveur du développement durable en juin 2001, prise en compte des aspects environnementaux dans les comptes et rapports annuels des sociétés de l'UE en juin 2001, livre vert sur la « promotion du cadre européen pour la responsabilité sociale des entreprises » en juillet 2001).

- Les principes de l'OCDE à l'intention des entreprises (principes directeurs révisés en juin 2000 contenant des recommandations sur les normes du travail et les normes environnementales à appliquer).
- La Global reporting initiative (GRI) lancée en 1997 à l'initiative conjointe de l'organisation non gouvernementale américaine CERES (Coalition for environmentally responsible economies) et du PNUE (Programme des Nations unies pour l'environnement) et ayant pour objectif de renforcer la qualité, la rigueur et l'utilité du reporting de développement durable.
- Le Pacte mondial des Nations unies (Global Compact) initié par Kofi Annan en décembre 1999, adopté en 2001 et qui engage les entreprises à respecter les principes et les valeurs universels des traités et des conventions internationales qui fixent les conditions nécessaires à la réalisation du développement équitable et durable (respect par les entreprises de 10 principes universels relatifs aux droits de l'homme, aux normes de travail, à l'environnement et depuis le 24 juin 2004 à la lutte contre la corruption).
- Les critères de l'Équateur mis en place à l'initiative de la SFI à partir de 2003, appliqués à partir de 2005, et qui visent à ce que les banques commerciales et les bailleurs de fonds appliquent une approche responsable en matière de prise en compte des enjeux sociaux et environnementaux des financements qu'ils délivrent.
- La Convention internationale d'Aarhus (Danemark) ratifiée notamment par la France le 8 juillet 2002 qui prévoit dans le domaine de l'environnement : (1) Le droit d'accès à l'information dans le domaine de l'environnement. (2) La participation du public au processus décisionnel dans le domaine de l'environnement et notamment l'autorisation d'activités qui peuvent avoir une incidence importante sur l'environnement, l'élaboration des plans, programmes, et politiques relatifs à l'environnement, ou la participation à l'élaboration des normes contraignantes. (3) L'accès à la justice dans le domaine de l'environnement.

La responsabilité sociale et environnementale entend prendre en compte et traiter tous les effets potentiellement négatifs de l'activité économique sur l'environnement et dans le domaine social. Sur le plan social, la RSE conduit essentiellement à faire appliquer partout dans le monde les directives du Bureau international du travail visant à protéger les individus sur leurs lieux d'activité. La notion de « social » doit être ici plutôt interprétée comme étant l'exigence d'un respect scrupuleux des droits de l'Homme.

Le concept de RSE est relativement récent (2000). S'il prend une place importante dans les pays développés, il est relativement ignoré dans le monde en développement. En effet, pour les pays en développement, cette notion demeure très floue et est souvent vécue de manière relativement ambiguë. Le bon entendement de la RSE imposerait la mise en œuvre de normes sociales et environnementales qui sont souvent assimilées à des normes occidentales, parfois éloignées de la réalité de la culture des autres parties du monde. De plus, ces normes pourraient s'avérer de puissantes barrières à l'importation de produits du Sud qui ne pourraient y satisfaire, faute de moyens ou de législation sociale avancée.

Les pays émergents font d'ailleurs souvent du dumping social et environnemental un des atouts de leurs productions à bas coûts. Ils ignorent majoritairement le concept de RSE, dans la mesure où ils ont le sentiment de n'avoir rien à y gagner, mais tout à y perdre. Leur compétitivité externe tient justement au fait qu'ils n'appliquent pas ces normes exigeantes qui se répercuteraient sinon sur les prix de revient. L'exercice ou non de la RSE devient un enjeu de compétitivité.

Quant aux pays à faible revenu, ils n'ont bien souvent tout simplement pas les moyens financiers de s'aligner sur les normes sociales et environnementales édictées par les pays riches.

Dans le domaine de l'aide publique au développement, la RSE a fait réellement son apparition au début des années 2000. Les bailleurs de fonds, dans le cadre de la mise en œuvre de leurs projets, se sont mis alors à financer des études environnementales et sociales, desquelles découlent des plans de gestion environnementale et sociale (PGES) permettant d'atténuer les effets négatifs des projets en la matière. Pour les pays en développement à faible revenu, c'est essentiellement à travers l'APD et les PGES qui y sont promus que s'entrevoit donc la réalité du concept de RSE.

Les instruments de l'aide publique au développement en matière de prise en compte de l'environnement.

- Le volet défensif : la prise en compte de la responsabilité sociale et environnementale dans les projets financés

La responsabilité sociale et environnementale entend gommer les effets négatifs de certains financements de projets ou de programmes sur le plan social et de l'environnement.

Sur un plan opérationnel, les projets ou programmes sont classés en trois catégories :

- Catégorie A. Projets présentant une forte probabilité d'impacts négatifs environnementaux et/ou sociaux qui sont divers, irréversibles ou sans précédent.
- Catégorie B. Projets présentant des impacts négatifs sociaux et/ou environnementaux limités moins nombreux, généralement propres à un site, largement réversibles et faciles à traiter par des mesures d'atténuation.

- Catégorie C. Projets présentant des impacts négatifs minimes ou nuls, y compris certains projets de financement par le biais d'intermédiaires financiers.

Si le projet est classé A ou B, alors il y a obligation de réaliser une étude d'impact environnementale et sociale dès l'identification.

Si le projet est classé A, le bailleur de fonds a l'obligation de réaliser un plan de gestion environnemental et social (PGES). Ce plan de gestion environnemental et social est individualisé dans le plan de financement du projet, ce qui entraîne une prise en charge financière obligatoire de son coût. Les financements prévus afin de mettre en œuvre le PGES visent les effets d'atténuation ou d'adaptation du projet pour en minimiser les aspects négatifs (déplacement des populations, rejets de CO2, déforestation, déchets générés par le projet, pollutions diverses, etc.)

- Le volet offensif : les projets de développement durable (aide budgétaire pour l'environnement, aires protégées, protection de la forêt, projets de développement durable de production d'énergies renouvelables, technologie verte, fonds carbones, paiements des services environnementaux, fonds vert etc.)

Les projets et politiques de développement durable

Les projets peuvent être classés en plusieurs catégories :

- Les projets qui utilisent des énergies non polluantes (énergie solaire, énergie éolienne, énergie géothermique et dans une certaine mesure hydroélectricité, hydrogène…) ou des technologies non polluantes dans l'acte de production (agriculture raisonnée, matériaux de construction propres, etc.).
- Les projets qui permettent des économies d'énergie, ou qui ont pour but de réduire les consommations d'énergie fossiles et de réduire les pollutions (exemple : bonne isolation des maisons, des appartements ou des infrastructures publiques).
- Les projets qui ont pour but d'éviter les pollutions dans le domaine des transports : ce sont tous les projets de transports collectifs qui concurrencent efficacement l'utilisation de transports individuels polluants.
- Les projets de protection de l'environnement (aires protégées, protection d'écosystème, protection de variétés ou d'espèces menacées, protection de paysages, etc.).
- Les projets de recherche sur la mise au point de technologies propres.

Sur le plan des politiques, le financement par l'aide budgétaire sectorielle permet d'accompagner l'adoption par les autorités locales de politiques de préservation de l'environnement (Indonésie, Vietnam, Brésil, pays du bassin du Congo pour la forêt, Mexique).

Dans les pays où les enjeux écologiques sont majeurs, les bailleurs de fonds appuient les gouvernements dans la mise en place de leurs politiques de développement durable. Les bailleurs de fonds octroient des financements sous forme de prêts ou sous forme de subventions pour l'élaboration et la mise en œuvre de ces politiques qui permettent la protection des ressources naturelles des territoires. Les décaissements des prêts ou des subventions se réalisent en fonction du degré de mise en œuvre des politiques, dont l'impact est mesuré à travers une batterie d'indicateurs de développement durable. Ainsi, les pays en développement et les pays émergents sont soutenus par la communauté des bailleurs de fonds lorsqu'ils prennent des mesures jugées positives en matière d'environnement.

Les grandes ONG internationales ont également pour mission de mettre en œuvre des programmes de protection de l'environnement (WWF, CI, UICN).

Les grandes organisations non gouvernementales sont même les précurseurs de la prise en compte de la question environnementale par la communauté internationale. Les cinq acteurs qui, au fil des années, ont acquis le plus de poids et d'influence en la matière sont les suivants : (1) l'UICN ou Union internationale pour la conservation de la nature créée en 1948 et qui fait office d'organisation internationale pour l'environnement, (2) le WWF ou Fonds mondial pour la nature créé en 1961 et qui sensibilise l'opinion publique internationale par de grandes campagnes de communication, (3) Greenpeace créé en 1971 et qui monte des opérations de défense de l'environnement aussi spectaculaires que médiatisées, où se distinguent ses activistes, (4) CI ou Conservation international créé en 1987 qui est connu par son action sur le terrain notamment dans les principaux points du globe où la nature est particulièrement à protéger (hot spots), (5) TNC ou The Nature Conservancy créé en 1951 dont la particularité est d'acheter des terres pour les protéger de toute utilisation anthropique jugée a priori dégradante.

Si à leurs débuts, s'engouffrant dans la brèche libérale du « moins d'État » pour se développer et faire valoir la voix de la société civile, elles se montrent surtout utiles par le biais des actions de communication à l'égard du grand public. Il leur arrive de prendre le relais d'une aide publique au développement relativement modeste sur le plan environnemental. Les fonds qu'elles récoltent (3 à 5 milliards de $/an) en font des acteurs incontournables, bien qu'il leur soit souvent reproché leur manque de transparence, notamment sur le plan démocratique ou dans la gestion des fonds. Elles ont construit une véritable légitimité dans la gestion des écosystèmes et des aires protégées (12 % des territoires émergés). Leur objectif de conservation de l'espace peut les amener à acheter des terres afin de les « sanctuariser », ce qui va parfois à l'encontre du principe de souveraineté des États concernés par ces acquisitions foncières. Pour les pays en développement, ces grandes ONG environnementales figurent à la fois des alliés, car elles stigmatisent la responsabilité du Nord dans la dégradation de l'environnement, elles aident les États à se construire une légitimité politique sur le plan du développement durable, mais également des opposants sévères, mais elles ont tendance à s'ingérer dans les affaires intérieures des États en se saisissant de la question des biens publics mondiaux, elles privatisent certains territoires par le biais d'achats de terres, leur puissance financière est sans commune mesure avec les possibilités d'action de certains États, elles médiatisent les carences de certains gouvernements. Bien souvent, elles se concentrent exclusivement sur la défense et la protection de l'environnement, la recherche du bien-être des populations ne fait donc pas partie de leurs actions prioritaires.

Pour synthétiser, les multiples points communs de ces grandes ONG environnementales sont les suivants :

- Elles ont une légitimité réelle en matière d'environnement, ce qui n'est pas toujours le cas des bailleurs de fonds qui paraissent parfois un peu distancés sur ces questions.
- Elles deviennent à partir de 1990 des acteurs financiers globaux.
- D'une attitude de conservation pure, elles en viennent peu à peu à une prise en considération progressive des populations et du développement. Elles travaillent de plus en plus avec les bailleurs de fonds qui les financent, ayant besoin de leur légitimité scientifique, mais perdent en contrepartie un peu de leur indépendance. Les aires protégées qu'elles gèrent parfois ne dressent plus comme dans les années 1950 des barrières à toutes les activités humaines.
- Elles représentent la société civile et participent à toutes les grandes réunions internationales. D'ailleurs, certains délégués gouvernementaux sont issus du monde associatif et passent de l'un à l'autre, sans grande difficulté.
- Elles sont parfois accusées de réduire la souveraineté des États en leur imposant des mesures de protection. Leur droit d'ingérence écologique par le biais de la thématique des biens publics mondiaux les rend parfois incontournables sur certains sujets et dans certains pays à enjeu écologique fort.
- Elles ne font pas l'objet d'un contrôle externe. La gestion des fonds qu'elles collectent demeure opaque.
- Elles sont souvent accusées d'être des relais de l'écologie de droite (protection des ressources du Sud) pour un usage prolongé au Nord.
- Elles sont souvent américaines et donnent des leçons à la terre entière bien que les États-Unis ne soient pas signataires du Protocole de Kyoto.

Les fonds carbones sont également des instruments qui permettent de financer des projets environnementaux. Dans ce domaine, la Banque mondiale fait figure de leader.

Les PES ou Paiement des services environnementaux ont pour objectif de rémunérer certains pays quand ils mènent des politiques de préservation du climat, de gestion de l'eau, de gestion de la biodiversité, des forêts, des paysages. En échange de la mise en œuvre de ces politiques, ces pays reçoivent des paiements pour leur contribution à la préservation des biens publics mondiaux. On valorise ainsi le patrimoine naturel de certains pays, patrimoine qui est utile non seulement au pays lui-même, mais également à l'ensemble de l'humanité. Ce mécanisme est particulièrement à l'œuvre au Costa Rica ou plus généralement dans des pays qui gèrent de vastes aires protégées.

Le mécanisme de déforestation évitée (REDD ou Reducing émissions from deforestation and degradation) vise à rémunérer les pays forestiers à hauteur de leurs efforts dans la conservation ou l'extension de leurs massifs forestiers sur le long terme. La difficulté majeure de ce mécanisme réside dans le fait de devoir se mettre d'accord avec un pays sur une situation de référence (inventaire de la forêt existante), puis de mesurer de manière précise les évolutions de la forêt par rapport à la situation de référence, afin de savoir objectivement si le couvert forestier est protégé ou pas dans le long terme, et donc rémunérer en conséquence les efforts accomplis.

Le transfert des technologies propres en est toujours à ses premiers balbutiements. Le transfert de technologie se heurte aux intérêts des entreprises aux prises avec une logique économique dominée par la compétition internationale et qui veut que toute avance technologique, même en technologie propre, soit conservée le plus longtemps possible et a fortiori protégée au moyen de brevets. Les États-Unis se montrent extrêmement réticents à aller dans cette voie qui remet en cause le libéralisme économique et les droits de propriété sur certaines technologies. Selon eux, il y va de la continuation du financement de la recherche par les entreprises.

Le financement des politiques de développement durable des pays en développement

Le financement des politiques de développement durable mises en œuvre dans les pays en développement mobilise en général deux sources distinctes :

- Une source de financement interne aux pays eux-mêmes. C'est une source de financement que pratiquent majoritairement les pays émergents qui mettent en place des politiques de développement durable (Chine, Indonésie, Mexique, Brésil). Leurs gouvernements respectifs ont conscience de la nécessité de prendre en compte l'environnement dans leur processus de développement. Logiquement, ils réservent à cette politique des ressources budgétaires de plus en plus importantes. Les bailleurs de fonds traditionnels complètent à l'occasion ses ressources internes pour tenter d'accélérer le processus (exemple : étude de cas de l'Indonésie).
- Une source de financement externe aux pays en cause. C'est une situation de dépendance que vivent majoritairement les pays en développement à faible revenu. De plus, le développement durable n'apparaît pas pour eux comme une priorité, mais plus le développement tout court pour sortir leurs

populations de la pauvreté. Ce sont donc en général les bailleurs de fonds qui financent l'intégralité de cet effort dans les pays à faible revenu. Le fonds vert, décidé à la conférence de Cancun (COP 16 de 2010), devait être doté à terme annuellement de 100 Mds $ additionnels pour donner une assise réelle à ces politiques de développement durable dans les PeD, notamment dans leur volet adaptation. En effet, ce sont les pays pauvres qui subissent le plus les atteintes à l'environnement. En 2021, nous sommes encore loin du compte. De plus les apports des donateurs mêlent les prêts et les dons, sans que l'on sache vraiment s'il s'agit effectivement de ressources additionnelles.

Au total, les ressources engagées pour mener des politiques de développement durables sont pour l'essentiel mises en œuvre par et pour les pays développés et les pays émergents. Les pays en développement à faible revenu dépendent des financements externes pour mener ce type de politiques. Les fonds disponibles pour financer ces actions sont en majorité prélevés sur l'aide publique au développement. Ils n'ont pas le caractère additionnel qu'on leur prête parfois.

La fin du Protocole de Kyoto en 2020

Après la négociation engagée à Durban en décembre 2011 lors de la conférence des parties (COP 17), l'avenir du Protocole n'est pas assuré. Arrivé à échéance dans sa première phase en 2012, le protocole de Kyoto a été reconduit jusqu'en 2020. Mais, en l'absence de ratification de la Chine, de la Russie, du Japon, du Canada et des États-Unis, seules 15 % des émissions mondiales de gaz à effet de serre étaient concernées. C'est notoirement insuffisant, ce qui retire au Protocole une grande partie de son efficacité. Le protocole de Kyoto a été remplacé par l'Accord de Paris en 2020.

L'Accord de Paris à la COP 21 en 2015

L'Accord de Paris sur le climat, adopté le 12 décembre 2015 à l'issue des négociations de la COP 21, est entré en vigueur le 4 novembre 2016. En 2019, sur 197 parties, 183 l'ont ratifié. Premier accord international sur le climat à caractère universel, il constitue une étape importante dans la lutte contre le réchauffement climatique.

Dans ce document conjoint, presque tous les pays de la planète se mettent d'accord, sur la base de rapports scientifiques, sur un objectif commun : contenir d'ici 2100 le réchauffement climatique bien en dessous de 2 °C par rapport aux niveaux préindustriels, et poursuivre les efforts pour limiter la hausse des températures à 1,5 °C. Par ailleurs est proclamé l'objectif de la neutralité carbone (ou objectif de zéro émission nette), à savoir l'équilibre entre les émissions de gaz à effet de serre et la compensation permise par les puits ou réservoirs de carbone, comme les forêts.

Le texte incite en outre les pays développés à soutenir les efforts des pays en développement. Il reconnaît notamment la situation particulière des pays les moins avancés (PMA) et des petits États insulaires en développement.

Souvent décrit comme le meilleur accord possible eu égard aux intérêts nationaux divergents, il est toutefois critiqué sur quelques points. Accord présenté comme juridiquement contraignant, il n'est pas assorti de mécanisme coercitif ou de sanctions. Peut-on le considérer de ce fait comme étant réellement contraignant ? Un principe de transparence impose régulièrement aux États parties des « contributions déterminées au niveau national » (CDN), et de rendre compte de leurs émissions et des efforts fournis pour atteindre les objectifs communs. Un bilan collectif est également prévu tous les cinq ans à compter de 2023. Une autre critique souligne le fait qu'en raison des compromis nécessaires, le pétrole ou le charbon ne sont pas mentionnés.

En 2017, sous l'impulsion de Donald Trump, les États-Unis – le plus gros émetteur de gaz à effet de serre après la Chine – dénoncent l'Accord.

En 2020, le nouveau président des États-Unis, Joe Biden, réintègre l'Accord de Paris.

5. Les interrogations sur le développement et le développement durable et les orientations possibles

Quelle finalité pour le développement ?

Qui n'a pas rêvé d'un développement pour tous équitable, solidaire et durable ? Telle pourrait être la finalité d'un développement où les inégalités entre les hommes seraient combattues afin d'assurer à tous dans une société de partage, un bien-être durable. Cette finalité est prise en compte dans la Déclaration du Millénaire sur le développement de 2000 qui fait de la lutte contre la pauvreté l'objectif principal à atteindre à l'horizon 2015. Cette finalité est également prise en compte par les ODD adoptés en 2015 pour la période allant jusqu'à 2030.

Toutefois, le développement, tel qu'il s'opère, s'accompagne dans les faits d'une croissance des inégalités, d'un déséquilibre entre le Nord et le Sud, d'un épuisement des ressources et d'une dégradation de l'état de la planète. À ce titre, les spécialistes de la FAO estiment la faim dans le monde a repris sa marche en avant depuis 2018. Le développement ne touche que 17 % de la population mondiale auquel viennent s'agréger progressivement l'Inde, la Chine et le Brésil qui représentent à eux trois plus de 35 % de la population mondiale.

Jusqu'à présent, la voie majoritairement choisie pour assurer le développement pour tous était celle de la croissance économique dans un univers de compétition internationale et d'ouverture des marchés. Grâce à la compétition internationale et à l'ouverture des marchés, la productivité et l'efficacité économique de l'ensemble des pays du monde vont s'améliorer entraînant dans leur sillage un accroissement de la production de biens et services. Bien entendu, ces biens et services ne seront pas systématiquement bien répartis et il faudra admettre qu'une politique de redistribution plus ou moins forte rééquilibre les choses entre les gagnants de la compétition et les autres. Toutefois, le niveau de redistribution admissible pour assurer cet équilibre entre riches et pauvres est fort différent selon les experts.

Pour les plus libéraux, il s'agit d'entraver le moins possible la belle machine à produire des richesses que la compétition sur les marchés favorise. La redistribution doit s'opérer a minima. Elle ne doit être qu'un simple filet de sécurité assurant un minimum de cohésion sociale entre riches et pauvres.

Dans une autre conception de la redistribution beaucoup plus généreuse, il s'agit non seulement de réduire les inégalités mais également de donner aux plus pauvres un pouvoir d'achat qui peut à son tour doper la croissance économique, voire jouer un rôle de stabilisateur de la conjoncture économique en temps de crise. On est alors plus proche d'une vision keynésienne de l'économie. On évoque les termes de croissance pro-pauvres ou de croissance inclusive.

La lutte contre la pauvreté et les inégalités ne fait pas consensus lorsque l'on aborde ce problème sous l'angle de la redistribution. Doit-on compléter de développement économique par, dans un second temps, une nécessaire redistribution et admettre que certains (pays ou populations) doivent se satisfaire de la solidarité ? Le processus de développement ne doit-il pas être inclusif pour tous, dès le départ, sans être dans l'obligation de prévoir une redistribution a posteriori ?

De manière plus ambitieuse, la finalité du développement est alors de permettre à chacun de se créer l'opportunité de bien vivre par sa propre activité ; que chacun ait la possibilité d'assurer par lui-même son propre confort matériel grâce à un travail justement rémunéré ne ressemblant pas à une nouvelle forme d'exploitation. On aborde ici la notion de « capabilité »[48], c'est-à-dire la faculté de donner à tous, et aux pauvres en particulier, les moyens d'assurer par eux-mêmes leur propre bien-être. Les notions de croissance pro-pauvre (sous-entendu qui profite aux pauvres), de croissance inclusive (qui ne laisse personne sur le bord de la route), vont également dans ce sens. Cette nouvelle vision du développement ne se contente plus de donner aux riches la responsabilité « charitable » et « morale » d'aider les pauvres à subvenir à leurs besoins les plus

48 / Lire la contribution de l'économiste prix Nobel Amartya Sen dans son article célèbre « Equality of what » de mai 1979 où il définit la capabilité comme la possibilité acquise par chacun de choisir son mode d'accès au bien-être (liberté positive), même quand on est pauvre.

élémentaires. Ici, on considère que chaque individu doit être mis en situation (mis en capacité) d'assurer dignement son développement.

Mais la finalité du développement s'enrichit de la prise en compte nécessaire de la contrainte environnementale. À quoi bon produire de plus en plus de biens et services, et s'apercevoir que ces biens et services détruisent les ressources de la planète ? Il faut donc que le développement soit non seulement ouvert à tous, mais compatible avec la préservation des ressources de notre planète. La finalité du développement durable, du développement soutenable, n'est plus qu'une affaire de croissance économique comme par le passé, n'est plus qu'une affaire de redistribution vers les plus pauvres, n'est plus qu'une affaire de capabilité et de croissance pro-pauvre ou inclusive, elle doit intégrer également la nécessaire gestion des ressources de la planète sur le long terme.

À qui doivent appartenir la définition et la mise en œuvre des politiques de développement ?

Aux pays en développement eux-mêmes, bien entendu. Cette réponse pourrait apparaître saugrenue pour des pays en développement, qui pour certains, sont officiellement indépendants depuis le début des années 1960.

Du temps de la colonisation et des grands empires britannique, français, hollandais, portugais ou espagnol, de vastes territoires étaient dominés par les puissances coloniales et la définition des politiques mises en œuvre n'appartenait pas à ces territoires. Avec les indépendances, on croyait ce temps révolu. Fiers de leur souveraineté, fiers de leur indépendance, il n'était pas question pour ces pays nouvellement indépendants que les pays développés, notamment leurs anciennes puissances coloniales, puissent interférer directement sur les politiques mises en œuvre. Dans les années 1960, ces pays récemment décolonisés restaient certes peu développés mais éminemment jaloux d'exercer pleinement leur nouvelle souveraineté.

Pourtant les liens avec les pays développés dont les anciennes puissances coloniales n'ont pas été coupés. Était-ce des liens qui libèrent et donnent aux nouvelles nations l'occasion de pleinement se réaliser, notamment grâce à l'aide qu'ils reçoivent ? Était-ce des liens qui enferment les plus faibles dans de nouvelles dépendances ? Hélas, un peu des deux peut-être. Les pays développés ont immédiatement proposé de substituer au colonialisme d'antan des politiques de coopération active, présentées comme généreuses et désintéressées. Ces politiques visaient dans un premier temps pour les pays développés à tenter de réparer les erreurs du passé. Elles visaient également, comme le disait le président Truman en 1949, à combler le retard des pays sous-développés, un retard imputable à la colonisation. Des transferts financiers et techniques ont donc été instaurés au profit des pays sous-développés dans une logique équivalente à celle du plan Marshall pour la vieille Europe. L'aide délivrée l'était essentiellement sous forme d'aide projet ou d'assistance technique, et n'avait pas officiellement pour objectif direct d'influencer ou de façonner les politiques économiques de ces États.

Toutefois, cette politique de coopération active coïncidait avec la rivalité Est-Ouest qui faisait des pays en développement un enjeu politique, non seulement entre les nouvelles grandes puissances mais également pour les anciennes puissances coloniales qui souhaitaient se ménager de nouveaux appuis au sein de la communauté internationale.

C'est pourquoi, ces liens jamais rompus entre le Nord et le Sud n'avaient pas qu'un caractère généreux et désintéressé. On peut même dire qu'à une domination coloniale s'est substitué, par la coopération économique, par la coopération militaire, par la proximité des élites, un jeu d'influences du Nord et de l'Est sur le Sud. Comment en effet pour les pays du Sud traiter d'égal à égal avec les grandes puissances ? Comment si démunis, si déstructurés par des décennies de colonisation, échapper à la protection « bienveillante » d'une grande puissance qui pratique les rapports de force ? Comment repousser cette main tendue qui vous aide et qui vous aliène à la fois ?

Alors effectivement, les apparences sont sauves. On traite de pays indépendants à pays indépendants. Dans la réalité, les choses sont beaucoup plus complexes. La coopération au sens large à partir des années 1960, dont fait partie l'aide publique au développement, tisse de nouveaux liens, à la fois bienveillants et mais également intéressés.

Au titre de l'aide, les apparences sont respectées. On n'impose plus des politiques économiques. On préfère l'aide-projet. On préfère l'assistance technique qui prend parfois la forme de conseils en matière d'élaborations de politiques publiques.

Dans les années 1980, confrontés aux faibles résultats économiques enregistrés par les pays en développement, les bailleurs de fonds qui jusqu'alors finançaient des projets de développement sans conditionnalités de politique générale ou sectorielle se sont mis à octroyer leurs aides projets avec des conditionnalités en matière de politique économique. L'idée était de donner aux projets de développement un maximum de chance de succès en agissant sur la transformation du cadre économique et social du pays bénéficiaire de l'aide.

Puis naturellement à partir de 1980, face à la crise financière et d'endettement des États du Sud qui signait l'échec de leurs processus de développement, la période de l'ajustement structurel a commencé par ses promesses de financements et de désendettement contre l'établissement de nouvelles politiques de développement cette fois clairement définies par les bailleurs de fonds, sous la houlette de la Banque mondiale et du FMI.

S'agissant de l'Aide, on est donc passé successivement de l'aide-projet sans conditionnalité politique (1960-1980) à de l'aide-projet avec conditionnalité politique (1980-1990), puis à de l'aide-programme dont l'objectif est de soutenir directement la mise en place de nouvelles politiques.

Stéphane Madaule *Du développement au développement durable*

En d'autres termes dans les années 1990, si les pays en développement souhaitaient encore bénéficier de l'aide internationale sous forme d'aide-projet, sous forme de remises de dettes, sous forme d'aide programme, il fallait qu'ils acceptent les réformes de structure, demandées par les bailleurs multilatéraux comme la Banque mondiale et le Fonds monétaire international, appuyés dans cette démarche par les bailleurs bilatéraux. À cette époque, la définition par les pays eux-mêmes de leur propre politique macroéconomique ne leur appartenait plus puisqu'elle était imposée de l'extérieur. Une « recolonisation » rampante des politiques avait donc eu lieu progressivement, imposant de l'extérieur le modèle à suivre.

En 2005, à la conférence de Paris sur l'efficacité de l'aide, les bailleurs ont pris conscience de l'absurdité de cette évolution et de son caractère néocolonialiste. Comment à la fois prôner la démocratie et détenir en réalité de l'extérieur tous les leviers de la mise en œuvre des politiques ? Comment améliorer la gouvernance des politiques si les responsables politiques sont eux-mêmes dessaisis de sa définition ? Comment corréler le volume d'aide octroyé à un pays en fonction de la notation de sa gouvernance et dans le même temps indiquer qu'on est seul juge pour en déterminer les grands axes ? Lors de cette conférence de Paris, les deux préconisations majeures ont alors été l'appropriation par les pays en développement des politiques, et l'alignement des bailleurs de fonds sur ces politiques définies donc par les pays eux-mêmes. Qu'on y songe un peu : l'emploi du terme « appropriation » voulait bien dire à quel niveau de dessaisissement nous étions parvenus. Il fallait d'urgence rendre les pays en développement à nouveau responsables de leurs politiques et donc faire en sorte qu'ils soient en situation de définir eux-mêmes leurs politiques.

Depuis, les bailleurs essaient de redonner aux pays en développement plus d'indépendance dans la définition de leurs politiques économiques, sociales et environnementales. Ce sont les pays eux-mêmes qui doivent théoriquement être les moteurs de la définition des cadres stratégiques de lutte contre la pauvreté (DSPR). Toutefois, les bailleurs de fonds sont dans la réalité toujours là pour leur tenir la plume et juger de la qualité de leur copie avec des effets directs sur les volumes d'aide octroyés en contrepartie (volume d'aide corrélé au jugement externe sur la qualité de la gouvernance notamment avec l'indicateur CPIA de la Banque mondiale).

Ainsi, les pays pauvres très endettés se voient proposer depuis 1996 une initiative de désendettement pilotée par le FMI et la Banque mondiale (initiative PPTE). Cette initiative vise à « apporter une solution durable aux problèmes d'endettement de ces pays en conjuguant une réduction sensible de leur dette à des réformes destinées à stimuler la croissance à long terme et à faire reculer la pauvreté ». Ces réformes destinées à stimuler la croissance sont décrites comme « une détermination à réduire les déséquilibres macroéconomiques et à appliquer des politiques propices à la croissance » ou qualifiées de « politiques saines ». Bien entendu, ces nouvelles approches « s'inscrivent dans le cadre d'un Document de stratégie de réduction de la pauvreté (DSRP), étude complète et détaillée préparée par le pays emprunteur ». Toutefois, l'élaboration de ce DSRP peut faire l'objet des conseils du FMI et de la Banque mondiale. De plus, les DSRP sont ensuite « entérinés par les conseils du FMI et de la Banque mondiale pour servir de plate-forme aux prêts concessionnels des deux institutions et à un allègement de dette au titre de l'initiative renforcée en faveur des PPTE ». En clair, les DSRP qui ont bénéficié des conseils du FMI et de la Banque, dans leur phase d'élaboration, doivent être conformes à ce qu'attendent les conseils d'administration du Fonds et de la Banque pour enclencher le processus de désendettement. On peut bien affirmer dans ces conditions : « Le pays et sa population ont la maîtrise de l'élaboration des DSRP ». On comprend bien que si le résultat final ne correspond pas aux attentes, les allègements ou annulations de dettes ne peuvent avoir lieu. L'appropriation des politiques macroéconomiques demeure donc très théorique[49].

En 2020, de nouveaux allègements de dettes sont envisagés. Il est à craindre qu'ils soient liés à de nouveaux engagements macroéconomiques de la part des pays bénéficiaires.

Or pour effectivement se développer de manière durable, les pays en développement devraient disposer pleinement de la maîtrise de leurs politiques publiques, des politiques qu'ils devraient eux-mêmes définir en fonction de leurs spécificités, des politiques particulières à chacun et non calquées sur un modèle à reproduire, préconisé voire imposé de l'extérieur. Il y va de leurs réussites futures. Il en va également de l'instauration de réelles démocraties. Il en va du plein exercice de leur souveraineté, porteur d'espoir mais également de devoirs et de responsabilités.

49 / Les citations entre guillemets sont tirées d'un document du FMI intitulé : « la logique de l'allègement de la dette des pays les plus pauvres » rédigé par les services du FMI en septembre 2000.

Chaque pays doit construire son propre modèle de développement durable

En 1960, le choix existait entre plusieurs modèles de développement. Le modèle d'économie planifiée était défendu par l'Union soviétique : ce modèle n'a jamais donné de bons résultats puisqu'il s'est écroulé de l'intérieur avec la chute du mur de Berlin en 1989. Le modèle d'économie mixte prôné par la France, notamment dans ses anciennes colonies, était une alternative possible alliant interventionnisme et économie de marché : ce modèle n'a pas réussi. Il a progressivement cédé le pas au modèle libéral qui s'est imposé dans l'ensemble du monde développé. Popularisé par les institutions de Bretton Woods, le modèle libéral gagne la bataille de la communication et s'impose comme le seul cadre de développement véritablement efficace.

À partir des années 1990, les pays développés dans leur ensemble ont défendu ce modèle de développement dont la diffusion dans le monde en développement était l'objectif avoué. Toutes les grandes institutions internationales qui émettent des conseils dans ce domaine (Fonds monétaire international, Banque mondiale, comité d'aide au développement de l'OCDE, Organisation mondiale du commerce, aide européenne, etc.) ont été également dans ce sens en prônant notamment : l'ouverture au commerce international, l'abaissement du rôle de l'État dans les affaires économiques, le jeu de la loi des avantages comparatifs, la compétition sur des marchés libres et non faussés.

Toutefois, ce modèle de développement souffre de trois travers fondamentaux :

- Premièrement, il semble indiquer aux pays en développement que la seule voie à suivre en matière de développement est celle des pays développés. Les pays pauvres n'auraient donc qu'un retard qu'il s'agirait de combler. Or, entre 1970 et 2010, les pays pauvres qui ont essayé patiemment d'appliquer ce modèle n'ont globalement pas réussi. Le nombre de pays pauvres est passé de 25 à 50 pays.
- Deuxièmement, le modèle vanté par les pays développés n'est pas reproductible. Avant même que les pays pauvres aient réussi à enclencher ce type de processus, on sait déjà que les pays riches doivent changer de modèle et qu'il ne constitue plus un exemple à suivre. Le mode de consommation de masse qui est au cœur de ce système est incompatible avec la préservation des ressources de la planète.
- Troisièmement, les pays émergents ont remis au goût du jour un système économique mixte alliant une forte intervention de l'État et une économie de marché tournée vers l'extérieur. Or, ce sont ces pays qui s'en tirent le mieux sur le plan économique. Pourtant, ils n'empruntent pas le modèle libéral. Pourtant, ils n'empruntent pas la voie du développement durable.

Mais plus spécifiquement, le modèle chinois n'a rien à voir avec le modèle indien qui est lui-même fort différent du modèle brésilien. En fait, après plus de 60 années de réflexion sur le développement, il n'existe toujours pas de modèle de développement qui fonctionne, qui s'impose.

Il n'existe donc pas de modèle à suivre. Chaque pays doit lui-même être capable de tracer sa propre trajectoire de développement, qui doit prendre en compte la contrainte environnementale. Les gouvernements des pays en développement peuvent bien sûr s'inspirer des conseils qu'on leur dispense de l'extérieur mais ils doivent rester les véritables initiateurs des politiques spécifiques qu'ils doivent imaginer face à leurs contraintes et leurs atouts particuliers.

De plus, les contraintes environnementales imposent la création de nouveaux modèles de développement basés sur la sobriété qui restent pour tous - pays développés, pays émergents, pays en développement - encore largement à inventer. Même si les objectifs à atteindre apparaissent comme commun aux pays développés comme aux pays en développement depuis 2015 avec l'adoption pour tous des ODD, il va sans dire que le cheminement de chaque pays pour atteindre ses objectifs ne peut être que particulier. Il n'y a donc pas un modèle de développement qui serait généralisable à tous mais des modèles de développement qui doivent épouser les contours de chaque situation particulière propre à un pays.

Croissance verte ou la décroissance pour tous ?

Les spécialistes du développement comme du développement durable débattent sur le fait de savoir si le passage à la croissance verte pour tous est possible, mais également suffisant pour sauver notre planète ou s'il faudra en passer par la décroissance.

Dans leur grande majorité, les économistes libéraux et orthodoxes estiment que la croissance verte et donc décarbonée pour tous est l'objectif à atteindre. Ils pensent que nos modèles économiques doivent et peuvent évoluer dans ce sens. Il n'est guère envisageable pour eux de sacrifier la croissance, source pratiquement unique de création de richesses et de revenus qu'il s'agit de redistribuer équitablement. Pour eux, il convient donc de promouvoir au plus vite un modèle de croissance verte, pourvoyeuse d'emplois et respectant l'environnement.

Toutefois, de nombreux environnementalistes et certains économistes indiquent que l'objectif de croissance verte pour tous n'est pas atteignable. Ils s'appuient dans leurs dires sur le fait que la croissance ne peut être totalement décarbonée. On constate en effet qu'en 2021, il existe encore une corrélation forte entre croissance et élévation des rejets de CO2. La décarbonisation de la totalité de la croissance serait donc impossible à obtenir. Pour ce courant de pensée, il est donc nécessaire de renoncer à la croissance, comme le préconisait déjà le Club de Rome au début des années 1970 et même d'aller vers la décroissance. Si le modèle de développement des pays développés était diffusé à l'ensemble de la planète, il faudrait 5 à 6 planètes pour établir un équilibre entre les rejets CO2 et absorption de CO2. Pour eux, il est donc indispensable d'aller au plus vite vers la décroissance, ou en tout cas de ne plus faire de la croissance économique l'objectif de nos modèles de développement de demain.

Il est très difficile de trancher ce débat entre ces deux courants de pensée. La vitesse de décarbonisation de l'activité économique est relativement faible, mais existe. Elle est toutefois trop faible pas suffisamment partagée par de nombreux pays pour éviter un désordre écologique majeur qui a déjà commencé et se traduit par une élévation des températures et des fluctuations incontrôlées du climat, une acidification des océans et une perte biodiversité. Pourtant, les adeptes de la croissance verte indiquent que le rythme de décarbonisation de notre activité peut être accéléré, qu'il convient de ne pas sous-estimer les innovations futures, qu'il faut faire confiance au génie de l'homme pour trouver des solutions. Ils caricaturent les adeptes de la décroissance en indiquant qu'il propose en fait de revenir à l'âge de pierre.

À l'inverse, les tenants de la décroissance invoquent le principe de précaution, invoquent l'urgence, invoquent la nécessité de changer nos modes de vie dès à présent. La croissance verte sera utile mais ni suffisante, ni assez rapide, ni applicable enfin par les pays en développement qui ne la maîtrisent pas mais ont pourtant besoin de plus croissance pour assurer une élévation souhaitable de leurs niveaux de vie. Il convient donc de changer drastiquement de modèle, d'apprendre à partager des ressources qui ne sont pas infinies, de sortir du dogme d'une croissance toujours possible et infinie.

Impossible de trancher sur la base d'éléments scientifiques fiables entre ces deux courants de pensée.

Jusqu'où faudra-t-il aller dans nos changements de vie pour respecter à nouveau les équilibres naturels de notre planète ? Croissance verte pour tous ? Décroissance obligatoire pour tous ? Croissance verte ou même décroissance pour quelques-uns, les plus carbonés ? Ces questions demeurent ouvertes mais il convient d'y répondre maintenant assez rapidement car nous ne sommes toujours pas collectivement sur la bonne trajectoire de développement soutenable.

Le développement du Sud peut-il détruire la planète ?

Ce n'est peut-être pas le développement du Sud qui va détruire notre planète, c'est plutôt la généralisation rapide d'un modèle de consommation à l'occidentale pourtant devenu obsolète. Le développement accéléré « à l'occidentale » des pays émergents qui représentent près de 30 % de la population mondiale peut faire craindre qu'il s'agisse effectivement du scénario que nous suivons. C'est pourquoi il est urgent pour le Nord comme pour le Sud de réinventer des modèles de développement qui associent bien-être et sobriété dans l'utilisation des ressources non renouvelables ou fragiles de la planète. Le développement des aires protégées et de la multiplication des paiements des services environnementaux est certes louable. Mais il ne constitue pas une solution à la mesure du problème de l'environnement mondial.

C'est donc plutôt le modèle de développement à l'occidentale - la consommation de masse - qui est à remettre en cause. Ce changement interpelle à la fois l'Occident qui doit quitter ce modèle mais également le monde en développement qui pourtant le suit s'agissant des émergents, et manifestement fait fausse route.

Dix orientations pour une plus grande efficacité des politiques de développement durable

Avec l'adoption des 17 Objectifs du développement durable (ODD) et les résultats obtenus lors de la COP 21 à Paris sur le changement climatique en 2015, le spectre et les contours des politiques de développement à suivre se sont singulièrement élargis à l'ensemble de la planète. Tous les pays, qu'ils soient développés ou en développement doivent bâtir des modèles de développement durable. Cette universalité nouvelle de la thématique du développement change notre regard sur les politiques de développement. Comment véritablement atteindre ces objectifs au Sud comme au Nord à l'horizon 2030 ? Comment financer ces politiques de développement durable, au Nord comme au Sud ? Comment gérer cette nécessaire convergence entre le Nord et le Sud ? Comment faire cohabiter un plancher social pour tous et un plafond environnemental à ne pas dépasser ?

Voici quelques-unes des questions majeures qui se posent aux politiques de développement. Les dix orientations présentées ci-après ont pour objectif d'essayer d'y répondre par la voie de la réforme, par des propositions concrètes visant à l'amélioration du positionnement et l'efficacité des politiques de développement, tout en demeurant conscient de leurs limites.

Soutenir l'émergence de modèles de développement durable au Nord comme au Sud

L'adoption des objectifs de développement durable pour tous, la réussite de la COP 21 de Paris en décembre 2015 marquent un tournant dans notre regard sur les politiques de développement. Les destins du Nord et du Sud sont liés et l'ensemble des pays de la planète doivent élaborer sur le plan économique, social et environnemental des trajectoires de développement durable. L'heure n'est plus à la tentative de reproduction des modèles de développement des pays développés qui sont dans une impasse sur le plan écologique. Les pays en développement ne peuvent s'engager sur ce même chemin en considérant qu'ils auraient un retard à combler. Il convient plutôt qu'ils créent leurs propres modèles de développement durable, à l'écart des schémas passés. Cette démarche est beaucoup plus exigeante sur le plan intellectuel car elle s'écarte des recettes passées pour penser l'avenir des politiques à suivre d'une manière complètement nouvelle. Il convient que les politiques de développement mises en œuvre au Nord comme au Sud accompagnent et consolident la transition écologique. Dans ce cadre, le financement et l'appui à des projets d'énergie renouvelable constituent les marqueurs d'une mise en place effective de nouveaux modèles de développement décarbonés. Des modèles qui soient éloignés de ceux empruntés par les pays industrialisés où la croissance est jusqu'à présent majoritairement une croissance « brune » qui se transforme en « développement non durable ». Des modèles qui soient éloignés de ceux des pays émergents qui prennent le même chemin que les pays développés. Des modèles qui fassent appel à la « croissance verte » (et non à la croissance brune comme jusqu'à présent) pour bâtir sur ce socle un développement durable décarboné. C'est une opportunité extraordinaire pour les pays en développement car une page blanche s'ouvre à eux où tout est à construire et à imaginer selon la culture et le contexte de chacun.

Grâce à l'hydroélectricité, au solaire, à l'éolien… en prenant en compte les caractéristiques propres à chaque pays, il s'avère nécessaire de donner un appui plus systématique à la mise ne place de cette nouvelle économie car elle est la base d'un nouveau modèle de développement décarboné. Dans le secteur de l'énergie propre, comme celui des grands services publics marchands (eau, électricité, transport), seuls des prix de vente de ces services à des tarifs d'équilibre50 peuvent permettre un développement rapide de cette nouvelle économie en impliquant le secteur privé qui peut alors s'investir et gérer. La prise en compte de l'environnement dans les projets de développement génère encore le plus souvent un coût supplémentaire par rapport aux projets financièrement les plus rentables à court terme, mais aux externalités négatives élevées (coûts pour l'environnement). Pourquoi ne pas l'assumer plus clairement en préférant le mieux disant sur le plan environnemental au moins-disant sur le plan des prix de marché ? Et cette orientation vaut à la fois pour les pays en développement, les pays émergents et les pays développés.

Pour les pays du Nord comme les pays émergents, un nouveau mode de développement est à élaborer. Le financement de ce développement leur appartient.

---

50 Les prix de vente de l'électricité aux consommateurs (particuliers, entreprises, administrations) doivent couvrir les coûts pour favoriser la croissance de l'investissement durable, qu'il soit public et a fortiori privé. La voie des appels d'offres à projets, avec des prix de vente aux consommateurs non rémunérateurs, n'est pas incitative. Elle privilégie l'ancienne économie en faisant du moins-disant le seul critère du choix de la technologie choisie.

Pour les pays du Sud à faible revenu, un nouveau mode de développement est à imaginer. La définition de ce développement leur appartient, mais son financement doit être appuyé par des transferts financiers notamment sous forme d'Aide publique au développement.

Afin de nourrir cette nouvelle convergence que les ODD ont si bien soulignée, on pourrait même imaginer que dans chaque pays du Nord, une seule et même institution finance le développement durable, au Nord comme au Sud, avec les instruments financiers adéquats51 : des ressources sous forme de subventions vers les pays à faible revenu dans le cadre de la coopération Nord-Sud financée par les instruments de l'Aide ; des ressources sous forme de subventions et de prêts, bonifiés ou non, financées par les pays riches sur leurs budgets, pour des projets situés dans les pays développés ou à revenu intermédiaire qui s'engagent résolument dans une transition écologique effective et non fictive.

On créerait ainsi des synergies et un savoir-faire global entre les projets qu'une même institution peut financer au Nord ou au Sud.

Il manque des lieux d'échange où l'on puisse parler de développement partagé, de développement durable, au Nord comme au Sud, en proximité avec la société civile. La création de maisons du développement, ouvertes à tous les publics, aurait comme avantage de populariser les politiques de développement, au Nord comme au Sud, afin de leur donner une assise citoyenne supplémentaire. Dans ces maisons du développement, on pourrait trouver : toute l'information disponible sur les projets financés, la littérature sur le développement (publications internes et publications externes), les supports médias, l'agenda du développement, les opportunités d'emplois au sein des institutions qui s'occupent du développement, les formations au développement durable (académiques et professionnelles), une information sur les financements possibles pour les acteurs du développement (institutions, ONG, Collectivités locales, entreprises, fondations, centres de recherches, autres…) et pour les collectivités locales l'appui technique possible à leur coopération décentralisée.

Ces maisons du développement auraient l'originalité d'être tournées non seulement vers le Sud mais également vers le Nord et vice versa, afin de donner leur pleine mesure aux Objectifs de développement durable qui s'imposent à tous.

Établir de nouveaux instruments de mesure du développement durable

En bon économiste, comment se passer de la mesure des efforts que nous avons à accomplir ? Depuis le milieu du XXe siècle, on classe les pays selon la mesure de leur activité annuelle : pays développés d'un côté à forte activité

51 Selon le modèle de la KFW allemande *(Kreditanstalt für Wiederaufbau)* (banque de développement bilatérale) qui intervient dans un périmètre domestique, mais également en faveur des pays en développement.

mesurée, pays en développement de l'autre à faible activité dont l'objectif assigné est de combler leur retard sur les pays développés en termes de produit intérieur brut par habitant (PIB/hab.). C'est-à-dire la somme des flux d'activité mesurable annuellement dans un pays, rapportée à sa population. La variation du PIB d'une année sur l'autre est censée mesurer le taux de croissance économique. Le PIB, ce n'est donc pas la mesure d'un stock mais d'un flux. Un flux qui est généré par la transformation de ressources renouvelables et d'autres qui ne le sont pas. Un flux qui peut créer des richesses mais qui peut également bien souvent détruire des ressources naturelles. Un flux qui survalorise tout ce qui se transforme et se déplace mais laisse de côté l'évolution des patrimoines.

Mais ces mesures de flux annuels générés ont-elles encore un sens alors que l'avenir de la planète est en jeu sur le plan de la préservation de notre patrimoine environnemental commun ? Le développement durable, celui qui préserve les ressources naturelles, est bien différent du développement tel que nous le mesurons jusqu'à présent avec le PIB. La croissance dont la consolidation dans la durée débouchait naturellement sur le développement s'établit trop souvent en polluant, en dégageant du CO2, en utilisant des ressources non renouvelables qui détruisent le capital naturel et notamment la biodiversité.

En 2015, l'adoption des Objectifs du développement durable (ODD) pour tous a bien montré que les buts autrefois poursuivis par les pays développés et les pays en développement étaient devenus obsolètes, périmés, voire dangereux. En effet, il faudrait six planètes comme la Terre pour permettre un développement pour tous tel que nous l'enregistrons actuellement dans les pays développés. C'est dire comme notre trajectoire de développement est mortelle. Non seulement, il s'agit d'une impasse mais les pays développés comme les pays émergents qui ont suivi ce même chemin doivent rapidement y renoncer si l'on souhaite encore pouvoir parler d'avenir pour les générations futures. Et pourtant, nos repères et critères de réussite n'ont pas évolué : pays développés d'un côté, pays en développement de l'autre, PIB par habitant pour les départager.

De nouveaux instruments de mesure du développement soutenable sont donc très rapidement nécessaires afin de nous aider à prendre le bon chemin. Des tentatives dans ce sens ont déjà été initiées : indice de développement humain pour le PNUD, Commission Stiglitz en 2010, produit intérieur doux au Québec, capital naturel, empreinte écologique… Cependant, ils n'ont jamais connu une véritable consécration. Le PIB semble toujours indétrônable, indéboulonnable. Pourquoi ne pas essayer de populariser au bon sens du terme la mesure de la « croissance brune » qui détruit l'environnement, de la mesure de la « croissance verte » qui le préserve ? Pourquoi ne pas séparer et tenter d'estimer par la mesure le « développement brun » qui nous mène dans l'impasse par opposition au « développement vert » qui s'inscrirait dans une perspective de développement durable ? Le concept de « croissance brune » aurait l'avantage d'indiquer que toute croissance économique n'est pas bonne à prendre.

Certains pays riches pourtant « mal développés » font beaucoup d'efforts pour changer de modèle et se rapprocher d'une « croissance verte » et donc d'un « développement durable ». Leur trajectoire mêle le plus souvent une « croissance verte » à une « croissance brune ». L'objectif serait donc de tenter de dissocier les deux sur le plan statistique, de mettre sur pied des outils qui permettent à chacun de se situer, en pourcentage et de manière synthétique, et notamment : part de la « croissance verte » par rapport à la croissance totale telle qu'elle est calculée aujourd'hui, part du « PIB vert » par rapport au PIB actuel, « énergie verte » par rapport à l'énergie émettrice de CO2, « produits verts » étiquetés en conséquence par rapport aux produits bruns… « patrimoine vert » par rapport au « patrimoine brun » qui pourrait être symbolisé par tous les outils de production qui polluent ou détruisent de la richesse naturelle (secteur des énergies fossiles par exemple).

On le voit, notre monde manque cruellement de repères pour mieux qualifier et quantifier la voie du développement durable sur laquelle nous devons tous nous engager rapidement. Tant que des indicateurs de ce type ne se seront guère imposés, il nous sera bien difficile de quitter l'ancien monde, de changer de perspective, d'aller vers le développement durable et partagé que nous attendons tous, pour nous comme pour les générations futures.

Reconnaître aux pays en développement le droit souverain à construire leur propre modèle de développement durable.

Sur le plan des politiques de développement, on a surtout cherché ces dernières années à tenter d'adapter au mieux les pays en développement, comme les pays développés, aux exigences de la mondialisation. L'instrument de l'Aide a été utilisé pour tenter de mettre en place au Sud les mêmes modèles de développement qu'au Nord. Les conditionnalités de l'Aide ont non seulement porté sur la bonne utilisation des fonds des projets et des programmes engagés mais également sur les politiques à adopter : libéralisation de l'économie par le jeu de la concurrence libre et non faussée, ouverture indifférenciée à l'extérieur, équilibre budgétaire, désendettement, réduction du secteur public. Les programmes d'ajustement structurels des années 1980 menés par la Banque mondiale et le FMI et réunissant l'ensemble des bailleurs de fonds bilatéraux52 ont été les fers de lance de cette politique. Ne pouvant plus rembourser leurs dettes, les pays en développement sous ajustement ont été priés d'adopter les

52 La France, comme les autres bailleurs de fonds occidentaux, se sont rangés derrière les institutions multilatérales qui définissaient les cadres macroéconomiques et financiers à suivre dans les pays en développement dont la mise en œuvre conditionne les volumes d'Aide multilatérale et bilatérale des pays occidentaux. On a parlé pour la France de « doctrine d'Abidjan » définie par le Premier ministre Balladur en septembre 1993 lors d'un déplacement en Côte d'Ivoire, jamais remise en cause depuis.

bonnes politiques53. Cette marche forcée vers l'ouverture libérale n'a pas apporté les effets escomptés. Dans un tel contexte, les pays en développement ont été souvent condamnés à la spécialisation, c'est-à-dire aux cultures de rente ou à l'extraction de matières premières selon la règle intangible de la loi des avantages comparatifs. Le modèle de développement des pays du Nord, proposé aux pays du Sud, a généré des inégalités internes et externes et s'est vu frappé d'obsolescence pour des raisons environnementales.

Face à ces échecs, afin de ne pas apparaître comme trop interventionnistes et relancer leur politique d'Aide, les bailleurs de fonds n'ont plus parlé d'ajustement des politiques mais de « bonne gouvernance54 » à partir des années 2000. Derrière ce terme, c'est en réalité la prescription des bonnes politiques publiques à suivre qui est visée et notamment le cadre macroéconomique et financier à adopter par les pays en développement.

Mais comment continuer à faire de l'agriculture ou du textile quand on demeure avec des frontières totalement ouvertes et que l'on est loin d'être à niveau des plus compétitifs sur le marché mondial ? La voie libérale s'est révélée une impasse pour les petits producteurs confrontés sans précaution aux marchés mondiaux.

Il convient d'être beaucoup plus ouvert et donc moins interventionniste sur le choix des possibles en matière de politiques économique, sociale et environnementale. Le développement d'un pays ne peut s'établir durablement que sur la base d'une politique qu'il a lui-même choisie et non sur la base d'une politique imposée de l'extérieur. Oui à l'acceptation de conditionnalités de décaissement de l'Aide pour éviter les détournements et s'en tenir aux projets et programmes instruits d'un commun accord entre le donateur et le pays receveur. Non aux conditionnalités de l'Aide visant à dicter, de l'extérieur, les politiques à suivre.

Depuis 2000, les pays émergents sont des donateurs qui font justement d'un prétendu non-interventionnisme sur le plan politique leur marque de fabrique. La coopération Sud-Sud stigmatise ainsi l'interventionnisme politique forcené du Nord envers le Sud qui rappelle sous certains aspects les mises sous tutelle55 de l'époque coloniale. Les pays émergents tentent de faire du non-interventionnisme dans la définition des politiques économique un marqueur de leurs interventions, respectant à la lettre la souveraineté de chacun.

---

53 De son côté, la France a fait à partir de 1990 (discours au sommet France-Afrique de la Baule du président Mitterrand) de la diffusion de la démocratie une des conditionnalités supplémentaires de l'Aide.

54 L'emploi du concept de gouvernance par les bailleurs de fonds sert souvent à intervenir dans le champ politique, sans le dire ni l'assumer. On parle aussi de nécessaire appropriation par les pays eux-mêmes de leurs propres politiques. C'est dire comme ils en sont parfois dépossédés.

55 Par le jeu des conditionnalités de l'aide, certains bailleurs imposent le choix et la mise en œuvre de politiques, en échange de leurs financements. Les choix politiques sont alors dictés de l'extérieur.

Dans les faits, la coopération Sud-Sud telle que la pratique la Chine, est très interventionniste mais de manière cachée. En réalité, les conditionnalités des donateurs du Sud sont ailleurs : captation des matières premières, extension de leurs parts de marché, influence géostratégique, implantation sur place.

Pour résumer, l'impulsion politique en matière de développement devrait toujours appartenir aux pays eux-mêmes, qu'ils soient en développement ou déjà développés d'ailleurs. L'Aide publique au développement ne peut être qu'un complément, voire un aiguillon utile qu'il appartient ou non aux autorités de solliciter, de prolonger, d'adapter, d'amplifier. À eux de faire le tri entre les bons conseils et les autres, entre les aides utiles venues de l'extérieur et celles qui le sont moins. À eux de s'écarter des préconisations qui leur sont préjudiciables. À eux de s'écarter des coopérations intéressées par un retour sur investissement pour le donateur.

Dans un monde d'interdépendance, les pays en développement devraient être en mesure de pouvoir construire leur propre socle d'indépendance56 qui leur permette de demeurer en capacité de choisir leur mode de développement, de couvrir par la production nationale l'essentiel des biens de base dont leur population a besoin (alimentation, habitat, habillement, soit plus de 80 % du budget des ménages) pour mieux financer au moyen du budget national l'éducation et la santé. Cela ne veut pas dire se fermer à l'extérieur mais plutôt gérer et réguler la concurrence externe afin de permettre à sa population d'avoir une base productive suffisamment large capable d'assurer l'essentiel de la satisfaction de ses besoins. On doit aider à élargir la base productive des pays en développement dans le respect de l'environnement et non pousser à leur spécialisation qui aboutit souvent à la seule extraction de matières premières sans transformation effective sur place. En d'autres termes, choisir et permettre la diversification de l'économie plutôt que se lancer dans la spécialisation et le rétrécissement progressif de la base productive, engendrés par le jeu combiné de l'ouverture et de la loi des avantages comparatifs57. Choisir de nouveaux modèles de développement durable plutôt que de chercher à combler leur retard sur des modèles de développement périmés au Nord. Choisir les circuits courts plutôt que s'en remettre au marché mondial pour assurer la production et la gestion des biens et services essentiels à la population. Mais n'est-ce pas là une préconisation que l'on pourrait également émettre à l'égard des politiques de développement des pays développés ?

56 Voir « Plaidoyer pour une nouvelle modernité : théorie du partage par le socle d'indépendance », Stéphane Madaule, éditions l'Harmattan, 2014.

57 A titre d'exemple en Afrique centrale, la découverte et l'exploitation du pétrole dans les années 1980 a abouti à une réduction drastique de la base productive de ces pays qui se sont ouverts simultanément à la concurrence internationale. En 2017, les marchés sont envahis par des produits chinois. Les importations alimentaires croissent. L'agriculture vivrière a régressé.

Renforcer l'efficacité de l'Aide au bénéfice des plus pauvres en accroissant le volume des subventions.

L'efficacité de l'Aide, ses effets pervers, ses échecs sont souvent questionnés. Cet instrument de coopération internationale est fortement décrié par l'opinion publique qui la considère parfois comme inefficace, qui regrette qu'elle profite de temps en temps à des régimes corrompus qui la détournent. Les principaux maux dont elle souffre et qui expliquent certains de ses échecs sont les suivants :

- Difficulté de mise en œuvre dans des contextes économiques et politiques de grande fragilité
- Détournement des fonds et corruption par des régimes peu scrupuleux
- Inadaptation aux besoins réels des pays par l'imposition d'une politique de l'offre (vanter les mérites d'une politique, d'une technologie d'un savoir-faire ou d'un produit ou service mis en œuvre par des entreprises, d'un savoir-faire) plutôt que réponse à une demande spécifique à laquelle il est beaucoup plus difficile d'ajuster une réponse unique et appropriée.
- Faibles résultats sur certains terrains au regard des montants investis
- Effets pervers lorsque l'Aide se prolonge et crée des liens de dépendance, une accoutumance peu propice au développement.
- Ciblage de cette ressource rare sur des pays émergents qui n'en ont pas véritablement besoin alors qu'elle devrait être réservée aux pays à faible revenu.
- Mauvaise coordination de l'Aide par les bailleurs de fonds comme par les pays receveurs
- Détournement de ses objectifs initiaux, le développement, pour en faire un instrument d'influence, un instrument de pénétration commerciale, un instrument de domination du Nord sur le Sud, des pays émergents sur le Sud.
- Utilisation de prêts d'aide publique au développement qui prolongent le lien de dépendance entre prêteurs et emprunteurs. Ces prêts d'aide ont du mal à être remboursés, ne sont pas toujours concessionnels, accroissent l'endettement de certains pays. Ils financent parfois des secteurs sociaux qui ne génèrent par eux-mêmes aucune ressource pour les rembourser.

La liste n'est pas close et un lecteur non averti pourrait en conclure qu'il convient d'arrêter d'utiliser cet instrument qui a largement échoué. Et pourtant, ce serait passer sous silence ses nombreux apports dans le domaine de l'éducation, de la santé, de l'agriculture, du développement urbain (eau et électricité à des millions de personnes). Ce serait taire ce que l'Aide apporte à certains pays oubliés, isolés, bannis, très pauvres, en crise ou faisant face à des situations d'urgence, qui voient en l'Aide le seul lien possible avec l'extérieur, la seule ressource extérieure disponible, la seule ouverture possible vers de nouvelles technologies, de nouvelles façons de faire, de nouvelles politiques, une possibilité d'investir et de se reconstruire. Ce serait taire enfin les efforts effectués par l'Aide pour amoindrir ses effets pervers, autant qu'il est possible depuis la déclaration de Paris sur l'Aide en 2005 en passant par son arrimage progressif aux Objectifs de développement durable en 2015.

Mais la plus grosse incompréhension de l'opinion publique vis-à-vis de cet instrument provient peut-être d'un large malentendu. On a souvent présenté l'Aide à tort comme la solution possible pour un développement pour tous, lui intimant à elle seule de résoudre tous les problèmes de développement de la planète. Or, c'est un objectif inatteignable, hors de proportion des moyens qu'elle déploie. L'Aide n'a pas vocation à transformer les politiques publiques des pays en développement, ce qui est du ressort des pays eux-mêmes. L'Aide demeure un instrument de développement limité : 160 milliards de dollars en 2020, c'est très peu à l'échelle de la planète. Ce n'est qu'un instrument de développement parmi d'autres (les budgets et les politiques de développement des pays eux-mêmes, les financements privés) qui peut montrer la voie et soulage les plus faibles, surtout ceux qui ne peuvent compter que sur cette ressource externe pour investir et tenter de se développer.

Les vrais moteurs du développement, ce sont les politiques qui sont pratiquées par les pays eux-mêmes dans l'intérêt de tous et que l'on évoque précédemment dans cette analyse. C'est le socle premier, indispensable. C'est le seul socle possible pour tout processus de développement qui voit toutes les ressources d'un État, d'une nation, s'orienter vers une dynamique positive. L'Aide peut s'y agréger à l'occasion, montrer la voie parfois, mais ses moyens d'intervention ne sont et ne seront jamais à la hauteur des enjeux d'un développement pour tous.

Dans les années 1970, les pays développés s'étaient engagés à transférer près de 0,7 % de leur richesse nationale (revenu national brut) chaque année aux pays en développement. Ce niveau n'a jamais été atteint et la moyenne des bailleurs de fonds se situe à 0,32 % sur l'année 202058. Il convient d'accroître collectivement les volumes d'Aide et se résoudre à la cibler exclusivement vers les pays pauvres si l'on souhaite avoir plus d'impact sur le développement des pays à faible revenu.

À titre d'exemple, l'Aide française manque de moyens financiers adéquats pour intervenir dans les pays qui en ont le plus besoin à savoir : les pays pauvres, les pays en crise, les pays qui ont besoin de dons et non de prêts, la ressource majoritairement utilisée par l'Aide française.

Pour 2022, dans la dernière loi relative au développement international promulguée en août 2021, la France s'engage à rehausser le volume de l'aide

58 Source : OCDE.

publique au développement à 0,55 % du revenu national brut59. Sans attendre cette échéance et la concrétisation effective de ces engagements heureux, le montant global des subventions devrait voir son niveau largement augmenté pour faire de cet instrument (subvention) le cœur de cible de l'aide française, dans les pays pauvres, là où l'assistance internationale est cruciale et ne peut être épaulée par des investissements privés venant de l'extérieur ? Le recentrage sur les dons et l'amplification de notre Aide sur les pays pauvres (pays à faible revenu60 dont les pays les moins avancés) sont les seuls gages véritables d'un renforcement de sa légitimité et de son efficacité : aider en priorité les plus pauvres, intervenir dans les secteurs - développement de la production locale, éducation, santé, protection de l'environnement où - il n'existe qu'une rentabilité à long terme.

Les subventions restent l'instrument le plus approprié pour intervenir dans les pays pauvres dont les capacités d'endettement sont très faibles.

Établir une coopération à visage humain basée sur l'appui aux jeunes talents

Dans notre système de coopération, un nouvel équilibre est à établir entre présence humaine sur place et financement du développement. Dans les pays francophones et notamment en Afrique par exemple, la baisse des effectifs de l'assistance technique a été trop massive, surtout au regard d'une présence croissante des pays émergents. Il convient à nouveau de favoriser une plus grande présence humaine dans le monde en développement. Sans renouer avec le passé et redéployer de gros bataillons d'expatriés dans les secteurs de l'éducation et de la santé en substitution aux maîtres et aux professeurs locaux, il serait utile de redorer le blason de l'assistance technique en élargissant le spectre de profils attendus. Il faudrait largement ouvrir l'assistance technique aux jeunes talents (artisans, bac + 2). Il faudrait élargir l'assistance technique aux métiers manuels. Ce serait également une opportunité supplémentaire donnée aux jeunes qui éprouvent des difficultés à s'insérer sur le marché du travail de tenter leur chance à l'étranger. La création d'un fonds pour appuyer financièrement l'installation de jeunes talents dans les pays en développement serait un outil intéressant pour atteindre cet objectif.

Mais cette coopération à visage humain peut aller également du Sud vers le Nord, ou du Sud vers le Sud. Nous avons et aurons de plus en plus à apprendre du Sud en matière de développement. Pourquoi ne pas imaginer, par l'échange

59 Contre 0,37 % en 2016.

60 Au 1er juillet 2016 selon La Banque mondiale, les critères sont les suivants : un revenu national brut (RNB) par habitant inférieur ou égal à 1 025 dollars définit les pays à faible revenu ; un RNB par habitant compris entre 1 026 et 4 035 dollars définit les pays à revenu intermédiaire de la tranche inférieure tandis qu'un RNB par habitant compris entre 4 036 à 12 475 dollars définit les pays à revenu intermédiaires de la tranche supérieure ; et un RNB par habitant supérieur ou égal à 12 476 dollars définit les pays à revenu élevé.

d'expériences, que le Sud puisse nous aider à trouver les bonnes trajectoires de développement ?

Accélérer les transferts de technologie : ouvrir l'accès aux biens communs technologiques porteurs d'avenir

S'agissant des technologies de demain, des technologies au service d'un modèle de développement durable, il conviendrait de les transférer rapidement et globalement dans les pays qui en ont besoin. Le système des brevets, permettant leurs rémunérations par la protection de la recherche mais aboutissant également à leurs privatisations, devrait être contourné lorsqu'il s'agit d'un bien commun utile à tous. Souvent, nous évoquons les avantages d'un monde d'ouverture, d'un monde où l'échange est possible mais nous ne partageons pas l'essentiel des technologies d'avenir, ce qui peut paraître surprenant, incongru. Comment justifier au XXIe siècle que certaines technologies d'avenir ne soient pas mises à la disposition des plus pauvres pour des questions de droit à l'accès aux brevets (dans le domaine de la santé, de l'éducation, du digital, voire de l'utilisation de certaines molécules ou variétés végétales à haute valeur ajoutée) ? Il convient pour les plus pauvres de décloisonner ce système de protection qui les prive d'un accès rapide aux dernières découvertes capables d'améliorer rapidement leur condition de vie. L'accélération des transferts de technologies vers les pays en développement passe par une remise en cause de notre système de protection des découvertes qui en font des biens privés, alors que ce sont en réalité des biens communs qui devraient bénéficier à tous. Et quand des découvertes utiles se produisent dans les pays en développement ou émergents, ce qui arrivera de plus en plus, ces nouveaux biens communs doivent pouvoir de manière symétrique bénéficier au Nord.

Comme sur le plan de l'environnement, la notion de biens communs doit s'imposer si l'on veut éviter la continuation d'un monde inégalitaire : la compétition d'un côté qui conduit à l'exclusion, le partage a minima de l'autre qui tourne à l'assistanat, au simple filet de solidarité pour les plus pauvres.

Les pays en développement ont la chance de vivre une nouvelle rupture technologique avec l'arrivée du digital, de l'Internet, des communications et de l'accès à la connaissance sur longue distance. C'est une opportunité extraordinaire à saisir. Tous les pays, développés ou non, doivent être placés sur la même ligne de départ pour construire un nouveau cadre de vie.

Ne plus traiter la démographie comme une variable exogène au développement durable

La crise écologique nous impose de remettre en cause certaines idées reçues. La plus ancienne et la plus ancrée est que l'Humanité n'a pas à s'imposer de discipline particulière en matière d'évolution de sa population. Pour chacun comme pour tous, le droit à procréer, si besoin en nombre, est présenté comme un droit individuel inaliénable. Or, deux facteurs rendent cette attitude particulièrement risquée. Premièrement, les ressources de l'Humanité ne sont pas inépuisables et le mode de consommation à l'occidentale qui se diffuse déjà dans les pays émergents très peuplés aboutit à une crise environnementale : épuisement des ressources, augmentation de la pollution, réchauffement climatique et baisse de la biodiversité. Deuxièmement, le croît démographique de l'Humanité est encore rapide et concerne majoritairement les pays pauvres qui souffrent déjà d'un manque de ressources, ce qui accroît encore les inégalités entre le Nord et le Sud. Les plus grands spécialistes nous prédisaient une planète stabilisée à 9 milliards d'habitants à l'horizon 2050. Puis en 2020, on nous parle de 10 milliards en 2100, voire plus. D'autres études indiquent une stabilisation plus précoce en 2050. On ne sait plus au juste quand la stabilisation tant espérée de la population mondiale sera effective et à quel niveau ? 11, 12, 15, 20 milliards ? Or, si la population mondiale continue de croître, comme ce sera le cas en Afrique, et que le niveau moyen de consommation de cette population explose, on comprend bien qu'il sera bien difficile de gagner notre combat contre la dégradation de l'environnement mondial.

Ce qui a provoqué la crise écologique actuelle, c'est la superposition de deux phénomènes cumulatifs : une croissance économique forte dans des pays émergents très peuplés (30 à 35 % de la population mondiale) et une surconsommation dans les pays occidentaux (17 % de la population mondiale). En d'autres termes, le développement pousse à la stabilisation démographique mais les modèles de consommation jusqu'à présent empruntés pour y parvenir (pays riches, pays émergents) détruisent la planète. Dans le même temps, le non-développement pousse au croît démographique dans les pays à faible revenu, même si l'empreinte écologique des populations pauvres qui vivent dans ces pays demeure très faible.

Jusqu'à présent, à part quelques spécialistes, bien peu de responsables ne se préoccupaient de cette problématique. On avait des scrupules, voire des craintes à évoquer des politiques de régulation de la population (échecs et dérives par le passé, sujet considéré comme tabou touchant à l'intime). De plus, on croyait que la population mondiale allait se stabiliser mécaniquement. Premièrement, on pensait que le développement économique généralisé de la planète aboutirait à une stabilisation de la population mondiale au niveau de 9 milliards d'habitants (achèvement de la transition démographique grâce à un développement économique pour tous). Deuxièmement, on espérait que ce développement pour tous s'opérerait au moyen de modèles de développement durable respectueux de la planète.

Or, ces deux mouvements sont loin d'être acquis. L'hyperconsommation continue et laisse une faible place à la transition verte. Le non-développement d'une large partie du monde demeure une réalité. La population mondiale continue donc de croître à un rythme soutenu, surtout dans les zones peu développées comme en Afrique. La transition vers une économie verte n'en est qu'à ses balbutiements, la vieille économie très carbonée faisant plus que résister.

Stéphane Madaule *Du développement au développement durable*

Ce qu'il convient donc d'enclencher d'urgence par des politiques publiques réellement volontaristes, c'est à la fois baisser drastiquement le niveau de consommation nuisible à l'environnement des populations des pays riches et émergents mais également dans la mesure du possible réguler la croissance de la population mondiale au Sud. Il faut oser jouer sur ces deux tableaux simultanément. Les politiques de développement durable doivent fixer des objectifs impératifs aux pays du Nord et aux pays émergents : changer de modèle de consommation selon un calendrier précis visant notamment à renoncer aux énergies fossiles. Les politiques de développement durable doivent également fixer des objectifs aux pays en développement : construire des dynamiques de développement durable, maîtriser leur démographie en achevant rapidement leur transition démographique[61].

Passer du financement d'infrastructures au financement de services aux populations (eau, électricité, transport, gestion des déchets…) en allongeant la durée de vie des projets à leur phase de pré-exploitation.

En matière de financement d'infrastructures, les bailleurs de fonds stoppent leur appui le plus souvent au bout de 5 ans – la période de construction — à charge pour les bénéficiaires de continuer avec ses propres moyens à assurer le fonctionnement de l'infrastructure durant sa période de pré-exploitation (3 ans) et d'exploitation. Cette limitation de l'intervention dans la durée part du constat qu'il ne faut guère habituer les bénéficiaires à une assistance permanente qui tourne facilement à l'assistanat et ainsi crée des liens de dépendance, particulièrement néfastes en matière d'appropriation. Toutefois, quand les projets sont complexes (distribution d'eau ou d'électricité, transport public, gestion des déchets, gestion d'un réseau routier ou de pistes rurales), c'est une fiction que de croire qu'une fois l'infrastructure livrée, elle pourra être gérée par le bénéficiaire sans un appui externe et sans financements additionnels pour en équilibrer l'exploitation. Les entreprises publiques (ou structures publiques) qui délivrent ce type de services ont souvent une gestion défaillante, appliquent des prix de vente aux consommateurs fixés par les autorités publiques (tarification politique) ne leur permettant pas d'équilibrer leurs comptes, gèrent des impayés de l'État qui plombe leur trésorerie, prennent des engagements vis-à-vis des bailleurs de fonds qui ne sont pas tenus. La vérité des prix[62] n'est que très rarement au rendez-vous.

---

61 Les pays en développement ont heureusement vu leur taux de mortalité baissé depuis les années 1960 (début de leur transition démographie). Toutefois, leurs taux de fécondité baissent trop lentement, surtout en Afrique, pour achever leur transition démographique comme dans les pays du Nord.

62 Les prix de l'eau et de l'électricité des services publics marchands sont en général fixés trop bas (tarifs sociaux). Ils ne permettent pas d'amortir les investissements au moyen d'une exploitation équilibrée. Ils ne permettent pas de susciter la gestion par le secteur privé. Ils ne permettent pas de choisir les technologies les plus écologiques.

Les bailleurs de fonds manquent d'un instrument projet pouvant accompagner la phase de pré-exploitation des investissements lourds générateurs de services à la population. Le but de ce type de projet serait d'apporter un service complémentaire aux populations (et non une infrastructure à gérer et à gérer), tout en rendant progressivement la gestion de ces services la plus équilibrée possible.

Le but est d'éviter de gaspiller des fonds à financer et refinancer toujours les mêmes infrastructures qui ne sont jamais entretenues et du même coup frappées d'une obsolescence accélérée63. Le but est d'enclencher un processus cumulatif d'infrastructures permettant d'élargir les services rendus aux populations. On ne finance plus une infrastructure mais un service aux populations délivré dans la durée à un coût abordable. La prise en charge de la période d'accompagnement de l'exploitation et de la maintenance des infrastructures doit pouvoir déboucher sur un service à la personne dans les secteurs de l'eau, de l'électricité, des transports urbains, de la gestion des déchets, des routes, des pistes rurales au bénéfice des populations urbaines et rurales. Ces secteurs ont besoin d'une intervention publique permanente (fixation des règles, fixation des prix, subventions) car, bien qu'ils aient un intérêt économique et environnemental évident, leur équilibre financier, même dans les pays développés, n'est pratiquement jamais atteint.

Coupler formation des jeunes et développement de l'agriculture et l'alimentation sur place

Comment marier une nouvelle ambition pour l'agriculture et l'alimentation des pays en développement, un secteur qui fait vivre plus de 70 % de la population, et l'effort d'éducation et de formation nécessaire à leur jeunesse - 260 millions d'enfants et d'adolescents ne sont pas scolarisés dans le monde ? Il existe un croisement d'opportunité possible entre les deux secteurs. C'est ce qu'on appelle les cantines scolaires et que l'on pourrait étendre à toutes les formes de restauration collective pour les jeunes qui sont dans le système éducatif de l'école jusqu'à l'enseignement supérieur, dans le secteur public comme dans le secteur privé64.

Jusqu'à présent, des programmes de ce type ont été initiés par des Organisations non gouvernementales (ONG) et le Programme alimentaire mondial (PAM), essentiellement centrés sur les cantines scolaires. Le plus souvent (le PAM), ils apportent aux enfants concernés des produits importés. Le plus souvent, ces programmes sont jugés trop simples – les cantines scolaires —

---

63 Cette situation ne fait pas que des mécontents. On lance et relance sans arrêt de nouveaux chantiers et de nouveaux projets. On inaugure à tour de bras. On propose des technologies ou des ouvrages plus ou moins adaptées, sans se soucier de leur pérennité dans la durée, l'enjeu caché étant pour certains acteurs du Sud comme du Nord de générer le maximum de flux financiers afin de prendre sa part de manière licite ou illicite.

64 Dans les pays en développement, les jeunes de moins de 20 ans représentent près de la moitié de la population.

par les grands bailleurs de fonds pour s'y impliquer, ou trop compliqués car à cheval entre des objectifs éducatifs, agricoles et alimentaires dans des territoires dispersés. Dans la démarche proposée ici, il s'agirait de se donner l'objectif de pourvoir, lors du déjeuner, aux besoins alimentaires journaliers de la jeunesse qui se forme au moyen d'achats locaux qui seraient cuisinés sur place. Dans un premier temps, il sera difficile de répondre à la totalité des besoins des élèves avec les produits locaux, l'offre locale étant souvent limitée et instable. Mais justement, l'objectif d'une telle démarche, c'est bien d'aller dans ce sens en suscitant un débouché et donc une production additionnelle plus diversifiée, plus normée pour une agriculture et une alimentation locales génératrices de revenus.

Sur le plan éducatif, on renforce ainsi l'attractivité de l'école, de l'université, des centres de formation technique en offrant aux élèves et aux étudiants le bénéfice d'un repas équilibré. On évite le changement des habitudes alimentaires de la jeunesse. Sur le plan agricole et alimentaire, on permet à l'agriculture vivrière, sur l'ensemble du territoire, de bénéficier d'un débouché stable accélérant ainsi son passage d'une logique de subsistance à une logique de partage par la transformation et la commercialisation. Sur le plan économique, on consolide l'offre de formation et d'éducation pour la jeunesse (filles et garçons à égalité) tout en s'appuyant sur le développement du tissu économique local. Les sommes investies dans ce type de politique favorisent directement la promotion de la jeunesse, de son capital humain, mais également la croissance et les débouchés de l'agriculture et de l'alimentation locales. Les circuits courts sont privilégiés, peu consommateurs en carbone, comme dans les pays développés. Les ODD (Objectifs de développement durable) qui font de l'accès pour chaque enfant à un enseignement de qualité une cible à atteindre en 2030 sont à l'honneur. Les coûts induits en importations sont réduits. La diversification de l'économie s'accélère.

Les contraintes inhérentes à ce type de démarche sont réelles : comment trouver des produits alimentaires locaux en quantité, en qualité, en diversité, à des prix abordables, aptes à nourrir la jeunesse ? Pour cela, il faut partir de standards alimentaires adaptés à la production locale actuelle de chaque pays et les faire évoluer progressivement qualitativement, quantitativement et sur le plan de la diversité. Comment acheter, transformer et mettre à disposition de la jeunesse cette alimentation locale ? Il convient d'être en capacité de faire fonctionner des unités de restauration dans chaque lieu de formation capable d'acheter des produits, de les stocker, de les transformer pour une population donnée. Comment financer ce type d'opérations ? L'aide publique au développement devrait s'y investir plus fortement dans les pays les plus pauvres. Les pays en développement devraient également mobiliser leurs finances publiques pour ce type d'opérations. Bien entendu, de nombreuses expériences dans ce sens ont déjà été tentées. En Afrique, on estime que seulement 15 % des enfants en âge d'être scolarisés bénéficient d'une alimentation scolaire. Allons résolument beaucoup plus loin avec le triple objectif de réhausser le capital humain de l'ensemble de la jeunesse, d'accroître l'activité agricole et alimentaire locale, de préserver l'environnement par un développement économique endogène.

Nouer des partenariats avec la société civile et le monde de l'entreprise

Les canaux d'allocation de l'aide ne sont pas assez diversifiés. Des acteurs aussi importants que les ONG, les entreprises ou les collectivités locales, dont le savoir-faire est complémentaire aux opérations de développement pilotées par les opérateurs institutionnels traditionnels, devraient bénéficier de moyens bien supérieurs. En effet, les aides traditionnelles éprouvent beaucoup de difficultés à toucher directement les artisans ou les petites entreprises des pays en développement qui sont souvent dans le secteur informel. Or, il s'agit du tissu économique principal des pays en développement, de la cible qui devrait être centrale pour notre aide. Les bailleurs de fonds ne sont pas outillés pour réaliser directement ce type d'appui à la petite entreprise autrement qu'indirectement par des programmes de formation ou en essayant d'améliorer l'environnement des entreprises. Mais d'instruments techniques et financiers directement utilisables par les entreprises de ce type, il en existe bien peu. Comment prêter des financements à une entreprise informelle ? Comment la subventionner en s'assurant que cette subvention sera bien utilisée ? Comment pratiquer avec elle des transferts de technologies ? Comment leur apporter du capital ? Seule l'utilisation de canaux de distribution diversifiés rapprocherait d'un tel résultat. Seule la multiplication des partenariats avec d'autres acteurs possibles de l'aide (entreprises, ONG, société civile, fonds d'investissement) peut permettre d'avoir un impact direct sur le monde de l'entreprise, formel ou informel. Le secteur privé des petites et moyennes entreprises des pays en développement doit devenir un des cœurs de cible des politiques de développement, un des cœurs de cible des fonds d'investissement.

A contrario, le monde des entreprises qui innovent au Sud, le monde des ONG qui innovent au Sud, le monde des collectivités locales qui innovent au Sud, doivent pouvoir irriguer les pays du Nord de leurs nouveaux savoir-faire.

6. Les controverses sur l'Aide

L'Aide est-elle nuisible ?

Certains professionnels du développement n'hésitent pas à affirmer que l'Aide est peu efficace, parfois détournée de son objet ou encore représente un solide ferment pour installer la corruption dans certains pays. Donc, il conviendrait de se passer de l'aide car ses effets néfastes sont bien plus élevés que ses côtés positifs. Elle créerait un lien de dépendance entre un centre riche et bien portant et une périphérie pauvre et en mauvaise santé. Elle serait l'instrument caché d'un néocolonialisme qui n'oserait dire son nom. Elle constituerait une pâle compensation charitable du Nord envers le Sud rétribuant a minima les richesses prélevées par le Nord et payées au prix faible. Enfin pour les plus cyniques, sa faible efficacité n'aurait pas que des désavantages, le modèle de surconsommation au Nord n'étant finalement pas diffusable au Sud en raison du désastre écologique qu'il engendrerait. Plutôt que le développement pour tous, pourquoi ne pas créer a minima un filet de sécurité pour les plus pauvres au moyen de l'Aide, les pauvres étant les « exclus nécessaires » de la consommation de masse ? La malédiction pour la planète de la croissance de la consommation « à l'occidentale » des pays émergents qui représentent 35 % de la population mondiale indiquerait de ce point de vue les limites environnementales d'un développement pour tous.

Les défenseurs de l'Aide essaient de répliquer à ces attaques mais le combat est difficile pour eux et ce pour trois raisons majeures au moins :

- Le volume de l'Aide demeure relativement réduit. Les transferts Nord-Sud ne représentent que 162 milliards de $ en 2020 qui sont distribués à plus de 150 pays en développement. Il est difficile avec un volume si faible et dispersé de prétendre avoir un impact fort sur l'évolution économique, sociale et environnementale du monde en développement dans son ensemble. En revanche, pour les pays en développement à faible revenu (les 80 pays à faible revenu de l'AID de la Banque mondiale), l'Aide représente en volume près de 10 % de leur PIB. Surtout, elle est mise en œuvre avec des conditionnalités macroéconomiques et sociales qui lui donnent une coresponsabilité forte dans la trajectoire économique de ces pays. Son influence véritable n'est pas liée uniquement à son volume.
- Le faible niveau de l'Aide publique au développement se double d'une mesure très difficile de son impact réel sur le terrain, ce qui nuit à sa crédibilité. Les pays les moins avancés étant de plus en plus nombreux, il est ardu d'affirmer que l'Aide est efficace pour le développement des plus pauvres, même si les projets ou programmes de développement obtiennent, au cas par cas, des résultats encourageants.
- Le décollage économique des pays émergents doit relativement peu à l'Aide publique au développement. Ce type de transfert représente moins de 0,1 % du PIB de cette catégorie de pays. Pour ces derniers, les conditions financières d'octroi de l'Aide occidentale constituent avant tout une opportunité financière. Ils obtiennent des prêts concessionnels grâce à l'Aide, ce qui n'aurait pas été le cas s'ils avaient fait appel au marché. De plus, les pays émergents mènent des politiques économiques et sociales autonomes et sont donc peu perméables aux injonctions de l'Aide. Ils sont dotés d'un poids politique suffisant pour résister aux conseils des bailleurs occidentaux.

Pourtant, les effets positifs de l'Aide, lorsqu'elle est utilisée d'une façon optimale, sont réels. Elle permet des transferts de technologies, des transferts de savoir-faire. Elle donne à certains pays pauvres qui ne trouvent pas à se financer sur le marché mondial la possibilité d'investir. Elle permet par les dons d'organiser une redistribution entre le Nord et le Sud au moyen de transferts sociaux et éducatifs en faveur des plus faibles. Certains projets de développement dans le domaine de l'eau, de l'électricité ou des transports améliorent les conditions de vie de millions de personnes. En cas de catastrophe humanitaire, l'Aide permet de faire face à l'urgence et d'enclencher au plus vite la reconstruction.

Bien utilisée pour les pays pauvres, pratiquée sous forme de dons, largement déconnectée des objectifs cachés des donateurs, respectant la souveraineté des pays aidés, elle demeure dans ces conditions un instrument irremplaçable de coopération Nord-Sud. L'Aide ne fait pas le développement. Elle peut néanmoins le susciter, l'accompagner, pour des pays à faible revenu qui souhaitent s'en donner les moyens.

Les ONG constituent-elles de bons canaux de distribution de l'Aide ?

Les ONG solides (bonne maîtrise de leurs interventions de développement) sont de très bons canaux de distribution de l'Aide. Elles sont complémentaires à l'intervention des agences de développement ou des banques de développement. Les ONG permettent de toucher directement les populations les plus pauvres. Elles autorisent également une intervention dans les pays où la maîtrise d'ouvrage est défaillante. Elles sont mobilisables dans les situations d'urgence. Elles permettent de conduire de petits projets, au plus proche des besoins des populations parfois isolées. Elles manifestent une réelle compétence dans la mise en œuvre des projets de développement durable et dans le secteur de l'environnement en général.

Les ONG fonctionnent pour la plupart avec des fonds privés. Lorsqu'elles font appel à des financements publics, les bailleurs de fonds traditionnels leur appliquent des procédures permettant de s'assurer d'une bonne utilisation des fonds. C'est ce que pratiquent déjà la plupart des grandes institutions d'Aide qui font transiter une partie de leurs fonds par ce canal de proximité.

En revanche, il est difficile d'affirmer qu'elles seraient plus efficaces ou moins efficaces que les bailleurs de fonds traditionnels. On peut simplement considérer que leur offre est complémentaire à celle des bailleurs de fonds traditionnels.

Toutefois, toutes les ONG ne sont pas efficaces en matière de développement. Certaines ne font pas du travail sérieux sur le terrain. Certaines sont mal gérées ou ont des frais de gestion inconsidérés. Certaines agissent d'une manière trop indépendante par rapport au milieu dans lequel elles interviennent.

L'Aide aux États fragiles est-elle efficace ?

Les « États fragiles » sont des pays qui pour des raisons diverses (pauvreté, corruption, guerre, dictature, catastrophe naturelle) ont un appareil d'État qui n'est pas en mesure de gérer l'Aide d'une manière efficace et efficiente. Certains spécialistes en déduisent un peu vite que l'Aide ayant des ressources limitées, il faudrait privilégier son emploi dans les pays qui l'utilisent efficacement (position tenue par Burnside et Dollar, position de certains bailleurs de fonds).

Le discours sur la faible efficacité de l'Aide dans les États fragiles est volontiers associé à la corruption des élites. Le discours sur la faible efficacité de l'Aide est volontiers associé à la faible capacité d'absorption de l'Aide par certains pays fragiles. Pourquoi ne pas privilégier les « bons élèves » de l'Aide, ceux qui ne sont pas fragiles, ceux qui mènent les bonnes politiques, ceux où l'on peut mettre en œuvre les bons projets de développement, ceux qui au surplus ont une bonne capacité d'absorption de l'Aide ?

Or, il existe de nombreux arguments pour contrer ce discours.

Le premier argument est que l'Aide ne doit pas rater sa cible principale, à savoir être dirigée vers les pays les plus pauvres qui sont en généralement également mais pas toujours les plus fragiles. Même si le coût de mise en œuvre de l'Aide s'avère plus élevé dans un État fragile que dans un pays en développement « normal », il convient d'éviter de se détourner de la cible des plus pauvres au motif qu'ils sont mal gouvernés (double peine).

Le deuxième argument en faveur de l'Aide aux États fragiles est d'expliquer que la justification principale de l'Aide est bien justement d'aider les pays « les moins efficaces » en matière de politiques publiques à être « plus efficaces » et non ceux qui sont déjà partiellement efficaces. La mesure de l'efficacité d'utilisation de l'Aide ne doit pas se transformer en une pseudo-notion d'avantages comparatifs à utiliser l'Aide dans un pays plutôt qu'un autre.

Le troisième argument tient au fait qu'il est possible dans certains cas, lorsque les gouvernements sont trop corrompus ou que les circuits de l'Aide ne sont pas sûrs (risque fiduciaire élevé) de passer par d'autres canaux de distribution. Les organisations non gouvernementales (ONG) sont alors des acteurs incontournables. Elles évitent de faire transiter l'Aide par des circuits gouvernementaux peu sûrs. Elles permettent de toucher directement les populations les plus pauvres. Elles ont en général un savoir-faire et une implantation locale leur donnant une véritable connaissance de terrain.

Le quatrième argument est que la fragilité de certains pays ne dépend pas obligatoirement et uniquement de la faillite de leur gouvernance. Les causes de la fragilité d'un pays sont multiples : périodes de reconstruction, catastrophes naturelles, manque de moyens pour faire face à des pandémies. L'Aide a bien évidemment un rôle à jouer dans ces situations.

Doit-on continuer à faire bénéficier les pays émergents et plus largement les pays à revenu intermédiaire de l'aide publique au développement ?

L'aide publique au développement (APD) se définit comme la possibilité d'une allocation concessionnelle (dons, prêts concessionnels) à un ensemble de pays dits en développement dont la liste est limitative. Le Conseil économique et social de l'ONU met à jour tous les trois ans cette liste. Cette liste recoupe la liste des pays en développement qui sont ouverts et sont donc éligibles à l'aide publique au développement au sens du CAD de l'OCDE (141 pays). Il existe enfin une liste de pays, établie par la Banque mondiale, qui sont considérés comme éligible aux fonds de l'AID (76 pays dont le revenu annuel par habitant est inférieur à 1175 $ en 2021), c'est-à-dire le guichet concessionnel de la Banque mondiale.

Parmi les pays en développement, les pays à revenu intermédiaire de la tranche inférieure et de la tranche supérieure captent plus de la moitié de l'APD mondiale. Les autres pays allocataires de l'Aide sont les pays les moins avancés et plus généralement les pays à faible revenu.

En 2021, des pays comme la Chine, le Vietnam ou encore le Brésil bénéficient encore d'une partie non négligeable des faibles ressources de l'APD. De plus, les donateurs se pressent autour des pays à revenu intermédiaire car ils présentent moins de risque financier que les pays à faible revenu. Ce sont également des pays intéressants sur le plan commercial.

Or, les processus de développement des pays à revenu intermédiaire sont largement autonomes et dépendent très peu des transferts publics concessionnels en provenance de l'Aide qui ne représentent pas plus de 0,1 % de leur produit intérieur brut respectif.

Est-ce à dire que les pays à revenu intermédiaire ne devraient pas être des bénéficiaires possibles de l'Aide ? Effectivement. Il conviendrait de concentrer l'Aide sur les pays qui en ont le plus besoin, c'est-à-dire les pays à faible revenu.

Est-ce à dire que les pays à revenu intermédiaire ne devraient plus bénéficier d'une coopération internationale Nord-Sud sous forme financière ? Bien sûr que non ! Mais ce type d'appui, essentiellement en prêts, ne devrait pas continuer à être comptabilisé comme de l'APD.

S'agissant de la tranche supérieure des pays à revenu intermédiaire dont fait encore partie la Chine en 2021, ces pays ne devraient pas pouvoir être éligibles à l'Aide bien entendu, mais également à des prêts concessionnels (prêts bonifiés par une partie de don).

Néanmoins, certains spécialistes de l'Aide ne manquent pas de souligner qu'il existe dans des pays très peuplés comme l'Inde (pays à revenu intermédiaire de la tranche inférieure), dans les pays comme la Chine (pays à revenu intermédiaire de la tranche supérieure), des poches de pauvreté qui représentent plusieurs centaines de millions de personnes. L'Aide étant un instrument de lutte contre la pauvreté, il serait donc difficile selon eux d'exclure ces populations du bénéfice de l'Aide.

On peut leur rétorquer que des poches de pauvreté existent dans tous les pays, même développés. Dans les pays à revenu intermédiaire comme la Chine, la croissance est forte. Dans ce type de contexte, les résolutions des problèmes de pauvreté de ces pays sont des problèmes de répartition interne de la richesse, de redistribution interne des plus riches vers les plus pauvres. Ce n'est pas un problème à résoudre par l'aide publique au développement. L'APD ne devrait pas avoir vocation à venir en appui à des populations pauvres des pays à revenu intermédiaire.

En définitive, la coopération internationale concessionnelle, sous forme d'aide publique au développement, devrait être dirigée presque exclusivement vers les pays à faible revenu.

Commentaires relatifs à la Déclaration de Paris sur l'efficacité de l'aide au développement du 2 mars 2005.

Cette Déclaration a conclu les travaux organisés par le Comité d'aide au développement de l'OCDE qui a pour mission de fixer les bonnes pratiques en matière d'aide publique au développement. Cette conférence, qui avait rassemblé une cinquantaine de délégations intégrant quelques pays du Sud, visait essentiellement à recrédibiliser cet instrument après une baisse des volumes d'aide dans les années 1990. Une deuxième conférence sur l'efficacité s'est tenue à Accra en septembre 2008. Une troisième conférence a eu lieu à Busan en novembre 2011 (Corée du Sud) a clos le cycle sur l'efficacité.

La première partie de la Déclaration rappelle en préalable les objectifs de l'Aide et notamment : la réduction de la pauvreté et des inégalités, la consolidation de la croissance, le renforcement des capacités.

Les moyens préconisés pour atteindre ces objectifs passent par : le renforcement des stratégies nationales de développement, l'alignement de l'Aide et le soutien au renforcement des capacités, le renforcement des obligations mutuelles à l'égard des citoyens et des instances parlementaires (transparence sur les stratégies et les résultats obtenus), la réforme et la simplification des politiques et des procédures dans un sens qui améliore la collaboration et l'alignement, la définition de mesures et de normes de performance.

Les principaux obstacles à faire sauter afin d'améliorer l'efficacité de l'Aide sont identifiés ainsi : la défaillance des institutions des pays partenaires (les empêchant de mettre au point et d'appliquer des stratégies nationales de développement axées sur les résultats), l'incapacité des donateurs à fournir des engagements pluriannuels, la délégation insuffisante de pouvoir au personnel de terrain, l'intégration insuffisante des initiatives et programmes mondiaux, la corruption et l'absence de transparence.

Les recommandations avancées visent à s'adapter à des situations nationales diverses : prise en compte des urgences humanitaires et surtout des « États fragiles » caractérisés notamment « par la déficience des structures de gouvernance et le manque de capacités »[65]. Elles entendent également préciser les indicateurs, un calendrier et des objectifs cibles : 12 indicateurs spécifiques et 5 objectifs cibles afin de contrôler et d'évaluer les progrès dans la mise en œuvre.

La deuxième partie de la Déclaration de Paris est consacrée aux engagements de partenariat entre les donateurs et les pays partenaires. Il s'agit du cœur de la Déclaration de Paris avec sa règle des trois « A » : appropriation, alignement, harmonisation, à laquelle s'ajoute « la gestion axée sur les résultats » et la responsabilité mutuelle. La définition des règles peut se faire ainsi :

- Appropriation : la réelle maîtrise des pays en développement de leurs politiques et stratégies de développement, et la coordination de l'Aide.
- Alignement : le soutien des stratégies nationales de développement, l'utilisation des systèmes nationaux consolidés ; le renforcement de la propre capacité de développement des pays en développement, avec le concours des donateurs, la consolidation des capacités de gestion des finances publiques, le renforcement des systèmes nationaux de passation de marché, le déliement de l'aide pour une meilleure utilisation des ressources.
- Harmonisation : la mise en place par les donateurs de dispositifs communs et la simplification des procédures, la complémentarité par une division du travail plus efficace sur la base notamment d'avis clairs (du partenaire) sur les avantages comparatifs des donateurs, le renforcement de l'efficacité de l'Aide dans les États fragiles adaptée aux situations où l'appropriation à l'échelon local et les capacités nationales font défaut, l'encouragement d'une approche harmonisée des évaluations environnementales.
- Gestion axée sur les résultats : gérer et mettre en œuvre l'Aide en se polarisant dès le départ sur les résultats attendus qui sont les objectifs permanents.
- Responsabilité mutuelle : les donateurs et les partenaires sont responsables des résultats obtenus en matière de développement.

La troisième partie de la Déclaration de Paris est consacrée à une présentation des indicateurs de progrès mis en correspondance par rapport aux cinq

65 / Définition des États fragiles selon le CAD de l'OCDE : pays qui n'ont pas la volonté politique et guère la capacité de concevoir et de mettre en œuvre des politiques favorables aux pauvres car il y sévit un conflit violent ou leurs structures de gouvernance sont défaillantes. La liste des États fragiles regroupe selon le CAD de l'OCDE 35 pays dont les deux tiers sont en Afrique. Ils sont caractérisés par des flux d'aide relativement faibles « orphelins de l'aide » et sont en général très pauvres.

engagements principaux. Ils seront repris et étendus dans la Déclaration d'Accra de 2008 et de Busan de 2011.

« Le renforcement des capacités » est présenté aux côtés de la réduction de la pauvreté et des inégalités, d'une part, de la consolidation de la croissance, d'autre part, comme un des trois effets recherchés afin de maximiser l'impact de l'Aide. D'autres objectifs de l'Aide (biens publics mondiaux, migrations, développement durable, sécurité, régulation de la mondialisation) ne sont pas pris en compte.

La définition de mesures et de normes de performance est annoncée mais guère définie dans le texte. Les conséquences possibles de cette mesure de performance ne sont pas évoquées. Une mauvaise performance entraîne-t-elle un surcroît d'Aide ou au contraire une baisse de l'Aide ?

Toutes les fondations de ce texte sur l'efficacité de l'Aide reposent sur un socle commun, la mise en place par le pays partenaire d'une stratégie nationale de développement axée sur les résultats.

La problématique particulière des États fragiles est introduite comme étant un cas particulier où les mesures pour une plus grande efficacité de l'Aide doivent répondre à d'autres règles. Toutefois, les conséquences du classement d'un pays dans cette catégorie ne sont pas définies.

L'appropriation est assimilée à une réelle maîtrise des pays partenaires de leurs politiques et stratégies de développement. Le renforcement des capacités est d'ailleurs omniprésent comme si l'on doutait d'un alignement possible sur les politiques telles qu'elles sont actuellement.

Pour l'harmonisation, on avance la notion d'avantage comparatif des donateurs.

Quelques commentaires par rapport à cette Déclaration en forme de questionnements :

Dans quels pays en développement à faible revenu retrouve-t-on véritablement un processus d'appropriation ? S'agissant des donateurs, pour harmoniser les approches, qui décident des compétences des uns et des autres : les donateurs ? Les partenaires ? Mais sur quels critères ? Le texte demeure muet sur les modalités de cette répartition des rôles entre donateurs.

L'inclusion de plusieurs paragraphes sur les États fragiles dans le paragraphe concernant l'harmonisation peut être interprétée comme le signe que dans cette situation, on considère que la conduite de l'Aide échappe aux pays partenaires jugés fragiles et demande donc une harmonisation renforcée entre donateurs. On voit poindre ici une sorte de tutelle à assumer par les donateurs dans les États fragiles.

Concernant la gestion par les résultats, quels sont les pays qui ont effectivement mis en place « un cadre d'évaluation des performances des pays partenaires » ? On ajoute également : « relier la programmation et les ressources aux résultats obtenus ». Cela veut-il dire que l'on se résout finalement à faire un lien entre les performances enregistrées par les pays et le volume d'Aide allouée ? Comment fait-on alors pour les États fragiles ? La notion de performance des pays partenaires est mesurée à partir de quels instruments et selon quels objectifs ? En général, les plus pauvres des pays sont moins performants que les pays à revenu intermédiaire. Comment dans ces conditions orienter majoritairement l'Aide vers les plus pauvres, ceux qui en ont le plus besoin ?

Pour conclure, le moyen pratiquement exclusif d'une plus grande efficacité de l'Aide passe par un renforcement des capacités dont l'objectif ultime est l'atteinte par le pays partenaire de la possibilité de définir lui-même une stratégie de développement opérationnelle. Bien utilisé, le renforcement des capacités devrait permettre le passage du statut « d'État fragile » à un statut « d'État non fragile » et pourquoi pas à ce qu'on pourrait appeler « un État performant ». Les notions d'avantages comparatifs des donateurs, de mesure de la performance et de ses effets sur les niveaux d'allocation d'aide ne sont pas explicitées.

La Déclaration sur l'efficacité de l'Aide préconise également un renforcement de l'Aide-programme (l'appui aux politiques) par rapport à l'Aide-projet (l'appui aux projets de développement). L'idée est que sans bonne politique au préalable, il est illusoire de vouloir mettre en place des projets qui réussissent. Aider les politiques, se concentrer sur les politiques est donc à privilégier. Cependant, en préconisant une intervention au niveau des politiques, on accroît le risque d'ingérence des donateurs dans la définition de ses dernières par les pays eux-mêmes.

Doit-on aider prioritairement les pays les plus efficaces ?

Qu'entend-on par les pays les plus efficaces ? Quels sont les critères du jugement sur l'efficacité ? Est-ce que ces critères se réfèrent à un modèle d'efficacité mis en œuvre principalement dans les pays développés et étant censé avoir réussi ? Juge-t-on principalement de la gouvernance ou de l'efficacité des entreprises privées, de la qualité de la main-d'œuvre ? S'agit-il de l'efficacité à tirer parti de l'aide publique au développement ? Autant de questions qui se posent lorsqu'on aborde cette question qui se situe au centre de la Déclaration de Paris sur l'efficacité de l'Aide de mars 2005, Déclaration qui visait justement à recommander les bonnes pratiques de l'Aide pour les pays donateurs. Mais ici, on parle d'efficacité des pays bénéficiaires de l'Aide.

En 2000, à la suite des travaux de certains spécialistes de l'Aide comme Burnside C. et D. Dollar (article intitulé *Aid, Policies and Growth* de la revue économique américaine), la thématique de l'efficacité des pays bénéficiaires s'est imposée comme un des axes majeurs de la politique d'Aide. La Banque mondiale s'est même lancée dans l'évaluation de la qualité de la gouvernance des pays en développement (notation CPIA ou Country Policy and Institutional Assessment) et sur le niveau de risque fiduciaire du pays bénéficiaire (capacité qu'il a de gérer efficacement ses dépenses et ses recettes publiques). Ce sont deux indicateurs parmi d'autres qui permettent de classer les pays potentiellement bénéficiaires de l'Aide en fonction de leur efficacité supposée à bien l'utiliser : bonne gouvernance préalable avec le CPIA, capacité à gérer les finances publiques et donc à éviter les détournements. Ce classement n'est pas anodin. Il entraîne en retour des modulations dans les volumes d'Aide alloués à chaque pays. Ceux que l'on a appelés les « bons élèves » se voient attribuer des montants importants d'Aide. Ceux que l'on peut considérer comme les « mauvais élèves » se voient attribuer de faibles montants d'Aide considérés comme des planchers. L'idée est que même en cas de mauvaise gouvernance avérée et donc mesurée, on ne peut pas totalement priver les populations pauvres d'Aide qui subissent déjà cette situation.

Afin de répondre aux critiques sur la mauvaise utilisation de l'Aide, afin de tenter de justifier son faible impact en faveur du développement, plusieurs bailleurs de fonds se saisissent de la thématique de l'efficacité du pays receveur pour en faire un critère d'attribution. Ainsi, il s'agit de démontrer à l'opinion publique et à ceux qui décident dans les pays donateurs des volumes d'aide publique au développement à allouer chaque année que cette source de financement est bien utilisée, dans les contextes locaux les plus favorables, de manière efficace et sans risquer d'être détournée. Après la baisse en volume de l'Aide dans les années 1990, il convient de recrédibiliser l'instrument.

Les critères utilisés pour juger de l'efficacité questionnent cependant. Si l'on reprend l'indicateur de bonne gouvernance utilisé par la Banque mondiale et appelé CPIA (Country Policy and institutional assessment ou évaluation des politiques et des institutions du pays), il s'agit plus de juger de l'application d'une politique économique et sociale jugée efficace car conforme à la pensée dominante en matière de macroéconomie ; désengagement de l'État de la sphère productive, ouverture interne et externe des marchés, démantèlement des droits de douane, réduction de la fonction publique, limitation des services publics. L'efficacité de la gouvernance n'est pas appréhendée par rapport aux résultats économiques et sociaux enregistrés mais plutôt en fonction de l'aptitude du gouvernement potentiellement receveur d'Aide à mettre en œuvre une politique libérale.

On peut légitimement contester la validité d'une mesure de l'efficacité qui s'appuie sur le degré d'application d'un modèle préconçu et connoté idéologiquement et non sur les résultats obtenus dans un contexte local déterminé. On peut légitimement s'étonner que l'on substitue au terme « politique publique » le terme « gouvernance », faisant comme si la « bonne gouvernance » était rationnellement mesurable car le fruit d'un réglage technique et scientifique propre à ce que nous enseigne la science économique, ce qui est loin d'être le cas lorsque l'on évoque la qualité d'une politique publique qui fait partie des choix démocratiques et s'apparente plus à la sphère de l'économie politique.

Deuxièmement, si l'on accepte finalement les critères retenus pour la mesure de l'efficacité de la gouvernance d'un pays receveur, on peut légitimement s'interroger sur la pertinence d'en faire un préalable. À l'évidence, les pays les moins avancés souffrent le plus souvent de contraintes fortes sur le plan économique, social, environnemental. Bien souvent, ils n'ont pas les moyens financiers et humains d'être au niveau d'autres pays en matière de gouvernance. Or la priorité de l'Aide n'est pas d'écarter les plus faibles au motif qu'ils présentent des insuffisances par rapport à un modèle de référence qui s'imposerait à tous, mais plutôt de les aider à surmonter leurs contraintes, à les rendre plus efficaces dans la définition et la mise en œuvre de leur propre politique, celle qu'ils se sont choisie. Le renforcement des capacités (ou des compétences) des pays receveurs est un objectif central de l'Aide. Se limiter à aider les plus efficaces reviendrait à privilégier des allocations sur des critères idéologiques.

De plus, si les circuits étatiques de gestion de l'Aide et plus généralement des finances publiques ne sont pas jugés efficaces (détournements, corruptions, mauvaise gestion, risque fiduciaire), il est toujours possible de faire transiter les flux par d'autres canaux de distribution (ONG, société civile, entreprises, microcrédits).

En priorité, l'Aide doit être utilisée à destination des pays les plus pauvres, ceux qui par définition obtiennent les moins bons résultats, ceux dont on peut douter parfois de l'efficacité des politiques, ceux qui pâtissent malgré eux de handicaps structurels permanents (exemples : taille réduite ne permettant pas les économies d'échelle, enclavement, soumis à des phénomènes climatiques intenses et récurrents). Il convient donc d'aider les moins efficaces afin qu'ils deviennent plus efficaces, en évitant d'étalonner la mesure de l'efficacité selon les critères d'un modèle de développement à l'occidentale qui par ailleurs s'avère inégalitaire et périmé sur le plan environnemental. Chaque pays a le droit, c'est même un gage du bon fonctionnement de sa démocratie, de définir par lui-même et pour lui-même sa propre trajectoire de développement.

L'Aide face à la crise du coronavirus

L'aide publique au développement est souvent mise en avant dans les périodes de crise pour résoudre, ou au moins atténuer les situations dégradées qui minent les pays en développement. Comment en effet ne pas se sentir solidaire des plus pauvres qui sont également les plus fragiles ? Comment ne pas se sentir un devoir moral de ne pas les oublier en évitant de se replier sur la résolution de nos problèmes domestiques de pays riches ? Comment ne pas essayer de réduire les inégalités mondiales en ayant une action volontariste de régulation de la mondialisation ?

Les institutions d'aide au développement (banques de développement, agences d'aide bilatérale ou multilatérale) sont justement là pour nous y aider. Leurs mandats (surtout le FMI et la Banque mondiale) prévoient qu'elles nous éclairent sur l'avenir en faisant des prévisions économiques. Mais il est également dans leurs mandats d'intervenir financièrement pour réguler et tenter d'améliorer la conjoncture économique internationale mondiale qui vient.

Mais en temps de crise annoncée à l'avance pour le Sud, s'agit-il de prévisions sérieuses ou d'une mise en scène surfant sur l'actualité afin de justifier l'obtention de moyens supplémentaires pour éviter le pire qu'on a soi-même prévu ?

La crise du coronavirus à partir de 2020 et ses conséquences économiques n'échappent pas à cette interrogation. Qu'on en juge plutôt.

À quelques jours d'intervalles en avril 2020, des grandes institutions d'Aide comme la Banque mondiale, le Programme alimentaire mondial, le FMI ainsi que de nombreuses banques publiques de développement ont tiré la sonnette d'alarme quant à la situation de l'Afrique et la nécessité d'accroître les flux financiers externes dont elle pourrait bénéficier face à la crise engendrée par le coronavirus. Les discours des grandes institutions internationales d'Aide et de certains donateurs bilatéraux sont alors à l'unisson. À la crise sanitaire qui n'avait pourtant toujours pas frappé le continent africain, s'ajoute déjà une crise économique présentée comme immédiate, plus difficile à estimer encore, mais dont l'ampleur ne fait aucun doute pour la Banque mondiale et le FMI. Le PIB de l'Afrique afficherait une chute de -2 % en 2020.

Sur cette base, le discours bien rodé des institutions d'Aide se met en place. Il convient dès maintenant, en urgence, d'aider et donc de prêter plus à l'Afrique afin d'amortir la crise qui vient, faire preuve de solidarité internationale, permettre grâce à l'Aide de se prémunir des conséquences d'un effondrement du continent, intervenir vite afin d'éteindre l'incendie qui couve car il s'agit pour tous d'une question de survie. Ne pas aider, n'est-ce pas s'exposer au Nord à l'insécurité, aux migrations non maîtrisées, au chaos aux conséquences incalculables au Sud comme au Nord ?

Ainsi en retour immédiat, l'Union européenne annonce en mai 2020 la mise en place d'un pont aérien vers la Centrafrique. Il ne se justifie pas, bien évidemment par la découverte de 94 cas positifs de coronavirus dans ce pays, ce qui est effectivement très peu. Il se justifie par l'ampleur de la crise sanitaire à venir qui ne fait aucun doute en Afrique et qu'il s'agit d'anticiper, voire d'indiquer en institution responsable qu'on anticipe sans délais. La Chine communique également sur ses dons de masques et achemine du matériel. Comme le G20 l'avait annoncé, on commence à faire des moratoires sur les échéances de dette des pays pauvres. L'OMS annonce que les pays pauvres sont de plus en plus touchés, sans pour autant fournir de chiffres.

La course est lancée. L'urgence générale est décrétée. La crise, les crises sanitaire et économique du coronavirus sont déjà presque là. Pour certains, elles sont même à considérer comme un double tsunami pour l'Afrique, un tsunami sanitaire et un tsunami économique. De plus, les effets potentiellement dévastateurs sur les pays riches de ce double tsunami en Afrique renforcent notre intérêt pour nous-mêmes à intervenir rapidement.

En ces temps difficiles où les ressources financières d'origine budgétaire risquent d'être disputées, où « la Corrèze » risque de passer avant le « Zambèze », il n'est pas de saison d'adoucir le trait, de faire preuve de retenue. Le pire annoncé dans un futur proche n'est de trop pour retendre les ressorts financiers de l'instrument d'Aide. Ainsi, l'Aide devient incontournable par solidarité avec le Sud mais également dans l'intérêt bien compris des pays du Nord. Dans l'urgence, elle demeure bien une priorité qui se place, quoi qu'on en pense, tout en haut de l'agenda international.

La boucle est bouclée. Le plaidoyer pour une Aide accrue en temps de crise devient imparable. Qui pourrait véritablement s'y opposer ? Qui pourrait se dérober à l'urgence annoncée risquant de se traduire par des milliers de morts et une crise économique d'une profondeur inégalée ? Qui pourrait concevoir que le Nord gère égoïstement la crise ? Qui pourrait se risquer ou avoir l'audace de minimiser les effets de la crise annoncée en Afrique ? Qui aurait l'audace, comme le font pourtant Esther Duflo et Abhijit V. Banerjee dans leur dernier livre, de pointer le caractère très aléatoire des prévisions économiques, même lorsqu'elles sont produites par des économistes reconnus d'une institution aussi respectable que le FMI qui a justement pour mission de nous éclairer sur l'évolution de la conjoncture internationale 66 ?

Et peu importe si la catastrophe annoncée n'est pas encore complètement là sur le plan sanitaire ! Peu importe si la crise économique annoncée en Afrique est de moindre ampleur que dans les pays riches ! Peu importe si la capacité de résilience de l'Afrique, son habitude et sa gouvernance efficace des épidémies, sa population jeune, sa faible densité, son climat, sa faible intégration au commerce international lui donnent quelques atouts face au coronavirus ! Peu importe si l'on décrète par anticipation qu'une fois de plus l'Afrique se trouve dans l'incapacité de s'en sortir seule, sans un appui massif de l'extérieur ?

Toutefois, en septembre 2021, le double tsunami ne s'était toujours pas produit pour l'Afrique. Le taux d'infection du continent par le coronavirus demeure faible. La crise économique annoncée n'est pas venue.

Comment donc interpréter ce qui peut s'apparenter à une mise en scène de prédiction où certaines institutions apparaissent comme juge et partie (prévoir le pire afin de consolider ses financements pour agir). Où sont les prévisions sérieuses, indépendantes, prudentes et réfléchies ?

---

66 « L'une des missions du FMI est de prévoir la croissance de l'économie mondiale dans un proche avenir. Sans beaucoup de succès, peut-on ajouter, malgré la grande compétence de ses économistes » dans « Economie utile pour des temps difficiles », p.18, éditions du Seuil, mars 2020.

Le business de l'Aide en temps de crise

Les pays du G20 ont proposé, dès le mois d'avril 2020, un moratoire, c'est-à-dire un report des échéances de la dette des pays à faible revenu en 2020 et 2021, afin de les aider à passer la crise économique annoncée face au coronavirus. Quelques mois après son adoption, on ne peut pas dire que cet instrument piloté par le Club de Paris dont la France assure le secrétariat soit un franc succès. Les montants en jeu restent faibles (moins de 2 milliards€) et une proportion limitée de pays (18 sur 73 potentiellement éligibles) a signé effectivement ce type d'accord. Comment analyser ce relatif échec ? Est-ce pour des raisons financières qui auraient pour effet de renchérir les conditions futures d'emprunt public ou privé des pays qui feraient appel à ce dispositif et qui en paierait indirectement les conséquences en voyant leurs capacités d'endettement propre à la fois se réduire et se renchérir ? C'est la thèse défendue de la chef économiste de la Banque mondiale, Carmen Reinhart. Est-ce tout simplement par ce qu'il ne s'agit pas du bon instrument à utiliser puisque ces pays ont avant tout besoin d'argent frais pour relancer, comme dans les pays du Nord, leurs économies. C'est la thèse globalement défendue par les bailleurs de fonds multilatéraux et bilatéraux qui proposent généreusement de l'aide budgétaire d'urgence. Est-ce parce que les besoins d'aide des pays en développement ont été d'emblée quelque peu surestimés comme l'ont été les dégâts sanitaires de grande ampleur un temps annoncé en Afrique et qui finalement tardent heureusement à se concrétiser ? La question reste encore posée car l'on constate, contrairement à ce qui était avancé, que les pays en développement peu impliqués dans le commerce mondial semblent moins touchés par la crise économique qui accompagne la crise sanitaire actuelle.

Pourtant, les donateurs bilatéraux et multilatéraux ne se sont pas privés de décréter l'urgence à aider les plus pauvres, en complétant notamment le dispositif du G20 par l'octroi d'aides budgétaires massives.

Toutefois cette aide budgétaire est-elle tout à fait adaptée aux besoins des pays pauvres ? Pas si sûr. Une des limites de l'aide budgétaire est d'être plus facilement détournable, de servir parfois non pas à investir mais à payer des dépenses de fonctionnement des États. De plus, spécialement dans les pays pauvres, le risque fiduciaire, c'est-à-dire les fuites structurelles ou provoquées dans la tuyauterie de la dépense publique, est spécialement élevé, ce qui rend cet instrument quelque peu inadapté et peu efficace pour ce type de pays. Enfin, cette aide budgétaire est souvent financée sous forme de prêts, ce qui revient à dégrader à nouveau la situation financière des pays pauvres qui seraient en mesure d'en bénéficier.

Alors comment expliquer cet empressement des bailleurs de fonds à faire de cet instrument, l'aide budgétaire, leur principal moyen d'intervention dans la période 2020-2021 ?

En fait, ces donateurs apparaissent quelque peu gênés aux entournures pour lancer de nouveaux projets de développement à un moment où il devient de plus en plus difficile, faute de pouvoir aller sur le terrain, d'instruire et d'exécuter, voire de suivre correctement de nouveaux projets de développement. Leur fonds de commerce principal, l'aide projet, est donc pour l'instant en partie gelé en termes d'engagements, faute de mobilité pour se déplacer.

Or ces institutions ont besoin pour vivre d'engager puis de décaisser des fonds pour leur permettre de continuer à vivre et à fonctionner. Ainsi s'explique peut-être, au-delà de leur solidarité affichée envers les plus pauvres, leur empressement à proposer de l'aide programme aux pays pauvres, même si cet outil comporte spécifiquement pour eux, pays souvent fragiles aux risques fiduciaires élevés, des possibilités accrues en matière de détournement. Ainsi s'explique peut-être également que cet instrument d'aide-programme soit massivement utilisé auprès des pays en développement à revenu intermédiaire, assurant ainsi pour partie le maintien du fonds de commerce des bailleurs. Il est vrai que l'aide budgétaire se décaisse vite, trop vite parfois.

En définitive, ce que l'on pourrait recommander aux pays pauvres, c'est d'essayer avant tout de s'en sortir par eux-mêmes en évitant de mordre à l'hameçon tendu par certains bailleurs de fonds qui leur proposent de contracter parfois des engagements financiers inadaptés à leur situation. Le business de l'aide n'est pas toujours orienté en priorité vers la satisfaction des besoins de ceux que l'on croit.

L'Aide intéressée ou désintéressée ?

À force d'indiquer, d'affirmer même avec force que l'aide publique au développement67 est non seulement nécessaire aux pays en développement mais comporte également de l'intérêt pour les pays qui l'octroient, on a fini par faire dérailler cet instrument de coopération Nord-Sud.

Qu'on en juge plutôt. Que de discours nous indiquent que les pays donateurs ont un intérêt puissant, bien au-delà de tout souci de partage et de solidarité, à délivrer de l'aide. Cette politique serait un investissement d'avenir pour ceux qui reçoivent comme pour ceux qui donnent. D'ailleurs employer le terme d'Aide, quelque peu condescendant pour celui qui reçoit, ne serait plus approprié. Il faudrait lui préférer « investissement solidaire ». Co-investir à bénéfices partagés n'est-il pas plus moral et porteur d'avenir que de continuer à vouloir simplement aider ceux qui en ont besoin ?

Surtout, afin de pérenniser les ressources dont bénéficie cette politique, il faudrait prouver que les budgets qui sont dépensés par les pays riches pour financer cette politique ne le sont pas à fonds perdu. En fait, on fait comme si

67 Source Comité d'Aide au Développement (CAD) de l'OCDE : « En 2020, l'aide publique au développement (APD) consentie par les pays membres du Comité d'aide au développement (CAD) s'est établie au total à 161,2 milliards USD, ce qui représente 0,32 % de leur revenu national brut (RNB). »

les considérations morales qui poussent à donner, à partager avec les plus pauvres n'étaient pas suffisantes pour justifier l'emploi et la consolidation budgétaire d'un tel instrument. Ainsi, de façon explicite comme de manière implicite, par glissements successifs, l'action de donner n'est plus un simple acte de solidarité sans espoir de retour, mais devient également un acte intéressé, une sorte de contrat à bénéfices partagés.

Mais en plaçant l'Aide sous les auspices des intérêts partagés, on ouvre sans y prendre garde la boîte de pandore de la recherche des intérêts multiples, avouables comme ceux qui le sont moins. L'action de donner ne correspond donc plus tout à fait à un transfert désintéressé, à un transfert qui coûte et appauvrit les uns pour venir en aide aux plus pauvres.

Les conséquences de cette évolution sont nombreuses. On ne donne plus uniquement mais on peut également prêter de l'aide, c'est-à-dire accepter contre toute attente un retour financier de ce que l'on dit avoir transféré. L'aide sous forme de prêt représente une part importante de l'aide publique au développement68. Or, l'aide en prêt, majoritaire pour des pays donateurs majeurs comme la France et le Japon69, se délivre généralement sous conditions, provoque de l'endettement chez les pays pauvres, peut entraîner une dépossession progressive de souverainetés économique, sociale et environnementale des pays en développement qui en bénéficient. Certes, ces prêts sont le plus souvent concessionnels mais pas toujours (Chine). Ils instaurent par leurs conditions une nouvelle forme de domination, voire d'exploitation (Chine), aboutissant à une colonisation rampante sur le plan politique et économique, tant elle accroît dans la durée les liens de dépendance des bénéficiaires.

Contre certaines aides, on met la main sur les matières premières de certains pays, on encourage la corruption, on asservit certaines les élites gouvernementales qui tombent en situation de dépendance et abandonne toute idée de servir le bien-être de leur peuple. On valide les intérêts cachés des donateurs, ceux qui procurent des contreparties et en font un investissement qui peut rapporter gros. L'aide est-elle véritablement dans son rôle quand elle aboutit à mettre sous tutelle certains États faillis, endettés jusqu'au cou, qui n'ont plus d'autres choix que de s'aligner sur les desiderata des donateurs ? L'Aide est-elle véritablement dans son rôle lorsqu'elle se transforme en instrument de domination politique et géostratégique qui ne dit pas son nom ?

Afin de sortir de cette dérive de recherche des intérêts particuliers, il faudrait revenir à quelques principes simples en réaffirmant la primauté et l'exclusivité les contours éthiques et moraux d'une véritable politique d'aide. Pour cela, il faudrait

68 Source : CAD de l'OCDE. « En 2020, 22 % de l'APD bilatérale brute consentie par les membres du CAD l'a été sous la forme d'apports hors dons (prêts et prises de participation), soit une augmentation par rapport au niveau des années précédentes qui se situait aux alentours de 17 %. »
69 Source CAD de l'OCDE : 13 avril 2021.

renoncer aux prêts et les remplacer par des dons en bonne et due forme faisant ainsi la preuve d'une réelle générosité. Il conviendrait de réserver l'aide aux pays les plus pauvres en évitant ainsi de l'étendre à ceux qui n'en ont pas réellement besoin. Il faudrait enfin la cibler de manière efficace et exclusive sur les secteurs sociaux, éducatifs et environnementaux en lutte directe contre la pauvreté, redonnant ainsi aux pays aidés leur pleine souveraineté. Hélas, ces évolutions ne sont pas pour demain. Dans les principaux donateurs d'Aide, on en reste à une vision intéressée de l'Aide qui dessert la crédibilité de cette politique Nord-Sud.

L'harmonisation de l'Aide : vraie ou fausse solution ?

Cette thématique est devenue d'une importance cruciale au gré de la multiplication des opérateurs de développement. Dans les années 1960, dans chaque pays bénéficiaire de l'Aide, la communauté des bailleurs se limitait à deux ou trois opérateurs bilatéraux, deux ou trois opérateurs multilatéraux et quelques organisations non gouvernementales, soit une dizaine d'intervenants majeurs par pays. Mais depuis ces dernières années, le nombre d'opérateurs de développement par pays receveur a enregistré une croissance exponentielle. Aux bailleurs de fonds bilatéraux principaux sont venus s'agréger d'autres bailleurs de fonds bilatéraux. Ainsi, les trente pays de l'OCDE ont pratiquement tous créé une agence bilatérale d'Aide qui est présente dans de nombreux pays. De plus, les bailleurs multilatéraux se multiplient. On assiste en outre à un véritable foisonnement d'ONG locales du Sud, du Nord, ou internationales. Enfin, des structures de la coopération décentralisée - les collectivités locales — sont venues enrichir le panorama par les actions volontaristes qu'elles mènent en matière d'aide au développement. Cette multiplication des acteurs, outre le fait qu'elle alourdit la facture des coûts de gestion de l'aide, peut être potentiellement très déstabilisante pour le pays receveur. Pour capter le maximum d'aide, certains pays non seulement s'alignent sur des politiques ou des projets qu'ils n'ont pas choisis mais sont également parfois placés dans l'obligation de répondre à des exigences contradictoires de bailleurs de fonds ou d'ONG qui n'ont pas la même politique ou la même vision du développement et qui n'hésitent pas à en faire un préalable, une conditionnalité de leurs engagements éventuels.

C'est pour répondre à ce défi que l'harmonisation de l'Aide a été une des recommandations majeures de la Déclaration de Paris sur l'efficacité de l'aide en mars 2005. Les bailleurs de fonds et les ONG sont ainsi tenus, dans la mesure du possible, d'avoir un langage harmonisé vis-à-vis des autorités locales, de manière à ne pas entrer en contradiction entre eux et rendre ainsi inapplicables certaines mesures, ou tout simplement impossible la définition de certaines politiques. L'harmonisation doit donc être envisagée lorsqu'elle aboutit à un dialogue équilibré entre le partenaire local et la communauté des bailleurs de fonds.

Toutefois en amont de l'intervention des opérateurs d'Aide, le pays receveur devrait coordonner l'Aide et surtout définir lui-même la politique et plus généralement le cadre et les conditions dans lesquels il s'apprête à recevoir l'aide. Cette capacité et cette autonomie sont parfois bien théoriques lorsque certains bailleurs de fonds de référence s'arrogent la responsabilité de définir de l'extérieur ce que l'on peut considérer comme une bonne politique de développement. C'est le cas notamment pour la mise en place du cadre macroéconomique et financier dont les seuls juges en matière de qualité sont bien souvent la Banque mondiale et le Fonds monétaire international. Les bailleurs de fonds bilatéraux s'alignent sur les critères utilisés par ces institutions. Ils font d'un accord avec le FMI et la Banque mondiale le préalable d'une aide publique avec les pays en développement. L'harmonisation entre bailleurs de fonds devient parfois si forte que les pays en développement n'ont plus le choix de mener une autre politique macroéconomique s'ils veulent continuer à bénéficier de l'aide internationale. Les fameux documents stratégiques de réduction de la pauvreté, théoriquement rédigés et pensés par les pays en développement, sont en réalité fortement influencés par la FMI et la Banque mondiale. Les ONG, beaucoup plus indépendantes, ne tombent pas dans ce travers.

L'harmonisation entre bailleurs, certes nécessaire, ne doit donc pas aller trop loin et s'ériger en moyen de pression incontournable pour faire pression sur les autorités locales, imposer ses vues en matière de politiques publiques à suivre. L'harmonisation doit être précédée d'un alignement sur une politique de développement réellement définie de manière autonome par les autorités locales. Sinon, les pays en développement perdront toute maîtrise et toute responsabilité dans les trajectoires de développement finalement empruntées.

L'harmonisation nécessaire des opérateurs de développement ne doit donc pas s'apparenter, faute d'alignement préalable sur une politique de développement décidée de manière autonome, à un instrument sur le bénéficiaire.

Les contraintes des bailleurs de fonds

Les bailleurs de fonds (agences d'Aide, banques de développement) évoluent dans des cadres contraignants. Ils ne sont pas maîtres du niveau, de la qualité et de certaines contraintes d'utilisation des ressources qu'on les autorise à utiliser. Cette responsabilité revient le plus souvent à leurs autorités de tutelles (ministères assurant la tutelle de l'Aide dans chaque pays) qui gèrent la dépense publique. Les bailleurs de fonds peuvent être mis en concurrence par leurs autorités de tutelles par les canaux de distribution qu'elles privilégient (bilatéral versus multilatéral, agence d'Aide versus ONG ou coopération décentralisée, Aide publique versus Aide publique portée par le secteur privé).

Il existe donc une réelle concurrence dans la captation de la ressource publique d'un pays, au niveau national comme au niveau international. De plus, dans l'utilisation de cette ressource, les autorités de tutelles n'hésitent pas à leur fixer des contraintes d'utilisation plus ou moins nombreuses (ciblage sur certaines régions ou pays, ciblage dans certains secteurs jugés prioritaires, ciblage des zones à subvention et des zones à prêt), plus ou moins avouables (retours commerciaux et politiques).

Pour recevoir des fonds conséquents, il convient dans un premier temps pour les bailleurs de prouver que l'Aide qu'ils sont susceptibles de recevoir est utile et efficace, pour les pays qui la reçoivent mais également d'une manière plus feutrée pour celui qui donne. Chaque bailleur de fonds a donc un intérêt puissant à démontrer que ses projets et ses programmes enregistrent des résultats satisfaisants à très satisfaisants sur le terrain. Ainsi, un organisme comme la Banque mondiale déclare que son portefeuille de projets ou de programmes est satisfaisant à très satisfaisant dans des proportions qui dépassent les 80 %. L'objectif des bailleurs de fonds est donc simple : constituer le canal privilégié et incontournable de distribution de l'Aide pour les autorités dont il dépende.

S'agissant du type de ressources allouées aux bailleurs de fonds par leurs autorités de tutelles (prêts ou dons, répartition entre prêts et dons, niveau de concessionnalité des prêts), il est bien évidemment que de ces caractéristiques découle la politique d'Aide qui sera menée. Le bailleur de fonds qui pratique majoritairement le prêt (exemples : Banque mondiale, AFD, JICA) est très enclin à essayer de minimiser ses risques de non-remboursement. Chez le bailleur de fonds, une logique bancaire (se faire rembourser et minimiser ses risques) se superpose donc à une logique de développement (aider prioritairement les plus pauvres). Ces deux logiques ne sont pas obligatoirement incompatibles. Comment reprocher à un bailleur de fonds de financer des projets qui se remboursent et donc prouvent leur viabilité ? Comment reprocher à un bailleur de fonds d'éliminer les projets dont le taux de rentabilité est faible ? Comment ne pas s'opposer à investir à fonds perdu, une situation propice à toutes les dérives.

Mais ces deux logiques ne coïncident pas forcément. En effet, comment ne pas être poussé à choisir systématiquement de financer les opérations les plus rentables financièrement afin d'espérer être remboursé, ce dont dépend votre pérennité financière ? Comment ne pas être tenté de survaloriser la rentabilité attendue de l'opération financée en prêt afin de rassurer vos autorités de tutelles de la possibilité effective d'utiliser des prêts dans tel ou tel contexte ? Comment ne pas être tenté, si vous êtes privé de ressources en dons, d'utiliser quand même des prêts pour financer des secteurs d'activité à rentabilité financière nulle (éducation, santé, environnement, grandes infrastructures) ?

Si la logique bancaire prend manifestement le pas sur une logique de développement, cette situation conduit à choisir les meilleurs emprunteurs possibles (souvent ils ne sont pas réellement dans le besoin qu'ils soient publics ou privés), à tenter de minimiser les risques, à choisir de prêter aux pays qui ont une assise financière solide.

La prise en compte exclusive du risque bancaire risque alors d'aboutir à privilégier des engagements dans les pays à revenu intermédiaire, de préférence aux pays moins avancés qui offrent moins de garanties. Le formatage des opérations (montant engagé et donc prêté par opération) peut être également influencé par le recours aux prêts. Les opérations d'un montant élevé ont plus de facilité à couvrir leurs frais d'instruction et de gestion. Les petits projets sont alors écartés.

Bien entendu, l'Aide en prêt peut être parée de quelques vertus. Elle oblige à construire et mettre en œuvre des projets rentables, c'est-à-dire des projets qui peuvent s'établir dans la durée, des projets qui se remboursent, des projets qui sont véritablement opérationnels par rapport à ceux qui ne sont pas rentables. Mais que valent ces vertus si leur recherche conduit à rater la cible que l'on s'est fixée ?

La première contrainte qu'a donc à gérer le bailleur de fonds tient au niveau et à la qualité (prêt/don) des ressources dont il peut disposer.

Bénéficier d'un volume élevé de subventions est particulièrement recommandé dans le cas où l'Aide est réellement orientée vers la lutte contre la pauvreté dans les pays à faible revenu. Si les subventions viennent à manquer, c'est toute cette partie de l'Aide qui en pâtit.

Si les bailleurs de fonds ne disposent que de ressources en prêts et qu'ils veulent toutefois malgré tout poursuivre un objectif de lutte contre la pauvreté, ils seront tentés ou leurs autorités de tutelles les pousseront à utiliser l'instrument de prêt, même dans les pays les plus pauvres, avec à la clé un risque de prêter même à des conditions concessionnelles des fonds sur des opérations non rentables financièrement, avec le risque de ne pas être remboursé et donc d'aggraver la dette.

Afin de capter le maximum de ressources et même d'accompagner leur croissance (d'autres politiques publiques peuvent entrer en concurrence), les bailleurs de fonds sont placés dans l'obligation de prouver qu'ils les utilisent avec la plus grande efficacité possible. S'ils n'arrivent pas à afficher de résultats probants sur le terrain, ils peuvent à la fois se voir choisir d'autres circuits de distribution de l'Aide ou provoquer au pire une défiance globale des instances gouvernementales comme de l'opinion publique quant à l'utilité réelle de l'instrument lui-même, avec des conséquences à terme sur les volumes financiers disponibles pour mener à bien ces politiques. Pour un bailleur de fonds, prouver l'efficacité des opérations sur le terrain est une obligation impérative.

La « redevabilité » - rendre compte de la qualité (efficience) de leurs actions — est donc stratégique pour eux afin d'obtenir les ressources pour intervenir. Dans le meilleur des cas, cette obligation de « redevabilité » est mise en œuvre en faisant évaluer de l'extérieur et de manière indépendante la qualité des actions menées par le bailleur de fonds. Toutefois, avoir recours à des évaluations externes n'est pas exsangue de tout travers. En effet, l'évaluateur externe est souvent rémunéré par le bailleur lui-même pour effectuer ce travail. Il est parfois difficile de critiquer celui qui vous rémunère. L'externalisation de l'évaluation ne rime pas avec indépendance absolue. L'évaluation interne peut dans certains cas avoir quelques vertus, même si elle tombe sous le reproche d'être juge et partie.

Enfin, la mesure de l'impact d'une opération constitue également une contrainte forte pour le bailleur de fonds. Quand et comment peut-on réellement juger de l'impact d'une opération de développement ? En général, il faudrait attendre trois ou quatre ans après sa date de mise en œuvre. Le bailleur de fonds rigoureux devrait s'astreindre à communiquer sur la qualité de ses opérations sur la base, non pas de son portefeuille actuel qui ne dit rien sur l'impact qu'il aura finalement, mais plutôt sur son portefeuille passé et ce, avec trois ans de décalage. Dans la réalité, cette mesure de l'impact des opérations est très difficile à déterminer. Le bailleur de fonds préfère alors émettre un jugement sur la qualité des opérations qu'il exécute mais sans en connaître véritablement les impacts.

On le voit, l'exercice de redevabilité est très difficile à mener avec rigueur et selon le calendrier adéquat. D'un point de vue général, l'absence de mesure convaincante de l'impact de l'aide sur le développement des pays en développement constitue le talon d'Achille de cette politique. Il n'existe donc pas de système d'évaluation réellement indépendant pour juger de l'efficience des opérations menées par un bailleur de fonds.

Cette situation aboutit parfois à ce qu'un décalage s'instaure entre, d'une part, des opérations qui sont majoritairement présentées par les bailleurs de fonds comme satisfaisantes (entre 70 % et 80 % pour l'ensemble des bailleurs de fonds) et, de l'autre, les résultats effectifs et globaux des pays dans lesquels ils interviennent. Il convient donc que les bailleurs de fonds démontrent que leurs actions sont efficaces et qu'ils obtiennent des résultats. C'est plus facile lorsqu'ils aident des pays qui ont déjà un certain dynamisme économique. C'est beaucoup plus dur quand il s'agit de justifier l'aide auprès de pays pauvres dont les résultats sont plus décevants. Ainsi, l'enjeu de solidarité et l'appui « aux moins efficaces » pour leur permettre d'être « plus efficaces » risque de passer au second plan au profit d'une aide massive aux pays à revenu intermédiaire, dont les résultats macroéconomiques sont déjà bons avant même que les bailleurs de fonds n'interviennent, et dont ces derniers peuvent en partie s'octroyer à bon compte une part de mérite.

Une autre contrainte du bailleur tient au cadre politique dans lequel il agit. Chaque pays donateur entretient des liens privilégiés avec des zones géographiques bien précises. Pour les anciennes puissances coloniales, il s'agit de maintenir une proximité avec des pays qui partagent parfois la même langue. Ainsi, les anciennes colonies anglaises font partie des zones les plus aidées par le Royaume uni. L'Amérique latine et l'Amérique centrale sont très fortement investies par les États-Unis, l'Espagne et le Portugal. Les pays d'Afrique de l'Ouest ou subsahariens bénéficient traditionnellement de l'appui de la France.

Par définition, l'aide multilatérale n'assume pas ces mêmes contraintes géographiques. Toutefois, les États donateurs s'arrangent pour orienter leurs flux d'une manière qui n'est pas neutre. Schématiquement, les agences des Nations unies sont en général pauvrement dotées en ressources. On doit cette situation au fait que les pays en développement sont majoritaires à leurs conseils d'administration. À l'inverse, les banques de développement sont en général beaucoup plus généreusement dotées. Leur conseil d'administration est dominé par les donateurs qui contrôlent beaucoup mieux l'argent qu'ils leur octroient. La logique d'intervention des banques de développement est plus portée sur l'utilisation du prêt. Leur administration est alors logiquement sous le contrôle étroit des administrations des finances des pays donateurs. À l'inverse, les agences des Nations unies utilisent principalement le don. Les ministères des affaires étrangères et de la coopération des pays donateurs sont beaucoup plus présents dans leur pilotage, bien qu'une partie importante leur échappe puisqu'ils n'ont pas la majorité à leurs conseils d'administration.

Il est enfin des secteurs d'intervention où le savoir-faire des ONG milite pour une aide par ce type de canal (aide humanitaire, aide directe aux plus pauvres, aide aux populations d'États fragiles ou corrompus, aide à l'environnement). Or à tort, les ONG ne font pas toujours partie des canaux utilisés par les gouvernements qui mettent en œuvre l'aide publique au développement.

L'impact de l'Aide est-il négligeable étant donné son faible volume et ses objectifs changeants ?

Pour arriver à une telle conclusion, l'argumentation utilisée est la suivante : les volumes de l'Aide sont insuffisants (0,32 % du revenu national brut des pays développés contre l'objectif jamais atteint de 0,7 % avancé dans les années 1970), pour lui imputer une responsabilité significative dans la trajectoire économique des pays en développement. Deuxièmement, les objectifs de l'Aide ayant beaucoup évolué au cours du temps (croissance économique puis lutte contre la pauvreté, puis préservation de l'environnement, puis encore sécurité...), la mesure réelle de son impact dans la durée devient extrêmement difficile et diffuse. Troisièmement, l'impact de l'Aide demeure extrêmement difficile à mesurer.

En d'autres termes, l'Aide n'a jamais été à l'échelle du défi économique, social ou écologique qu'elle avait ou encore qu'on a prétendu ou qu'elle a prétendu résoudre, sans que l'on sache véritablement mesurer ses effets. On ne peut donc lui imputer un effet réellement positif ou négatif sur le devenir des pays où elle a été utilisée.

Cette argumentation robuste mérite cependant d'être nuancée. L'impact de l'Aide n'est pas uniquement corrélé à son volume. Il est lié également à sa qualité et à ses conditionnalités.

S'agissant de son volume, il est en effet négligeable pour les pays à revenu intermédiaire puisqu'il représente en moyenne moins de 0,1 % de leur PIB. On peut donc dire que l'Aide à ce type de pays ne peut être responsable en positif ou en négatif de leur trajectoire économique. L'Aide pour ce groupe de pays représente surtout une opportunité de capter des ressources à des conditions de faveur par rapport à ce qu'ils auraient obtenu sur le marché. Cette influence est d'autant plus faible que ces pays sont relativement autonomes dans la définition de leur politique économique par rapport aux grandes institutions prescriptrices en la matière. Étant peu dépendants de l'Aide, ces pays sont peu influençables en matière de modèle économique et social. Ils endossent donc pour la plupart la responsabilité des résultats qu'ils affichent.

En revanche, le volume de l'Aide est beaucoup moins négligeable pour la catégorie des pays à faible revenu (78 pays qui ont accès aux ressources IDA de la Banque mondiale). L'Aide peut représenter 10 % à 40 % de leur PIB. En matière d'investissements publics, près de 80 % de ces programmes peuvent être pris en charge par l'aide extérieure. L'impact du volume de l'Aide sur le devenir économique des pays à faible revenu n'est pas négligeable. De plus, ces pays sont très malléables en matière de définition des politiques publiques car ils sont très dépendants des institutions d'Aide (Banque mondiale, FMI et gros bailleurs bilatéraux). Ils n'ont pas comme les pays à revenu intermédiaire la possibilité d'aller sur le marché pour capter les ressources que leur procure l'Aide.

L'impact du modèle imposé par les bailleurs de fonds aux pays les plus pauvres est donc sensible. Il ne faut pas nier la responsabilité de l'Aide dans l'accompagnement des échecs passés des pays les plus pauvres comme des réussites.

S'agissant des réussites, on ne peut imputer à l'Aide le décollage économique des pays émergents.

Un autre impact de l'Aide est peu évoqué, c'est celui de son influence sur la démographie des pays en développement. L'Aide a permis d'abaisser de manière importante le taux de mortalité infantile, ce que l'on peut porter à son crédit. Toutefois, le taux de natalité de nombreux pays en développement étant demeuré très élevé, la croissance de la population de ces pays a été très rapide. Ils n'ont pas réussi à achever leur transition démographique qui s'étire dans le temps et gonfle leur population. Pour certains spécialistes, on peut même parler de surpopulation de certaines zones géographiques, de fardeau démographique qui pèse sur leur développement. Comment en effet enregistrer un accroissement des revenus par habitant alors que la croissance démographique est de 3 %/an ? Les effets bénéfiques de l'Aide sur la santé des populations ont entraîné un croît démographique rapide rendant difficile une augmentation des revenus par habitant.

Les pays à faible revenu sont les premiers touchés par ce phénomène.

La face cachée de l'aide publique au développement

À l'origine conçue pour ne pas durer, l'aide publique au développement s'est pourtant institutionnalisée et représente en 2020 des transferts de près 162 milliards $ par an vers une liste de 138 pays dont le revenu par habitant est inférieur à 12 235 $[70]. Très critiquée par certains[71], soutenue par d'autres comme indispensable à la lutte contre la pauvreté et les inégalités, à la régulation de la mondialisation, au développement durable, il est difficile de connaître avec précision quels sont ses atouts et ses réelles faiblesses. Les pourfendeurs de l'Aide[72] lui reprochent son côté néocolonialiste et vont même jusqu'à remettre en cause la validité et l'utilisation de la notion même de développement. N'a-t-elle pas permis de prolonger les liens de domination du Nord sur le Sud en imposant des modèles de développement qui s'avèrent décevants sur le plan économique, social et environnemental[73] ? D'autres lui reprochent son caractère nuisible et demandent aux pays en développement de s'en écarter[74]. D'autres enfin mettent en avant la corruption qu'elle engendre pour des élites du Sud avides de se greffer sur les flux d'Aide et de les détourner à leurs profits. Mais cet instrument de coopération internationale rassemble également beaucoup de défenseurs : les institutions d'Aide (banques de développement[75], agences d'Aide[76]) qui gèrent les transferts de fonds ; les pays donateurs comme les pays bénéficiaires qui y voient la possibilité de poursuivre et d'enrichir une coopération active dans tous les domaines ; une partie de l'opinion publique enfin qui souhaite une solidarité active avec les pays du Sud, au nom de l'équité, au nom de la lutte contre la pauvreté et les inégalités.

---

70 Liste des pays potentiellement receveurs d'une Aide publique au développement au nombre de 138. Cette liste est basée sur le revenu national brut des pays en développement. Elle regroupe les pays les plus pauvres (RNB inférieur à 1005 $ mais également les pays à revenu intermédiaire (PRI) de la tranche inférieure (de 1006 $ à 3955 $) et de la tranche supérieure (de 3956 à 12 235 $). Cette liste comprend près de 138 pays potentiellement receveur d'Aide. Des pays émergents comme la Chine, l'Inde, le Brésil, l'Indonésie font curieusement partie de cette liste au motif que le revenu moyen par habitant y demeure peu élevé.

71 Certaines ONG, des chercheurs et une fraction de l'opinion publique qui doutent de son utilité et de son efficacité, voire des détournements dont elle ferait l'objet.

72 Le terme d'Aide est employé dans ce texte pour désigner l'Aide publique au développement.

73 Gilbert Rist « Le développement. Histoire d'une croyance occidentale », Presses de Sciences Po.

74 Dambisa Moyo « L'aide fatale. Les ravages d'une aide inutile et de nouvelles solutions pour l'Afrique », JC Lattès.

75 Banque mondiale et banques régionales de développement aux moyens financiers d'intervention conséquents qui représentent les donateurs multilatéraux les plus actifs. Leurs instruments presque exclusifs d'intervention est le prêt, plus ou moins bonifiés, selon le niveau de revenu des pays receveurs

76 Agences d'aides multilatérales des nations unies (PNUD, FAO, PAM, ONUDI, UNICEF…) en général faiblement dotées en moyens d'intervention et Agence d'aide bilatérale aux moyens important (USAID, JICA, KFW, DFID, AFD…).

Il apparaît bien difficile de choisir son camp tant les avis paraissent tranchés. Essayons d'éclairer ce débat de l'intérieur, en tentant de déconstruire et donc d'analyser ce qui se cache parfois derrière les justifications officielles, les mieux élaborées, les plus convaincantes, qui accompagnent la mise en œuvre de l'Aide publique au développement. Derrière les argumentaires les mieux établis sommeille peut-être une réalité qu'il nous faut mieux comprendre, en évitant Notre méthode sera donc la suivante : reprendre quelques-unes des affirmations communément avancées par les défenseurs de l'Aide et essayer de les confronter à la réalité, indiquer ce qui autorise à les questionner et même parfois à les remettre en cause.

Une liste d'objectifs tous azimuts pour un instrument devenu quelque peu incontrôlable

Le premier point mis en avant par les défenseurs de l'Aide tient à la pertinence de ses objectifs officiels77. L'Aide a pour justification essentielle de lutter contre la pauvreté et le développement durable des pays pauvres. Elle permet au Sud de bénéficier des financements et de l'expertise du Nord pour accélérer son développement. Depuis 2015, les objectifs officiels de l'Aide se sont structurés et élargis. L'Aide participe pleinement à l'atteinte des Objectifs du développement durable (ODD) au nombre de 17. Ses objectifs ne sont plus uniquement économiques ou sociaux mais également environnementaux. Ils ne s'adressent plus uniquement aux pays en développement mais à tous les pays dans un monde en commun où l'interdépendance devient la règle. Que se cache derrière ce discours et cette évolution des objectifs assumés de l'Aide qui peuvent apparaître à première vue tout à fait rationnels et cohérents ? En premier lieu, on constate que les objectifs de l'Aide débordent de beaucoup ce qui en a fait sa raison d'être, la lutte contre la pauvreté dans les pays pauvres. On bascule progressivement d'un enjeu de solidarité Nord/Sud, officiellement pour des raisons essentiellement morales et désintéressées, à une ambition collective à caractère universel – très intéressée car tous les pays de la planète ont intérêt à ce développement harmonieux. L'Aide devient un investissement pour tous. Il n'y a plus véritablement de pays développés d'un côté et de pays en développement de l'autre, mais un ensemble de « pays mal développés » qui ont des objectifs communs et réconciliés. Munie d'un tel programme, on voit mal comment l'Aide pourrait demeurer circonscrite aux seuls pays pauvres. L'élargissement de son champ géographique d'utilisation est justifié de même que ses secteurs d'intervention. L'instrument d'Aide publique au développement, perçu autrefois comme le moyen solidaire et temporaire d'accomplir un rattrapage économique entre le Nord et le Sud, devient un instrument d'intervention permanent à

77 On parle ici des objectifs officiels de l'Aide comme étant les objectifs clairement assumés par ses principaux promoteurs. Des objectifs officieux, plus ou moins cachés, ont toujours existé depuis la mise en place de cet instrument : objectifs d'influence politique et diplomatique, objectifs commerciaux.

objectifs multiples, dont il apparaît du coup bien difficile de définir le terme, les contours géographiques et les secteurs d'intervention. L'Aide y gagne un champ d'activité dans le temps et dans l'espace pratiquement illimité, ce qui rend son impact bien difficile à mesurer. Comment en effet poursuivre un nombre d'objectifs aussi élevé avec des moyens qui restent limités ? Mais cette solidarité à objectifs multiples sur un plan officiel s'accompagne par ailleurs d'une seconde série d'objectifs, plus ou moins cachés, plus ou moins avouables, qui renforce encore son caractère « intéressé », tout en lui faisant perdre toute lisibilité. C'est en premier lieu un outil l'influence du Nord sur le Sud. Les donateurs qui étaient dotés d'un empire colonial continuent à aider en priorité leurs anciennes colonies78. Les pays émergents comme la Chine, qui pourtant continue à recevoir de l'Aide, mettent en œuvre une Aide alternative à l'Aide occidentale, comme pouvaient le faire les pays de l'Est dans les années 1960. Partout dans le monde, les postes diplomatiques des pays riches ou des pays émergents, installés dans les pays en développement, s'appuient sur l'Aide pour se faire des alliés dans les instances internationales. Les pays récipiendaires de l'Aide sont ainsi cordialement invités à soutenir les résolutions présentées à l'ONU par les gros donateurs, seront également invités à soutenir des candidatures à des postes prestigieux du système multilatéral79. Cette Aide est également un moyen d'imposer un modèle économique dominant, avec ses règles. La Banque mondiale et le FMI sont au centre de la définition de ce modèle80. Mais cette Aide est également présentée comme un facteur de stabilité et donc de sécurité. Là où le développement échoue, l'insécurité gagne et conduit à la guerre. L'Aide apaise les tensions, réduit les flux d'immigration en fixant les populations sur place, stabilise la démographie de certains pays pauvres grâce au développement économique présenté comme seul capable d'engendrer l'achèvement de la transition démographique. C'est également un instrument d'influence économique et commerciale puisque les grands donateurs, même si l'Aide est théoriquement déliée81, essaient de maximiser leurs taux de retour sur

---

78 Pour la France, on parle de son pré carré. Dans ce périmètre, l'essentiel du coût budgétaire de l'aide publique au développement sous forme de subvention ou de bonification est concentré.

79 Notes diplomatiques que l'on vient présenter à jet continu aux pays receveurs afin d'espérer leurs soutiens, d'autant plus facile à obtenir, dans la mesure où l'aide du pays donateur est généreuse.

80 Consensus de Washington datant de l'ère Reagan établi dans les années 1980, toujours en vigueur, et qui voit le FMI et la Banque mondiale préconiser un modèle de développement libéral, équilibré budgétairement, ouvert sur le monde en échange de prêts d'aide.

81 L'aide déliée se différencie de l'aide liée par le fait que le pays receveur de l'aide n'est plus théoriquement dans l'obligation de choisir des prestations ou du matérielles venant exclusivement du pays donateurs. Dans les faits, seules les agences multilatérales d'aide ont la capacité de mettre en œuvre une aide déliée. Il est très difficile à la France de financer sur aide publique au développement des entreprises chinoises et inversement. Quand le bailleur de fonds JICA finance une partie du métro de Hanoï, il est prêt à rendre plusieurs fois infructueux l'appel d'offres pourvu qu'in fine une entreprise japonaise remporte le marché.

investissement, essaient de développer les marchés de demain. Ainsi, d'un objectif de solidarité officiellement désintéressée à caractère temporaire et tournée vers quelques pays pauvres, on aboutit à un instrument protéiforme, permanent, aux objectifs multiples, au champ géographique très large, dont les priorités et les motivations sont nombreuses, officielles et officieuses, parfois contradictoires, difficiles à hiérarchiser, de plus en plus intéressées82. L'Aide se mue en instrument à tout faire, quelque peu incontrôlable, dont les résultats sont pratiquement impossibles à évaluer. Et pourtant, ses moyens demeurent limités, trop limités pour certains.

Malgré cette inflation d'objectifs, l'Aide court toujours derrière l'atteinte de moyens qui ne sont pas au rendez-vous. L'objectif de transfert est de 0,7 % du revenu national brut (RNB) des pays riches. Or, nous sommes loin du compte. En 2019, les transferts ont représenté 0,31 % d'après les statistiques du Comité d'aide au développement (CAD) de l'OCDE qui comptabilise les flux. Cependant, cet objectif de 0,7 %, censé assurer l'efficacité de l'instrument et auquel on se réfère en permanence pour réclamer plus d'Aide, n'a jamais été construit sur des bases solides. Dans les années 1970, période où il a été avancé pour la première fois, il s'agissait simplement d'une recommandation d'une commission dirigée par Robert Mac Namara, alors président de la Banque mondiale, qui fait depuis référence. Pourquoi 0,7 % et non pas 1 % ou 0,5 % ? 50 ans après, personne ne se trouve en capacité de répondre à cette question. C'est juste un but à atteindre qui permet aux défenseurs de l'Aide au Nord comme au Sud d'affirmer que le compte n'y est toujours pas, qu'il convient de redoubler d'efforts, qu'il est donc difficile avec des montants de transfert aussi faibles d'atteindre la pleine efficacité de l'instrument. En d'autres termes, si l'Aide perdure, c'est qu'elle n'a jamais été au niveau quantitatif suffisant pour donner sa pleine mesure. Pour juger de son efficacité globale, il aurait fallu qu'elle soit beaucoup mieux dotée financièrement. Sa permanence dans la durée et son niveau d'efficacité, moindre que prévue, sont donc justifiés par la faiblesse de ses moyens.

Rien n'est de trop pour relancer la machine et assurer la continuation du plan d'affaires de l'Aide. Les crises comme celle commencée en 2020 avec le Covid 19 sont mises à contribution pour prédire l'apocalypse. Les prévisions les plus sombres pour les pays pauvres sont avancées par les organisations les plus respectables (OMS, Banque mondiale, FMI). Il s'agit de ne pas oublier le Sud en période de tension budgétaire, au moment les crises internes à traiter risquent de prendre le pas sur les crises externes83. Or, ces prévisions ont un caractère très

82 La justification morale ne suffit plus à motiver une Aide. Le don gratuit n'existe plus, même officiellement. Il convient de lui trouver un intérêt pour celui qui donne, un intérêt puissant pour justifier les efforts budgétaires qui lui sont consacré. L'Aide n'échappe pas à cette règle de l'intérêt, du retour attendu, plus ou moins avouable.

83 La Corrèze plutôt que le Zambèze.

aléatoire. À titre d'exemple, les institutions internationales avaient prévu un tsunami sanitaire dans les pays pauvres à la suite du Coronavirus qui ne s'est finalement pas produit. Elles avaient prédit également un tsunami économique pour l'Afrique justifiant par avance un accroissement substantiel de l'Aide. L'ampleur du choc qui aurait frappé le continent dès mars 2020 demeure encore à démontrer. Cependant, on ne peut que regretter, qu'à leur corps défendant, ce type de prévisions très pessimistes participe à l'aggravation de la crise en favorisant la défiance.

Une Aide non majoritairement tournée vers les plus pauvres

Autre point souvent défendu par les tenants de l'Aide, elle resterait quoi qu'on en dise essentiellement dirigée vers la lutte contre la pauvreté dans les pays pauvres. C'est d'ailleurs pour cette raison qu'il convient de continuer à soutenir ce mode d'intervention et d'en populariser l'intérêt au niveau du grand public. Au-delà des volumes disponibles chaque année, l'Aide est majoritairement dirigée vers les pays à revenu intermédiaire, comme la Chine, l'Indonésie, l'Inde, le Brésil, l'Irak, la Syrie. Les pays les pays les moins avancés (PMA) perçoivent moins de la moitié de l'APD[84] totale des pays riches. Ainsi, on découvre que l'Aide manque en partie de sa cible privilégiée et annoncée, sa raison d'être principale que l'on agite pourtant afin de consolider ses ressources. Elle n'est pas dirigée majoritairement vers les pays qui en ont le plus besoin. Les défenseurs de l'instrument vous expliquent alors que la population pauvre dans les pays comme l'Inde, la Chine ou le Brésil est très nombreuse. Que l'Aide reçue par ces pays a justement permis de faire baisser sensiblement le taux de pauvreté, ce qui est à mettre à son crédit. Avec un tel argument, pourquoi ne pas diriger l'Aide vers les pauvres des pays riches au nom de la lutte contre les inégalités alors qu'il s'agit bien plus d'un enjeu politique de répartition entre riches et pauvres de pays à revenu intermédiaire ? Le deuxième argument invoqué par les défenseurs de l'Aide pour expliquer la faiblesse des flux vers les pays pauvres a trait à la faible capacité d'absorption des pays pauvres par rapport à l'Aide. En clair, on ne peut pas leur donner plus car ils n'ont pas la capacité de recevoir plus. Or, la notion de capacité d'absorption de l'Aide pays par pays n'a jamais été véritablement calculée sur des bases rationnelles. On fait alors porter cette limitation à l'incapacité des administrations locales à recevoir et mettre en œuvre cette Aide efficacement, notamment en évoquant la faible gouvernance et le niveau de corruption qui leur brûlent les doigts. Pour résumer les trois points précédents, l'Aide sert des objectifs de plus en plus larges et disparates, n'est en réalité pas majoritairement dirigée vers les pays pauvres, est aujourd'hui installée dans la durée tant sa tâche à accomplir reste immense et ses moyens limités.

---

84 Moins de 0,15 % du RNB des pays riches du CAD de l'OCDE orienté vers les 47 pays les moins avancés PMA contre 0,31 % pour l'ensemble des pays allocataires du CAD de l'OCDE (source OCDE).

Des transferts d'Aide qui se remboursent

L'Aide est souvent présentée comme mesurant et organisant un transfert financier effectif des pays riches vers les pays pauvres. Or ce n'est pas exactement le cas. Une grande partie de l'Aide se compose de prêts qui doivent être remboursés85. Il y a donc un retour automatique de l'Aide vers les pays riches, ce qui au passage en amoindrit le coût et en réduit le caractère solidaire. L'Aide n'est pas uniquement constituée de dons mais également de prêts. Pour justifier cette curiosité, les défenseurs de l'Aide utilisent un argumentaire bien rodé pour vous expliquer la spécificité des prêts d'Aide publique au développement. Ils affirment qu'il s'agit de prêts concessionnels, sous-entendu des prêts bonifiés, qui incorporent une partie de subventions. Or, ce n'était pas exact jusqu'en 2017 puisque l'on pouvait déclarer en Aide des prêts dit « concessionnels » mais « non bonifiés ». Les donateurs pouvaient déclarer des prêts aux conditions de marché comme de l'Aide, donc fabriquer de l'Aide sans aucun coût budgétaire86. La dernière réforme de l'Aide du CAD de l'OCDE rend cette pratique plus difficile. En revanche, elle permet au prêt d'entrer de plain-pied dans le domaine de l'Aide en faisant du prêt bonifié un instrument qui génère de l'Aide positive (schématiquement, la partie bonification du prêt fait de l'APD). Cet attachement de certains donateurs aux prêts d'Aide s'explique par le fait que beaucoup d'institutions d'aide bilatérale ont recours aux prêts moins onéreux sur le plan budgétaire (Agence française de développement en France, JICA au Japon) de préférence aux dons. De plus, le système multilatéral des banques de développement (Banque mondiale mais aussi banques régionales de développement, ce qui constitue la partie la plus importante de l'Aide multilatérale) fonctionne très majoritairement aux prêts et non aux dons87. Exclure le prêt des instruments de l'Aide reviendrait donc à signer l'arrêt de mort de beaucoup d'institutions d'Aide parmi les plus importantes.

De l'Aide sous forme de prêts aux contraintes multiples et qui fabrique de la dette et de la dépendance.

Le prêt est souvent présenté comme un instrument d'Aide bien plus performant que le don. Son effet multiplicateur est donc largement souligné. Il

85 Prêts concessionnels ou prêts bonifiés par un élément dons permettant de bonifier le taux d'intérêt, d'allonger les périodes de remboursement (jusqu'à 30 ans), de prévoir des périodes de différé de remboursement du capital du prêt (de 5 à 7 ans). Ces prêts bonifiés représentent une opportunité pour les pays qui ont des difficultés à emprunter, lorsque les taux d'intérêt sont élevés. Dans les cas inverses, c'est beaucoup moins le cas comme en 2020 où les taux d'intérêt des prêts non bonifiés sont particulièrement bas.

86 Cette curiosité tenait au fait que le mode de calcul de la concessionnalité du prêt était mesuré par rapport à un taux d'actualisation de 10 % n'ayant rien à voir avec les coûts de la ressource en prêt sur les marchés financiers avec des taux d'intérêt compris entre 1 et 2% depuis de nombreuses années.

87 La Banque mondiale réserve les dons de l'IDA aux pays très endettés.

permet en effet d'octroyer des montants plus importants que le don. Il rend possible à certains pays ou certaines sociétés qui éprouvent des difficultés à se financer d'avoir accès aux prêts, ce qui n'est pas possible en faisant appel au marché ou alors à un coût déraisonnable. De plus, il a comme vertu de se focaliser sur les opérations potentiellement les plus rentables, celles qui autorisent un retour financier, un équilibre à terme, en s'éloignant de l'assistanat permanent. Les projets financés à partir de prêts sont donc en général mieux conçus que les projets financés sous forme de dons. Ils permettent de prioriser les projets à financer, L'exigence de remboursement oblige à la rigueur dans le choix et la construction des projets. Enfin, le prêt n'a pas le caractère charitable du don qui donne de la solidarité internationale une image asymétrique et condescendante entre celui qui donne et celui qui reçoit. Avec le prêt, c'est un partenariat dynamique, une coconstruction qui s'établit afin de générer une opération rentable bénéfique à tous, au Nord comme au Sud, une opération qu'il convient de concevoir comme un investissement solidaire porteur d'avenir en commun, renouant ainsi avec l'ambition d'une Aide qui peut s'interrompre puisqu'elle est conçue comme un appui temporaire à une opération qui s'équilibre ensuite d'elle-même. L'Aide n'est plus charitable mais rentable. À suivre cet argumentaire à la lettre, on pourrait croire que le prêt n'a finalement que des avantages. Pourtant, quelques détails qui n'en sont pas méritent de nuancer ce tableau quelque peu idyllique.

Premier élément, le prêt se rembourse. Il n'échappe à personne que de nombreux pays en développement éprouvent de grandes difficultés à rembourser leurs dettes. Elles sont si importantes que certains y trouvent arguments pour les annuler, les différer, proposer des moratoires88 afin d'alléger la facture. Bien entendu, si ces dettes existent, c'est qu'elles sont en partie générées par des prêts d'Aide publique au développement qui ne peuvent être remboursés. De plus, cette dette crée un lien de dépendance fort dans la durée entre celui qui prête (Chine, États-Unis, France…) et celui qui emprunte. En cas de difficultés de remboursement, la gestion de la dette se transforme en instrument majeur d'influence sur le pays débiteur. Si la dette n'est pas remboursée, le pays créditeur peut exiger certaines compensations : captation des matières premières, vente d'infrastructures majeures comme les ports ou aéroports, ouverture sans contreparties aux investissements extérieurs. La Chine qui est devenue le premier créditeur de l'Afrique s'est fait une spécialité de tels arrangements.

Autre difficulté liée à la mise en œuvre du prêt, cet instrument oriente l'Aide plutôt vers des pays à revenu intermédiaire qui peuvent rembourser qui ne sont pas en général les plus pauvres. On trouve là une des raisons de la déportation de l'Aide vers les pays à revenu intermédiaire, et non les pays à faible revenu.

88 Un moratoire sur la dette a été proposé aux pays d'Afrique par le G20 en 2020, à la suite de la crise du coronavirus.

Autre inconvénient, il est mal calibré pour financer des projets sans retour immédiat comme les secteurs de l'éducation et la santé[89]. Comment en effet endetter un État à faible revenu pour construire des écoles ou des dispensaires dont le fonctionnement n'apportera aucune recette pour rembourser le prêt ? Autre difficulté, il s'agit presque exclusivement de prêts en devises, donc de prêts qui vont être remboursés en dollars ou en euros. Comme les bailleurs de fonds ne prennent pas à leur charge le risque de change, cette contrainte financière aboutit à orienter les prêts vers le financement d'activités tournées vers l'extérieur comme les cultures de rente, l'extraction de matières premières. On ne finance donc pas l'activité locale, la production locale qui satisfait les besoins locaux, ce qui devrait être une priorité de l'Aide, mais plutôt l'économie extravertie, souvent aux prix très volatils et à faible valeur ajoutée.

Bien entendu, les contraintes budgétaires des pays donateurs sont si fortes qu'il arrive souvent, faute de dons suffisants, que les prêts soient finalement utilisés pour financer des programmes sociaux, des routes, des sociétés d'eau et d'électricité, des transports en commun. Le résultat est que les pays en cause empruntent en devises pour des activités à rentabilité différée, à recettes en monnaie locale ne générant aucune devise, et finissent par enregistrer de la dette irremboursable. En bonne orthodoxie bancaire, l'instrument d'Aide en prêts devrait être réservé à des opérations qui génèrent de la devise et rentable financièrement. Faute de disposer d'autres ressources ou parce que le prêt d'Aide est moins lourd à supporter budgétairement dans un premier temps que le don, le prêt sort de son cadre de préconisation habituelle. Il est utilisé sans précaution pour financer des opérations non rentables financièrement ou dans des pays pauvres à faible capacité de remboursement. Pour certaines institutions d'Aide (banques de développement) qui ne possèdent pratiquement que ce type de ressources, c'est une manière d'élargir artificiellement leur champ géographique et sectoriel d'activité. On accommode parfois cette transgression à l'orthodoxie financière[90] en mettant en œuvre des prêts très bonifiés, sans taux d'intérêt, à 30 ans et plus parfois, avec une longue période de différé d'amortissement (période parfois de 5 à 10 ans sans l'obligation contractuelle de rembourser le capital du prêt). Certains bailleurs de fonds présentent ce type de prêt au bénéficiaire comme du quasi-don qui peut donc financer des opérations à faible rentabilité ou à rentabilité très différée. En fait, pas du tout. Il faudra toujours trouver les devises pour rembourser le capital du prêt et ce n'est pas avec une tarification de l'eau en monnaie locale ou avec le paiement par les plus pauvres de la scolarité de leurs enfants souvent gratuite que l'on remboursera les prêts. En fait le prêt

89 La Banque mondiale finance ainsi sous forme de prêt des projets ou programmes d'éducation à la rentabilité différée et indirecte dans les pays à faible revenu à faible capacité financière. Ne disposant que de ce type d'instrument d'intervention (très peu de dons), la Banque mondiale n'a pas d'autres solutions.

90 Tout projet financé sur prêt doit générer les ressources suffisantes pour rembourser le prêt.

bonifié joue d'une double ambiguïté : ambiguïté sur son remboursement qui est pourtant, ambiguïté sur la rentabilité de l'opération financée qui n'est pas certaine. Enfin, la prévision même de la rentabilité financière d'une opération qui autorise le prêt demeure un exercice très particulier dans des environnements instables. Afin de consolider la fiabilité de leurs prévisions ou de rendre rentable une opération qui ne l'est pas, certains bailleurs de fonds n'hésitent pas à prévoir et même à exiger la modification du contexte local. Sur le papier, le projet est donc rentable et peut donc être financé sur prêt. Dans la réalité, les conditions de cette rentabilité effective ne sont pas réunies. Ce n'est donc plus le projet qui s'adapte au contexte local mais le contexte local qui doit s'adapter afin de permettre la réussite du projet et son financement sur prêt.

Une « Aide liée » sur le plan politique influençant les politiques publiques des pays bénéficiaires

L'Aide publique au développement permet non seulement de financer des projets mais également des programmes ou des politiques afin de mettre certains pays sur le chemin du développement. On négocie avec le pays lui-même ses propres politiques, ses réformes, le calendrier et les mesures qu'il envisage pour améliorer le contexte local. Ce type de négociation a un double avantage : on influe directement sur les politiques en les rendant plus efficaces ; on accompagne une amélioration du contexte local, ce qui donne aux projets de développement financés par ailleurs de meilleures chances de réussite. Ces programmes de réforme s'accompagnent de prêts ou de subventions de la part du ou des bailleurs de fonds qui conditionnent leurs versements à l'application effective des réformes prévues. L'Aide permet de l'extérieur de bonifier les politiques publiques de ces pays qui sont du même coup coconstruites. En d'autres termes, avec l'Aide programme, le décaissement de l'Aide devient conditionné par l'application effective de politiques jugées performantes par le bailleur de fonds selon son propre référentiel. Si les mesures de politique préconisées par le bailleur ne sont pas prises, pas d'Aide. Si le calendrier des engagements en matière de mesures politiques à prendre n'est pas respecté, l'Aide peut être suspendue. Ainsi, l'octroi de l'Aide et son décaissement sont directement conditionnés aux réformes attendues des politiques publiques. Les conditionnalités de l'Aide sont alors présentées comme un bon levier d'action, un bon moyen de pression et d'influence. À quoi servirait-il de financer un projet de développement dans le domaine de l'eau et de l'électricité[91], en faveur de sociétés publiques, si les cadres institutionnels, réglementaires, politiques, ne sont pas favorables à la réussite du projet ? La démonstration de l'utilité des conditionnalités paraît imparable. Pour que les projets fonctionnent, il convient donc que le cadre institutionnel et la

91 La fixation du prix de l'eau et de l'électricité est un élément majeur du niveau de rentabilité des projets dans ce secteur. Les bailleurs sont souvent partisans d'un relèvement. Les autorités locales sont réticentes à exclure les populations pauvres de l'accès à ces services par un prix trop élevé qui favorise le non-paiement des factures et les branchements clandestins.

gouvernance locale soient au rendez-vous. Et pour arriver à cette adéquation, on conditionne l'Aide à l'obtention des bonnes mesures de gouvernance. Toutefois, le prix à payer pour les pays receveurs n'est pas mince. Ils ne sont plus souverains et autonomes dans la définition de leurs propres politiques. Ils sont dans l'obligation de satisfaire les exigences politiques des bailleurs de fonds, s'ils souhaitent recevoir l'Aide. Ce type de conditionnalités de l'Aide se trouve de plus en contradiction avec la déclaration de Paris sur l'efficacité de l'Aide qui parle d'une appropriation des politiques par les pays eux-mêmes et non d'un alignement sur les souhaits des bailleurs de fonds92. Ces conditionnalités de l'Aide sont en contradiction avec l'exercice normal de la démocratie. Comment faire fonctionner une démocratie si les choix essentiels vous sont dictés de l'extérieur ? On a bien vu dans les années 1980 les dérives des programmes d'ajustement structurel qui contre des financements extérieurs ont obligé certains États à couper dans leurs dépenses sociales de base au motif de rétablir au plus vite leurs équilibres financiers93. On a bien vu dans au début des années 1990 comme certains bailleurs de fonds semblaient conditionner leur Aide à l'adoption de la démocratie94, comme si cette dernière pouvait se décréter et s'établir de l'extérieur. Ces injonctions venues de l'extérieur sont d'autant plus incontournables que le pays est pauvre, sans possibilité de résister à ce type de conditionnalités. Que certaines conditionnalités de l'Aide soient liées aux modalités techniques de décaissement des fonds (la sécurisation des circuits de financement), au respect des points d'affection d'un projet ou d'un programme de développement, soit. Mais que ces conditionnalités aillent jusqu'à demander selon un calendrier précis la mise en place de politiques par les pays receveurs, cela va trop loin et crée un lien de dépendance malsain. On fabrique de l'Aide liée politiquement tout en vantant les mérites de l'Aide déliée commercialement. D'ailleurs, les bailleurs de fonds n'assument pas pleinement cette ingérence permanente dans les politiques menées par certains pays assujettis. Ils préfèrent intervenir au titre d'un soutien à la bonne gouvernance, à une meilleure gouvernance, un terme valise plus technique et plus neutre. Et cette bonne gouvernance est d'autant plus incontournable qu'elle permet d'améliorer le climat des affaires, de lutter contre la corruption, de rendre aux projets financés de l'extérieur une probabilité de succès plus grande.

---

92 Déclaration sur l'efficacité de l'Aide prononcée à Paris à la suite d'une réunion organisée par le CAD de l'OCDE en mars 2006.

93 Le consensus de Washington qui demande aux pays receveurs de l'aide d'adopter un modèle de développement libéral, ouvert sur le monde, qui respecte les équilibres budgétaires. L'adoption d'un tel modèle macroéconomique en général négocié par le FMI et la Banque mondiales contre des prêts conditionne l'intervention des autres bailleurs bilatéraux du CAD de l'OCDE.

94 Le sommet France-Afrique de La Baule du 19 au 21 juin 1990 présidé par François Mitterrand.

La recherche improbable d'un équilibre budgétaire a minima

L'Aide sert également à appuyer la bonne gouvernance de ces États, en leur proposant d'adopter un modèle de développement où l'équilibre budgétaire des comptes publics devient la norme. Ce modèle passe par l'ouverture sur l'extérieur et donc l'abaissement complet des tarifs douaniers, le non-subventionnement des activités productives qui doivent répondre à une logique de marché. Beau programme en effet mais qui s'avère quelque peu irréaliste et un peu inadapté au contexte local. L'équilibre budgétaire ne peut être assuré que si les recettes douanières et fiscales sont équivalentes aux dépenses de l'État (investissement public, salaires des fonctionnaires, éducation, santé). Afin d'assurer l'équilibre budgétaire, on peut être tenté d'abaisser les dépenses sans toucher aux recettes qui sont déjà faibles dans les pays pauvres. Or, ce n'est pas la voie que l'on a choisie. On a bien abaissé les dépenses mais également les recettes de l'État. Effectivement, pour des raisons idéologiques, les recettes douanières ont été sacrifiées pour coller à l'orthodoxie libérale (ouverture des marchés). Pourtant, il s'agissait de la seule source de recettes publiques quelque peu substantielle pour les pays pauvres, de la seule assiette fiscale.

En effet, les autres sources de recettes fiscales dans un pays en développement sont relativement faibles. Le rendement de l'impôt sur le revenu des ménages est très faible puisque la très grande majorité de la population est pauvre. L'impôt sur les sociétés et la TVA sont très faibles pour ces pays puisque près de 90 % de l'activité relève de l'économie informelle.

Comment donc équilibrer le budget, en faire réellement un moyen de redistribution sociale porteur d'avenir avec de si faibles ressources dont la source principale (la tarification extérieure) a été supprimée ? Comment donc financer les dépenses de santé, d'éducation, de protection sociale non contributive avec des ressources aussi limitées95 ? Comment prétendre avoir une administration efficace, des politiques publiques performantes, une bonne gouvernance si les ressources de l'administration sont devenues trop faibles pour assurer ses fonctions de base ? Comment se plaindre de l'affaiblissement des maîtrises d'ouvrage alors qu'on les a préalablement privées de moyens ?

Une comptabilisation de l'Aide autorisant bien des dérives

La comptabilisation de l'Aide est particulièrement ardue à comprendre pour les non-spécialistes, ce qui autorise bien des dérives. Tout d'abord, les bailleurs de fonds communiquent le plus souvent sur leurs engagements et non sur leurs transferts effectifs de fonds dans les pays en développement. Cela permet d'annoncer avant même le premier décaissement effectif des montants alloués

95 Dans leur dernier livre, « Economie utile pour des temps difficiles » (Seuil 2020), Abhijit V Banerjee et Esther Duflo remarquent avec justesse que les recettes budgétaires des pays pauvres sont sous-dimensionnés par rapport à leurs PIB puisqu'elles ne représentent que pas plus de 15 % du PIB, contre 50 % en France (p.369).

qui seront dans le meilleur des cas décaissés progressivement durant plusieurs années, dans le moins bon jamais. En effet, la communication en termes d'engagements se prête particulièrement aux effets d'annonce à la tribune d'une grande conférence ou lors d'une visite d'État. Ce type d'engagement met parfois beaucoup de temps à se concrétiser, quand il n'est pas tout simplement abandonné. Il y a donc une tendance implicite de l'Aide à se prêter aux effets d'annonce. De plus, les montants annoncés par les bailleurs de fonds doivent faire l'objet d'une lecture attentive. Ainsi, un bailleur de fonds aussi prestigieux que la Banque mondiale, qui souvent donne le "la" en matière de bonnes pratiques à suivre, communique presque exclusivement sur des montants de projets ou programmes à financer qui n'ont rien à voir avec les montants qui seront effectivement décaissés par la Banque elle-même96. En effet, cette institution comme d'autres bailleurs additionnent et globalisent allègrement les montants qui seront effectivement décaissés par la Banque et les fonds demandés à la contrepartie bénéficiaire du concours pour financer la totalité du projet ou le programme. Ainsi, la communication sur un projet de 100 millions de $ dans un pays à revenu intermédiaire ne veut pas dire que la Banque va transférer un montant de 100 millions de $ mais tout au plus 20 à 30 millions de dollars, le reste étant financé par le pays receveur au titre des fonds de contrepartie. La fonction des fonds de contrepartie est triple : s'assurer de la mobilisation active de la contrepartie bénéficiaire dans la réussite du projet, rendre possible le financement de grosses opérations sans trop engager les ressources des bailleurs de fonds, renforcer l'appropriation du projet par le bénéficiaire. Mais pourquoi donc ne pas rendre à César, en termes de financements, ce qui appartient à César et faire de tels amalgames ? Mais pourquoi exiger du pays bénéficiaire de mobiliser tant de ressources budgétaires pour financer un projet qui ne lui appartient pas complètement ? Autre ambiguïté, la comptabilisation de l'Aide octroyée par les bailleurs de fonds mélange allègrement les prêts et les dons pour établir un montant composite particulièrement difficile à interpréter. Comment peut-on mettre sur le même plan une aide « remboursable » et une aide « donnée » ? Autre difficulté, le CAD de l'OCDE a la charge de comptabiliser officiellement l'Aide de ses 30 membres. Cette comptabilisation est si complexe que seuls les spécialistes s'y retrouvent. L'effort d'Aide d'un pays est déterminé

96 Face à la crise du Coronavirus, le président de la Banque mondiale David Malpass déclarait le 20 mai 2020 sur RFI que son institution allait financer les pays en difficultés à hauteur 156 milliards de dollars d'ici 2021 dont la plus grande partie ira aux pays africains. Dans la réalité, la Banque mondiale a décaissé en 2019 environ 50 milliards de $ dont simplement 17,5 milliards pour l'IDA qui intervient dans les 76 pays les plus pauvres dont 39 en Afrique. Il indiquait également que son institution octroyait des subventions et des prêts très bonifiés. En fait, elle finance en très grande majorité en prêt, au taux du marché (BIRD) ou à des taux bonifiés (IDA).

par le volume des dons décaissés et donc transférer dans l'année mais également par le pourcentage de dons incorporés dans les prêts décaissés chaque année de manière à les bonifier97, sur des opérations dont l'objet et la destination sont considérés comme pouvant être comptabilisés au titre de l'Aide. Il s'agit pourtant de la partie déclarative de l'Aide correspondant effectivement à des transferts financiers du Nord vers le Sud. Mais d'autres postes de dépenses pour le donateur sont assimilés à des transferts alors qu'ils ne se traduisent pas par un flux financier du Nord vers le Sud : annulation de dette, accueil des réfugiés et de certains migrants, frais d'accueil des étudiants étrangers, bourses reçues par les étudiants étrangers, coût de l'administration de l'Aide, plaidoyer pour l'Aide dans les pays donateurs, projets de recherches ou de publications sur le développement… Ce type de comptabilisation n'est pas illicite. Toutefois, entre la composition d'une Aide qui se transfère pour l'essentiel en dons et une Aide composée de prêts et de fonds non transférés au pays receveur, il y a une grande différence. Certains donateurs pratiquent essentiellement le don (DFID anglais, pays nordiques) et d'autres le prêt (Banque mondiale, Banques régionales de développement, JICA ou encore AFD).

Mais cette cuisine interne aux pays donateurs de l'OCDE n'est rien en comparaison de ce que pratiquent certains pays émergents en matière d'Aide au développement. Ils annoncent des montants, sans que l'on sache véritablement s'ils octroient du prêt ou du don, et si c'est du prêt, quelles en sont les véritables conditions financières et contreparties ? À titre d'information, en Chine, c'est le ministère du commerce qui a en tutelle la gestion de l'Aide. Un mélange des genres existe donc entre prêts d'Aide et prêts commerciaux.

En définitive, on comprend facilement que l'Aide, dans sa comptabilisation et la communication qui l'accompagne, fait l'objet de bien des manipulations de la part des bailleurs de fonds. Le business de l'Aide à ses règles, ses zones d'ombre, que bien peu de personnes n'ont la capacité d'éclairer.

Un impact de l'Aide bien difficile à mesurer

L'impact de l'Aide, c'est-à-dire son effet positif ou négatif sur les pays receveurs, reste un sujet ouvert qui n'obtient toujours pas de réponse convaincante. Quel indicateur d'impact choisir pour un instrument si disparate, aux objectifs multiples, qui intervient dans de si nombreux secteurs et dans des pays si différents, qui ne représente parfois qu'une fraction minime des investissements publics d'avenir consentis par le pays lui-même ? Peut-on par exemple attribuer à l'Aide la réduction de la pauvreté dans le monde à partir des années 1990, pourtant essentiellement due au décollage économique des pays émergents très peuplés et où l'Aide ne représente pas grand-chose en pourcentage du PIB ? Peut-on comprendre que la qualité d'exécution des projets mesurée positive à très positive à 80 % par les agences d'Aide et banques de

97 Réforme de 2017 au CAD de l'OCDE évoquée plus haut.

développement des pays donateurs ne se traduise pas vraiment dans les faits sur le terrain puisque le nombre de pays classés dans la catégorie des moins avancés est passé de 25 au début des années 1970 à près de 47 en 2020 ? Comment effectivement mesurer l'impact d'une Aide protéiforme, où les responsabilités dans l'exécution sont à ce point partagées entre de nombreux acteurs ? Comment pratiquer des évaluations randomisées (avec la présence d'un groupe témoin) du type de celles que préconise Esther Duflo98, qui nécessitent la mise en place d'un protocole technique très lourd (groupe cible, groupe témoin ne bénéficiant pas de l'Aide) dans la durée et très onéreux, se prêtant mal à l'évaluation de tous les projets ou programmes de développement ? Faute de mieux, on en reste donc au bricolage, plus ou moins bien réalisé, plus ou moins rationnel, mais en définitive donnant prise à de la communication très fabriquée.

Le clair-obscur des statistiques de l'aide publique au développement

L'aide publique au développement des pays de l'OCDE est définie et comptabilisée par le CAD de l'OCDE depuis sa création en 1960. Cette comptabilité obéit à des règles précises qui essaient d'approcher au plus près de la définition de l'aide publique au développement à savoir quantifier chaque année (1) les versements réellement effectués par les donateurs, (2) les versements réellement effectués par les donateurs qui se traduisent par des transferts vers les pays en développement (3) les versements réellement effectués par les donateurs qui se traduisent par des transferts vers les pays en développement inscrits sur la liste des bénéficiaires (4) les versements réellement effectués par les donateurs qui se traduisent par des transferts vers les pays en développement inscrits sur la liste des bénéficiaires en dons ou en prêts considérés comme concessionnels.

Mais dans le détail, on s'aperçoit vite que la mise en œuvre par les donateurs de ces grands principes laisse la porte ouverte à bien des interprétations par le CAD lui-même et donc par les donateurs qui le composent. Dès 1960, les entorses à l'orthodoxie sont légion. Elles sont d'ailleurs officiellement admises par le CAD lui-même pour qui l'augmentation des volumes d'aide vers l'objectif fixé de 0,7 % du revenu national brut des donateurs chaque année demeure la

98 Les travaux d'Ester Duflo sur l'évaluation de l'aide (évaluations randomisées avec groupe témoin) sont particulièrement intéressants afin d'essayer de trancher de grandes controverses entre économistes du développement, sur les bonnes politiques de terrain à mener dans certains secteurs d'activité (exemples : doit-on prêter aux pauvres ou plutôt leur garantir un revenu pour les faire sortir de la trappe à pauvreté ? Les manuels scolaires sont-ils efficaces ? La gratuité de l'eau est-elle préférable à une eau payante ? Le microcrédit a-t-il apporté des résultats de développement probants…). Les contraintes d'utilisation de cet instrument ont trait à son coût, à la durée et à la technicité qu'il demande. Sa principale faiblesse sur le plan méthodologique tient au fait que des résultats positifs ou négatifs enregistrés dans un contexte ne sont pas forcément identiques dans un autre contexte.

priorité. Pourtant la qualité de l'aide a aussi son importance. On ne peut sacrifier tous les principes à l'augmentation des flux. C'est pourquoi les donateurs depuis l'origine essaient timidement de réformer la comptabilisation de l'aide. Mais cela n'est pas facile par la méthode du consensus de réduire les exceptions à la règle qui permettent à certains d'afficher des volumes d'aide conséquent, même si la manière pour y parvenir n'est totalement en phase avec l'esprit qui devrait présider à l'aide. Tout le monde souhaiterait en effet que l'aide publique au développement soit en priorité réservée aux pays qui en ont le plus besoin, et délivrée par des donateurs soucieux de servir un enjeu de solidarité Nord-Sud, un enjeu de lutte contre les inégalités, sans arrière-pensées mercantiles, sans volonté politique de domination sur le plan politique ou économique.

Dans ce contexte, les réformes majeures qu'a réussi à opérer le CAD sont les suivantes : interdiction de déclarer de l'aide à des territoires qui ne sont pas indépendants, abandon progressif de l'Aide liée, meilleure comptabilisation des prêts afin de faire apparaître l'élément don qu'ils intègrent et éviter qu'ils ne provoquent de l'aide négative lors des remboursements. Toutefois, en termes de comptabilisation de l'aide, de nombreuses exceptions officiellement autorisées aux grands principes de l'aide perdurent. La revue par les pairs, à échéance régulière, de la politique d'aide publique au développement de chaque membre donateur du CAD est l'instrument privilégié utilisé pour tenter d'améliorer les pratiques de certains donateurs à l'intérieur de règles ou de pratiques admises qui autorisent bien des dérives.

Mais voyons maintenant qu'elles sont les principales pratiques dans les statistiques de l'aide. Elles sont en partie le reflet des nombreuses interrogations que l'on peut avoir sur l'utilisation qui est faite par les donateurs de cet instrument de coopération Nord-Sud, pourtant au cœur d'une lutte contre les inégalités et la pauvreté éthiquement responsable. Pour cela, reprenons les grands principes de la comptabilisation de l'aide

(1) Les versements réellement effectués par les donateurs

Ne comptabiliser que les versements effectifs de l'aide est un bon principe. On évite ainsi les effets d'annonce en termes d'engagements qui ne se traduisent pas toujours dans les faits. Comptabiliser uniquement les versements permet de mesurer exactement l'effort d'aide réellement effectué par chaque donateur. Toutefois, ce principe vertueux est difficile à faire respecter si l'on autorise des exceptions à cette règle. C'est ce qui se produit effectivement lorsque l'on accepte que certains donateurs comptabilisent dans l'aide les annulations de dettes. Ces annulations qui peuvent atteindre des montants importants ne correspondent pas à des versements vers les pays bénéficiaires. À l'inverse, ce sont plutôt des versements du Sud vers le Nord qui ne sont pas transférés vers les pays donateurs. La particularité d'une aide publique au développement qui accepte la comptabilisation en aide des prêts concessionnels qui peuvent être annulés entraîne cette curiosité. Il s'agit de la première entorse à la règle qui voudrait que toute comptabilisation d'aide se traduise par un versement.

La France et le RU semblent les seuls donateurs à intégrer de la remise de dette dans le calcul de leur APD.

(2) Les versements réellement effectués par les donateurs qui se traduisent par des transferts vers les pays en développement

C'est également un bon principe de vouloir qu'il y ait effectivement un versement effectué par le donateur, mais que ce versement aille effectivement à destination dans le pays en développement.

Là également, on s'aperçoit très vite à la lecture de ces statistiques qu'il existe de nombreuses entorses à ce principe.

Première entorse, les versements aux organismes multilatéraux d'aide comptabilisé dans ce tableau ne répondent pas à cette règle. En effet, les donateurs effectuent bien des versements à ces institutions mais cela ne veut pas dire que ces institutions procèdent dans la foulée à des versements sur le terrain des mêmes montants. Ces versements aux organisations multilatérales d'aide financent à la fois le fonctionnement de ces structures mais également leur politique d'intervention sur le terrain. De la part du donateur, il y a bien versement à l'institution multilatérale d'aide mais ce versement ne sera qu'en partie reversée aux pays bénéficiaires sur le terrain et à une échéance que tout le monde ignore (l'année même ? une ou plusieurs années après ?) Des institutions multilatérales comme le Fonds européen de développement ont des reliquats de versements qui représentent plusieurs années d'activité. Au passage, on s'aperçoit que l'aide européenne que l'on croirait transiter majoritairement par le Fonds européen de développement, passe par d'autres canaux puisque la part du FED dans les déclarations de versement à l'Europe est minoritaire dans l'aide publique au développement mise en œuvre par l'Union européenne. On sait de plus que certaines organisations multilatérales d'aide ont des frais de fonctionnement très élevé par rapport aux ressources qu'elles allouent sur le terrain (FAO, ONUDI, UNESCO). De plus, la notion d'organisations multilatérales de développement peut être relativement floue. Le FMI par exemple ne s'occupe-t-il pas à la fois des pays en développement et des pays développés ? À propos du FMI, on constate que la France et le Royaume-Uni déclarent des montants importants d'Aide transitant par le FMI, ce que ne pratiquent guère les autres donateurs. Le PNUD, le PAM, le FIDA, UNICEF paraissent majoritairement orientés vers le développement mais les autres organisations multilatérales (CNUCED, ONUDI, FAO, HCR…), comment faire la part des choses ? La FAO et l'ONUDI n'ont-ils pas une fonction universelle dans leur domaine d'activité respectif ? Comment définir et circonscrire l'activité de l'OIT, de l'OMS ? Comment faire la part de ce qui revient aux pays en développement de ce qui ne va pas vers les pays en développement. Y a-t-il en d'autres termes une comptabilisation nette et précise de l'activité développement de certaines organisations multilatérales ?

Tous les donateurs sont dans la même situation. La comptabilisation de l'aide aux organismes multilatéraux n'est pas très fiable dans ces effets sur les pays en développement car on ne sait pas exactement avec ces chiffres la part qui est réellement transférée dans les pays en développement.

Autre entorse, les versements effectués aux ONG. On ne sait pas exactement quand ces sommes seront redistribuées sur le terrain, dans quelle proportion et à qui exactement ? Ces sommes servent en effet en partie à rémunérer les frais de structure et de fonctionnement de ces organisations. Parfois elles servent à leur plaidoyer pour valoriser l'aide auprès de l'opinion publique dans les pays développés.

Autre entorse possible à la règle mais qui est tolérée par le CAD de l'OCDE, ce sont les sommes dépensées par les bailleurs de fonds pour les réfugiés et les étudiants accueillis dans les pays développés et à qui le donateur verse un appui financier. Ici également, il n'y a pas de versement, de transfert vers les pays en développement et pourtant ces montants sont comptabilisés dans l'aide publique au développement. On considère que l'on aide ainsi à la formation des futures élites du pays. Toutefois, on sait très bien qu'une fois bien formés, ces étudiants préfèrent à titre personnel s'épanouir en majorité professionnellement à l'étranger plutôt que de revenir au pays. Pour les réfugiés, c'est une aide très indirecte aux pays au développement qui n'ont pas les moyens d'assumer cette charge. On se demande pourquoi ces dépenses des donateurs se retrouvent dans l'aide publique au développement sauf à considérer que toute somme dépensée par un donateur pour un ressortissant étranger faisant partie de pays inscrits comme bénéficiaires d'aide peut se retrouver dans les statistiques de l'aide publique au développement ? Lorsqu'il s'agit de ressortissants de pays à faible revenu, on peut à la rigueur l'admettre. En revanche, lorsqu'il s'agit de ressortissants de pays à revenu intermédiaire (Brésil, Chine, Afrique du Sud), c'est beaucoup plus discutable.

Autre entorse à la règle et qui est pourtant admise par les instances du CAD (c'est-à-dire les donateurs d'aide faisant partie de l'OCDE), il s'agit des frais administratifs liés à l'activité de l'aide. Cela veut dire que le fonctionnaire qui travaille à l'administration de l'aide voit la dépense administrative qui l'occasionne chez le donateur figurer comme étant de l'aide. Cela veut-il dire également que les frais administratifs des banques de développement des pays donateurs sont parfois comptabilisés dans l'aide publique au développement ?

Autre entorse à a règle et qui est pourtant admise par les instances du CAD, il s'agit de toutes les actions en faveur du plaidoyer de l'aide effectué dans les pays développés. On s'éloigne ici très fortement d'un versement sur place, ou à défaut d'un versement à un ressortissant d'un pays en développement.

Au bout du compte, cela fait pas mal d'incertitudes sur les volumes transférer de l'aide vers les pays en développement. On ne sait pas bien avec les chiffres officiels du CAD qui devraient pourtant faire référence quels sont les montants d'aide réellement transférés et verser aux pays en développement.

(3) Les versements réellement effectués par les donateurs qui se traduisent par des transferts vers les pays en développement inscrits sur la liste des bénéficiaires

La liste des bénéficiaires possibles de l'aide a une importance capitale car elle détermine vers quels pays les pays donateurs peuvent orienter leur aide. Cette liste est établie par le CAD de l'OCDE et est révisée tous les trois ans. On aurait pu croire que cette liste oriente fortement les flux d'aide vers les pays qui en ont le plus besoin, vers les pays à faible revenu (48 pays au total ayant un revenu par habitant inférieur à 1045 $)99 où la pauvreté touche une part très importante de leur population. Or contre toute attente, on s'aperçoit que cette liste est extrêmement large. Elle intègre non seulement les pays à faible revenu mais également la catégorie des pays à revenu intermédiaire de la tranche inférieure (36 dont le RNB/hab. est compris entre 1046 et 4000 $) mais également les pays à revenu intermédiaire de la tranche supérieure (56 dont le RNB/hab. est compris entre 4000 et 12 700 $). Cette liste des pays éligible à l'aide intègre des pays dont on aurait pu croire qu'ils ne bénéficient plus de l'aide publique au développement depuis longtemps (parmi eux : Argentine, Bosnie, Brésil, Chine, Colombie, Irak, Liban, Libye, Maurice, Mexique, Serbie, Turquie, Venezuela, Algérie, Indonésie, Inde Iran, Ukraine...100). La fixation et la révision de cette liste des bénéficiaires potentiels de l'aide sont pourtant assurées périodiquement par des instances internationales en s'appuyant sur des critères précis. Le principal critère utilisé est le revenu national brut par habitant chaque année. Il donne en effet une idée des revenus moyens dont dispose la population d'un pays. Les pays sont ainsi en plusieurs catégories par la Banque mondiale :

- Les pays à faible revenu
- Les pays à revenu intermédiaire de la tranche inférieure
- Les pays à revenu intermédiaire de la tranche supérieure
- Les pays développés

On aurait pu croire que l'aide publique au développement était réservée selon ce critère aux pays à faible revenu qui sont déjà nombreux.

En fait, il n'en est rien. Les pays à revenu intermédiaire de la tranche inférieure comme les pays à revenu intermédiaire de la tranche supérieure sont intégrés à la liste des bénéficiaires potentiels de l'aide publique au développement. Sur les 10 premiers bénéficiaires de l'aide, 6 pays bénéficiaires (Inde, Jordanie, Indonésie, Irak, Philippines, Libye) appartiennent aux pays à revenu intermédiaire de la tranche inférieure et supérieure.

Sur un plan plus général, Les pays à faible revenu ne représentent que 25 % des allocations d'aide bilatérale attribuable, contre 24,5 % pour les pays à revenu

99 Liste 2022-2023 des pays éligibles à l'APD du CAD de l'OCDE.

100 Source : OCDE Liste des bénéficiaires de l'APD établie par le CAD Effective pour la notification des apports de 2022 et 2023 consultable sur le site de l'OCDE.

intermédiaires de la tranche inférieure et 11,8 % de PRI de la tranche supérieure. Les 38,8 % d'aide bilatérale qui restent ne sont pas affectables, ce qui en dit long sur la difficulté à tracer l'aide bilatérale.

Sur un plan plus particulier, s'agissant de la France, lors de la revue par les pairs en 2018101, il ressort que les dix premiers bénéficiaires de l'aide bilatérale française sont des pays à revenu intermédiaire. Des pays comme la Chine, le Brésil ou encore le Liban, l'île Maurice sont des allocataires importants de l'aide française.

On ne peut que s'étonner, qu'être surpris que la liste des pays potentiellement bénéficiaire de l'aide soit si large, intègre un nombre si important de pays à revenu intermédiaire et même aujourd'hui avec la Chine la deuxième économie au monde qui reçoit encore de l'aide de la France. Pourquoi ne pas être beaucoup plus sélectif s'agissant des récipiendaires de l'aide et ne pas se limiter à comptabiliser l'aide aux pays à faible revenu. Bien entendu, on dégonflerait fortement les statistiques quantitatives de l'aide mais on y verrait peut-être un peu plus clair sur l'aide Nord-Sud réellement apportée aux plus pauvres. On débarrasserait cet instrument des pratiques admises, cogérées par les donateurs, qui brouillent et abîment le sens véritable de l'aide.

(4) les versements réellement effectués par les donateurs qui se traduisent par des transferts vers les pays en développement inscrits sur la liste des bénéficiaires en dons ou en prêts considérés comme concessionnels.

Il est difficile de mêler dans un même tableau des versements en dons et des versements en prêts tellement ces deux instruments de l'aide sont différents. Avant 2017, les prêts étaient comptabilisés en positif par rapport à l'aide durant leur période de décaissement et en négatif lors de leurs remboursements. Un donateur pouvait ainsi faire de l'APD négative si ses versements en prêt devenaient plus faibles que ses remboursements en prêt. Le deuxième inconvénient majeur est que l'élément de don incorporé dans le prêt pour en faire un prêt concessionnel déclarable en APD était plus qu'aléatoire. En effet en période de taux bas sur le marché international, il était possible de faire du prêt dit concessionnel sans incorporer de dons dans le prêt. Après 2017, la comptabilisation des prêts a été réformée. On ne comptabilise plus que l'élément don incorporé dans le prêt lors de la période de décaissement du prêt. Il est alors bien plus facile d'agréger les versements des prêts (traduit en équivalent dons) et les dons. C'est ce que traduit la première partie du tableau ci-joint en équivalent don.

Toutefois, à la lecture de la première partie du tableau équivalent-don, on pourrait croire que la rubrique « prêts bilatéraux » représente l'essentiel de ce que les donateurs allouent en matière d'aide en prêt, ramené à leurs coûts annuels de

101 Source CAD de l'OCDE. Revue par les pairs de la France en 2018.

bonification en subvention. En fait, il n'en est rien. Les contributions aux organismes multilatéraux comprennent des versements en dons qui vont se transformer en prêts bonifiés de ces versements en dons dans les pays en développement. C'est le cas pour les banques multilatérales de développement (Banque mondiale, Banques régionales de développement, FMI). C'est le cas, s'agissant des pays européens, pour les versements à l'aide européenne qui comprend les efforts effectués par la Banque européenne d'investissement.

Au chapitre VI du tableau, les montants réels d'apport en prêt bilatéraux apparaissent plus clairement. On comprend que les montants décaissés sont beaucoup plus importants que l'équivalent-don pourrait le faire croire. On comprend également qu'il y a une partie versement mais également une partie remboursement non négligeable. Pour certains bailleurs de fonds, la répartition en volume de l'aide (dons par rapport aux prêts) apparaît comparable, voire supérieure concernant les prêts par rapport aux dons.

Et si l'on s'intéresse dans le cas précis de la France à l'activité de l'agence française de développement, on s'aperçoit que sa communication, comme les autres donateurs, est prioritairement axée sur les engagements et non les versements. L'agence française de développement communique ainsi en 1020 sur des engagements supérieurs à 12 milliards d'euros par an qu'il est bien difficile de rapprocher du tableau ci-joint de l'aide publique au développement. S'agissant des engagements de l'AFD, le déséquilibre entre le volume des prêts très conséquent (+ de 10 milliards d'euros) et le volume de dons très limité (1,5 milliard d'euros) est considérable. Mais s'agissant des dons de l'AFD, le volume de dons annoncé est un volume d'engagement et non un volume de versement. Pour trouver le volume de dons réellement versés annuellement par l'AFD dans les pays en développement, il convient d'aller rechercher cette information dans son rapport financier où l'on s'aperçoit que les versements en dons sont annuellement inférieurs à un milliard d'euros. Cela fait peu, très peu en dons pour un organisme que les autorités publiques françaises présentent à juste titre comme l'opérateur pivot de l'aide publique au développement, une aide publique au développement qui culmine à plus de 15 milliards d'euros ? Il est vrai que l'AFD est le seul organisme français à faire des projets en dons depuis la réforme de l'aide française. Mais alors, on est en droit de se demander à quoi correspondent au juste les. 5,375 milliards de dons bilatéraux affichés par la France dont il faut retirer le milliard versé par l'AFD, soit 4,375 Mds ? Ce ne sont pas des projets de développement. Ce n'est pas de l'aide multilatérale. Que reste-t-il au juste pour justifier d'un tel montant : les réfugiés, les écolages, les coûts administratifs de l'aide, les lycées français à l'étranger, les dépenses de plaidoyer pour l'aide ? Mais alors si c'est vraiment cela, quel est le montant vraiment versé en dons transféré effectivement dans les pays en développement sur des projets d'aide chaque année par la France ? On souhaiterait que l'OCDE nous réponde ou mieux le ministère des finances.

Si l'on aborde cette même question avec la nomenclature des versements nets, on constate que les projets d'investissement de l'aide française se montent à 4,479 milliards. Comment est calculé ce montant ? Les projets d'investissement en prêt et en dons sont-ils mélangés ? Comptabilise-t-on d'autres projets que ceux financés en prêt ou en don par l'agence française de développement. Le ministère des finances agrège-t-il à ce montant certains crédits d'exportations à conditions concessionnels ? Pas d'information plus précise sur la construction de ces chiffres ? Ces montants relatifs aux projets d'investissement déclarés par la France sont dix fois plus importants que celui de l'aide américaine pourtant plus de deux fois plus élevée, est le volume le plus important déclaré par les grands donateurs. Ces comparaisons interrogent sur la fiabilité de ces statistiques.

Pour conclure, les statistiques de l'Aide publique au développement qui devrait être un élément de clarification des flux d'aide s'avèrent particulièrement opaques, voire obscures. Elles révèlent toutes les ambiguïtés de cet instrument de coopération Nord-Sud dont les pratiques et les règles sont à revoir. Il nous faudrait effectivement appliquer à la lettre l'esprit qui préside à l'aide et qui est souvent mis en avant pour conforter cette politique auprès des opinions publiques des pays donateur.

Il faudrait une aide qui soit effectivement versée dans les pays en développement dans tous les cas. Il faudrait une aide qui soit uniquement dirigée vers les pays qui en ont le plus besoin à savoir les pays à faible revenu. Il faudrait une aide qui se verse en totalité en dons.

Vaste programme en quelque sorte afin que l'esprit de l'aide, son éthique qui en fait un réel instrument de coopération Nord-Sud ne soit pas perverti par des pratiques qui ne correspondent pas à sa mission.

Comment aider les pays en développement ?

Les principaux contours de l'aide au développement doivent s'ajuster sur les demandes des pays en développement eux-mêmes, selon leurs propres contextes. Jusqu'à présent, les pays donateurs ont souvent voulu imposer leur modèle de développement ou plus prosaïquement les technologies ou les politiques qui avaient réussi chez eux. Or, les pays en développement doivent être respectés dans leurs choix. On doit se garder de leur imposer de l'extérieur un modèle à suivre. Au niveau des projets ou programmes qui touchent les pays, les entreprises ou plus directement la société civile, les demandes légitimes des populations doivent être entendues. Dans un premier temps, l'Aide doit répondre à une requête explicite d'un pays ou d'un groupe de population prêt à se mobiliser pour arriver à un résultat, même si cette requête ne correspond pas exactement au souhait du donateur. L'initiative est l'affaire du pays demandeur. Les bailleurs de fonds ou les ONG qui financent le développement ne doivent pas le contourner.

La deuxième obligation à remplir pour le donateur est de s'aligner le plus possible sur les politiques sectorielles ou locales mises en œuvre. Vouloir changer le contexte pour rendre un projet de développement viable n'est jamais une solution. Il est plutôt nécessaire de s'adapter au contexte, voire de le modifier à la marge mais certainement pas d'imposer de l'extérieur une autre politique. Le contexte local est une donnée incontournable avec laquelle il convient de composer. Toute conditionnalité de l'aide qui a l'ambition démesurée de modifier substantiellement le contexte pour rendre le projet ou l'action viable est vouée à l'échec. L'aide projet doit s'adapter au contexte et non le contexte s'adapter à l'aide comme on le demande trop souvent. Si le contexte ou les conditions qui entourent l'opération ne conviennent pas au bailleur de fonds, il vaut mieux ne pas se lancer dans cette opération que de croire qu'il sera possible de changer le contexte avec le levier que peut constituer l'apport d'un financement de projet.

Le donateur doit faire l'effort intellectuel d'élaborer avec le bénéficiaire un projet ou un programme ad hoc, unique, qui cadre tout à fait avec un contexte local par nature spécifique. Il est donc illusoire de vouloir reproduire un projet ou un programme qui a fonctionné ailleurs, sans prendre en compte les spécificités de chaque milieu qui engendrent nécessairement des réponses adaptées. Il est donc illusoire de considérer l'opération de développement comme le comblement d'un retard.

Comme le préconise la Déclaration de Paris sur l'efficacité de l'Aide de mars 2005, le donateur doit s'aligner sur les politiques définies par les autorités locales. C'est le gage le plus certain d'une bonne insertion du projet ou du programme dans la stratégie menée par les autorités locales.

Troisièmement, il faut choisir de la manière la plus appropriée l'instrument qui correspond le mieux au milieu dans lequel le donateur souhaite intervenir. S'il s'agit d'un pays pauvre, la subvention est de rigueur. S'il s'agit d'un pays à revenu intermédiaire, le prêt est plus justifié. Les opérations rentables qui occasionnent un retour financier rapide peuvent de la même façon supporter un prêt. En revanche, les opérations à rentabilité faible ou très différée (secteurs sociaux, secteurs environnementaux, populations très pauvres) doivent plutôt bénéficier d'une subvention.

Quatrièmement, l'opération d'Aide doit avoir un calendrier précis et une fin programmée. Il est malsain de s'engager sur une période indéterminée et créer ainsi un lien de dépendance entre le donateur et le récipiendaire. Le projet ou programme doit avoir un objectif précis et partagé entre toutes les parties dont l'atteinte doit être mesurable et atteignable selon un calendrier précis. Il est important d'éviter de tomber dans l'assistance permanente à un pays ou à des populations qui engendre de la corruption et déresponsabilise les autorités locales.

Enfin, il faut choisir dans la mesure du possible une action bien adaptée au milieu et qui génère un effet durable L'objectif de l'action ne peut s'écarter d'une finalité de développement durable dans le sens d'une action qui peut servir aux générations futures.

Peut-on aider les pays pauvres ?

Le nombre des pays les moins avancés est passé de 25 à 50 pays entre 1970 et 2010. Ils sont 47 en 2020. Ils ont pourtant reçu une part non négligeable de l'aide internationale qui semble avoir été sans effet pour engendrer une dynamique de développement autonome. Ce constat sévère ne doit pourtant pas détourner l'Aide de ces pays qui constituent pour le Nord un enjeu de solidarité fort et même d'une certaine manière la raison d'être de l'aide publique au développement dans sa mission première d'appui aux plus faibles afin de lutter contre la pauvreté. Les conditions préalables de réussite de ces actions de développement sont bien évidemment plus difficiles à réunir que dans des pays à revenu intermédiaire. Les maîtrises d'ouvrage locales pour gérer l'Aide sont moins performantes.

Toutefois, ce sont dans ces pays que les besoins humains de première nécessité sont les moins satisfaits. Même si cela semble difficile, même si la gouvernance de ces pays n'est pas optimale, même si une partie de l'Aide n'est pas selon nos critères utilisée le plus efficacement possible, les bailleurs ne peuvent absolument pas se détourner de ces pays qui souffrent le plus du creusement sans précédent des inégalités.

Certains développeurs ont invoqué la faiblesse des maîtrises d'ouvrage (faiblesse de l'administration et des sociétés publiques), le manque de démocratie, les faibles capacités d'absorption comme étant des raisons suffisantes pour justifier la part minime de l'Aide dont ils bénéficient. Ce sont de mauvais arguments.

Le renforcement des capacités de l'administration et des services publics passe également par l'affectation de plus de moyens. On ne peut pas souhaiter une bonne gouvernance de l'administration et la priver dans le même temps de ressources en coupant dans les dépenses de l'État mais également dans ses recettes.

Des canaux de distribution de l'Aide existent à travers les ONG ou les organisations multilatérales lorsqu'il s'agit d'éviter que l'Aide ne se perde et soit détournée dans des circuits étatiques peu fiables. Une mise en œuvre directe de l'Aide par ceux qui apportent les fonds (en cas de faillite des institutions locales) est toujours possible à titre exceptionnel.

Le volume d'Aide aux pays pauvres est-il limité par de faibles capacités d'absorption ?

La capacité d'absorption de l'Aide d'un pays en développement mesure le niveau au-delà duquel le montant de l'aide est jugé trop élevé par rapport à ce que peut utiliser efficacement le pays receveur (son utilité marginale décroît). Ce concept a eu un certain succès à partir des années 1980 (Burnside et Dollar, Easterly). Il invite à ne pas dépasser un certain niveau d'Aide dans des contextes de faible capacité d'absorption. On expliquait ainsi par exemple la nécessité presque automatique de ne pas donner l'intégralité de l'Aide aux plus pauvres, incapables de l'utiliser valablement.

Ce concept de capacité d'absorption de l'Aide mérite discussion.

- Premièrement, le mode de calcul de la capacité d'absorption est en fait étroitement corrélé au jugement extérieur que l'on peut porter sur la qualité de la gouvernance. Les institutions de Bretton Woods classifient les pays en fonction de leur niveau de gouvernance. Plus la gouvernance s'approche des standards souhaités par le FMI et la Banque, plus le pays est bien noté, plus sa capacité d'absorption est jugée élevée. Le concept de capacité d'absorption est donc relatif et dépend d'une notation externe selon des critères particuliers et spécifiques qui sont discutables.
- Deuxièmement, la capacité d'absorption dépend beaucoup des utilisations possibles de l'Aide. Or, depuis le milieu des années 1980, les institutions de Bretton Woods alliées au CAD de l'OCDE n'ont eu de cesse de réduire les points d'application possibles de l'aide internationale. Le démantèlement des services de l'État et la disparition des entreprises publiques – par fermeture ou privatisation - sont les exemples les plus représentatifs d'une diminution programmée des capacités d'absorption par une disparition des secteurs qui peuvent bénéficier potentiellement de ce type de transferts.
- Troisièmement, le non-subventionnement des activités productives, de crainte d'être en décalage avec les préceptes de concurrence libre et non faussée, est une autre limitation importante. Au nom d'une idéologie surannée, l'aide directe aux activités productives de base est prohibée depuis 1992 par la communauté des bailleurs de fonds membres de l'OCDE.
- Quatrièmement, la baisse des dépenses liées au fonctionnement d'un État réduit à ses fonctions régaliennes est un autre vecteur de limitation de la capacité d'absorption.

Cinquièmement, la faiblesse des ressources dont dispose l'État rend son administration fragile. Cette fragilité est bien entendu accentuée lorsque les pays donateurs, pour des raisons idéologiques, ont favorisé la suppression de la seule source de fiscalité importante et praticable de ces États à savoir les taxes douanières.

Si l'on tient compte de l'ensemble de ces facteurs, on comprend aisément que la capacité d'absorption de certains pays s'avère un concept très relatif. Or, si l'on se donne les moyens et la volonté de faire sauter ces différents verrous qu'on a en partie de l'extérieur contribué à créer, il devient alors plus que certain que la capacité d'absorption de ces pays pauvres est beaucoup plus importante qu'annoncée.

La notion de capacité d'absorption est en fait très subjective. Sa mesure dépend beaucoup des interdits que l'on s'impose sur le plan idéologique. On peut aider les pays pauvres, ceux qui en ont le plus besoin, à la fois en multipliant des points d'affectation possible de l'Aide mais également en contournant l'État si la confiance dans sa bonne utilisation de l'Aide n'est pas totalement garantie.

Toutefois, il convient de garder à l'esprit que ces imputations complémentaires de l'Aide doivent s'accompagner d'une grande rigueur dans la mise en œuvre afin de demeurer efficace.

L'Aide peut-elle en partie être rendu responsable de la faiblesse des maîtrises d'ouvrage ?

Dans un premier temps, on serait tenté de répondre par la négative. En effet, il est difficile de rendre l'Aide responsable de toutes les turpitudes (corruption, dictature, détournement de fonds…) qui assaillent certains pays en développement mal gérés par des élites corrompues. De plus, l'extrême pauvreté de certains pays a des effets sur la qualité de définition et de mise en œuvre (faiblesse de l'administration) des politiques publiques. Enfin, l'Aide intervient dans le renforcement des capacités et des compétences des pays receveurs. C'est même une des composantes majeures de la Déclaration de Paris sur l'efficacité de l'Aide en 2005. C'est même une thématique importante et largement dotée d'intervention des grandes institutions d'Aide. C'est même une des raisons d'être de l'assistance technique.

Mais en y regardant de plus près, en prenant le recul historique nécessaire, peut-on dire que les bailleurs de fonds n'ont pas, dans certaines circonstances, favorisé l'affaiblissement de certaines maîtrises d'ouvrage ? Plusieurs arguments peuvent aller dans ce sens. Premièrement en toile de fond, en prônant le libéralisme, on ne favorise pas l'afflux de ressources vers l'État, vers la puissance publique en général, mais plutôt on prône le rétrécissement de son périmètre d'intervention et l'abaissement de son coût pour la collectivité afin de restaurer les équilibres budgétaires. Deuxièmement, la mise en place de politiques libérales, à la demande des donateurs, a abouti à abaisser de manière drastique les droits de douane aux frontières de certains pays pauvres. Ne pouvant pas compter sur la TVA (un impôt difficile à mettre en œuvre dans un pays pauvre), ne pouvant pas compter sur l'impôt sur les sociétés (le secteur informel représente 90 % de certaines économies), ils ont été en réalité privés de leur principale ressource budgétaire. De ce fait, les administrations se sont retrouvées exsangues pour fonctionner correctement. Troisièmement, certains bailleurs de fonds (Banque mondiale, Fonds Sida, agences bilatérales) n'ont eu de cesse de créer des structures para-étatiques pour gérer les fonds dans les pays où ils considéraient que le circuit de la dépense publique et la qualité de l'administration étaient insuffisants. Cela a favorisé l'affaiblissement des maîtrises d'ouvrage locales, notamment dans le domaine de la santé. Quatrièmement, dans certains pays pauvres, les cadres les plus efficaces de l'administration ont été happés par des structures ou des projets financés par des bailleurs de fonds, par l'assistance technique financée par les bailleurs de fonds, par la multitude d'ONG qui gravitent sur le terrain et ont besoin de s'appuyer pour fonctionner sur des cadres locaux. Cinquièmement, le renforcement des capacités financé de l'extérieur a souvent proposé à ces pays d'essayer de construire les mêmes modèles de gouvernance que ceux qui fonctionnent au Nord. Il n'y a pas eu d'efforts suffisants pour prendre en compte les spécificités locales et ainsi imaginer les systèmes de gouvernance qui puissent réellement fonctionner dans ces pays. Où se situe en définitive l'équilibre entre les effets bénéfiques de l'Aide sur le renforcement des compétences de l'administration et des services publics et les effets négatifs que l'Aide a parfois également engendré. Il est bien difficile de répondre à cette question de manière globale. La part de responsabilité de l'Aide dans la mauvaise gouvernance ne doit être ni surestimée ni sous-estimée. Il convient également de ne pas perdre de vue la primauté des responsabilités locales sur les échecs ou les réussites de certaines politiques publiques.

En cas de crise, attention à ne pas se tromper d'instrument pour aider les pays les plus pauvres.

Les pays du G20 ont proposé, dès le mois d'avril 2020, un moratoire, c'est-à-dire un report des échéances de la dette des pays à faible revenu en 2020 et 2021, afin de les aider à passer la crise. Quelques mois après son adoption, on ne peut pas dire que cet instrument piloté par le Club de Paris dont la France assure le secrétariat soit un franc succès. Les montants en jeu restent faibles (moins de 2 milliards) et une proportion limitée de pays (18 sur 73 potentiellement éligibles) a signé effectivement ce type d'accord. Comment analyser ce relatif échec ? Est-ce pour des raisons financières qui auraient pour effet de renchérir les conditions d'emprunt public ou privé des pays qui feraient appel à ce dispositif et qui en paieraient indirectement les conséquences en voyant leurs capacités d'endettement propre à la fois se réduire et se renchérir ? C'est la thèse défendue de la chef économiste de la Banque mondiale Carmen Reinhart. Est-ce tout simplement parce qu'il ne s'agit pas du bon instrument à utiliser puisque ces pays ont avant tout besoin d'argent frais pour relancer leurs économies, comme dans les pays du Nord. C'est la thèse globalement défendue par les bailleurs de fonds multilatéraux et bilatéraux qui proposent de l'aide budgétaire d'urgence. Est-ce parce que les besoins d'aide des pays en développement ont été d'emblée quelque peu surestimés comme l'ont été les dégâts sanitaires de grande ampleur un temps annoncé en Afrique et qui finalement tardent heureusement à se concrétiser ? La question reste encore posée car l'on constate, contrairement à ce qui était avancé, que les pays en développement peu impliqués dans le commerce mondial semblent moins touchés par la crise économique qui accompagne la crise sanitaire actuelle.

Pourtant, les donateurs bilatéraux et multilatéraux, FMI compris, se sont empressés de décréter l'urgence à aider les plus pauvres, en complétant notamment le dispositif du G20 par l'octroi d'aides budgétaires massives. Toutefois cet instrument d'aide est-il tout à fait adapté aux besoins des pays pauvres ? Pas si sûr. Une des limites de l'aide budgétaire est d'être plus facilement détournable, de servir parfois non pas à investir mais à payer des dépenses de fonctionnement des États. De plus, spécialement dans les pays pauvres, le risque fiduciaire, c'est-à-dire les fuites structurelles ou provoquées dans la tuyauterie des finances publiques, est spécialement élevé, ce qui va à l'encontre de l'utilisation de cet instrument pour ce type de pays. Enfin, cette aide budgétaire est souvent financée sous forme de prêt, ce qui revient à dégrader à nouveau la situation financière des pays pauvres qui seraient en mesure d'en bénéficier.

Alors comment expliquer cet empressement de certains bailleurs de fonds à faire de cet instrument, l'aide budgétaire, leur principal moyen d'intervention dans la période présente ? En fait, les donateurs paraissent aujourd'hui quelque peu gênés aux entournures pour lancer de nouveaux projets de développement à un moment où il devient de plus en plus difficile, faute de mobilité due à la crise du coronavirus, d'instruire et d'exécuter, voire de suivre correctement ce type d'engagement. De plus les subventions se font plus rares en cette période de crise. Les ressorts de l'aide projet sont pour le moins grippés faute de pouvoir se déplacer et opérer sur le terrain. Or les bailleurs de fonds que sont la Banque mondiale, le FMI, les banques régionales de développement, les bailleurs bilatéraux ont besoin d'engager puis de décaisser des fonds pour leur permettre de continuer à fonctionner. Ainsi s'explique peut-être, au-delà de la nécessité d'afficher une solidarité obligatoire envers les plus pauvres, leur volonté de proposer de l'aide budgétaire sous forme de prêt à décaissement rapide aux pays en développement à revenu intermédiaire pour maintenir en partie leur fonds de commerce, mais également aux pays pauvres. Ainsi s'explique également peut-être leur empressement à déclarer l'état de catastrophe économique présente dans les pays en développement et spécialement chez les plus pauvres, au moment où les financements dont ils disposent pour intervenir risquent de pâtir des urgences à satisfaire au Nord.

Bien entendu, il ne s'agit pas ici de minimiser les besoins des pays pauvres qui risquent de s'accroître en cette période difficile mais plutôt de s'interroger sur la bonne façon d'y répondre aux moyens d'instruments adéquats. Ce que l'on pourrait recommander aux pays pauvres, c'est d'essayer avant tout de s'en sortir par eux-mêmes en évitant, dans la mesure du possible, de contracter des engagements financiers inadaptés à leur situation, notamment sous forme de prêts. C'est également de profiter de la situation présente pour relancer leur propre production afin de satisfaire en priorité leurs besoins locaux. Pour les pays les plus pauvres, l'aide la plus adéquate est l'aide en subvention à destination des populations les plus pauvres, pas l'aide budgétaire en prêt.

L'Aide doit-elle avoir un caractère transitoire ou permanent ?

À l'origine, l'Aide était considérée comme transitoire car elle devait réussir et faire disparaître la pauvreté dans les pays pauvres. C'était son objectif de départ. De là vient en partie l'idée que les projets de développement doivent être limités dans le temps. Pourtant dans la réalité, ce qui fait sa raison d'être profonde à savoir la lutte contre la pauvreté dans les pays pauvres, demeure toujours d'actualité.

Les défenseurs du nécessaire caractère permanent de l'Aide s'appuient sur ce simple constat. À défaut d'avoir su ou pu, faute de moyens suffisants, éliminer la pauvreté, il convient qu'elle continue d'exister. L'Aide serait indispensable car ainsi décrite comme le plus sûr moyen dans la solidarité de lutter contre la pauvreté et les inégalités.

Pour rendre son flux permanent, les défenseurs de l'Aide permanente vont même plus loin. Les pays développés seraient bien avisés de construire une politique de transferts automatiques, alimentée par une ou plusieurs taxes plutôt que de continuer à financer cette politique avec les ressources votées annuellement. Derrière le mode de financement de l'Aide – création de ressources pérennes par l'instauration d'une fiscalité mondiale – il y a bien évidemment l'idée de faire de l'Aide un instrument permanent d'intervention, un instrument de développement pour tous, ou à défaut un vaste filet de sécurité pour les plus pauvres dans un monde solidaire.

Ce plaidoyer pour la permanence de l'Aide mérite cependant d'être discuté. L'Aide permanente est-elle nécessaire parce que la pauvreté continue d'exister ou parce que l'Aide n'a pas montré une efficacité suffisante, s'est même montrée défaillante face à son objectif de lutte contre la pauvreté ? Le débat reste ouvert.

Pour une sortie des prêts de l'aide publique au développement

Le profane ignore qu'une partie non négligeable de l'aide publique au développement (APD)102, l'instrument majeur de la coopération Nord-Sud afin

102 Chiffres préliminaires de l'APD mondiale : 178,9 milliards de dollars en 2021, soit 0,33 % du Revenu national brut RNB des donateurs contre un objectif de 0,7 %. Source OCDE, 12 avril 2022.

de venir en aide aux pays pauvres et ainsi réduire les inégalités, est composée de prêts et non uniquement de dons103. Or, il s'agit bien d'une réalité qui perdure depuis l'origine de l'APD en 1960, conformément aux règles élaborées à cette époque par le Comité d'Aide au développement de l'OCDE qui réunit aujourd'hui 30 donateurs. Que ce soient les aides multilatérales comme celles de la Banque mondiale, des banques régionales de développement (Banque africaine de développement ou encore la Banque asiatique de développement), que ce soient les aides bilatérales comme celles de la France104, du Japon ou de l'Allemagne, tous ces acteurs procèdent à un recours massif aux prêts dans leur politique d'aide publique au développement105. On pourrait croire que l'utilisation de cet instrument d'aide est complémentaire à celui du don, comme le prétendent les principaux donateurs en prêts. On pourrait croire également que le recours aux prêts est sans conséquences majeures sur la qualité de l'aide délivrée, son orientation géographique et sa dimension géopolitique. Est-ce si sûr ? L'aide en prêt ne crée-t-elle pas un lien de dépendance du bénéficiaire vis-à-vis du donateur de nature géopolitique, de nature parfois néocoloniale ? L'aide en prêt n'a-t-elle pas contribué à façonner la mainmise des institutions financières internationales sur cet instrument de développement ? La réalité de son pouvoir et de son utilité est-elle conforme à l'image que les principaux acteurs de l'aide veulent en donner ?

---

103 Définition de l'aide publique au développement. Les apports d'APD fournis aux pays et territoires figurant sur la liste des pays bénéficiaires de l'APD établie par le CAD ou à des organisations multilatérales de développement: (1) émanent d'organismes publics, y compris les États et les collectivités locales, ou d'organismes agissant pour le compte d'organismes publics et (2) assortis de conditions favorables (**dons et prêts concessionnels**) et ont pour but essentiel de favoriser le développement économique et l'amélioration du niveau de vie des pays en développement. La liste des pays admissibles au bénéfice de l'APD établie par le CAD est révisée tous les trois ans, le critère de base étant le revenu par habitant. Source : OCDE.

104 En 2021, l'APD de la France s'élevait à un montant de 15,447 milliards de $ dont 9,329 en APD bilatérale et 6,117 en APD multilatérale. D'après l'OCDE, les équivalents dons de prêts bilatéraux s'élèvent à 2,159 Mds $ pour l'Aide bilatérale et 142 millions pour l'aide multilatérale (source OCDE : 2022). Dans les faits, l'aide en prêt est sous-évaluée. Les contributions au FMI, à la Banque mondiale, aux banques régionales de développement, à l'Union européenne sont comptabilisées intégralement comme des dons multilatéraux alors qu'une partie de ces ressources servent à faire des prêts mis en œuvre par ces institutions. La contribution à l'Union européenne est uniquement comptabilisée en dons alors que certains prêts de la BEI sont fabriqués avec une ressource en dons. Sur les 12 milliards d'engagements de l'Agence française de développement (AFD) réalisés en 2021, près de 10 milliards sont octroyés sous forme de prêts. La part versée en subventions dans les Etats étrangers n'est que de 832 millions d'euros (source : AFD, document d'enregistrement universel ou « rapport financier » P 26).

105 Part des prêts dans l'APD bilatérale : 65 % pour le Japon, 50 % pour la France, 40 % pour la Corée, 20 % pour l'Allemagne. Source OCDE, document publié le 9 avril 2017.

Par trois approches successives et complémentaires permettant de cerner au plus près la problématique du prêt d'aide publique au développement106 – (1) déconstruction du discours officiel sur l'efficacité, les effets et les conséquences de l'utilisation du prêt d'aide au développement, (2) écarts à l'orthodoxie bancaire dans les conditions d'utilisation actuelle par les donateurs du prêt, (3) comparaison entre prêt et don dans leurs effets sur les pays receveurs - nous essaierons de découvrir la réalité des effets provoqués par l'utilisation massive du prêt comme instrument majeur de l'aide publique au développement.

(1) Les hiatus entre le discours officiel sur l'intérêt des prêts d'aide publique au développement et la réalité de leurs inconvénients

Les tenants du prêt d'aide publique au développement ont un discours bien rodé pour nous convaincre de l'utilité de cet instrument. Mais tentons de les questionner, de les nuancer, voire de les contredire, afin de découvrir l'envers leur décor.

Voici exposées quelques-unes des affirmations qui militent habituellement en faveur de l'utilisation du prêt d'aide publique au développement et *en italiques*, à la suite, le contrepoint que l'on peut apporter à ce discours officiel.

- À mettre à son crédit, le prêt d'aide publique au développement qui se rembourse oblige le pays receveur ou l'entité receveuse (entreprise publique, collectivité, secteur privé) à construire, en lien avec le bailleur de fonds, des projets de développement qui ont une rentabilité certaine permettant le remboursement du prêt accordé. Ainsi, avec l'instrument du prêt, on peut se prévaloir de mettre en œuvre des financements du développement pour des projets sérieux qui dégagent une rentabilité économique et financière par eux-mêmes, qui sont pérennes et durables, évitant ainsi les travers supposés d'une aide en don qui n'a pas les mêmes exigences, qui ne s'arrête jamais et suscite ainsi les dérives de l'accoutumance. *Si le projet à financer est très rentable, il ne devrait pas avoir besoin de l'aide publique au développement pour trouver un financement. L'aide provoque ainsi parfois un effet d'aubaine pour des projets qui n'ont pas besoin de ce type de financement. En revanche, si le projet n'est pas rentable, l'aide en prêt d'aide ne peut pas se justifier car il provoque de la dette difficilement remboursable. Entre ces deux extrêmes, il y a toute la zone grise des projets dont la rentabilité est incertaine et dépend en réalité (1) de la qualité de leur mise en œuvre, (2) d'un accompagnement par des changements de contextes locaux plus ou moins*

106 Le prêt d'aide publique au développement est un prêt concessionnel, c'est-à-dire proposé aux pays bénéficiaires à des conditions favorables (taux d'intérêt, durée, période de différé de remboursement du prêt) par rapport à des prêts équivalents contractés sur le marché. Pour arriver à proposer ces conditions favorables, les donateurs dans la construction du prêt d'aide incorporent de la subvention. Le donateur emprunte la ressource sur le marché, y incorpore de la subvention, et la reprête ainsi bonifiée aux pays bénéficiaires de l'aide.

profonds que l'on anticipe, voire que l'on suscite grâce à la mise en place d'une batterie de conditions à réunir (les réformes à entreprendre) pour que le projet atteigne son équilibre. Mais plus le nombre et la portée de ces conditions à réunir sont nombreux et élevés, plus on peut se demander si le montage de l'opération est réellement adapté à la bonne fin de l'opération envisagée, notamment son mode de financement en prêt. C'est le plus souvent dans cette zone grise que se situent les projets ou programmes financés par les prêts d'aide au développement. On peut citer notamment la plupart des projets de production, de distribution et d'assainissement d'eau potable, les projets d'électrification rurale, les projets de route à péages, les projets de transport urbain et interurbain, les projets d'infrastructures comme les ports, les aéroports ou les grands barrages hydroélectriques. La tentation est donc forte de considérer que dans ces domaines d'activité, il est possible d'intervenir en prêt concessionnel car accompagnée des réformes prévues, accompagnée d'une amélioration drastique de la gestion des entreprises qui gèrent ces infrastructures, la rentabilité du secteur sera assurée comme le démontrent les études préalables. Pour le bailleur de fonds qui dispose d'une ressource en prêt, la tentation est forte de proposer de financer des projets qui seront théoriquement rentables, même si les conditions à remplir pour obtenir cette fameuse rentabilité porteuse d'équilibre financier paraissent très nombreuses et difficiles à obtenir. Pour le pays receveur, il est tentant de croire (ou de faire croire) à cette perspective d'amélioration du service rendu aux populations et ainsi de souscrire aux changements institutionnels et de gestion pour obtenir le prêt. Mais une fois que l'opération est bien engagée, on s'aperçoit (ou l'on feint de s'apercevoir) que les conditions à remplir s'avèrent finalement irréalistes. C'est ce que l'on constate souvent dans le secteur de l'eau où les gouvernements receveurs de ce type de projet acceptent contractuellement la programmation d'augmentations sensibles des tarifs de l'eau potable pour trouver un équilibre financier au secteur. Dans la pratique, ces augmentations de tarifs s'avèrent finalement impossibles à mettre en œuvre sur le plan social, ayant à faire à une population consommatrice d'eau potable très peu solvable. Pareil dans le secteur de l'électricité. Pareil en matière de tarification du transport collectif urbain. Ces secteurs d'intervention, grand consommateur de prêts d'aide, sont intrinsèquement peu ou pas rentables107, comme dans la plupart des pays développés où les gouvernements les subventionnent. Pourquoi alors faire comme si ce qui est impossible à réaliser dans les pays développés le serait dans les pays en développement ? Pourquoi ne pas se résoudre à accepter de subventionner ce type de services à la population, en échange d'une bonne gestion des investissements et de l'exploitation de ces services au bénéfice de la population ? Pourquoi ne pas admettre que ces services sont structurellement déficitaires et donc qu'une logique de prêt, même concessionnel, n'est pas complètement adaptée à leur financement ?

---

107 Pour aller plus loin. « Les services des eaux en Afrique : comment satisfaire les besoins en eau d'une population en plein essor ? » 28 avril 2017.Caroline Van Den Berg, Alexander Danilenko. Source : Banque mondiale blog.

- Le prêt d'aide publique au développement a un effet multiplicateur par rapport au don. Il permet ainsi de financer de plus grands projets, des opérations d'envergure en allant chercher de la ressource abondante en prêt sur le marché financier des capitaux, ce qui n'est pas le cas avec le don qui reste une ressource budgétaire rare chez les pays donateurs108. *En fait, le prêt d'aide publique au développement est moins coûteux budgétairement à mobiliser par le donateur dans un premier temps. Il permet à moindre coût de gonfler quelque peu le volume global d'aide publique au développement que le donateur déclare au CAD de l'OCDE. Il déporte également mécaniquement l'aide principalement vers les pays à revenu intermédiaire qui en ont beaucoup moins besoin109 mais sont bien mieux à même de rembourser des prêts que les pays à faible revenu pour qui l'instrument d'aide a pourtant été créé110. Le prêt d'aide publique au développement évite à certains pays comme la France, l'Allemagne et le Japon de faire l'effort budgétaire suffisant pour délivrer leur aide en dons comme le font des donateurs plus vertueux sur ce plan (Royaume-Uni, États-Unis, pays nordiques). Il déporte l'aide vers les secteurs qui génèrent des recettes (recettes en devises, recettes en monnaie locale en allant du plus rentable ou moins rentable financièrement) et l'écarte d'une intervention massive dans les secteurs de la santé, de l'éducation qui n'ont pas de rentabilité financière immédiate à faire valoir, mais qui sont pourtant régulièrement mis en avant pour vanter les mérites de l'aide111. Comment en effet aider un pays pauvre dans le secteur de la santé ou de l'éducation lorsque l'on dispose presque exclusivement de ressources en prêts comme c'est le cas pour la Banque mondiale ou les banques régionales de développement ? Comment intervenir pour favoriser l'environnement et le développement durable alors que cette cible d'action a une faible rentabilité financière à faire valoir à court terme ? Comment ne pas préférer intervenir auprès de pays à revenu intermédiaire (Chine, Brésil, Indonésie qui font toujours partie de la liste du CAD des bénéficiaires possibles de l'Aide) pour atténuer leurs rejets de carbone plutôt que d'intervenir en faveur de l'adaptation*

---

108 *Même avec le renfort des prêts, l'aide publique au développement en 2021 ne représente toujours que 0,33 % du revenu national brut (RNB) des donateurs contre un objectif de 0,7 %.*

109 A titre d'exemple, des pays comme la Chine, le Brésil, l'Argentine sont toujours éligible à l'APD car ils font partie de la liste des pays bénéficiaires de l'Aide pour 2022 et 2023. Source OCDE.

110 « Par catégorie de revenu, les apports nets d'APD bilatérale consentis par les pays du CAD ont augmenté pour tous les groupes, comme suit : les pays à faible revenu ont reçu 28 milliards USD, soit une progression de 1 % en termes réels par rapport à 2020, et les pays à revenu intermédiaire de la tranche inférieure 38 milliards USD, soit une hausse de 7 %. L'APD nette aux pays à revenu intermédiaire de la tranche supérieure a également augmenté de 6 %, pour atteindre 21 milliards USD. » source OCDE. Niveaux d'APD en 2021 - Données préliminaires. Note de synthèse détaillée. Cela montre que sur les 87 milliards de $ d'Aide bilatérale, seulement 28 milliards de $ vont aux pays à faible revenu, soit seulement 32 %.

111 En 2020, les apports d'APD globale aux secteurs de la santé et de l'éducation réunis ne représentent que 20 % de l'APD globale (source OCDE) alors qu'ils devraient en constituer la majorité. L'aide à l'agriculture est tellement faible qu'elle ne fait plus partie de la répartition sectorielle de l'aide proposée par l'OCDE. Or, dans certains pays d'Afrique, plus de 70 % de la population vivent en zone rurale.

dans les pays pauvres qui subissent le changement climatique, qui ne sont pas, faute de moyens, en mesure d'y faire face, mais dont l'empreinte carbone demeure faible ?

- Le prêt d'aide publique au développement est mis en œuvre de manière complémentaire aux dons. Il n'est pas utilisé pour financer les opérations non rentables. Il s'adresse le plus souvent à des pays solvables, c'est-à-dire qui peuvent le rembourser. Il finance prioritairement des projets ou des programmes de développement dans des secteurs d'activité qui génèrent des revenus propres à rembourser les prêts. Une éthique de la bonne utilisation du prêt d'aide au développement existe donc chez les bailleurs de fonds qui limitent leur utilisation aux opérations dans les secteurs d'activité qui génèrent des revenus pour rembourser les prêts. Ainsi, à titre d'exemples, on finance sur prêt des secteurs qui procurent des revenus (cultures de rente, extractions minières, secteur de l'énergie) alors que l'on réserve les dons au secteur de la santé et de l'éducation qui n'ont pas de rentabilité immédiate. Dans le même d'ordre d'idée, on propose le prêt aux pays qui peuvent rembourser (pays à revenu intermédiaire) alors que l'on réserve le don aux plus pauvres (pays à faible revenu). *Dans la réalité, cela ne se passe pas toujours comme cela. Certains bailleurs (banques de développement) ne proposent que du prêt. D'autres bailleurs (banque de développement ou agence de développement) sont prisonniers de la répartition en prêt et en don des ressources dont ils disposent pour intervenir (montant de ressources en prêts, montant de ressources en dons)112. Lorsque les ressources dont ils sont dotés servent presque exclusivement à fabriquer du prêt d'aide publiquement au développement (Banque mondiale, Banques régionales de développement), ils ne peuvent que proposer aux pays en développement des prêts. Ils sont alors tentés d'intervenir en prêt dans tous les secteurs et notamment les secteurs sociaux, en faveur des pays à revenu intermédiaire mais également en faveur des pays pauvres. Le prêt d'aide n'est alors pas un obstacle, même si le risque financier est très élevé, au financement des pays pauvres ou surendettés. On tente de justifier en partie cette prise de risque, cet écart par rapport à l'orthodoxie par le fait que ces prêts d'aide publique au développement s'avèrent la seule manière pour ces pays d'avoir accès au crédit international à des taux favorables afin d'accompagner leur développement. Le prêt d'aide publique au développement offre effectivement des conditions financières très favorables - faible taux d'intérêt, différé de remboursement, durée longue de remboursement — car il se cale sur les conditions d'emprunt des donateurs113. Les pays bénéficiaires ne seraient pas en mesure d'obtenir par eux-mêmes de telles conditions sur le marché. Mais le risque pour l'emprunteur*

---

112 C'est le cas de la France. « La France s'appuie largement sur l'instrument des prêts, qui représentaient en 2016 28 % de son APD brute totale (45 % de son APD brute bilatérale). En 2016, 64 % du portefeuille d'APD de l'AFD était composé de prêts. » Source OCDE. Dernière revue par les pairs de la France en 2018.

113 Pour fabriquer du prêt d'aide publique au développement appelé prêt concessionnel, le donateur emprunte lui-même la ressource sur le marché international. Ensuite, il incorpore de la subvention pour bonifier le taux d'intérêt auquel il reprêtera cette ressource au bénéficiaire.

demeure très élevé. Le prêt d'aide publique au développement permet à la fois aux pays bénéficiaires « d'oublier ce risque » et aux donateurs qui n'ont que de la ressource en prêt à offrir114, d'intervenir qu'en même dans les pays pauvres. Autre inconvénient, le prêt est décaissé en très grande majorité en devises et pèse pour son remboursement sur la balance des paiements du bénéficiaire, doublement si le projet financé en devises (exemple : eau potable, route à péage, électricité) génère des revenus en monnaie locale comme c'est le cas pour la plupart des services publics marchands. Dans le secteur de l'agriculture, l'instrument d'aide en prêt éloigne l'aide du financement du développement rural et des petites exploitations (production vivrière qui bénéficie aux populations locales) au profit des agricultures de rente tournées vers l'exportation qui sont les seules à pouvoir générer des devises pour rembourser les prêts. Une utilisation inadéquate des prêts dans les pays pauvres (pays surendetté ou à faible capacité de remboursement, secteurs sociaux, services publics marchands ne générant pas de devises) entraîne la spirale de la dette et du surendettement. Elle entraîne la dépendance par rapport aux prêteurs. Les prêts de longue durée s'enchaînent et entraînent restructuration financière sur restructuration financière dans les pays pauvres. Une dépendance de nature néocoloniale s'instaure alors puisqu'elle va jusqu'à fixer, voire fortement influencer l'étalonnage des paramètres macroéconomiques et financiers des pays receveurs, l'agenda de leurs réformes. Plus généralement sur le plan institutionnel, le prêt d'aide installe et assoit la légitimité des instances financières des pays donateurs (ministères des finances) à s'occuper d'aide, puisque l'aide est en partie une aide en prêt qui demande des connaissances financières pour être gérée à bon escient. Il assoit également le rôle prépondérant des instances financières multilatérales sur l'aide Banque mondiale, FMI, banques régionales de développement. Dans un pays comme la France, c'est le ministère des finances qui pilote l'aide française, qui fixe le montant et la répartition des ressources d'aide à dépenser chaque année en prêts et en dons, qui assure le secrétariat du Club de Paris (restructuration de la dette souveraine), qui fait la déclaration d'Aide au CAD de l'OCDE, qui siège aux conseils d'administration de la Banque mondiale, du FMI, des banques régionales de développement. Le ministère des Affaires étrangères apparaît pourtant comme l'autre acteur principal de l'Aide française, tutelle à ce titre de l'Agence française de développement comme le ministère des finances, mais exerce dans les faits un rôle beaucoup plus restreint.

- Le prêt d'aide publique permet également de restructurer les dettes (adoucir leurs conditions, rééchelonner leur remboursement) en substituant aux prêts commerciaux non concessionnels aux États des prêts concessionnels plus faciles à rembourser, en restructurant les conditions des prêts concessionnels (différé, durée de remboursement, taux d'intérêt). Le prêt concessionnel peut ainsi se présenter comme un outil utile de traitement de la dette. Le Club de Paris

114 Car c'est leur raison d'être et qu'ils n'ont que des ressources en prêts (banques de développement) ou parce que la répartition des ressources dont ils disposent en prêts ou en dons penche clairement pour une activité essentiellement en prêts (exemple : Agence française de développement).

(club des donateurs) dont le secrétariat est assuré par la France (Direction générale du Trésor) restructure la dette des pays en développement. Parfois, les donateurs par l'intermédiaire du Club de Paris vont même plus loin. Ils annulent la dette publique ou une partie de la dette publique pour les États qui n'arrivent pas à rembourser leurs encours. *En cas de restructuration de la dette, Le prêt d'aide au développement prolonge la durée de vie des prêts, prolonge la durée de l'endettement en proposant d'en adoucir les conditions. La durée de remboursement de prêt s'accroît et la dépendance qui va avec. Sur un autre plan, le prêt d'aide publique au développement autorise des complémentarités malsaines entre prêts privés aux États pratiqués par des banques commerciales, dont le prêteur privé sait dès le départ qu'ils seront difficilement remboursables mais qui table, le prêteur privé, sur une restructuration de ce type de dette en Club de Paris grâce à de nouveaux prêts aux conditions favorables de l'APD, ce qui lui permet d'amoindrir son risque en ne perdant pas sa créance. Mais quand la restructuration de la dette publique n'est pas suffisante, on passe à son annulation. S'agissant des pays en développement, ce système est devenu quelque peu récurrent, surtout pour les pays à faibles capacités financières qui s'endettent trop fortement. L'existence de ce mécanisme récurrent d'effacement de la dette en Club de Paris interfère en amont (1) sur le métier de prêteur souverain des banques de développement comme (2) sur l'engagement réel du bénéficiaire à devoir rembourser un jour son prêt. Quand une banque de développement octroie un prêt souverain (prêt à un État ou bénéficiant de la garantie de l'État bénéficiaire), il peut espérer tabler en dernier ressort sur le transfert de la prise en charge du remboursement de sa dette par un membre du Club de Paris115. Ce mécanisme d'annulation de dette et de reprise de la dette annulée par un membre du Club de Paris peut inciter la banque de développement qui prête au bénéficiaire à multiplier les financements de ce type, à octroyer des financements sur des opérations risquées en matière de remboursements par le bénéficiaire. En effet, le risque associé à ce type d'opération pour la banque de développement devient beaucoup plus faible. Il est même transféré et assumé en dernier ressort par l'État donateur. Pour la banque de développement, c'est alors la porte ouverte à la contractualisation de prêts souverains dont les conditions de remboursement par le bénéficiaire sont incertaines. Dans le même registre et de manière parallèle, pour ce type de prêt souverain, l'emprunteur sait que si ce dernier tombe en impayés, il a de très forte chance d'être restructuré, voir annulé en Club de Paris. Le pays bénéficiaire n'est alors pas trop enclin à refuser de contracter ce type de prêt, même si les conditions qui lui sont associées semblent difficilement réalisables. Avec un tel système s'agissant des prêts souverains, on comprend bien que le prêteur comme l'emprunteur ne se sentent pas complètement en risque dans ce type d'opération puisqu'un tiers (le gouvernement du donateur) peut reprendre et annuler la créance et donc assurer in fine le risque encouru. Ce filet de sécurité du Club de*

115 Exemple : l'Agence française de développement octroie un prêt souverain à un pays en développement qui n'arrive pas à rembourser sa dette. Ce prêt tombe en impayés. Il a ensuite de forte chance de passer en Club de Paris pour être annulé. Le bénéficiaire du prêt n'a plus à assumer le service de sa dette. Le prêteur, ici en l'occurrence l'Agence française de développement, se voit remboursé par le Trésor français aux mêmes conditions qu'aurait dû assumer l'emprunteur.

Paris aboutit, à augmenter artificiellement les volumes de prêts souverains, à augmenter le financement d'opérations très risquées, sans grand risque in fine pour les prêteurs, sans grand risque pour les emprunteurs. Ce filet de sécurité que constitue le Club de Paris peut inciter certaines banques de développement à proposer des prêts souverains à des pays peu solvables ou dans des secteurs sans rentabilité financière de court terme. Toutefois pour le bénéficiaire du prêt restructuré ou annulé en Club de Paris, les conséquences (les contreparties) d'une restructuration de dettes ou d'une annulation de dettes sont élevées. L'annulation de dette n'est pas gratuite pour le bénéficiaire. Elle va de pair avec l'acceptation de contreparties sous forme de mesures de restructurations drastiques : ajustement structurel dans les années 1980, programme de réformes à mettre en place dans les années 2022 qui altèrent la souveraineté et l'indépendance de certains États. Si ces mesures de restructuration aboutissent à un résultat (atteinte du point d'achèvement), elles ouvriront de nouveaux financements en prêts qui seront à leur tour, un jour peut-être, restructurés ou annulés. On se situe alors dans une spirale sans fin d'endettement et de désendettement. Certains pays, souvent les plus pauvres, se retrouvent de ce fait sous la tutelle financière et économique permanente des pays donateurs ou des instances financières internationales, comme du temps de la colonisation. À titre d'exemple, depuis son accession à l'indépendance en 1806, un pays comme Haïti pourtant très pauvre n'a pas cessé de rembourser de la dette contractée en partie lors de son indépendance, ce qui va à l'inverse de la souveraineté et de l'indépendance qu'il pensait avoir acquise116. En cas de difficultés de remboursement de prêts souverains octroyés par certains pays émergents (Chine), le traitement infligé à l'emprunteur défaillant est souvent très brutal : paiement de la dette en matières premières, paiement par l'abandon au prêteur d'infrastructures stratégiques comme les ports, injonction d'alignement sur la politique extérieure du pays prêteur. La tutelle tourne alors à la prédation, voire à l'annexion de certains biens stratégiques.

(2) Les écarts par rapport à l'orthodoxie bancaire pour maximiser l'utilisation des prêts d'aide publique au développement

Une deuxième approche possible des conséquences d'une aide publique au développement en prêt concessionnel est d'essayer d'exposer quelles devraient être, quelles pourraient être les conditions d'une bonne utilisation du prêt d'aide publique au développement ?

En bonne orthodoxie bancaire, l'aide en prêt, même à des conditions de faveur, devrait financer des projets de développement qui génèrent les ressources nécessaires aptes à rembourser les prêts qui les ont financés.

En bonne orthodoxie bancaire, un prêt libellé en devises devrait donc être affecté à un projet en capacité de générer des recettes en devises afin d'échapper au risque de change. En matière d'aide publique au développement, les prêts octroyés sont presque tous libellés en devises et non en monnaie locale. Or,

116 Voir l'enquête du New York Times sur la gestion de la Dette de Haïti parue en mai 2022.

quelles sont principalement les activités qui sont susceptibles de générer des devises dans les pays en développement à faible revenu ? Les productions qui s'exportent sur le marché mondial à savoir essentiellement les cultures de rente, les matières premières ou encore l'énergie. La plage sectorielle de l'utilisation du prêt en devises s'avère singulièrement réduite et au surplus, plutôt extravertie. Avec l'instrument du prêt en devises, sans déroger à l'orthodoxie bancaire, on voit mal comment aider des secteurs comme la santé, l'éducation, les services publics marchands ou encore la production vivrière de ces pays ? Ces secteurs d'intervention ont tous en commun, soit de ne générer aucune recette, soit d'en générer en monnaie locale et non en devises.

C'est à ce niveau que les tenants du prêt d'aide au développement contournent allègrement l'orthodoxie bancaire pour faire du prêt un instrument d'intervention tout terrain : ils prêtent aux secteurs sociaux ; ils prêtent en devises à des activités qui génèrent des recettes en monnaie locale sans assumer le risque de change ; ils prêtent aux pays à revenu intermédiaire qui peuvent rembourser les prêts avec d'autres ressources que les projets qui ont bénéficié de prêts.

La première manière de contourner la règle – prêt en devises pour un projet qui génère lui-même des recettes en monnaie locale - est d'ouvrir cet instrument aux pays à revenu intermédiaire. Ainsi, on fait sauter le verrou d'une obligation de recettes en devises d'un projet par lui-même pour indiquer que c'est en fait la situation financière du pays emprunteur qui importe en dernier ressort. C'est simplement la situation financière globale du pays qui dicte finalement le recours ou non au prêt. Après tout, n'est-ce pas au pays lui-même de choisir souverainement le secteur qui bénéficiera des ressources d'un prêt ? Avec une telle approche, on comprend aisément que l'instrument d'aide publique au développement utilisant le prêt se déporte mécaniquement vers les pays à revenu intermédiaire plus aptes à emprunter en devises et à rembourser leurs dettes. On trouve ici une des explications du décentrage de l'aide vers les pays à revenu intermédiaire. Mais en adoptant cette flexibilité (s'en tenir à l'analyse du risque pays en évacuant la prise en compte du risque sectoriel), on s'ouvre par ailleurs, de manière concomitante, la possibilité de prêter non seulement à des projets rentables qui ne produisent pas de devises mais également à des projets qui ne génèrent aucunes recettes comme dans le domaine de la santé, de l'éducation. Ce n'est plus l'équilibre financier du projet lui-même qui est regardé mais la capacité à rembourser de l'État qui bénéficie directement ou indirectement de ce prêt. On élargit les conditions d'utilisation du prêt au motif que le pays est solvable et peut rembourser en devises. On passe sous silence le risque de change. Ainsi, la plupart des services publics marchands – eau, électricité, transports publics collectifs – sont financés essentiellement sous forme de prêt alors qu'ils ne génèrent aucune devise. Les pays receveurs doivent alors trouver ailleurs les ressources en devises pour rembourser les prêts tout en s'exposant au risque de change. Mais si l'on choisit finalement cette voie périlleuse (prêt en devises, recettes en monnaie locale), il faut au moins afficher que ces opérations sont rentables en monnaie locale. Il convient alors de présenter des projets qui s'équilibrent financièrement ou plutôt, et la nuance est de taille, qui pourront s'équilibrer financièrement si les États prennent les bonnes mesures économiques pour aboutir à cet équilibre. Concrètement, si l'on reprend l'exemple des services publics marchands, il est nécessaire pour les États ou les sociétés d'État receveuses des prêts de faire de ces activités publiques marchandes, des activités rentables et équilibrées sans subventions. Mais comment arriver à un tel résultat alors que ce type d'activité est structurellement déficitaire, même dans les pays développés ? Comment prétendre qu'un pays où la clientèle potentielle est peu solvable, où les tarifs ne peuvent pas être très élevés, puisse équilibrer les comptes sans subventions d'un service public marchand ? C'est ici que l'on prend quelques distances avec la réalité en faisant croire qu'il sera possible d'augmenter les tarifs de l'eau, de l'électricité, des transports publics, d'améliorer sensiblement la bonne gestion de ces entreprises, de les priver de subventions au nom d'une bonne orthodoxie financière, pourquoi pas de les privatiser en totalité ou en partie comme le préconisent la Banque mondiale et le FMI depuis les années 1980[117].

Contre toute attente, on en arrive progressivement à élargir les possibilités d'utilisation du prêt et à financer, en profond décalage avec l'orthodoxie bancaire, des opérations dans le domaine de la santé et de l'éducation, même dans les pays pauvres. En fait, certains organismes tels que la Banque mondiale ne peuvent guère faire autrement s'ils veulent continuer à intervenir dans les pays pauvres. Ils ne disposent pratiquement pas de la ressource en dons. Ils ne proposent que du prêt, mais du prêt très concessionnel (à taux zéro sur une durée de 30 ans). Comme d'autres bailleurs bilatéraux, ils pratiquent également le prêt aux pays pauvres au motif que ces pays ont été parfois désendettés et ont donc temporairement recouvré des marges de manœuvre en matière d'emprunt. Il serait dommage que ce ne soit pas les seuls à ne pas pouvoir bénéficier de conditions financières exceptionnelles qui ont justement été créées pour eux. Plus cyniquement, les bailleurs de fonds savent très bien que même si le prêt n'est pas le bon instrument pour financer les secteurs sociaux, surtout dans les pays pauvres, on peut toujours envisager qu'en cas de défaut de paiement, le prêt soit un jour restructuré ou même annulé en Club de Paris (les donateurs). Alors pourquoi se priver de proposer des prêts souverains à des pays pauvres qui, s'ils ne remboursent pas, pourront un jour bénéficier du traitement, voire de l'annulation d'une partie de leur dette ?

117 Les programmes de privatisation des services publics ont commencé dans les années 1980 sous l'impulsion de la Banque mondiale et du FMI y voyant ainsi un moyen d'équilibrer leurs comptes et de les rendre rentables et ainsi complètement éligibles aux prêts. Ces privatisations totales ou partielles (partenariat public-privé, société de patrimoine/société d'exploitation) n'ont pas obtenu les effets escomptés (voir les travaux de Patrick Plane sur la privatisation des services publics en Afrique sub-saharienne). Plus de 40 ans après, ces services publics ne sont toujours pas rentables. Pourtant, ils continuent à être financés très majoritairement en prêts.

(3) Les impacts comparés d'une utilisation du prêt et du don sur les pays receveurs d'aide publique

La troisième et dernière approche de ce questionnement concernant les effets de l'utilisation du prêt d'aide publique au développement peut être de comparer les impacts d'une aide en prêt et ceux d'une aide en don pour le pays receveur.

La première différence tient au calendrier de réalisation de l'opération et donc de la durée durant laquelle un lien de dépendance s'établit entre le bailleur de fonds et pays receveur de l'aide. Avec un projet ou un programme financé sur prêt, la période de remboursement du concours financier peut être extrêmement longue (de 15 à 30 ans en général, voire 40 ans pour certains travaux d'infrastructures). Cela veut dire que durant toute la durée de remboursement du prêt, le pays bénéficiaire demeure redevable vis-à-vis du prêteur. C'est un lien de dépendance qui s'établit sur le long terme. Qu'il advienne un défaut de paiement dans le remboursement de ce concours et le prêteur aura alors la capacité d'exiger des contreparties de la part du pays bénéficiaire : contreparties commerciales, contreparties politiques, contreparties économiques, contreparties sous la forme de réformes économiques à mener dans le meilleur des cas. Cette situation de dépendance du pays bénéficiaire au prêteur de l'aide peut grandement altérer sa souveraineté. Cette dépendance est d'autant plus manifeste en période de surendettement lorsque le bénéficiaire doit négocier la restructuration de sa dette, au mieux contre des réformes qui lui sont imposées de l'extérieur, au pire en acceptant de se dessaisir de richesses (matières premières) ou d'infrastructures stratégiques (ports, aéroports). En revanche, s'agissant d'une aide sous forme de don, les projets ont en général une durée de vie beaucoup plus courte. Il n'y a pas de remboursement à prévoir. Le lien de dépendance entre le prêteur et le bénéficiaire est beaucoup plus ténu. Il ne s'exerce pas dans la durée. Les règles principales d'une bonne utilisation du don sont de s'assurer, que le projet ou programme de développement sera élaboré avec soin (études préalables de qualité), qu'il sera véritable utile pour le pays receveur et particulièrement au bénéfice de sa population pauvre, que l'aide en don ne sera pas détournée. Mais ce type d'obligations existe de manière semblable pour le prêt.

Le prêt ne devrait pas pouvoir financer des projets ou des programmes qui n'ont aucune rentabilité financière de court terme. Cela devrait priver le prêt d'une utilisation au profit des secteurs sociaux (éducation, santé) des pays pauvres. Or, cette contrainte d'utilisation n'existe pas dans le cas des dons qui sont tout à fait adaptés à financer un appui aux secteurs sociaux, un appui aux services publics en général, qu'ils soient marchands ou non marchands.

S'agissant des interventions en faveur de l'environnement et plus généralement du développement durable, on sait par expérience que pour que le modèle de développement durable s'impose dans un pays par rapport à la vieille économie carbonée, dans les pays en développement comme dans les pays développés d'ailleurs, il est nécessaire dans la durée de subventionner fortement le modèle décarboné et parfois de le protéger de la concurrence déloyale qu'exerce le modèle carboné dominant qui produit des externalités négatives118. Seul l'emploi de subventions et de donc de dons peut permettre une telle transition. Ce retour en grâce de la subvention, et dans une moindre mesure de la protection de la fabrication de biens et de services durables va bien sûr à l'encontre des théories libérales les plus extrêmes sur le plan idéologique qui font la chasse aux subventions, qui vantent les mérites d'un marché libre et non faussé, qui combattent l'intervention de l'État dans l'économie, qui vantent les mérites et la rentabilité d'un secteur privé sans subventions. En ayant recours aux prêts, seule la rentabilité financière de court terme sans subventions devient la mesure positive en faveur d'une intervention, conformément à l'orthodoxie libérale.

S'agissant des services publics marchands (eau, électricité, transports publics), si importants pour accroître le bien-être des populations, on fait souvent semblant de croire que ces services essentiels peuvent trouver un équilibre financier et même rembourser les prêts nécessaires à leurs dépenses d'investissement. Ces croyances ont bien entendu un soubassement idéologique puissant qui voudrait que ces secteurs d'activité doivent à terme relever de l'économie privée puisque l'État n'a pas à intervenir dans l'économie marchande, sauf à lui imposer des normes pour protéger le consommateur. Or, la rentabilité sans subvention de ce type d'activité (investissement et fonctionnement d'un service public marchand ou privatisée) ne s'est jamais produite dans les faits dans aucun pays au monde, qu'ils soient développés ou en développement. Ce type de service public marchand a besoin de subventions publiques pour investir et équilibrer ses comptes, pour maintenir des tarifs abordables pour les populations les plus fragiles, surtout si la majorité de la clientèle à laquelle ces services s'adressent est peu solvable comme c'est le cas dans les pays pauvres. Quand ces services sont privatisés en totalité ou partiellement, leurs comptes ne sont toujours pas équilibrés, même dans les pays développés119. Dans ces conditions, l'utilisation exclusive du prêt en devises pour financer ce type de service n'est pas la bonne façon d'en pérenniser l'activité. Tôt ou tard, l'entreprise de service

---

118 Depuis la pandémie de Covid 19, la France et plus généralement l'Union européenne subventionne sensiblement les industries du futur. Voir décret n° 2021-535 du 30 avril 2021 relatif à l'aide en faveur des investissements de transformation vers l'industrie du futur des PME et ETI industrielles au titre de 2021

119 Douze partenariats public-privé cofinancés par l'Union européenne en France, en Grèce, en Irlande et en Espagne ont été audités. Le bilan publié se révèle très insatisfaisant pour la Cour des comptes européenne (CCE), qui invite les Etats membres à prendre des mesures. Selon le rapport de la CCE publié le 20 mars 2018(Rapport spécial n° 09/2018 - Les partenariats public-privé dans l'UE : de multiples insuffisances et des avantages limités) « **les partenariats public-privé** (PPP) cofinancés par l'UE ne peuvent être considérés comme une option économiquement viable pour la fourniture d'infrastructures publiques »

public sera dans l'incapacité de rembourser ses prêts, ou la contrepartie de ses prêts en monnaie locale puisque les recettes de ces services publics sont en monnaie locale. Il faut donc accepter d'autres moyens de financement pour ces services publics marchands et réhabiliter la subvention et donc le don, en phase d'investissement et en phase d'exploitation, comme moyen de gérer dans la durée de tels services aux populations. Bien gérer la subvention en l'accompagnant d'une bonne gestion, voilà le défi qu'il reste à relever dans les pays en développement.

Quant à l'effet multiplicateur qu'aurait le prêt par rapport aux dons, en clair une possibilité accrue de financer des gros projets par une possibilité de mobiliser des montants plus importants grâce à la liquidité des marchés financiers, il s'agit véritablement d'une cuisine de bailleurs de fonds. Bien entendu, le coût budgétaire du prêt pour le bailleur de fonds est bien moins élevé dans un premier temps que celui de la subvention surtout si les taux d'intérêt de marché sont bas comme en 2022[120]. En se servant de la notation de sa dette sur les marchés, le bailleur de fonds peut pratiquement emprunter à taux zéro et donc faire bénéficier le pays receveur de sa capacité d'emprunt à bas coût. Ceci permet au bailleur de fonds de faire du volume d'aide publique au développement à bas coût, ou au minimum à coût budgétaire différé (élément de concessionnalité des prêts sous forme de subventions incorporées aux prêts comptabilisables en APD à mesure du décaissement du prêt). Mais cette politique d'aide à bas coût est lourde de conséquence pour le pays receveur. Il doit rembourser en devises. Il se voit proposer en prêt de grosses opérations d'infrastructures dans les services publics marchands qui ne seront jamais rentables. Plutôt que d'utiliser le prêt, il vaudrait mieux utiliser le don et admettre que dans les secteurs qui font S.E.N.S. en matière d'aide publiquement au développement réellement tournée vers les plus pauvres (Santé, Éducation, Nutrition, Services publics marchands ou non marchands), le don s'impose pour lutter effectivement contre les inégalités, même s'il peut sembler plus difficile à mobiliser pour les bailleurs de fonds.

Pour conclure, quelle que soit la manière d'aborder le sujet, le prêt ne possède décidément pas tous les atouts qu'on lui prête habituellement de la part de ceux (institutions ou gouvernements) qui en font un des deux pivots de leurs engagements en matière d'aide publique au développement. Son utilisation massive a quelque peu perverti les objectifs, les contours, les effets, la nature même de l'aide publique au développement. Sur le plan géopolitique, les conséquences sont lourdes pour les pays en développement. À la suite de la décolonisation, l'instrument de prêt a prolongé la dépendance des pays en développement vis-à-vis des donateurs en les transformant en débiteurs de l'aide. L'instrument de prêt a installé la légitimité des institutions internationales comme la Banque mondiale et plus généralement les banques de développement qu'elles

120 La dose de subvention pour arriver à un prêt à taux zéro est plus levée si les taux commerciaux sont à 5 % que si les taux de marché sont entre 1 % et 2 % comme en 2022.

soient multilatérales ou bilatérales à exercer la tutelle de l'aide publique internationale avec des conséquences lourdes sur la capacité réelle des pays en développement à fixer eux-mêmes leurs politiques économiques. Comment expliquer autrement la mainmise exercée par les institutions financières multilatérales sur les pays pauvres endettés qu'il convient à échéance régulière de désendetter en échange de réformes économiques demandées par les donateurs ? Le prêt a donc prolongé la situation de dépendance des pays en développement, surtout les plus pauvres, au sortir de la colonisation. Il convient donc de se défaire au plus vite de cet instrument de domination, le prêt, qui sous couvert de générosité, a décrédibilisé une partie de l'aide publique au développement. Il convient de revenir aux fondamentaux d'une aide basée sur le don qui retrouve tout son sens (S.E.N.S.) au bénéfice des plus pauvres dans les pays pauvres. Cette remise en cause du prêt dans l'architecture de l'aide reviendrait à bousculer les situations institutionnelles acquises de certaines banques de développement et de leurs ministères de tutelles (ministères des finances) qui ont pris possession de l'instrument : banques de développement bilatérales et multilatérales, ministères des finances121 des bailleurs qui allouent ce type de ressources d'Aide et participent de ce fait aux conseils d'administrations des grandes institutions prêteuses au niveau international. C'est en fait toute l'architecture financière internationale qui verrait les institutions dominantes en matière d'aide remises en cause. Cette révolution écarterait en partie les pays bénéficiaires des effets de dépendance que l'aide en prêt génère sur le plan politique et économique. L'APD s'écarterait de la recherche d'une rentabilité à court terme qui est un des pièges de l'obsolescence non encore programmée de notre système économique basé sur les énergies fossiles. L'APD pourrait se détourner de ceux qui sont devenus les principaux clients d'aide à savoir les pays à revenu intermédiaire122 qui ne devraient pas être la cible de l'aide car ils n'en ont pas réellement besoin. L'Aide serait ainsi débarrassée des enjeux commerciaux qui ne cessent de l'accompagner dans les pays émergents. Une politique d'aide entièrement assise sur les dons redonnerait à cet instrument sa vocation au service des pays les plus pauvres,

121 En France, ce sont les représentants de la direction générale du Trésor du ministère des Finances qui représentent la France aux conseils d'administration des grandes institutions financières (Banque mondiale, FMI, banques régionales de développement). C'est la direction générale du Trésor qui établit les autorisations de programme (volume autorisé de prêts et volume autorisé de dons) que l'AFD, opérateur pivot de l'aide française, peut engager chaque année. C'est la direction générale du Trésor qui siège au CAD de l'OCDE et qui comptabilise les flux d'aide qui seront déclarés officiellement au CAD de l'OCDE. C'est la direction générale du Trésor qui assure le secrétariat du Club de Paris. C'est la direction générale du Trésor qui assure la véritable tutelle de l'AFD, l'opérateur pivot de l'aide française qui a engagé 12 Mds d'euros en 2021 dont moins de 1 Md en dons dans les Etats étrangers. Cette mainmise de la direction générale du Trésor sur l'aide explique, conforte, consolide et renforce la place du prêt dans l'APD de la France.

122 En 2018, les dix premiers bénéficiaires de l'aide publique au développement de la France sont des pays à revenu intermédiaire. Source : OCDE, revue par les pairs de l'aide publique au développement de la France.

ceux pour laquelle elle a été créée, au service de la lutte contre les inégalités, sans basculer dans la dépendance financière que génère le prêt. Ce recentrage salutaire sur ses fondamentaux donnerait à cet instrument de réels moyens pour lutter contre la destruction de l'environnement dans les pays pauvres et se prémunir par l'adaptation du changement climatique. La prise en compte de l'environnement en matière d'aide demande plus de dons que de prêts si l'on souhaite véritablement basculer au plus vite dans le monde développé comme dans le monde en développement vers le développement durable. Ce recentrage redonnerait de l'indépendance et de la souveraineté aux pays pauvres qui en ont tant besoin pour asseoir leur développement durable dans un espace de liberté, seul terreau possible pour la démocratie.

Et si la marche vers l'abandon du prêt d'aide publique au développement s'avère finalement trop difficile à franchir dans un premier temps, il faudrait en guise de transition que l'on en revienne très vite à l'orthodoxie bancaire en matière d'utilisation du prêt : ne financer en prêt en devises que des projets rentables qui rapportent des devises, financer en prêt en monnaie locale les projets rentables qui rapportent de la monnaie locale, faire prendre en charge par le donateur le risque de change lorsqu'il prête en devises pour un projet rentable dont les recettes sont en monnaie locale. Il faudrait enfin en guise de transition que l'aide publique au développement soit énergiquement recentrée sur la catégorie des pays à faible revenu, ceux qui en ont le plus besoin.

Des propositions de réforme que l'Aide retrouve son SENS

Les tenants de cet ordre établi de l'Aide publique au développement se recrutent aussi bien au Nord qu'au Sud. Au Nord, les institutions d'Aide ont intérêt à rendre à leurs interventions un caractère permanent. Il n'y a donc jamais assez de moyens pour l'Aide, jamais trop de domaines et de modalités d'intervention, jamais de champ géographique assez large. Il n'y a jamais trop de cibles à poursuivre. Bien entendu, à juste titre, le grand public pour qui l'Aide reste majoritairement associée à la lutte contre la pauvreté dans les pays pauvres soutient le principe de cette générosité intéressée, tout en s'étonnant de son manque efficacité. Au Sud, on s'habitue à ce type d'appuis permanents qui permettent de générer des flux financiers, d'apporter de l'argent frais. Les projets se succèdent. La dépendance s'entretient soigneusement des deux côtés : en période de crise, il faut aider plus fort pour écarter les risques ; en période de croissance, il faut redoubler d'investissement pour tenter d'engranger les bénéfices de toute sorte. L'appétence au business de l'Aide se cultive des deux côtés. Les entreprises ou bureaux de consultants se spécialisent dans ce secteur d'activité. Un Ambassadeur est toujours satisfait de pouvoir s'appuyer sur une coopération technique et financière nourrie par l'Aide publique au développement, comme en Chine, en Inde, au Brésil. Les ONG sont en général assez critiques vis-à-vis de l'instrument (endettement, corruption, détournement) sauf si elles deviennent allocataires d'une partie de cette Aide pour intervenir dans les pays en développement. Le grand public confirme sa générosité d'âme en soutenant cette solidarité qu'on lui présente comme dirigée vers les plus pauvres, tout en s'étonnant de ses faibles résultats. Certains sondages123 réalisés chaque année, avec l'appui des bailleurs de fonds confirment, cette tendance.

Faut-il pour autant jeter le bébé de près de 70 ans d'existence avec l'eau du bain ? Pas nécessairement. Il convient cependant de clairement redéfinir les objectifs et les moyens de cet instrument de coopération Nord Sud aux multiples objectifs et devenu au fil du temps quelque peu tentaculaire et incontrôlable. Il convient également que les pays receveurs soient tout à fait aguerris pour gérer efficacement l'Aide publique au développement en évitant ses nombreux pièges. C'est donc à des réformes drastiques que l'on doit procéder si l'on veut sauver la crédibilité et l'efficacité de cet instrument.

Premièrement, au chapitre des réformes, l'Aide publique au développement devrait être réservée aux pays les plus pauvres, c'est-à-dire aux pays à faible revenu (une cinquantaine) pour lutter contre la pauvreté et s'acheminer vers le développement durable. Un pays comme la Chine, deuxième puissance économique mondiale, ne devrait plus être un allocataire d'Aide. Pour les pays à revenu intermédiaire124 dont les maîtrises d'ouvrage sont en général performantes (administrations locales, directions d'entreprises publiques…), ce n'est pas d'Aide publique au développement dont ils ont besoin mais de prêts commerciaux pour financer leurs besoins tels qu'ils les priorisent, tels qu'ils les conçoivent, tels qu'ils les exécutent, tels qu'ils peuvent les rembourser. La logique financière prime. Si l'opération à financer n'est pas rentable, il ne sert à rien de bonifier le prêt en essayant artificiellement d'en améliorer la rentabilité. Le prêt bonifié masque souvent la faible rentabilité d'un projet ou son absence d'équilibre financier. La santé, l'éducation, la prise en compte de l'environnement, ce sont des centres de coûts qu'il faut assumer dans le court terme et le moyen terme et dont le retour sur investissement ne s'effectue que dans le temps long. La subvention est plus appropriée pour financer ces secteurs d'intervention.

Deuxièmement, l'Aide ne devrait être financée que sous forme de dons et non de prêts. À l'inverse du don, le prêt comporte trop d'inconvénients, trop de contraintes d'utilisation, établit trop de dépendance, fabrique trop de dettes pour en faire un instrument d'Aide pleinement efficace pour les pays pauvres.

---

123 Sondage sur l'Aide au développement réalisé par le CSA et l'Agence française de développement (AFD), qui pourtant bénéficie de la majorité des crédits de l'Aide française. Le dernier sondage AFD/CSA 2019 montre que 79 % des Français sont favorables au soutien des pays en développement et 67 % à une hausse du budget de la politique de développement.

124 Définition des pays à revenu intermédiaire : pays dans le revenu national par habitant est compris entre 1006 $ et 3955 $ (PRI de la tranche intérieur) et entre 3956 $ et 12 235 $ (PRI de la tranche supérieure). Les pays dans les revenus par habitant sont inférieurs à 1006 $ sont les pays à faible revenu (47 pays les plus pauvres).

Troisièmement, il convient de réorienter l'Aide vers le soutien au bien-être des populations les plus pauvres afin qu'elle retrouve tout son SENS. Santé Éducation, Nutrition, Services publics de base (eau, électricité, transports publics) doivent être les secteurs d'intervention prioritaires.

Quatrièmement, une Aide efficace est une Aide qui sait s'adapter aux conditions de terrain, sans chercher autoritairement à les modifier de l'extérieur. Les projets ou programmes de développement doivent s'adapter aux contraintes locales et non l'inverse. Les pays eux-mêmes doivent se mettre en capacité de définir leurs propres modèles de développement, leurs propres politiques, leurs propres priorités en matière d'allocation de leurs ressources, et non être placés dans l'obligation de s'aligner sur les souhaits des bailleurs.

Cinquièmement, les pays receveurs doivent être particulièrement scrupuleux dans la négociation de l'Aide extérieure qu'ils reçoivent afin qu'elle soit complètement adaptée à leurs possibilités et à leurs besoins de développement.

Sixièmement, s'agissant de l'Aide projet, il convient de passer d'une logique de financement d'un bien à une logique de financement d'un service à rendre aux populations dans la durée, même si ce service ne s'équilibre pas financièrement. Certains puristes diront qu'un projet qui ne peut pas s'équilibrer financièrement est un mauvais projet. Le problème est que les projets qui trouvent leur équilibre sur cinq ans n'ont en général pas besoin de l'Aide publique au développement pour se financer par le marché. En revanche, faire fonctionner correctement une école en milieu rural, un dispensaire de banlieue ou approvisionner en eau un quartier périphérique sont des centres de coûts. L'Aide doit se donner les moyens d'accompagner ces investissements dans la durée.

7. Le débat économique, social et environnemental

La lutte contre la pauvreté : des questions de politiques économiques à Esther Duflo, prix Nobel d'économie

La leçon inaugurale d'Esther Duflo au Collège de France le 24 novembre 2022, prononcée dans le cadre de son séminaire *Pauvreté et politiques publiques*, nourrit la réflexion sur l'efficacité des politiques de lutte contre la pauvreté après presque 15 ans d'expériences sur le terrain. Beaucoup d'informations ont été partagées à cette occasion qui aident à l'appréhension de l'évolution de ce fléau dont souffre une trop grande partie de l'humanité.

Ainsi, Esther Duflo nous apprend qu'entre 2010 et 2019, le taux d'extrême pauvreté (moins de 1,90 $/jour) a baissé de 15,17 % à 8,2 % de la population mondiale, ce qui représente un indéniable succès qui peut nous rendre optimiste pour l'avenir. Esther Duflo attire également notre attention sur le fait que ce grand succès peut être remis en cause par la crise économique consécutive au COVID 19 mais surtout à long terme, par l'impact du réchauffement climatique qui risque d'entraîner une surmortalité dans les pays pauvres situés majoritairement, là où il fait déjà très chaud et où l'élévation de la température, même minime, provoque les conséquences les plus graves chez les plus pauvres. On apprend enfin que ce sont les personnes les plus riches qui consomment le plus et donc qui émettent le plus de CO2.

Mais sur les tenants et les aboutissants de ces évolutions majeures, les explications, les analyses, les conseils d'Esther Duflo méritent d'être questionnées. Esther Duflo commence son exposé en nous présentant un tableau du rythme de baisse de la grande pauvreté entre 2010 et 2019. Ce tableau indique que le rythme de la baisse de la pauvreté est le plus rapide dans certains pays pauvres d'Afrique, dans des pays qui n'ont pas spécialement enregistré une croissance économique forte. L'objectif de la démonstration vise à nous convaincre du fait qu'il n'y a pas forcément de corrélation entre croissance économique et baisse de la pauvreté, que la baisse de la pauvreté en Inde et en Chine ne constitue peut-être pas l'explication majeure de la baisse de la pauvreté dans le monde, et qu'enfin une bonne politique de lutte contre la pauvreté peut avoir des effets bénéfiques pour les populations, même non accompagnée par de la croissance.

Or, pourquoi ne pas nous présenter des évolutions de baisse de la pauvreté et de l'extrême pauvreté en nombre, pays par pays, faisant clairement apparaître que dans les bilans mondiaux, les poids de l'Inde et de la Chine sont prépondérants ? Pourquoi essayer d'instiller l'idée que la baisse de la pauvreté et de l'extrême pauvreté dans le monde n'est pas due essentiellement aux croissances chinoise et indienne et aux succès de leurs politiques de redistribution envers les plus pauvres ?

Dans les pays pauvres sans croissance économique nous dit Esther Duflo, l'explication des succès enregistrés seraient à rechercher dans un meilleur ciblage des politiques sur des objectifs concrets à atteindre, tels que définis par les OMD puis des ODD à partir de 2015 ; mais également par la mise en œuvre de politiques efficaces de lutte contre la pauvreté. Et pour expliquer l'amélioration de ces politiques de lutte contre la pauvreté, quoi de mieux que de mettre en avant l'utilisation et la diffusion à grande échelle depuis 15 ans de la méthode expérimentale mise au point par Esther Duflo et ses équipes. D'après Esther Duflo, les impacts induits sur la pauvreté de la méthode expérimentale accompagnée de ses nombreux passages à l'échelle ont touché près de 450 millions de personnes pauvres. Il serait donc possible, comme cela a été le cas entre 2010 et 2019, d'abaisser sensiblement la pauvreté dans le monde en menant des politiques efficaces, élaborées à partir de résultats d'expérimentation. Néanmoins, pour que le passage à l'échelle d'une mesure érigée en modèle à suivre soit effectivement un succès, il faudrait tenir compte des détails de sa mise en œuvre, nous prévient Esther Duflo. Avec le recul, ce serait d'ailleurs l'apport majeur de ces quinze dernières années de la recherche expérimentale. Mais s'intéresse-t-on également à évaluer les détails de certaines expérimentations pour expliquer leurs réussites ou leurs échecs ? En d'autres termes, les détails d'application d'une mesure de politique publique ne sont-ils pas finalement plus importants pour expliquer l'échec ou la réussite d'une mesure que le jugement positif que l'on pourrait porter après expérimentation randomisée sur la mesure elle-même ? Pour reprendre les exemples exposés par Esther Duflo, la vente des moustiquaires et une politique de microcrédit, mesures jugées négativement par la méthode expérimentale, ne peuvent-elles pas, contre toute attente, obtenir des résultats très satisfaisants en soignant les détails de leurs applications ? En revanche, les branchements sociaux d'eau et la distribution gratuite de revenus aux plus pauvres, mesures jugées positivement par la méthode expérimentale, peuvent également mener à des échecs, si les détails d'application ne sont pas au rendez-vous. N'est-ce pas reconnaître que la bonne prise en compte des détails, le travail du plombier popularisé par Esther Duflo, peut prendre le pas sur le jugement que l'on peut avoir après expérience sur l'efficacité ou non d'une mesure ? À chaque contexte particulier correspondent peut-être alors des mesures particulières accompagnées de détails particuliers et spécifiques qu'il s'agit de prendre en compte pour avoir une chance de succès ? À titre d'exemple au Bénin, lors d'une évaluation de projet, on s'est aperçu que les 35 points d'eau créés par un projet de développement, situés dans 35 villages pauvres, offrant de l'eau potable à la satisfaction des habitants, étaient tous gérer différemment. Le plombier attentif aux détails aurait eu bien du mal à préconiser une voie à suivre face à des réponses d'une telle diversité.

En fin d'exposé, Esther Duflo nous indique que les grands succès obtenus contre la pauvreté entre 2010 et 2019 peuvent être remis en cause par le changement climatique. Les riches des pays riches sont, nous dit-elle, les principaux responsables du changement climatique car ils consomment le plus. Or ce sont les pauvres des pays pauvres qui paient les conséquences les plus sévères du changement climatique, ce qui risque de provoquer chez eux une surmortalité. C'est pourquoi, il convient de transférer des pays riches aux pays pauvres des moyens supplémentaires pour lutter contre les effets du changement climatique causés par les riches des pays riches, principaux responsables et coupables d'une rechute possible de millions de personnes dans la pauvreté. Cette attribution exclusive des responsabilités aux riches des pays riches mérite d'être questionné. Actuellement, les émissions de la Chine en CO2 sont deux fois plus élevées que celles des États-Unis. Peut-on dire de manière un peu caricaturale que ce sont les riches des pays riches qui sont les principaux responsables de ses émissions, comme l'indique Esther Duflo ? L'Inde est également le troisième émetteur de CO2 au monde.

Un effet volume qui s'appelle population globale d'un pays est peut-être également à prendre en considération pour expliquer les impacts majeurs de la croissance chinoise et indienne sur le réchauffement climatique, dans le sillage historique et toujours trop prégnant des pays développés. Ce n'est pas un hasard si les bilans mondiaux de rejets de CO2 sont influencés par les pays émergents très peuplés (Chine, Inde, Indonésie, Brésil) qui ont à la fois amorcé un développement économique carboné et abritent une population qui représente plus d'un tiers de l'humanité. Peut-être que ces pays, qui ne sont pas des pays riches, ont également en 2022 des responsabilités à assumer, aux côtés des pays développés, dans la lutte contre le changement climatique comme l'ont montré les discussions à la COP 27 à Charm El-Cheikh en novembre 2022 ? Pourquoi essayer de minimiser à la fois l'importance des succès par la croissance des grands pays émergents dans leur lutte contre la pauvreté, et leur responsabilité nouvelle et imminente, maintenant partagée avec les pays développés, dans les rejets de CO2 qui affectent les plus pauvres ? Pourquoi en rester à une opposition binaire quelque peu idéologique entre les méchants riches et les gentils pauvres, victimes des méchants riches alors que le monde émergent, de par son appétit de croissance, de par ce qu'il représente dans la population mondiale, a un impact majeur sur l'évolution de la pauvreté et sur le changement climatique ?

L'ancien monde s'écroule, adoptons sans regrets de nouveaux modèles de développement durable

Avant d'avoir les vaccins à disposition, le confinement pour cause de pandémie liée au coronavirus et l'arrêt de nos économies qui en découle ont été finalement les principales mesures avancées par nos dirigeants pour essayer de contrer la propagation du coronavirus. Le confinement revient à suspendre la mobilité des personnes. Or, il s'agit de la matrice essentielle de nos économies. Avec la crise qui débute en mars 2020, c'est le cœur même du système capitaliste, le cœur même de la mondialisation qui va avec qui étaient en cause. Comme si finalement, nos sociétés hyperconnectées, hyperinterdépendantes devenaient du même coup très fragiles face à l'attaque d'un virus qui oblige à l'immobilité et donc signe l'arrêt de mort de notre modèle de développement globalisé. Sans production, sans échange, sans mobilité, il n'y a plus d'économie. Alors pourquoi tant de fragilités ? Pourquoi une si faible résilience ? Pourquoi les mobilités tous azimuts sont-elles devenues les éléments indispensables au fonctionnement de notre système globalisé ?

En premier lieu, le modèle de développement dominant adopté par une très grande majorité de pays depuis le début des années 1980 s'est accompagné d'une dissociation géographique grandissante entre bassins de production et bassins de consommation, entre lieux de vie et lieux d'activité ou de consommation. On découvre ainsi avec stupeur notre dépendance à des produits de base ou stratégiques qui sont fabriqués à distance, comme si chaque pays s'était plié à une spécialisation à outrance, avait accepté de s'en remettre au marché mondial et à ses circuits longs pour couvrir ses besoins au moindre prix, même ceux qui apparaissent les plus indispensables. Les connexions entre les lieux de production et les lieux de consommation, entre les lieux de consommation et les lieux de vie et de loisirs occasionnent des transports motorisés dont le cumul s'accroît et pèse de plus en plus sur notre environnement.

Ensuite, on se rend compte qu'il est très périlleux de construire des chaînes de valeur mondiales qui aboutissent à fragmenter l'acte de production des biens et des services, faisant de la fabrication du produit fini et de sa diffusion un défi logistique permanent. Or, cette mobilité tous azimuts rendue obligatoire accroît la fragilité de notre système de production, accroît les contacts entre individus qui en cas de péril sanitaire peuvent s'avérer comme en 2020 redoutable. De plus, cette mobilité tous azimuts cause des dégâts à notre environnement puisqu'il s'agit le plus souvent d'une « mobilité fossile » et non d'une « mobilité propre ».

Enfin, cette production éclatée recherche les bas coûts de production, afin de supporter les frais de transport, afin de maximiser les marges. Elle se nourrit des inégalités entre zones de production à salaires écrasés mises en situation de forte concurrence et zones de consommation solvables. Cette production éclatée, pour être efficace et rentable, fonctionne par ailleurs à flux tendus, ce qui limite les stocks au maximum (même les stocks de produits sanitaires d'urgence) et renforce la précarité. Produire sur place en proximité des bassins de consommation, produire sur place à proximité des lieux de vie n'est plus le modèle qui s'impose naturellement. C'est la production éclatée et le consommé à distance qui s'imposent.

Alors que faire afin de rendre notre système économique plus résilient, moins inégalitaire, moins néfaste pour l'environnement, lui pour qui cette période de coronavirus semble avoir accéléré le glas ?

Premièrement peut-être, il nous faut retrouver le sens de la mesure et de la régulation face au gigantisme de certaines sociétés qui dominent notre monde et qui font des circuits longs, de la production éclatée en pièces détachées leurs fonds de commerce. La solution passe par la reconquête de la diversité, la recherche d'une production de biens et de services multiformes au moyen d'entreprises à taille humaine maîtrisant l'essentiel de leur cycle de production, à proximité des bassins de consommation. Nos nouvelles technologies le permettent.

Deuxièmement, il convient de recouvrer une certaine autonomie, un socle d'indépendance125 dans la production de biens et services essentiels à la population de chaque pays, A titre d'exemple, les Africains doivent à nouveau avoir la possibilité de produire leurs besoins essentiels, sans être mis en concurrence avec le reste du monde, en refusant d'être assignés à n'être que des pourvoyeurs de matières premières faiblement rémunérées, en refusant de devenir les escales de production à bas coûts sur les nouvelles routes de la soie, de biens ou parties de biens qu'ils ne consomment même pas. Pour les Européens, le même raisonnement s'applique. Pourquoi continuer à acheter des fruits ou des légumes qui viennent du bout du monde alors que l'on peut en produire sur place, à proximité des lieux de consommation, en dégageant un revenu décent pour nos agriculteurs ? La spécialisation à outrance inscrite dans les gènes de l'économie de marché, via la loi des avantages comparatifs, doit reculer au profit d'une diversification à nouveau possible des économies de chaque pays.

Troisièmement, il est urgent de susciter la diversité dans nos modèles de développement et non se résigner au modèle unique, imposé de l'extérieur et donc souvent antidémocratique, qui nous rend ainsi collectivement plus fragile. De tout temps, l'économie s'est nourrie de la diversité dans les façons de produire, de vivre et de consommer, grâce aux échanges et à l'inventivité de chacun. Il est nécessaire de récréer les conditions de cette diversité, en abolissant le diktat du modèle unique. Chaque pays doit ainsi retrouver la capacité de choisir son propre modèle de développement, faisant démocratiquement une part plus ou moins importante aux services publics, à la redistribution sociale, à la concurrence, en prenant en compte les défis environnementaux, en prenant en compte les atouts et les contraintes de sa géographie physique et humaine. C'est de diversité, c'est d'autonomie, c'est de liberté à produire et à consommer en proximité dont nous avons besoin. Pas d'une adaptation sans fin à un modèle globalisé en état de coma dépassé.

Quand le modèle de développement libéral se nourrit des inégalités

Beaucoup de livres ont paru sur le thème des inégalités croissantes. Parmi leurs auteurs, Thomas Piketty126 mesure les écarts croissants de patrimoine. Branko Milanovic127, avec sa courbe de l'éléphant, montre sur le plan des revenus que la classe moyenne des pays émergents est la grande gagnante de la mondialisation contrairement à la classe moyenne inférieure des pays occidentaux.

Tous deux sont d'ailleurs d'accord pour indiquer que la croissance crée des inégalités qu'il s'agit ensuite d'atténuer par une politique de redistribution active, en taxant pour l'un le patrimoine, en favorisant l'enrichissement des plus pauvres, pour l'autre. Keynes a même avancé que la redistribution est un des moteurs de la croissance, le grain à moudre permettant de créer une demande solvable

126 « Le capitalisme au XXIe siècle » puis « Capitalisme et idéologie » aux éditions du Seuil.
127 « Inégalités mondiales. Le destin des classes moyennes, les ultra-riches et l'égalité des chances, aux éditions La Découverte.

supplémentaire, et donc en retour de la croissance. L'inégalité serait donc un sous-produit de la croissance qu'il serait bon de combattre pour des raisons éthiques, de justice sociale, et même économiques. Comme le dit Branko Milanovic, le système capitaliste demeure le meilleur moyen de créer de la richesse, qu'il s'agit dans un second temps de mieux répartir. Faute de richesses produites, pas de possibilité de lutter contre les inégalités, pas de combat efficace contre la pauvreté, pas de redistribution possible. La croissance en Inde et en Chine n'est-elle pas à l'origine de la baisse la plus prononcée du nombre de pauvres dans le monde ?

Mais aujourd'hui, est-on sûr que c'est la production de richesses qui provoque majoritairement la croissance des inégalités ou n'est-ce pas les inégalités qui dynamisent l'activité productive chez les plus pauvres au profit des plus riches ? En effet, dans une économie mondialisée où les mobilités du capital et du travail sont encouragées, les inégalités paraissent induire de nouvelles opportunités de production pour le capitalisme, un capitalisme qui recherche directement les zones aptes à produire au moindre coût, de préférence à celles dont la compétitivité prix n'est pas ou plus jugée suffisante. Il s'opère effectivement une déconnexion géographique grandissante entre zones de production et zones de consommation de ces mêmes produits.

Le capitalisme se nourrit alors des inégalités, recherche même les inégalités pour dégager de la marge, du profit, car ni les barrières douanières, ni les faibles coûts des transports à forte teneur en carbone, ni la maîtrise technologique, ni le patriotisme économique, ni l'éthique, ni la justice ne sont des obstacles suffisants à cette déconnexion. Au contraire, les accords de libre-échange la favorisent. Les inégalités de revenu, de législation sociale, de réglementation environnementale, de pression fiscale créent donc des possibilités d'activités supplémentaires chez les plus déshérités, là où elles n'existaient pas jusqu'à présent, à la place d'anciennes zones de production, déclassées car considérées comme non compétitives.

Les inégalités ne sont plus exactement des sous-produits de la croissance mais plutôt des facteurs structurels pouvant apporter un plus grand profit par le transfert d'activités du Nord vers le Sud. L'objectif du capitalisme n'est-il pas de rechercher la plus grande efficience, l'optimisation maximale, et donc de faire produire en masse au moindre coût pour vendre ensuite partout dans le monde avec la marge la plus confortable ?

Dans un tel système, la distribution de la production va s'opérer vers les zones les plus pauvres où le climat des affaires et la sécurité permettent de produire et d'exporter au moindre coût. On déplace donc les zones de production vers les zones à faible protection sociale, à faible législation environnementale ou dans les pays où ces législations existent mais sont peu ou mal appliquées. Il y a donc des perdants et des possibles gagnants à la localisation de l'activité.

Un temps plébiscité, la Chine s'est transformée en atelier du monde jusqu'au moment où sa main-d'œuvre est devenue trop chère. Ce sont ensuite des pays comme le Vietnam, le Pakistan, le Bangladesh et l'Éthiopie qui attirent l'activité, même si ce dernier subit le handicap de l'enclavement. De la même manière au sein de l'Union européenne, les pays de l'est de l'Europe attirent l'activité qui fuit les zones à meilleurs revenus qui consomment tout en produisant de moins en moins. Si cela est nécessaire, on saucissonne les différentes phases de production et de gestion d'un même produit, pour accroître la dépendance des producteurs et attiser la concurrence entre eux. Ce ne sont pas, ce ne sont plus des chaînes de valeur mondiale que l'on voit se construire, mais plutôt des chaînes d'exploitation mondiale à coûts humains sociaux et environnementaux exorbitants. Quand la production d'un bien ou d'un service n'est pas délocalisable, elle bénéficie d'une sorte de protection, parfois grignotée dans certains secteurs par l'ubérisation, la rémunération à la tâche sans contrat de travail, comme c'est le cas des livraisons à domicile. La production et la commercialisation d'un bien ou d'un service, de la matière première à la voiture en passant par l'ordinateur ou le téléviseur, doivent se faire à un prix écrasé, à un prix d'exploitation, dans des zones où la faiblesse de la protection sociale et environnementale, la faiblesse de fiscalité rendant impossible toute véritable politique de redistribution.

On peut même se demander parfois si la valeur ajoutée générée par une activité n'est pas plus importante sur les produits de consommation de base que l'on fait produire à bas coûts au Sud pour les commercialiser au Nord, que la valeur ajoutée générée sur la production de produits sophistiqués que l'on présentait comme étant à « haute valeur ajouté » du Nord pour le Nord.

Dans ce système mondialisé, la pauvreté et les inégalités qui vont avec orientent la géographie de l'activité. Elles sont donc recherchées pour elles-mêmes comme de possibles avantages comparatifs et non combattues par le capitalisme. Les faiblement rémunérés, les privés de protection sociale et d'un environnement protégé sont prioritairement choisis pour produire par les grands acteurs du capitalisme, les donneurs d'ordre et les financiers, pour dégager et capter le plus grand profit. À l'inverse, les classes moyennes, à revenu intermédiaire et/ou à protection sociale avancée sont délaissées, perdantes dans une mondialisation qui les éloigne, qui les écartent du travail et donc des cycles de production les plus rémunérateurs. Elles ne sont plus compétitives par rapport à ceux qui sont faiblement rémunérés, ne jouissent d'aucune protection sociale, subissent les contraintes d'un environnement dégradé. Ce n'est donc plus complètement la croissance qui crée les inégalités mais également les inégalités qui créent de l'activité.

Les inégalités mondiales selon Branko Milanovic[128]

Que faut-il retentir de ce livre de Branko Milanovic qui aborde pour la première fois peut-être le sujet des inégalités à l'échelle mondiale ? D'abord que cet exercice qui vise à mesurer les inégalités de revenus n'aurait pas été possible il y a quelques années, faute de statistiques sur longue période pour un nombre suffisant de pays dans différents continents. Bien entendu, les données dans les pays développés comme dans les pays émergents sont plus fiables et significatives que celles disponibles dans les pays pauvres. Ceci étant dit, cet ouvrage s'appuie peut-être pour la première fois sur un champ statistique solide s'agissant de la mesure des inégalités, ce qui permet à l'auteur d'avancer en précurseur au moyen d'analyses novatrices. Que disent les premières mesures d'évolution des inégalités ? Durant la séquence 1988-2008, les gains relatifs des revenus des habitants des pays émergents comme la Chine et l'Inde se sont accrus beaucoup plus vite que ceux des pays occidentaux même s'ils restent inférieurs sur le plan absolu. Ceci veut dire que la mondialisation a essentiellement profité dans ces années-là à la classe moyenne des pays émergents, alors que dans le même temps la classe moyenne inférieure des pays occidentaux ne tirait aucun profit de la mondialisation. Il s'est donc produit un rattrapage spectaculaire entre une classe moyenne des pays émergents en pleine expansion en nombre et en revenus et une classe moyenne inférieure des pays occidentaux en stagnation en matière de revenu, voire en régression relative par le nombre. Selon l'auteur, le basculement massif d'activités industrielles des pays développés vers les pays émergents en est la cause principale, associée à une tertiairisation de l'emploi dans les pays développés s'accompagnant d'une réduction de l'importance relative des classes moyennes.

Deuxième enseignement, les classes riches et très riches des pays développés ont continué à s'enrichir en creusant les inégalités. Sur le plan théorique, ces évolutions remettent en cause la théorie de Kuznets qui voudrait que les inégalités baissent à partir d'un certain seuil de revenus (la fameuse courbe en U inversé). Pour Branko Milanovic, on ne doit guère parler de courbe de Kuznets mais plutôt de vagues successives de Kuznets, comme des cycles qui pourraient expliquer que les inégalités relatives après avoir décru pourraient à nouveau augmenter au commencement d'un nouveau cycle. De plus, l'auteur trouve une explication théorique à la déconnexion entre variation des inégalités et variation des revenus avant le début de l'ère industrielle sur laquelle butait Thomas Piketty. Avant 1820, les revenus n'augmentent pas véritablement sur longue période faute de révolution technologique. L'évolution des inégalités est donc d'une certaine mesure décolérée des revenus et essentiellement liée à des évènements externes

128 Auteur du livre « Inégalités mondiales. Le destin des classes moyennes, les ultra-riches et l'égalité des chances » aux éditions La Découverte, février 2019. Ancien chef économiste de la Banque mondiale et actuellement professeur à l'université de CUNY à New York.

(guerres, épidémies, phénomènes naturels). Le premier cycle industriel commence en 1820 avec la diffusion progressive de la première révolution technologique. Les principaux pays occidentaux en cours d'industrialisation seraient globalement passés par un pic d'inégalités dans les années 1910 pour décroître ensuite. À partir des années 1980, les inégalités se seraient remises à croître au profit des plus riches sous le coup de la nouvelle révolution des technologies de l'information et de l'extension de la mondialisation. Ce sont donc les révolutions technologiques qui engendrent le démarrage des courbes de Kuznets en U inversé, ces révolutions qui concernent avec la mondialisation un nombre toujours plus important de pays très peuplés.

L'autre apport majeur et plus inattendu de l'auteur a trait aux migrations dont les flux demeurent objectivement limités. Selon l'auteur, les incitations à migrer se trouvent renforcées par les écarts de revenus entre pays. De ce point de vue, contrairement au passé, le pays de naissance d'une personne est devenu le facteur explicatif principal du revenu qu'il peut espérer atteindre ce qui peut renforcer son appétence à migrer d'un pays pauvre vers un pays riche. Pour Branko Milanovic, la mondialisation engendre normalement des phénomènes de migrations dont il ne faut guère surestimer l'ampleur, des migrations qui permettent une meilleure allocation des ressources. La mondialisation a permis la mobilité du capital, la mobilité des marchandises mais doit être en capacité d'organiser la mobilité du travail et des personnes. Plutôt que de fermer les frontières comme le font de nombreux pays actuellement, l'auteur propose de différencier les droits civiques des migrants de ceux des natifs d'un pays afin d'en réguler le flux. On aurait ainsi plusieurs types de citoyenneté, même si les droits sociaux et les droits liés au travail étaient semblables pour tous (natifs du pays ou migrants). La migration ainsi naturellement encadrée serait à considérer, au même titre que l'aide au développement, comme un bon moyen de lutter contre la pauvreté et donc les inégalités et assurer in fine la meilleure allocation des ressources.

Quelles sont les quelques réserves que la lecture de ce livre peut susciter ? D'abord, la courbe en éléphant de croissance des revenus sur la période 1988 à 2008, très porteuse médiatiquement, est sensiblement différente lorsque l'on s'attache à la période presque similaire de 1988 à 2011. Les gains relatifs des classes moyennes des pays émergents sont encore plus forts que ceux des classes moyennes inférieures des pays occidentaux, des classes moyennes inférieures qui intègrent au passage les travailleurs pauvres ce que l'auteur ne précise pas suffisamment. « La trompe » vers le haut de l'éléphant – la croissance des gains des plus aisés — s'abaisse à l'horizontale. Selon les périodes statistiques considérées, les résultats ne sont pas les mêmes. L'auteur explique essentiellement ces différences par la prise en compte de la crise financière de 2007-2008 qui a fortement impacté les plus riches. Toutefois, on serait en droit d'attendre plus de permanence, plus de résilience dans les résultats obtenus à l'appui de sa démonstration théorique. Deuxièmement, l'auteur indique un peu vite peut-être que la maîtrise de la croissance de la population de certains pays n'a guère de lien avec la croissance accélérée des revenus par habitant qu'ils ont connue comme en Asie. Or, dans un pays comme la Chine, même si sa politique de contrôle des naissances n'est pas un exemple à suivre, la maîtrise de sa population durant ces trente dernières années a eu un impact significatif dans son rattrapage économique et dans la croissance des gains de sa classe moyenne, même si le vieillissement sa population pose aujourd'hui problème. Enfin pour l'auteur, seule la croissance économique permet de réduire les inégalités grâce à l'élargissement du gâteau à partager pour le plus grand nombre. Il ne croit pas à la compatibilité du concept de croissance zéro, de croissance verte, de modèle de développement durable, avec la réduction des inégalités et de la pauvreté surtout pour un continent comme l'Afrique. Pour l'auteur, la croissance économique est le seul véritable moteur de la lutte contre la pauvreté et les inégalités. On ne peut donc s'en passer. La nécessaire prise en compte du développement durable pour tous est quelque peu mise de côté, sort du champ de vision de ce chercheur qui rechigne à se situer sur ce terrain plus complexe.

Pour conclure, ce livre novateur de Branko Milanovic capte l'attention, découvre et ose des propositions théoriques nouvelles, réhabilite au passage l'économie politique. La question économique et sociale pour plus d'égalité et de partage demeure toujours devant nous. Comment expliquer autrement la montée des populismes et la crise en France des « gilets jaunes » par le décrochage de la classe moyenne qui n'a pas profité de la mondialisation ? Comment expliquer la quête de croissance et de revenus meilleurs dans les pays pauvres comme dans les pays émergents, en phase de rattrapage accéléré ? Cependant, marier cette réduction des inégalités à l'urgence environnementale, partout dans le monde, devient également une nécessité.

Le capitalisme qui déchire…

Le capitalisme comme système économique dominant est-il toujours adapté aux enjeux de développement durable et soutenable de l'ensemble de notre humanité ? La réponse aurait été certainement positive dans les années 1980 où l'effondrement du bloc soviétique signait la fin du collectivisme, l'alternative communiste au capitalisme. Par ailleurs, le capitalisme n'a-t-il pas permis aux pays émergents très peuplés comme la Chine, l'Inde, l'Indonésie, le Vietnam ou le Brésil de voir la constitution chez eux d'une classe moyenne nombreuse au pouvoir d'achat décuplé ? Ses capacités à créer des richesses et de l'activité sont sans équivalent. Toutefois, ses effets positifs ne sont que partiels sur le plan géographique, une grande partie des pays du Sud se voyant rejetée dans la misère et la pauvreté alors que d'autres s'enrichissent parfois sur le dos des plus pauvres. Plus, malgré son extension géographique et individuelle grâce la marchandisation de la sphère privée permise par le progrès technique, le capitalisme montre aujourd'hui de graves limites.

La première d'entre elles tient au respect de l'environnement. On se rend compte que le mode de développement des pays riches et des pays émergents tel qu'il s'est opéré jusqu'alors n'est pas compatible avec la préservation notre planète. Le capitalisme reste myope dans ses atteintes à l'environnement : l'investissement dans les énergies fossiles demeure très rentable ; la déforestation reste une bonne affaire économique ; la pollution des terres et des mers est sans conséquences pour ceux qui la pratiquent ; le « consommer plus » partout et en tous lieux n'est plus possible alors que le « consommer propre » demeure marginal.

Plus grave, la matrice de fonctionnement du capitalisme basée sur l'établissement d'un prix de marché et la recherche d'un profit à court terme apparaît comme dépassée. Il donne la préférence au moins-disant sur le plan des prix alors qu'il devrait naturellement privilégier le mieux disant social et le mieux disant environnemental. Il produit donc à fortes doses des externalités négatives, des agressions multiples envers l'environnement qui ne sont pas comptabilisées dans les coûts de production des agents économiques. Seules les technologies vertes qui ont une efficience supérieure aux coûts de production des biens traditionnels concurrents arrivent à s'imposer.

Dans un tel contexte, la transition écologique patine et bute sur une réalité bien concrète : les prix de marché et la recherche du profit à court terme continuent de privilégier la vieille économie. À de rares exceptions près, l'économie verte ne s'impose qu'à coup de taxations et de subventions, de régulations publiques, plus ou moins efficaces, plus ou moins justes sur le plan social, et parfois aux coûts exorbitants. La transition écologique s'opère donc à petits pas, en décalage avec les discours politiques les plus dynamiques sur ce thème. Le système capitaliste n'arrive toujours pas à intégrer la dimension environnementale, comme il a tendance, par la mondialisation, à limiter la redistribution sociale.

La troisième limite du capitalisme tient aux inégalités qu'il crée entre les pays qui profitent de ce système et ceux qui le subissent, entre les individus qui s'enrichissent partout dans le monde et ceux qui s'appauvrissent. Face aux appétits du marché, face à la compétition mondialisée, la redistribution sociale devient une variable d'ajustement par le bas. L'exploitation au moindre au coût d'une main-d'œuvre bon marché, au mépris de toute humanité, devient la règle et même le socle d'une compétitivité par l'exploitation. La main-d'œuvre à bas coûts est recherchée dans l'acte de production pour l'avantage comparatif que ces bas coûts procurent par rapport à des mains d'œuvre mieux payées.

Face à cette crise du capitalisme, face à son incapacité à intégrer les coûts environnementaux du socle planétaire sur lequel il s'est construit, face à sa propension à s'écarter de la redistribution sociale, face aux échecs des régulations internes ou externes, il nous faut donc imaginer un autre mode de développement. Ce n'est pas, ce n'est plus au seul système capitaliste, même régulé au mieux, de nous dicter sa loi. Il convient que l'humanité, individuellement et collectivement, reprenne les manettes de son propre avenir.

Sur le plan environnemental, il nous faut privilégier les technologies propres, en appuyant la recherche qui les concerne, en leur créant un cadre législatif favorable, en taxant les activités qui agressent l'environnement et ne paient pas leurs coûts écologiques véritables.

Sur le plan territorial, il nous faut rapprocher les bassins de production des bassins de population afin que chacun puisse produire pour vivre à proximité de son lieu d'habitation. Les circuits courts et la relocalisation des bassins de production de proximité doivent s'imposer face aux accords de libre-échange qui favorisent les chaînes de valeur mondiales, c'est-à-dire l'économie dépassée d'une mondialisation d'activité, de mobilités tous azimuts, et non de bien-être.

Sur le plan démographique, il nous faut accepter de regarder la réalité en face : est-il vraiment judicieux au Nord comme au Sud de s'envisager toujours plus nombreux sur Terre alors que les ressources dont nous disposons sont en quantité finie ? Ayons là aussi le courage de regarder la réalité en face dans le respect des choix individuels de chacun.

Le temps du laisser-faire où les intérêts individuels pouvaient coïncider avec l'intérêt collectif semble bien révolu. À nous de reprendre politiquement les manettes de notre propre avenir.

Pour une Afrique résiliente et prospère

En 2020, la crise du coronavirus touche tous les continents sur le plan sanitaire et économique. Si certains pays semblent moins impactés, la mise à l'arrêt de l'économie mondiale n'épargne aucun continent. Pour l'Afrique, comme pour d'autres régions, cette crise peut être l'occasion de réinventer un modèle économique, social et environnemental porteur d'avenir et de bien-être pour les générations futures.

De quoi souffre l'Afrique ? D'avoir été baignée dans une logique de recherche des avantages comparatifs lui faisant abandonner toute diversification. D'être au XXIe siècle spécialisée à outrance dans l'extraction de matières premières à faible valeur ajoutée. De n'être plus capable du même coup de se nourrir, de se vêtir ou même de se loger sans faire appel à l'extérieur. De faire face à une croissance démographique exponentielle qui déstabilise le marché de l'emploi, qui renforce le secteur informel, qui creuse les déficits budgétaires par accroissement des dépenses de santé et d'éducation.

La crise économique des années 2020 constitue une formidable opportunité pour chaque pays d'Afrique de revoir les fondamentaux de chaque modèle de développement. Face au coronavirus, le blocage des frontières, le blocage de la mondialisation, l'absence d'Aide venant de l'extérieur, obligent chaque pays à recentrer son attention vers la satisfaction des besoins de sa population. Se nourrir, se loger, se vêtir par soi-même est à nouveau à l'ordre du jour, sans faire appel en priorité aux importations à bas coûts ou encore s'en remettre à la charité internationale.

Ce socle de productions indispensables qui assurent la résilience des économies, nous nous en étions éloignés, en Afrique comme ailleurs. Il redevient en ces temps de crise d'actualité. Ce socle d'indépendance peut se réaliser, doit se réaliser en mettant en œuvre des processus technologiques ne faisant pas appel à l'énergie fossile, ne faisant pas appel à du transport sur longue distance, ne faisant pas appel à une surenchère sur les bas coûts de production et les inégalités qui vont avec. Nous sommes donc bien dans la modernité et non dans un retour en arrière. Les bassins de production doivent se rapprocher des bassins de consommation. Les entreprises locales, qu'elles soient à capitaux locaux ou étrangers, doivent produire essentiellement pour satisfaire les besoins locaux. Les circuits courts doivent être privilégiés.

L'éducation et la santé font également partie des besoins fondamentaux. Pour parvenir à les satisfaire, il convient de maîtriser la croissance démographique de chaque pays, en responsabilisant les populations sur leurs choix individuels en matière de procréation, des choix qui doivent rester libres. Éduquer les filles et les garçons, diffuser les moyens d'une maîtrise individuelle de la procréation, informer les populations sur les conséquences de leurs choix de vie fait partie des messages indispensables de responsabilisation.

Les pays d'Afrique, comme sur d'autres continents, ont l'opportunité de revoir leurs modèles de développement. Cela ne veut pas dire se couper de l'extérieur, ne pas rester ouvert à l'échange. C'est plutôt s'extraire temporairement des impératifs de rentabilité de court terme, souvent construits sur des externalités négatives, qui vont jusqu'à exclure ses propres producteurs de la fourniture des marchés locaux de consommation. C'est plutôt construire un modèle de développement plus résilient capable de satisfaire les besoins fondamentaux d'une population, de manière indépendante, de manière durable.

Cette mise à distance de la contrainte externe, cette mise à distance d'une rentabilité de court terme qui conditionne l'acte de production, la crise que nous vivons en 2020 le permet mécaniquement. Les pays d'Afrique peuvent en profiter, comme d'autres.

Compter sur l'extérieur pour se nourrir à bas coûts ou espérer de l'aide alimentaire n'est pas, n'est plus une solution. Importer des produits de pacotille pour se vêtir ou se meubler n'est plus une solution. S'en remettre exclusivement à la spécialisation internationale et à l'interdépendance qui en résulte n'est pas la solution.

C'est le local et le diversifié partout dans le monde comme en Afrique, qui émergent. Les pays d'Afrique peuvent reconstruire et inventer, comme ailleurs, des modèles de développement en phase avec ces nouvelles opportunités.

En situation de crise, attention aux prévisions autoréalisatrices trop pessimistes pour l'Afrique

Dès le mois de février 2020, l'OMS et les bailleurs de fonds du développement avaient prédit à l'unisson un double tsunami pour l'Afrique. Que ce soient l'OMS « L'Afrique doit se préparer au pire », 19 mars 2020 ; « L'OMS s'alarme de la progression rapide du Covid-19 », 19 avril 2020, le FMI et la Banque mondiale « La première récession depuis 25 ans avec une perte de 37 à 79 milliards de $ », -5,1 % du PIB, 9 avril 2020, l'Union européenne (Pont aérien mis en place pour l'Afrique à partir de la Centrafrique dès le 8 mai 2020), les autres bailleurs bilatéraux, la cause était déjà entendue. Face à la pandémie, l'Afrique n'était pas préparée, ses systèmes de santé défaillants, faute de moyens, faute de savoir-faire. La pandémie allait infecter et décimer une partie de population de ce continent.

À ce premier tsunami aux conséquences ravageuses sur le plan humain allait s'en adjoindre un second, tout aussi profond, presque instantané : la crise économique. L'Afrique serait touchée de plein fouet par le ralentissement du commerce mondial, les mesures de confinement mettant un terme à la mobilité et au tourisme, la baisse du prix des matières premières, l'arrêt des financements des diasporas. Elle souffrirait d'autant plus de cette crise sanitaire et économique que sa population est globalement pauvre, que son niveau d'endettement est déjà élevé, ce qui va renforcer les inégalités mondiales. En Afrique, la baisse du revenu par habitant était estimée entre 5 % et 10 % par la Banque mondiale (9 avril 2020).

Afin de faire face à ce double tsunami annoncé, il était donc nécessaire et urgent pour la communauté internationale de consentir un effort exceptionnel sur le plan financier pour tenter d'atténuer les conséquences de cette double crise. Au-delà du moratoire sur la dette en 2020 annoncé par le G20, la Banque mondiale et le FMI ont déclaré de conserve dès le 17 avril 2020 que l'Afrique subsaharienne aurait besoin de 114 milliards de $ dont 44 milliards demeuraient à trouver.

Comment s'opposer à des analyses si convaincantes, si rationnelles, basées sur des chiffres produits par les plus sérieuses institutions internationales ? Comment oser les remettre en cause tant les enjeux semblent cruciaux sur le plan humanitaire pour les populations victimes des catastrophes annoncées ?

Et pourtant, avec le recul, on peut avoir une autre lecture des évènements. Premièrement, le premier tsunami annoncé sur le plan sanitaire ne s'est finalement pas produit. L'Afrique a beaucoup mieux résisté au virus que ne le prévoyaient l'OMS et les bailleurs de fonds. Nous ne pouvons que nous en réjouir. Du bout des lèvres, l'OMS évoque dès le 24 septembre 2020 « le commencement d'un retour à la normale ». On est pourtant bien obligé de constater qu'avec une population estimée à 1,2 milliard d'habitants, le nombre de décès est fin septembre 2020 proches de 35 000, soit un bilan équivalent à la France qui ne compte que 65 millions d'habitants. Toute une série de causes expliquent ce grand écart entre les prévisions et la réalité de ce qui s'est déroulé. La densité plus faible de la population et sa jeunesse l'ont certainement protégée. Mais surtout, la promptitude à régir de la part des autorités locales, le savoir-faire des services de santé en matière de gestion des pandémies sont à mettre au crédit des pays africains. Sur le plan sanitaire, l'Afrique s'en est sortie pratiquement seule, sans appui extérieur.

Deuxièmement, le second tsunami annoncé était d'ordre économique. Sa réalité et son ampleur sont plus difficiles à apprécier. Néanmoins, plusieurs éléments concourent à nuancer quelque peu la belle unanimité de la communauté des bailleurs de fonds qui nous prédisaient le pire. À la différence d'une famine qui peut s'anticiper, il demeure extrêmement difficile de faire des prévisions économiques à plus de six mois, que ce soit en Afrique ou ailleurs. À cette difficulté intrinsèque à la science économique s'en ajoute une deuxième pour l'Afrique. Elle n'a pas un appareil statistique suffisamment fiable pour nourrir correctement les modèles de prévision. Leurs projections à six mois ou un an peuvent donc s'écarter très sensiblement de la réalité. On devrait donc en tenir compte lorsqu'on s'appuie sur ce type de prédictions pour bâtir une communication, avancer un argumentaire ou encore faire-valoir une stratégie de réponse.

Autre élément à prendre en considération, la baisse d'activité anticipée en Afrique par le FMI et la Banque mondiale était dès le départ moindre que celle prévue pour les grands pays développés ou émergents. Il était donc excessif de dramatiser sur les conséquences économiques du coronavirus en Afrique, sauf à affirmer que ce choc relatif s'établirait sur un corps économique bien plus fragile provoquant ainsi des conséquences plus lourdes. Enfin, dernier élément, contrairement aux affirmations de certains experts, l'économie africaine est globalement beaucoup plus autonome vis-à-vis de la conjoncture internationale que d'autres économies plus développées. Sa participation au commerce mondial demeure marginale, son économie informelle est très développée, ce qui constitue deux facteurs de résilience en cas de crise se propageant principalement à partir d'une baisse du commerce international.

Est-ce à dire pour autant que la communication autour de ce type de prévisions est anodine et a été sans conséquences sur le plan économique pour Afrique ? Certes non. Annoncer la venue certaine d'une catastrophe économique pour un continent comme l'Afrique ou toute autre entité économique provoque un choc de défiance : une perte de confiance en l'avenir, la fuite des capitaux, l'arrêt des investissements et une certaine baisse de la consommation. En prédisant le pire pour l'Afrique, le FMI et la Banque mondiale participent involontairement à la dégradation de la conjoncture africaine, tout en indiquant vouloir la combattre par la levée de financements plus importants. Les prévisions unanimes et pessimistes des bailleurs de fonds deviennent dans une certaine mesure autoréalisatrices. Comment en effet attirer des financements privés et accroître les investissements d'avenir lorsque l'on se fait le porte-voix de prévisions économiques si sombres ? Comment ne pas risquer de participer à l'altération sensible du climat économique qu'on est censé combattre ?

Pour conclure, attention à ne pas systématiquement prévoir le pire pour l'Afrique qui reste plus résiliente que l'on croit.

Les trois grands défis d'avenir de l'Afrique

« L'Afrique noire est mal partie » disait déjà René Dumont en 1962. Pour Nicolas Sarkozy à Dakar en juillet 2007, *« le drame de l'Afrique, c'est que l'homme africain n'est pas assez entré dans l'histoire »*. Aujourd'hui, au moment où la pauvreté et la faim augmentent à nouveau, où les effets du changement climatique se font de plus en plus sentir, où la croissance démographique est à son comble, où l'aide au développement ne parvient toujours pas à enclencher un développement durable dans les 54 pays que compose le continent, il est peut-être temps d'essayer de se tourner résolument vers le futur en s'attaquant aux grands défis d'avenir.

Le premier défi d'avenir est de faire des Africains eux-mêmes les propres moteurs de leur développement durable. Par le passé, de la période coloniale à aujourd'hui, les pays africains ont trop dépendu de l'extérieur. Ils sont trop souvent tombés dans la mauvaise gouvernance Il leur faut aujourd'hui se recentrer sur l'intérêt collectif et définir leurs modèles de développement durable. Les pays africains ne peuvent plus se contenter de voir façonner leurs économies de l'extérieur, par une ouverture au commerce international où le plus productif mais aussi parfois le plus subventionné, celui qui subventionne directement ou indirectement ses exportations sur le marché mondial, gagne la mise. Les pays africains n'ont pas besoin de subir cette spécialisation forcée qui par le jeu du marché engendre une répartition géographique des zones de production défavorable à l'Afrique. Dans cette répartition, le continent est devenu essentiellement une source de matières premières non transformées, là où résident ses avantages comparatifs : des matières premières abondantes avec des coûts d'extraction limités. Les pays africains doivent recouvrer l'opportunité de déployer leur activité économique dans bien d'autres domaines, reconstruire un socle d'indépendance économique par la voie de la diversité et non par celle de la spécialisation, par la voie de la souveraineté économique et donc une politique publique active de l'État au service de leurs populations. Ainsi, les pays africains ont intérêt à s'écarter des conseils mal avisés des institutions internationales (FMI, Banque mondiale, OMC) qui prônent un libéralisme à tous crins qui n'a cessé de produire de la dépendance : dépendance au commerce international, dépendance aux productions de base (produits alimentaires, habillement, produits transformés), dépendance à l'Aide. Seul un protectionnisme judicieux pourrait permettre aux pays africains de recouvrer une base productive élargie apte à couvrir les besoins de leurs populations, à savoir en premier lieu se nourrir, se vêtir, se loger, ce qui représente 80 % du budget des ménages. Seule une gouvernance nouvelle pourrait rétablir un rôle actif de l'État dans la production de biens publics, de biens communs, de services collectifs.

Le deuxième défi d'avenir pour l'Afrique, surtout au sud du Sahara, est de réguler au plus vite son emballement démographique qui enregistre un taux d'augmentation vertigineux de la population à 2,7 %/an. Son déséquilibre démographique a débuté il y a plus de 100 ans par une baisse salvatrice de son taux de mortalité, non accompagnée depuis par une baisse similaire du taux de natalité. La population de l'Afrique qui était de 283 millions d'habitants en 1960 est passée à 1,34 milliard en 2020 et pourrait encore doubler d'ici 2050. Ce déséquilibre permanent, pudiquement appelé transition démographique mais dont on ne perçoit toujours pas l'achèvement, débouche directement sur la continuation de la pauvreté de masse, la faim, les migrations, l'insécurité, le terrorisme, les conflits entre éleveurs et agriculteurs, les dépenses de santé et d'éducation qui explosent, les terres qui s'épuisent, les forêts qui disparaissent et accélèrent la désertification, les villes bidonvilles où vient s'entasser une population nourrie par les importations. Tous ces dérèglements sont favorisés jour après jour par l'explosion démographique. Il faut rompre avec les discours démagogiques d'une Afrique jeune, aux potentialités immenses qui toucherait déjà un dividende démographique grâce à la jeunesse de sa population et donc à son dynamisme démographique. Ce n'est pas exact. L'Afrique ploie sous les effets de sa démographie. L'Afrique ploie sous la croissance de ses besoins insatisfaits : eau, électricité, infrastructures urbaines et rurales, services publics de base. Elle aurait tout intérêt, dans le respect de la liberté individuelle de chacun, à réguler sa population par le planning familial, par l'espacement des naissances, par l'éducation des filles, par l'instauration de pensions de retraite pour les personnes âgées.

Le troisième défi d'avenir des pays africains est d'instiller d'emblée la construction d'un modèle innovant de développement durable à l'écart de la carbonisation de leurs économies, à l'écart de la dilapidation de leurs ressources naturelles, à l'écart du gaspillage engendré par l'installation d'une économie de consommation de masse. Pour cela, chaque pays peut choisir de se tourner vers une production d'énergie décarbonée à base de solaire, d'éolien, d'hydroélectrique, de géothermie. Les pays développés peuvent accompagner cette évolution par des financements et des transferts de technologie. Les pays africains ne peuvent pas commettre la même erreur de trajectoire que les pays développés et les pays émergents. Les pays africains ne peuvent pas suivre ou s'inspirer des modèles de développement périmés. Les pays africains doivent plutôt bâtir et inventer leurs propres modèles de développement durable, déclinés de 54 façons différentes pour s'ouvrir un à un réel avenir.

Afin de relever ses trois défis majeurs, les pays africains ne peuvent compter que sur eux-mêmes. Ils n'ont rien à attendre des pays qui, aujourd'hui comme hier, les dépouillent avec constance de leurs matières premières, de leurs mains d'œuvres, qualifiées ou non qualifiées. Les pays africains n'ont rien à attendre des conseils des institutions internationales encore trop exclusivement tournées vers le libéralisme. L'Afrique n'a rien à attendre du grand frère chinois du Sud qui, comme autrefois les colons britanniques ou français, recherche son intérêt. Seuls les pays africains eux-mêmes peuvent véritablement défendre leurs intérêts, ceux de l'Afrique et des Africains. Pour ce faire, il convient que les pays africains retrouvent les moyens et l'ambition de se gouverner par eux-mêmes, en toute indépendance, grâce à une souveraineté économique retrouvée, conformément à la charte des nations unies de 1945. Ils doivent également s'écarter du népotisme, de la corruption, de la mauvaise gestion, de la prévarication dans lesquels ils sont trop souvent tombés. Pour reprendre à leur compte les fils de leur avenir, pourquoi ne pas choisir une gouvernance démocratique, si possible sans violence ? Pourquoi ne pas choisir l'intérêt général plutôt que les intérêts particuliers ? Si l'Afrique a trop souvent été privée de la conduite de sa propre histoire, elle doit aujourd'hui se saisir des clefs de son avenir.

Pour le passage de l'informel au formel dans les pays en développement

On dit parfois que certains pays en développement éprouvent des difficultés dans leur lutte contre l'activité informelle. C'est effectivement une réalité qui s'inscrit dans les faits. L'informel comporte à première vue des avantages. Il est plus souple, s'adapte aux soubresauts de l'économie, permet de débaucher et d'embaucher instantanément, protège contre les administrations prédatrices, constitue un gisement d'emplois pour des jeunes non diplômés qui arrivent en masse sur le marché du travail. Mais le revers de la médaille n'est pas beau à voir. En voici quelques exemples. L'informel ne permet pas à l'État faute de ressources fiscales de financer la protection sociale. Il est source de corruption pour le secteur privé comme pour le secteur public. Il crée des distorsions de concurrence entre formel et informel. Lorsqu'il est majoritaire, il renforce la pression fiscale sur quelques entités formalisées qui se retrouvent étranglées financièrement par l'administration.

Dans certains pays, la pratique veut ainsi que le personnel que vous employez soit souvent non déclaré, ce qui prive ces employés d'une couverture sociale (maladie, retraite, autre…). Mais quelle n'est pas votre surprise quand vous leur proposez d'être déclarés et que certains refusent ! Et bien tout s'explique. Le fait d'être déclaré en tant qu'employé bénéficiant d'un salaire les identifie auprès des administrations et en fait une cible fiscale et une cible sociale (cotisations sociales) d'administrations peu scrupuleuses.

Dans certaines circonstances, il arrive qu'un agent public véreux vous propose lui-même, moyennant finances, de vous raccorder à titre privé ou en tant qu'entreprise illicitement au réseau de distribution d'eau ou d'électricité. Si vous n'acceptez pas, un risque de coupure existe. Si vous acceptez, vous tombez dans l'engrenage de la corruption. Pour vous, cette proposition est dans un premier temps toujours une bonne affaire financière. Contre une rémunération modique, vous bénéficiez d'un service public qui vous coûterait plus cher. Mais ce même agent public, pour diverses raisons, peut vous dénoncer un jour comme une balance en s'appuyant sur les turpitudes qu'il a lui-même créées. À court terme, vous y gagnez. À long terme, c'est plutôt le contraire sans parler de la perte de sens moral qui s'opère en vous et que votre attitude renforce autour de vous. Sans compter que vous creusez la tombe des services de l'eau et de l'électricité qui sont souvent déjà bien mal en point.

Pour obtenir de l'administration des visas sur votre passeport, une autorisation d'activité, un dédouanement de votre marchandise, le non-paiement d'une taxation illicite, il convient parfois de payer un bakchich au fonctionnaire. Là encore, vous souhaiteriez être dans le formel mais pour y parvenir, on vous invite parfois à faire un petit tour dans l'informel par l'intermédiaire d'une administration ou d'individus qui prélèvent leur dîme. Leur but est de placer devant l'entité formelle censée avoir des moyens financiers le plus d'obstacles à franchir, contre versements si possible répétés, afin de générer une source de revenus. L'allongement des circuits administratifs, la multiplication des signatures à obtenir sont de grands classiques de prélèvements indus.

Alors, de guerre lasse, pourquoi en pas basculer totalement dans l'informel puisque le coût de la formalisation est décidément trop élevé en retenues formelles mais surtout en retenues informelles qui s'attachent à la formalisation ? On ne déclare plus ses employés. On ne paie pas l'impôt. On n'acquitte pas les cotisations sociales. On s'arrange pour éviter les taxes à l'importation en utilisant des circuits parallèles. On joue de la mondialisation pour cacher ses bénéfices dans des paradis fiscaux. Vivons heureux, vivons cachés dit-on parfois. L'informel répond à une certaine rationalité économique quand l'administration est corrompue, quand l'informel est en concurrence directe avec le formel qui participe à la solidarité nationale. Et cet informel est d'autant plus la règle, corruption mise à part, lorsqu'il est très majoritaire dans les pays en développement face à un secteur formel réduit comme peau de chagrin qui doit pratiquement seul assurer les recettes de l'État, et voit du même coup le coût effectif de la formalisation exploser.

Pourtant, le maintien dans l'informel de toute une société n'est pas une solution souhaitable. Comment financer le bien commun, appliquer une politique de redistribution, lutter contre les inégalités, financer l'éducation et la santé, faire fonctionner correctement la démocratie, l'État, raffermir la cohésion sociale si le chacun pour soi demeure la règle et que l'État et ses démembrements ne bénéficient d'aucune ressource ? Le vivre ensemble dans le partage dépend de la formalisation de l'économie, du social, des institutions donnant à chacun les mêmes droits et les mêmes devoirs. C'est le cercle vertueux d'une société qui se développe au bénéfice de tous. Ce cercle vertueux ne peut s'imposer que si les autorités locales privilégient le passage de l'informel au formel, en faisant que ce passage ne soit plus un coût pour ceux qui s'y prêtent, mais engendre un bénéfice commun, individuel et collectif.

Pourquoi toujours la faim dans le monde ?

Bien des prises de position[129], bien des études bardées de certitudes[130], bien des conférences sur la sécurité alimentaire mondiale[131] ont fait écho aux dramatiques émeutes de la faim de l'été 2008 qui accompagnaient alors l'envolée des prix des matières premières agricoles[132]. La faim de masse était de retour tellement les marchés internationaux étaient dans l'incapacité d'assurer l'équilibre alimentaire de la planète. Toutes les prévisions envisageaient une pénurie durable des ressources agricoles. D'un seul coup, le fragile filet de sécurité représenté par le marché mondial des céréales offrant apparemment la possibilité de nourrir le monde, s'est déchiré. Il redevenait urgent de réinvestir dans ce secteur à nouveau rentable.

Toutefois, dès septembre 2008, les prix se sont orientés fortement à la baisse mettant à bas ce scénario. Pourquoi un tel retournement ? En quoi le fonctionnement du marché mondial peut être contre toute attente un facteur de diffusion de la faim dans le monde ? Telles sont dans un premier temps les questions auxquelles l'analyse présentée ici essaie d'apporter quelques réponses. Dans un second temps, dans la mesure où le fonctionnement du marché mondial des céréales peut susciter la faim dans le monde, nous commenterons quelques-unes des solutions envisagées afin d'améliorer cette situation à savoir :

- La poursuite d'une plus grande libéralisation du secteur agricole comme le GATT[133] puis l'Organisation mondiale du commerce (OMC) y travaillent maintenant depuis de nombreuses années ; un retour à la réglementation des prix.
- Une nouvelle régulation des marchés visant une meilleure stabilisation.
- Un appui renforcé et renouvelé de l'aide publique au développement au secteur agricole et alimentaire.

---

129 / « Nous pourrons faire face aux besoins alimentaires d'une population qui doit atteindre 9 milliards à l'horizon 2050 », Jacques Diouf, ancien directeur général de l'Organisation des Nations unies pour l'agriculture et l'alimentation (FAO), ou encore : « La crise est provoquée par les politiques libérales », Ngiogou Fall, président du réseau des agricultures paysannes des producteurs d'Afrique de l'Ouest, le 4 juin 2008.

130 / « Les prix agricoles resteront élevés dans les 10 ans qui viennent » dans Perspectives agricoles pour 2008-2017 », étude publiée le 29 mai 2008 par la FAO et l'OCDE.

131 / Et notamment la conférence sur la sécurité alimentaire mondiale tenue à Rome du 3 au 5 juin 2008 au siège de FAO.

132 / + 181 % pour le blé sur les 36 mois qui précédent février 2008, + 83 % pour les prix alimentaires en général sur la même période selon les estimations de la Banque mondiale.

133 / General Agreement on Tariffs and Trade qui a précédé l'OMC de 1954 à 1994.

Aujourd'hui le « droit à l'alimentation pour tous » et la « souveraineté alimentaire » semblent devenir les nouveaux étendards des peuples solidaires qui luttent contre la faim. Cependant, beaucoup restent à explorer pour tenter de réduire effectivement ce fléau qui touche plus d'un milliard d'individus.

Un marché de surplus en équilibre instable

Le marché mondial des céréales possède plusieurs caractéristiques particulières qui peuvent être potentiellement fortement déstabilisantes pour les producteurs et les consommateurs des pays en développement qui subissent en majorité la faim.

Premièrement, les prix internationaux des céréales sont structurellement instables car il s'agit d'un marché de surplus ou d'excédents. Les échanges en volume représentaient pour la campagne 2007-2008 près de 238 millions de tonnes, soit pas plus de 14 % d'une production mondiale estimée à 1 689 millions de tonnes. Cette proportion était exactement la même 20 ans plus tôt. Pour le riz, le marché mondial est encore plus étroit. En 2008, il représente environ 7 % de la production mondiale pour des volumes qui ne dépassent pas les 30 millions de tonnes échangées.

En 2020 (source FAO, situation alimentaire mondiale du 5 novembre 2020), les proportions demeurent globalement inchangées. Le commerce des céréales représente un volume de près de 440 millions de tonnes pour une production de 2 700 millions de tonnes. Pour le riz, la production est de 500 MT pour des échanges estimés à 47 MT. Ce sont donc des marchés de surplus.

Un déplacement minime de la production mondiale dans un sens ou dans l'autre peut faire basculer le marché. Comme les stocks sont très onéreux à financer et à transporter pour une valeur ajoutée minime, ils sont maintenus à un niveau relativement faible. Ils ne peuvent jouer le rôle d'amortisseur d'une campagne à l'autre. Les producteurs exportateurs sont donc amenés à écouler à bas prix, voire sous forme d'aide alimentaire leurs excédents[134] sur ce marché lorsque l'offre est excédentaire ou à bénéficier d'une hausse des prix très rémunératrice lorsque les quantités viennent à manquer.

Deuxièmement, l'incertitude climatique et l'atomisation des structures de production font que les producteurs agricoles n'ont individuellement aucun moyen de maîtriser les marchés et les prix. Face à une offre volatile, la demande de consommation est en revanche très rigide. Cette insécurité, cette instabilité, cette très forte volatilité ne constituent pas une découverte récente. Dès le XVIIe siècle, un économiste anglais, Gregory King, avait théorisé cette question.

---

134 / A cet effet, le sous-comité de l'écoulement des excédents a été créé par la FAO en 1954 faisant directement le lien entre marché mondial des céréales et règles d'écoulement des excédents, notamment sous forme d'aide alimentaire.

La loi qui porte son nom nous enseigne depuis que sur les marchés de produits agricoles, la variation des quantités entraîne à court terme une variation inverse plus que proportionnelle sur les prix.

Troisièmement, la volatilité des prix est très forte car plusieurs facteurs d'instabilité se cumulent : (1) les quantités à commercialiser sont fluctuantes et représentent peu par rapport à la production mondiale, ce qui en fait un marché constitué d'excédents plus ou moins aléatoires, (2) la spéculation amplifie parfois le phénomène, (3) l'élargissement de la demande à des pays peu solvables passe parfois par des subventions à l'exportation qui accentuent la baisse des prix, (4) les pays producteurs sont prêts à brader leurs marchandises pour écouler leurs stocks en allant jusqu'à favoriser l'aide alimentaire, soit « le prix zéro ». Cette volatilité a tendance à augmenter depuis 1974. Elle est plus de nature chaotique qu'aléatoire si bien qu'un élargissement du marché - ouverture des marchés nationaux - favorise plus que ne réduit le champ d'amplitude des fluctuations[135]. C'est d'ailleurs ce qu'enregistrent les indices d'instabilité de la CNUCED[136] qui sont relativement faibles jusque dans les années 1970 pour très fortement augmenter ensuite. Avant 1972, le marché mondial est très encadré par des politiques de stabilisation des pays exportateurs et des pays importateurs. À partir de 1972, la dérégulation est de mise et la volatilité explose[137].

Les conséquences de l'instabilité du marché sur la sécurité alimentaire des pays pauvres

À première vue, on pourrait croire et dire que le marché mondial, quelle que soit son instabilité, constitue bien une sécurité alimentaire supplémentaire pour le monde et singulièrement pour les pays déficitaires en produits vivriers qui ont besoin d'assurer l'alimentation de leurs populations. D'ailleurs, les producteurs exportateurs ne se privent pas de justifier leur commerce par cette belle mission - nourrir le monde - et notamment les plus pauvres grâce à des prix subventionnés ou pourquoi pas de l'aide alimentaire écoulant leurs surplus. Pour les nations qui n'ont pas les terres suffisantes pour se nourrir efficacement, mais qui sont dotées de moyens financiers pour acheter sur ce marché, quels que soient les niveaux de prix pratiqués, le marché mondial remplit effectivement un rôle positif. Il s'agit le plus souvent de pays à revenu intermédiaire ou de pays développés.

135/ Les prix ne suivent plus depuis 1973 le mouvement homogène conceptualisé par Presbish et Singer de baisse de long terme de leur niveau et de fluctuations d'ampleur limitée. Depuis cette date, les modèles nous montrent que les prix évoluent de manière asymétrique, irrégulière et selon des phases plus ou moins longues de booms ou de dépressions. Les tenants d'une volatilité aléatoire deviennent minoritaires.

136/ Conférence des Nations unies pour le commerce et le développement.

137/ En 1973, le « désordre » des marchés agricoles mondiaux est dénoncé par le Professeur D. Gale Johnson de l'Université de Chicago qui l'attribue aux diverses exemptions dont bénéficient les produits agricoles.

Pour ce qui concerne les pays pauvres, autosuffisants ou déficitaires, cette vision idyllique de la fonction assumée par ce marché, un filet de sécurité alimentaire à l'échelle de la planète, ne résiste pas à l'analyse. Ils sont en général directement et sans protection connectés à ce marché. Les fluctuations de ce dernier se répercutent donc directement à la fois sur leurs agricultures mais également sur la consommation de produits vivriers dans leurs villes et leurs campagnes. C'est à ce niveau que peut s'opérer le lien entre fonctionnement du marché mondial et développement de la faim dans le monde.

Lorsque les prix sur le marché mondial des céréales sont hauts, c'est la famine qui guette. C'est ce qui s'est passé en 2008. Les quantités disponibles ont baissé et les prix augmentés fortement privant les pays pauvres d'un approvisionnement suffisant. Les émeutes de la faim dans 37 pays en sont la conséquence. Mais pour les producteurs et consommateurs du monde entier, à la hausse peut rapidement succéder la baisse, et avec de fortes amplitudes. L'année 2008 en a été une parfaite illustration. En janvier 2008 et jusqu'à l'été 2008, on a craint la pénurie et les prix se sont envolés (371 $ à la tonne pour le blé en janvier 2008). Fin 2008 et début 2009, le marché mondial des céréales s'est en fait retourné. Le prix du blé à l'exportation à Rouen n'était plus que de 195 $/T.

Lorsque les prix sur le marché mondial des céréales sont bas et transmis directement sur les marchés nationaux, les agriculteurs locaux se voient exclus de l'approvisionnement des villes, surtout si ces céréales pénètrent sur les marchés locaux sans droit de douane ni contingentements quantitatifs. Ils ne sont donc plus incités à produire autrement que pour leur propre autosubsistance. N'ayant plus de débouchés, la production baisse et la dépendance vis-à-vis de l'extérieur s'accroît. À court terme, les pays pauvres importateurs trouvent pourtant intérêt à cette abondance sur les marchés mondiaux : ils paient leurs importations moins chères et peuvent nourrir les villes à bon compte, sans augmenter les salaires. Parfois, ils bénéficient même de l'aide alimentaire gratuite. Il est plus facile pour les gouvernements locaux de ne pas augmenter les salaires de la fonction publique. À long terme, ils perdent progressivement les moyens d'assurer par eux-mêmes une sécurité alimentaire que pourtant le marché mondial ne peut leur garantir. Les déficits alimentaires se creusent ce qui accroît potentiellement l'insécurité alimentaire et donc les risques de famines. Les habitudes alimentaires sont modifiées.

Or cette abondance n'est que passagère car c'est l'instabilité qui domine. Impossible dans ces conditions d'investir localement dans une activité si risquée. Impossible de se projeter dans l'avenir pour vendre sur les marchés locaux de proximité ou urbains. Impossible de sortir de l'économie de subsistance. On touche ici aux causes de la stagnation de la production des agricultures vivrières en économie ouverte.

Ainsi, l'écart de productivité entre les agricultures des pays pauvres relativement stagnantes et les agricultures de plus en plus productives de certains pays développés ou émergents n'a cessé de s'accroître au fil du temps pour constituer un rapport de 1 à 1000. Au lieu de fouetter la productivité des moins compétitifs ayant pourtant des marges de progression, une mise en concurrence trop brutale les éloigne de l'acte de production, eux qui pourtant n'ont pas d'alternative possible pour l'emploi de leurs populations.

Le risque majeur d'une concurrence complètement libre est d'interdire aux populations rurales des pays pauvres le droit à produire pour vivre. Mais la faim dans le monde ne dépend pas uniquement de la faculté à produire pour les populations qui vivent dans le milieu rural. Elle dépend également de la capacité à acheter de la nourriture pour les ruraux[138] comme pour les urbains pour subvenir à leurs besoins[139]. Or, ce qui caractérise les populations pauvres des villes et des campagnes, c'est la faiblesse de leur pouvoir d'achat. La demande de cette population est peu solvable. L'approvisionnement par le marché n'est donc pas toujours suffisant pour assurer la satisfaction des besoins des populations pauvres.

Le bon équilibre entre prix à la production et prix à la consommation est donc très difficile à définir. Pour chaque pays, cet équilibre semble différent puisqu'il s'agit de trouver un compromis entre producteurs et consommateurs afin que les premiers soient incités à nourrir avec efficacité les seconds dont le pouvoir d'achat est faible. Ce type de réglage est fonction de paramètres économiques et sociaux particuliers : pouvoir d'achat, géographie, population rurale, niveau et qualité des terres cultivables, particularités des exploitations, niveau technique, propriété ou non des terres, proximité des bassins de production par rapport aux bassins de consommation, conditions naturelles, etc. Toute la difficulté d'une bonne politique agricole et alimentaire est donc de tenir compte de l'ensemble de ces paramètres, ce qui la rend par définition spécifique à chaque pays. Le prix international dont la formation et l'instabilité répondent à de tout autres critères apparaît du même coup bien incapable de guider de telles politiques. Chaque marché national possède ses spécificités et l'enjeu d'une politique agricole et alimentaire réussie est donc de favoriser une complémentarité, un équilibre dynamique favorable entre production locale et satisfaction des besoins locaux.

Peut-on espérer régler le problème de la faim par un surcroît de libre-échange ?

Il a fallu attendre 1 986[140] et l'ouverture de l'Uruguay Round du GATT pour que le bien-fondé du libre-échange dans l'agriculture soit officiellement défendu

138/ D'après les statistiques de la FAO, on considère que sur la population de 860 millions d'habitants qui souffrent de la faim dans les pays en développement, plus de 600 millions se situent en zone rurale.

139/ De là le distinguo très subtil entre pauvreté des populations des campagnes qui peuvent toujours compter sur une activité de subsistance et misère des villes où la dépendance par rapport au marché est très forte. Voir Majid Rahnema et Jean Robert dans « La puissance des pauvres » paru en 2008 aux éditions Actes Sud.

140 / Avant 1986, le secteur agricole bénéficiait au GATT d'un traitement différencié autorisant les subventions et les protections ce qui n'était pas le cas des autres secteurs de l'économie.

à l'unisson par la majorité des grandes institutions internationales (Banque mondiale, Fonds monétaire international, OCDE, Organisation mondiale du commerce depuis le 1er janvier 1995) et soit également soutenu avec plus ou moins de conviction par les plus grandes économies libérales de la planète (États-Unis, Union européenne, Canada, Australie mais également Brésil et Argentine). La thèse centrale était la suivante : une libéralisation complète du secteur agricole permettrait une augmentation des cours mondiaux, une stabilisation des prix des produits concernés, un déplacement de la production et des exportations depuis les zones de subventions vers les zones sans subventions, ce qui est en phase avec la théorie des avantages comparatifs[141]. Dans ce cadre, le marché mondial des céréales deviendrait propice à guider valablement l'investissement agricole et particulièrement dans les pays pauvres sans subventions. Le mouvement vers plus de libre-échange était ainsi lancé : (1) accord sur l'agriculture en 1994 (Blair House) prévoyant une première vague de libéralisation, (2) mandat donné dans l'article 20 du même accord de poursuivre lors d'un nouveau cycle dans cette voie afin de finir d'ajuster l'agriculture à la règle commune de la libéralisation des échanges, (3) ouverture effective du cycle de Doha pour le développement en 2001 avec l'objectif pour l'agriculture d'une libéralisation profonde. Cependant, cette orientation poursuivie depuis plus de 30 ans, n'a pas produit les effets escomptés en termes de diminution des fluctuations sur le marché mondial des céréales[142]. La volatilité des prix étant intrinsèque au marché, cette libéralisation progressive a plutôt accentué cette volatilité qu'elle ne l'a réduite.

Toutefois, en 2007 et jusqu'en juillet 2008, la hausse des prix des céréales et du riz pouvait à nouveau donner l'illusion qu'un objectif de libéralisation globale était possible et applicable. À ce niveau de prix, plus besoin de protections et de subventions, l'agriculture mondiale redevenait à peu près partout un secteur rentable où il était possible d'investir, même dans les pays en développement déficitaires à productivité faible. Au préalable, il fallait bien entendu que l'on démontre que cette hausse était pérenne et stable sur longue période. Les tenants de la libéralisation n'ont alors pas hésité à s'engouffrer dans la brèche en invoquant plusieurs raisons pour démontrer la durabilité et la stabilité de cette hausse : pression démographique avec un volume de terres de plus en plus limité, concurrence des agrocarburants accroissant les tensions sur le marché, transformation des habitudes de consommation dans les pays émergents leur faisant consommer plus de viande, donc indirectement plus de céréales, réchauffement climatique aboutissant à la désertification de certaines terres, mouvement de hausse générale des matières premières due à la limitation des ressources naturelles. Cette prédiction était d'ailleurs soutenue par les

141/ Publication de Valdes et Ziets en 1980: "Agriculture protection in OECD countries: its costs to less developed countries". IFPRI.

142/ Voir les statistiques du Conseil international des céréales et de la CNUCED.

organisations spécialisées dans la question[143]. C'est dans ce contexte de crise qu'a été lancé au G8 tenu au Japon en juillet 2008 le Partenariat mondial pour l'agriculture et l'alimentation visant notamment à relancer l'investissement dans le secteur vivrier.

Or, une hausse prolongée et stable des prix internationaux des céréales n'a pas résisté plus de trois mois à l'instabilité chronique de ce marché. Après la crise de juillet 2008, les prix ont reculé de moitié en moins de 6 mois. Décidément, ces derniers ne peuvent constituer des repères fiables pour bâtir une économie vivrière harmonieusement mondialisée. Les prix pratiqués n'étant que très rarement en rapport avec les coûts de production, les informations transmises par le marché ne sont jamais optimales. Du coup, l'investissement dans ce secteur devient particulièrement risqué et spéculatif. Seuls les plus compétitifs ou les plus aidés (politique de stabilisation) peuvent assumer de tels écarts de prix et continuer à investir.

D'ailleurs, à l'Organisation mondiale du commerce, personne n'est dupe. Les plus compétitifs (le groupe de Cairns) prônent une libéralisation totale des marchés agricoles. Les pays développés producteurs (États-Unis, France) freinent des quatre fers sachant qu'ils ne sont pas aptes à assumer une concurrence libre et non faussée de la part de puissances agricoles comme le Brésil, l'Argentine ou même l'Australie qui disposent de structures agraires incomparables capables d'assumer la volatilité des prix. Les pays en développement pauvres et souvent déficitaires obtiennent de nombreuses concessions de calendrier pour mettre en œuvre complètement la libéralisation de leur marché qu'ils ont pourtant déjà largement entamée (traitement spécifique et différencié).

De ce fait, les négociations du cycle Doha commencées en 2001 et qui visaient pour l'agriculture à amplifier le processus de libéralisation entamé lors de l'Uruguay Round s'enlisent. L'agriculture, avec ses écarts de productivité si importants, avec sa place stratégique dans l'économie des pays pauvres, constitue bien un facteur de blocage des négociations qui semble aujourd'hui indépassable.

Faut-il pour autant concevoir un retour aux prix administrés ?

Dans le monde en développement, cette solution a été tentée à la fois dans les pays qui, dans les années 1960, ont été influencés par le bloc soviétique mais aussi dans ceux qui ont essayé de reproduire le modèle européen de prix administrés. Sa mise en œuvre s'est révélée un échec. Les pays en développement n'ont jamais eu les moyens financiers d'assurer un tel soutien des prix qui devait bénéficier à près de 80 % de leur population active et non pas à 20 % comme en Europe. D'autre part, ce système administré allait bien plus loin que le système européen. Il fixait des prix à la production et des prix à la consommation. Dans

143/ « Perspectives agricoles pour 2008-2017 » de la FAO et de l'OCDE, étude publiée le 29 mai 2008.

le système de la politique agricole commune, le jeu du marché existe encore puisque seul le plancher du prix d'intervention permet au producteur d'avoir l'assurance d'un revenu minimum. Le système des prix administrés nie les avantages d'un fonctionnement harmonieux d'un marché régulé qui stimule la spécialisation et la productivité d'agriculteurs bénéficiant de conditions de production équivalentes. Enfin, tout contrôle des prix devrait être accompagné d'un contrôle douanier afin d'éviter une concurrence déloyale avec les productions concurrentes venues de l'extérieur. Or, les pays en développement sur le plan vivrier n'ont jamais tenté ou n'ont jamais été incités à mettre en place des systèmes douaniers efficaces. Ainsi, si l'on prend comme exemple les pays d'Afrique de l'Ouest qui ont tenté dans les années 1960 de reproduire le système d'intervention européen, on s'est très vite aperçu que ce système était hors de portée sur le plan financier et technique.

Lutter contre la faim en investissant dans l'agriculture et l'alimentation des produits vivriers locaux tout en régulant l'insécurité alimentaire mondiale.

Pour avoir une chance d'être efficace notamment dans la lutte contre la faim, l'investissement dans l'agriculture et l'alimentation dans les pays en développement doit redevenir une priorité. Toutefois, cet investissement ne peut être efficace que s'il est associé à une régulation des marchés, sans pour autant renoncer aux bienfaits de l'économie libérale.

Pour certains pays à l'agriculture vivrière peu productive, il faut donc promouvoir à nouveau la mise en place de politiques agricoles et alimentaires indépendantes ayant obligatoirement deux objectifs : un appui à la production et à la consommation locale mais également une régulation de la commercialisation, notamment vis-à-vis de l'extérieur. L'effort d'investissement des agriculteurs, de l'État ou des bailleurs de fonds dans l'agriculture, stockage, intrants, mécanisation, eau, nouvelles méthodes culturales respectant les sols, infrastructures de transport, aménagements fonciers, recherche, doit obligatoirement s'accompagner de régulation des prix intérieurs permettant ainsi aux agriculteurs d'être effectivement rémunérés de cet effort de productivité.

Pour chaque pays en développement, la recherche d'une souveraineté alimentaire dans une dynamique d'efficacité économique représente l'objectif à atteindre. Tout l'enjeu d'une bonne politique agricole et alimentaire est de parvenir à son bon réglage, à l'écart des solutions extrêmes et simplistes que sont d'une part l'ouverture indifférenciée ou d'autre part les prix administrés et notamment : faire coïncider la production vivrière avec les bassins de population dans une perspective de développement durable, en veillant à conserver aux plus nécessiteux leur principal outil de subsistance.

Comme le disait Henri Lacordaire au XIXe siècle : « Entre le riche et le pauvre, c'est la loi qui affranchit et la liberté qui opprime ». L'application pure et dure et sans précaution du dogme libéral aboutit paradoxalement à la privation pour certains, les plus pauvres, de la liberté de produire et donc de se nourrir.

Quel cadre macroéconomique pour les pays en développement ?

C'est une question essentielle pour asseoir le développement durable d'un pays. Depuis les années 1980, ce cadre macroéconomique est fortement inspiré par un modèle unique défendu par la Banque mondiale et le Fonds monétaire international que l'on trouve résumé dans ce qu'on appelle « le consensus de Washington ». Ses principes sont simples. Le consensus de Washington défend l'idée des avantages certains d'une libéralisation toujours accrue des politiques économiques menées par les pays en développement avec :

- Ouverture sur l'extérieur et suppression des droits de douane.
- Réduction de la sphère publique et principalement des entreprises publiques ou de services publics.
- Réduction du nombre des fonctionnaires, privatisation des sociétés publiques.
- Désengagement de l'État de la sphère de production, adoption des principes de l'Organisation mondiale du commerce.
- Abolition d'une politique de change, etc.

Tout doit être fait pour laisser faire les forces du marché qui sont les seules aptes à conduire vers le bon modèle économique. Ce dernier est fondé sur le postulat suivant : la concurrence libre et parfaite permettra, grâce à l'application de la loi des avantages comparatifs, pour chaque pays de trouver sa place dans le commerce international et donc l'activité qui lui permettra d'enclencher un processus vertueux de développement économique.

Dans le monde en développement, singulièrement depuis 1990 avec l'effondrement du bloc de l'Est, la définition du bon cadre macroéconomique ne fait plus débat. Les institutions de Bretton Woods sont devenues les partenaires privilégiés et incontournables des pays en développement.

En 2020, on s'aperçoit que l'application de ce cadre macroéconomique très libéral n'a guère apporté les résultats escomptés. Les pays les moins avancés, pourtant fortement incités à l'appliquer sous peine de se voir couper le robinet de l'aide (ajustements structurels dans les années 1990 avec leur cortège de conditionnalités, efficacité de l'aide dans les années 2000), ont vu leur rang grossir de 25 représentants en 1970 à plus de 48 en 2021. Non seulement ils ne se sont pas développés, mais leur insertion dans le commerce international a été un échec. Elle s'est bornée à la continuation de l'extraction de leurs matières premières brutes qui se double en 2021 d'une proportion croissante d'importations de biens de première nécessité. Leurs marchés intérieurs ont été progressivement envahis par les produits importés si bien que certains ne produisent pas plus de 15 % des produits manufacturés qu'ils consomment.

Déjà en 2000, le processus à l'œuvre était déjà perceptible : il fallait effectivement que les règles soient les mêmes pour tous, c'est-à-dire une liberté complète sans garde-fous, un monde unipolaire, uniforme sans entrave. Tout le monde sur la même ligne de départ. La règle n'est donc plus faite pour protéger les plus faibles. Elle permet aux plus forts d'exprimer pleinement leur potentiel. Quel changement de perspective ! Ou encore : les plus pauvres des pauvres doivent affronter la concurrence comme les autres. Le FMI et la Banque mondiale le crient sur tous les toits depuis des décennies. Ils doivent apprendre la concurrence [144].

En fait, il existe des pays ou des régions qui n'ont aucun avantage comparatif par rapport à d'autres en matière d'activité économique. En d'autres termes, spontanément, il n'existe aucune chance pour eux, par le jeu naturel du marché, de conserver une certaine activité autre que la réponse à une demande de proximité ou de subsistance qui n'intéresse pas le marché. Le modèle dominant, le modèle libéral leur laisse peu de chances de s'insérer valablement dans l'économie mondiale[145].

À partir de 2009 et après, le libéralisme pour tous commence à être critiqué. Pierre Jacquet, économiste en chef de l'Agence française de développement déclare ainsi dans Le Monde de l'économie du 10 novembre 2009 : « L'hypothèse d'un développement spontané, fondé sur le climat d'investissement favorable et sur les forces du marché, s'est avérée être une illusion, surtout dans un contexte où la concurrence des grands pays émergents semble fermer les possibilités de spécialisation ».

Or, les pays à revenu intermédiaire n'ont pas globalement suivi le modèle libéral. Non seulement, ils ont tiré leur épingle du jeu en demeurant extrêmement interventionniste sur le plan économique mais ils ont fermé aux pays pauvres toute possibilité de spécialisation, sauf à les utiliser uniquement pour leurs bas coûts. La Chine dirige son économie avec un secteur public important et manipule le taux de change de sa monnaie. L'Inde se développe en s'appuyant sur un service public important. Le Vietnam demeure un pays communiste. La Corée du Sud soutient ses exportations au moyen de politiques publiques. Le Brésil ne se prive pas de favoriser ses secteurs de pointe.

Il existe donc bien peu d'exemples de pays pauvres s'étant immergé sans protections dans la mondialisation et en tirant bénéfice. Tous les succès d'une ouverture sur l'extérieur se sont accompagnés au préalable de la construction directe, les bas salaires, le dumping environnemental, une monnaie sous-évaluée, et d'avantages par rapport à la concurrence internationale.

On doit donc regarder la réalité en face et rappeler d'urgence trois principes fondamentaux :

144 / Chronique d'un citoyen ordinaire aux éditions l'Harmattan.

145 / Relations internationales : penser autrement aux éditions l'Harmattan.

- Les pays en développement doivent recouvrer au plus vite une souveraineté réelle dans la définition de leur propre politique économique. Il en va de la prise en compte de leur contexte propre qu'ils sont en général les mieux à même de connaître et de faire évoluer. Il en va également de l'établissement futur de réelles démocraties qui décident par elles-mêmes et pour leurs propres citoyens.

- Les politiques économiques doivent bien entendu être ajustées aux potentialités réelles des économies. Le jeu de la concurrence internationale ne peut être que destructeur pour des économies qui ne sont pas en mesure de l'affronter. Dans un premier temps, il faudrait que les pays en développement s'assurent de la reconquête de leur marché intérieur pour dans un second temps peut-être, partir à la conquête des marchés extérieurs. Ce sont les avantages absolus définis par Adam Smith qui s'imposent dans le commerce international (le plus fort gagne la compétition internationale) et non les avantages comparatifs propres à David Ricardo. Et l'importance des avantages absolus prend toute sa résonance, toute son ampleur, dans un monde où les gains de production, les économies d'échelle, la baisse du coût du transport permettent à un seul site industriel ou de service de produire pour la planète entière, barrant ainsi tout espoir de spécialisation positive pour les pays à faible productivité.

- Les politiques économiques sur le plan interne ne doivent pas tourner le dos à l'économie de marché, une économie de la concurrence entre des acteurs ayant globalement tous une chance réelle de réussite.

Le renforcement des capacités et des compétences des maîtrises d'ouvrage locales

L'histoire de ces 60 dernières années nous a montrés comme il était difficile, voire impossible de construire un processus de développement solide sans pouvoir s'appuyer sur des maîtrises d'ouvrage locales (administration, services publics, entreprises publiques) solides et efficaces. Les thématiques de la bonne gouvernance, du renforcement des capacités, de la juste place de la puissance publique sont au centre des débats sur le développement durable.

Par le passé, les maîtrises d'ouvrage locales ont souffert en interne de nombreux maux dont on peut essayer de dresser une liste non exhaustive :

- Multiplication des structures publiques, centralisées et décentralisées, sans efficacité réelle sur le terrain
- Gonflement des effectifs avec un accroissement des dépenses de fonctionnement et une diminution des dépenses d'investissement.
- Mauvaise gestion
- Détournement de fonds

Les maîtrises d'ouvrage locales ont également souffert des interventions externes de certains bailleurs de fonds visant notamment à :

- Discréditer leur rôle et réduire leur périmètre d'intervention pour des motifs idéologiques
- Assécher leurs ressources en comprimant l'assiette des recettes disponibles pour les financer (exemple : suppression des droits de douane)
- Diminuer leurs dépenses en particulier sur le plan de l'éducation, de la santé et des services publics marchands.
- Débaucher des meilleurs éléments de la puissance publique pour travailler dans des structures projets offrant de biens meilleurs rémunérations.
- Jouer la décentralisation face au pouvoir central, sans donner à cette décentralisation les moyens de fonctionner.

Enfin, ces maîtrises d'ouvrage locales ont pâti de la place prépondérante du secteur informel dans les économies locales. Qui ne rêvait pas d'entrer dans la fonction publique et ainsi de pouvoir sécuriser son avenir et celui de sa famille ?

Au XXIe siècle, le rôle central des maîtrises d'ouvrage locales dans le développement n'est plus remis en cause. Il convient toutefois de leur trouver une assise solide, ce qui passe par :

- Des financements internes suffisants pour définir des politiques, investir et faire fonctionner l'administration et les services publics.
- Une définition du périmètre d'intervention (régalien, santé, éducation) mais également un certain nombre de services publics marchands structurellement déficitaires (eau, électricité, transports collectifs).
- Un renforcement de la qualité de la gestion des ressources humaines
- Un renforcement de la qualité de la gestion des finances publiques (recettes, dépenses, circuit fiduciaire)
- Un juste équilibre à trouver entre centralisation et décentralisation

C'est à chaque pays de définir, selon ses moyens, selon le modèle économique, social, environnemental qu'il s'est choisi, le bon périmètre d'intervention de la puissance publique, afin que celle-ci soit réellement efficace pour le bien commun.

L'application de la loi sur les avantages comparatifs et ses conséquences

L'économie libérale vit encore largement selon les préceptes d'une théorie économique relativement simple à comprendre, une théorie proposée par l'économiste David Ricardo au début du XIXe siècle et qui a pour nom "la loi des avantages comparatifs". Dans ce cadre d'analyse, chaque pays a ou peut se constituer un capital d'excellence lui permettant d'obtenir un avantage comparatif à produire des biens et des services de préférence à d'autres régions ou d'autres pays. Si on laisse jouer les lois du marché, il se crée donc une complémentarité objective entre les capacités de production de chacun. Il en résulte une spécialisation internationale accrue pour le plus grand bien de tous. Certes, le progrès technique et sa diffusion parfois imparfaite et inégale viennent sans cesse remettre en cause les positions acquises. Certes les coûts et les temps de transport limitent le jeu de la concurrence. Certes la mobilité et le volume des facteurs de production que sont le travail et le capital sont limités. Toutefois, in fine, chacun a intérêt à la spécialisation internationale puisqu'elle permet l'emploi d'une partie de ses ressources à ce que chacun fait le mieux. On pourrait appeler cela les effets bénéfiques de la concurrence.

Ainsi, dans un siècle passé, le Portugal était effectivement compétitif dans la production de vin et avait donc avantage à se spécialiser dans cette activité. À l'inverse, un pays comme l'Angleterre n'était pas véritablement prédisposé géographiquement à maintenir sur son sol une production de vin couvrant ses besoins. Ses avantages comparatifs étaient ailleurs. En revanche, son développement technique dans le textile le rendait plus performant dans la production de draps dont il pouvait faire ainsi sa spécialité. Ainsi idéalement, le Portugal s'est spécialisé dans la production de vin, non seulement pour les besoins de son marché intérieur, mais également pour l'exportation à destination de l'Angleterre. En retour, il a pu ainsi acheter ses draps à ce pays qui s'en est fait une spécialité.

C'est cet exemple qu'avait expressément choisi l'économiste Ricardo pour expliquer de manière simple le jeu de la loi des avantages comparatifs et tout le profit que les différents pays pouvaient espérer en tirer. C'est essentiellement sur ce schéma-là qu'a fonctionné et que fonctionne encore l'économie mondiale. Le plus efficace se spécialise et produit pour les autres. Non seulement il se spécialise, là où il possède des avantages sur d'autres, mais les marchés qu'il s'ouvre à l'extérieur par une redistribution de l'activité lui offrent l'occasion d'économies d'échelle et donc de profits supplémentaires. Cette spécialisation internationale positive s'appuie bien évidemment à la base, pour une activité donnée, sur la comparaison de la combinaison de facteurs naturels, de facteurs techniques, de facteurs humains et du capital.

La spécialisation du Portugal dans la production de vin ne veut pas dire pour autant qu'il est obligatoirement le plus compétitif au monde pour produire du vin. De la même façon, la spécialisation de l'Angleterre dans la production de tissu ne voulait pas dire pour autant que ce pays était le plus compétitif pour produire des draps. Simplement, en matière d'efficacité économique globale (meilleure affectation des facteurs de production), une spécialisation du Portugal dans la production de vin associée à une spécialisation de l'Angleterre dans la production de draps était à l'époque la combinaison la plus proche de l'optimum économique.

En effet, dans l'exemple choisi par Ricardo, le Portugal dispose sur l'Angleterre d'un avantage à produire du vin mais aussi des draps. Mais, les bénéfices qu'il retire d'une affectation de ses facteurs de production à produire du vin sont plus élevés que s'il continuait à produire du vin et des draps. Il y a un avantage à la spécialisation. Le Portugal a donc avantage à utiliser tous ses facteurs de production dans la production de vin, là où son avantage comparatif est le plus grand. L'Angleterre peut alors se spécialiser dans la production de draps qui constitue son secteur d'activité le plus rentable.

La grande force du raisonnement de Ricardo et ce qui explique qu'il inspire encore largement les théories libérales actuelles réside dans l'énoncé des postulats suivants :

- Il n'est pas nécessaire d'être le plus compétitif au monde pour tirer avantage de la spécialisation internationale. Tous les pays, quel que soit leur niveau de productivité, peuvent donc tirer profit d'une spécialisation de l'économie.
- L'échange non faussé permet une spécialisation positive. Il est donc économiquement judicieux de le favoriser grâce à l'ouverture le plus large possible des marchés.

Ainsi, les pays pauvres comme les pays riches ont un intérêt puissant à l'échange, à l'ouverture, car la spécialisation internationale est potentiellement favorable à tous. En effet, disposer d'un avantage comparatif ne veut pas dire, contrairement au sens commun, avoir un avantage absolu à produire, c'est-à-dire être le plus compétitif au monde. Chaque pays peut donc trouver sa place dans l'échange international, y compris les plus pauvres. C'est un jeu où il n'y a théoriquement que des gagnants.

Avant 1850, le temps et les coûts élevés des transports, les limites de la technique, le caractère fini des disponibilités en capital, les protections de certaines activités opérées par quelques pays faisaient que le mouvement de spécialisation internationale de l'activité trouvait rapidement ses limites. Il n'était pas mené jusqu'à son terme et une grande partie de l'activité échappait encore à une logique de concurrence internationale, se contentant d'une concurrence nationale, voire régionale. En d'autres termes, le pays ou l'entreprise qui possédait un avantage absolu à produire un bien par rapport à l'ensemble de la concurrence mondiale ne pouvait pas convertir totalement cet avantage en devenant le seul producteur de la planète. Être le plus compétitif ne voulait pas dire devenir le seul producteur possible.

Or, au XXIe siècle, les conditions de l'activité économique sont devenues tout autres. Le coût et la durée du transport qui étaient d'une certaine manière des obstacles à la mise en connexion de plusieurs marchés ne jouent plus d'effet réel en matière de segmentation de la concurrence. Les nouvelles technologies nous affranchissent également des distances. Une interconnexion beaucoup plus grande est donc à l'œuvre entre les différentes zones de production qui se retrouvent en concurrence sur les mêmes marchés. Le nombre de biens et services concernés par cette interconnexion est toujours plus élevé. D'une économie domestique et de proximité relativement protégée de la concurrence internationale, on est passé à une économie où peu de secteurs d'activité sont aujourd'hui à l'abri de la concurrence internationale.

Un autre changement de grande ampleur s'ajoute également à cette mutation. Le progrès technique de ces cinquante dernières années entraîne des gains de productivité tels qu'une seule firme est parfois en capacité de fournir en biens (produits ou services) le monde entier. Comme pour les transports, il n'y a donc plus d'obstacles techniques à ce que les capacités de production d'un seul secteur soient concentrées entre les mains de quelques-uns. Les capitaux sont disponibles partout et dans des montants très élevés, dès lors qu'il s'agit d'un investissement jugé rentable. Les processus de concentration successifs des grandes sociétés industrielles attestent de cette évolution. De par le monde, il n'existe plus que deux fabricants d'avions et un seul producteur de logiciel en position dominante dans deux secteurs pourtant hautement stratégiques. Les gains de productivité sont si élevés qu'il n'existe pratiquement plus de limites à produire en quantité pour le monde entier à partir de quelques sites industriels. Les économies d'échelle sont partout possibles. L'avantage absolu à produire d'un seul fabriquant l'emporte sur les avantages comparatifs de quelques producteurs - producteurs ayant intérêt à produire le même bien mais non les plus compétitifs - qui ne peuvent ainsi tirer parti d'un processus de spécialisation internationale façonné par l'ouverture à la concurrence. En d'autres termes, le plus compétitif peut produire pour l'ensemble de la planète sans laisser une place suffisante à ceux qui sont également bien positionnés pour produire ce même bien, mais ne sont pas les plus compétitifs. Les conséquences d'une telle situation sont particulièrement lourdes : seuls les pays ou les entreprises les plus compétitifs tirent leur épingle du jeu, le processus de spécialisation par l'ouverture ne permet pas aux pays peu compétitifs de profiter d'un système économique ouvert.

Seules les activités de très grande proximité ne sont toujours pas soumises à la concurrence internationale (distribution de l'eau, commerce de détail, production vivrière pour l'autoconsommation, habitat rural…), à la dure réalité de la loi des avantages absolus qui peut privilégier un seul producteur dans le monde entier. Même de façon indirecte et appliquant en cela une logique implacable, le mode d'organisation de l'administration d'un pays, son efficience, le coût des systèmes de santé et éducatifs font l'objet de comparaisons internationales incessantes et entrent dans le champ du calcul de la « compétitivité pays », par charges sociales interposées. En effet, l'administration a un coût dont le financement se répercute dans la fiscalité, une fiscalité qui pèse directement sur la compétitivité des entreprises. Toute l'activité humaine est peu à peu happée puis régulée par la concurrence internationale. Rien n'y échappe. Il est toujours possible de décréter qu'une action non directement productive est un centre de coût qui pèse in fine sur le secteur productif.

Or, dans ce monde de concurrence généralisée, de comparaisons toujours possibles avec des plus compétitifs que soi, certains n'arrivent pas à tirer leur épingle du jeu. Ils n'ont pas de ressources naturelles ou s'ils en ont, ils sont incapables de les exploiter seuls et d'en tirer profit. Ils n'ont pas un niveau suffisant de formation[146]. Ils ne jouissent pas de conditions climatiques très favorables. Ils n'ont plus droit aux protections pour tenter de limiter la concurrence à un échelon régional ou local. Ils ne peuvent recourir aux subventions de certaines activités. Leurs possibilités de produire à des conditions concurrentielles se réduisent comme peau de chagrin. Leur activité se limite donc à la satisfaction de la demande de proximité à solvabilité très réduite. Seule, leur économie de subsistance échappe encore à la concurrence[147].

Il existe en effet des pays ou des régions qui n'ont aucun avantage absolu, a fortiori aucun avantage comparatif par rapport à d'autres en matière d'activité économique. En d'autres termes, spontanément, il n'existe aucune chance pour eux, par le jeu naturel du marché, de conserver une certaine activité autre que la réponse à une demande de proximité ou de subsistance. L'adoption du modèle dominant, le modèle libéral, leur laisse peu de chances de s'insérer valablement dans l'économie mondiale. Les pays riches souhaiteraient bien en faire des clients prospères. Mais ils ont déjà accaparé la majeure partie de l'activité productive humaine et malgré cela, ils souffrent encore du chômage. Comment faire des pays pauvres des pays solvables si la majeure partie de l'activité est déjà concentrée au Nord ou dans les pays émergents ? Les pays pauvres se contentent alors du statut de simples consommateurs peu solvables dont on utilise parfois la main-d'œuvre lorsque l'atout de son bas prix devient le facteur déterminant de la compétitivité sur le plan international (comme dans les secteurs du textile ou de l'habillement, par exemple).

En bonne logique libérale, tous les pays sont théoriquement invités à jouer dans le même championnat économique, que ce soit les États-Unis, la France, le Niger ou le Bangladesh. Sur le papier, chacun a sa chance. Mais qu'en est-il véritablement ?

La compétition internationale est effectivement globalisée, le plus fort a donc toutes les chances de gagner sous toutes les latitudes. Il n'est alors plus question de partager l'activité, mais bien plus d'être le seul à pouvoir l'accaparer afin de donner un maximum de revenus à sa population. La loi des avantages

146 / Comment d'ailleurs certains pays pauvres pourraient-ils financer un système de formation performant avec plus de 50 % de leur population en dessous de vingt ans ?

147 / Le meilleur exemple d'économie de subsistance est le petit producteur de mil d'Afrique qui conserve de l'année précédente les semences nécessaires pour replanter son champ et nourrir ainsi sa famille, sans faire appel au marché.

comparatifs n'aboutit plus à une plus juste spécialisation des uns par rapport à d'autres laissant la place à une harmonieuse dispersion de l'activité en fonction des besoins à couvrir. Son jeu sans limites, sans garde-fous, en profondeur, concentre toujours plus les moyens de production entre les mains de quelques-uns. Les autres, privés d'activité et donc privés de revenus, deviennent alors de simples consommateurs, de moins en moins solvables.

Les pays riches souhaitent néanmoins que les pays pauvres continuent d'adopter un système économique d'ouverture. Les matières premières sont effectivement relativement dispersées sur l'ensemble de la planète. Il faut donc pouvoir les acheter au meilleur prix. Les pays riches sont pourtant conscients que les pays pauvres éprouvent de grandes difficultés sur le plan commercial[148]. Cela ne fait rien, l'Aide publique au développement continue de demeurer, parallèlement à l'Organisation mondiale du commerce, un puissant vecteur d'induction du libéralisme à l'échelle de la planète et paradoxalement, avec une efficacité accrue chez les plus pauvres, vu les faibles moyens dont ils disposent pour résister à ce type d'injonctions venues de l'extérieur.

Mais en organisant cette compétition inégale, les pays riches ont-ils toujours véritablement pour ambition le développement d'une activité économique dans les pays pauvres ? Il y a cinquante ans, on aurait répondu oui à coup sûr. En effet, ces vastes zones en devenir devaient pouvoir accéder à la consommation de masse pour le plus grand bonheur du Nord et du Sud unis dans un même objectif. La théorie économique disait qu'une croissance au Nord pouvait se nourrir d'une croissance au Sud et vice et versa.

Aujourd'hui, ce n'est peut-être plus le cas. Premièrement, l'activité est devenue un bien rare, sujet à concurrence très forte, qu'il est de plus en plus difficile de partager. De plus, cette activité n'est plus extensible à l'infini. Notre planète est devenue plus petite. Elle ne pourrait supporter sur le plan environnemental un développement à l'identique de l'ensemble des pays, calqué sur le modèle occidental actuel. L'air que nous respirons deviendrait vite très pollué. Deuxièmement, les pôles d'activité sont en train de basculer du Nord vers les pays émergents (-2 % de production en Europe contre + 27 % en Asie entre 2005 et 2009). Les pays du Nord sont donc peu enclins à accepter des délocalisations supplémentaires vers le Sud.

Le non-développement de certaines zones de la planète coïncide avec la volonté de certains pays riches à conserver leur activité sur place face à un chômage important, de conserver l'emploi et les revenus sans se préoccuper 226

148 / Les instances qui s'occupent de commerce international comme l'Organisation mondiale du commerce (OMC) se préoccupent d'ailleurs du devenir commercial des marchandises des pays pauvres. A Doha en novembre 2001, le groupe des pays d'Afrique, des Caraïbes et du Pacifique (ACP) a obtenu pour l'accord de Cotonou (suite des accords de Lomé sur la coopération entre l'Union européenne et les ACP) une dérogation aux règles de l'OMC en matière de régimes préférentiels existants (avantages donnés par l'Union européenne pour la commercialisation de certains produits ACP).

outre mesure de leur niveau de pollution[149]. Là où la complémentarité existait, là où le développement de l'un était favorable au développement de l'autre, des intérêts antagonistes entre le Nord et le Sud semblent pouvoir s'instaurer.

D'ailleurs sur ce même sujet, le débat sur le développement durable n'est-il pas quelque peu instrumentalisé par certains ? Il est utilisé pour faire comprendre que décidément, la généralisation du modèle d'activité du monde développé s'avère incompatible sur le plan environnemental avec le développement à l'identique du monde en développement et notamment des pays émergents. D'où une certaine hypocrisie latente dans le discours et les actions de quelques pays riches :

- Ils préconisent l'adoption de leur propre modèle, mais sans véritablement donner les moyens au Sud d'en tirer un quelconque bénéfice, concurrence oblige.
- L'aide publique au développement continue de donner bonne conscience, mais n'est décidément pas au niveau souhaitable, ni employée comme il le faudrait pour engendrer un processus cumulatif véritable.
- La dimension environnementale de l'aide acquiert comme par hasard une attention soutenue. Il s'agit d'amoindrir au plus vite les avantages comparatifs dont jouissent certains pays émergents en s'affranchissant des règles environnementales. Certaines aides bilatérales ou multilatérales vont même jusqu'à créer en son nom de vastes zones d'inactivité, sorte de biens publics mondiaux où l'activité de l'homme n'est plus la bienvenue [150].
- L'aide prend également un caractère nettement plus humanitaire, l'essentiel étant de témoigner de la solidarité envers les pauvres dans une planète aux ressources finies.

C'est évidemment une vision cynique des choses. Il faut se forcer à ne pas y croire. Mais hélas, elle peut correspondre dans certains cas à une réalité qui tarde à dire son nom.

149 / La non-signature du Protocole de Kyoto par un pays comme les États-Unis peut faire l'objet d'une lecture dans ce sens (Protocole de Kyoto : normes internationales à atteindre par chaque pays en matière de respect de l'environnement).

150 / De ce point de vue, l'action de certaines ONG internationales est très dynamique. On pourrait même s'interroger pour savoir si elles ne font pas d'ailleurs l'objet d'une instrumentalisation de certains pays riches qui ne voient pas d'un mauvais œil que l'activité de l'homme soit ainsi freinée dans certaines zones naturelles des pays pauvres, particulièrement sensibles pour le bon équilibre écologique de la planète.

La concurrence pure et parfaite peut-elle constituer le moyen de bâtir une économie internationale équilibrée au service du bien-être du plus grand nombre ?

Depuis 1960, les pays développés du bloc occidental ont milité pour une libéralisation toujours plus poussée de l'économie mondiale. La concurrence pure et non faussée constituait pour eux le plus sûr moyen d'augmenter les richesses et ainsi d'accroître le niveau de bien-être de l'ensemble de la population mondiale. Le principe de concurrence était présenté comme vertueux à double titre :

- Il favorisait l'émulation, la compétition entre producteurs pour le plus grand bien du consommateur se voyant offrir un produit toujours moins cher et plus sophistiqué.
- Il permettait par l'application de la loi des avantages comparatifs une spécialisation fructueuse pour chaque économie pouvant ainsi trouver le chemin de son développement.

Or, près de 60 ans après, les effets de l'application de ce modèle sont bien éloignés de ceux que l'on avait envisagés au départ. La concurrence sur un marché est effectivement bien le meilleur moyen pour créer des richesses. Toutefois, cette richesse est très mal répartie. Les riches sont de plus en plus riches et les pauvres, de plus en plus pauvres. Les inégalités se creusent. Le jeu de la concurrence n'est bénéfique que lorsque les compétiteurs ont des caractéristiques et des potentialités équivalentes. C'est ce qui s'est passé dans les grandes lignes pour l'ensemble du monde occidental qui a bénéficié de cette ère de libéralisation. Une certaine spécialisation s'est peu à peu organisée entre des économies ayant des caractéristiques et une puissance comparable. Toutefois, pour les économies ne faisant pas partie du peloton de tête, il a été impossible de suivre la cadence de cette compétition internationale. La concurrence libre et non faussée a alors été le ferment d'une élévation des inégalités. La concurrence pure et parfaite a donc bien créé de la richesse, favorisé une certaine spécialisation mais entre compétiteurs d'une même force. Pour les autres, ceux qui ne pouvaient pas maintenir une telle cadence, leur destin a été de deux types :

- Ils sont devenus des pays émergents, ateliers de production industrielle pour le monde entier, profitant de leurs avantages absolus en matière sociale et environnementale. Les salaires de misère, l'absence de protection sociale, le non-respect des normes recommandées par l'OIT (nouveaux esclaves des temps modernes travaillant 7 jours sur 7 pour des salaires de misère), le non-respect des normes en matière environnementale, la manipulation pour certains de leur monnaie pour doper leur compétitivité externe, sont les principaux traits de leur modèle de développement. De plus, ils sont sur le plan intérieur demeurés très interventionnistes. On ne peut dire qu'ils ont pleinement appliqué une logique libérale. Ils ont juste profité de leurs faibles coûts de production, artificiellement abaissés monétairement dans certains cas, pour prendre place dans l'économie mondiale. Ces nouvelles concurrences pour les pays occidentaux entraînent des délocalisations, du chômage et progressivement un « détricotage » de leurs systèmes de protection sociale devenus incompatibles avec un système de compétition internationale exacerbée entre économies où seuls les avantages absolus priment.

- Ils ont été irrémédiablement décrochés de la compétition internationale et se sont enfoncés dans le marasme économique. À titre illustratif, les pays les moins avancés sont passés de 25 représentants à 50 représentants entre 1970 et 2010. Ils seraient 47 en 2020.

L'ouverture indifférenciée des marchés n'a pas permis aux économies les plus faibles de se spécialiser et de prendre place dans l'économie mondiale. La concurrence a donc des effets bénéfiques en matière de création de richesse lorsque cette concurrence s'opère entre économies ayant à peu près les mêmes caractéristiques. Lorsqu'elle opère entre compétiteurs très différents, elle exclut plus qu'elle ne favorise la production des plus faibles.

L'histoire économique de ces dernières années nous indique que la concurrence est salutaire lorsque les pays et les entreprises sont en compétition à armes égales, sans qu'un compétiteur ne prenne trop le dessus sur d'autres. Lorsque ce n'est pas le cas, les pays ou les entreprises sont soit marginalisés – les pays pauvres – soit mettent en place des stratégies de contournement où le dumping social et environnemental est à l'origine de leur compétitivité sur les marchés.

Le principe de concurrence pure et parfaite n'est pas bénéfique pour le bien-être de tous.

La décroissance fait-elle partie des nouveaux modèles de développement à promouvoir ?

Dans un premier temps, il convient de bien définir ce que l'on entend par décroissance. Le concept remonte au début des années 1970 avec le Club de Rome qui prône la croissance zéro (« Halte à la croissance » dans le rapport Meadows) dans la foulée d'une remise en cause de la société de consommation. Certains spécialistes (Goergescu Roegen, Serge Latouche) l'opposent directement à la croissance et souhaitent par-là diminuer l'utilisation des ressources finies de la planète par une moindre activité. Ils rejettent la croissance car elle aboutit à la destruction du capital naturel. Ils rejettent la société de consommation lui préférant la société de la sobriété. Ils font partie des tenants de la durabilité forte qui veut qu'il n'y ait pas de substitution possible entre le capital naturel (les ressources naturelles de la planète) et les autres sources de capital (capital humain, capital économique, capital social) En d'autres termes, le progrès technique au sens large ne peut multiplier les ressources disponibles et exploitables de la planète. La productivité du capital humain ne peut prétendre éviter la consommation de capital naturel.

Les ressources de la planète ont un caractère fini. Il s'agit d'un stock en partie non-renouvelable qu'il convient de préserver pour les générations futures. La décroissance est la solution pour empêcher la dilapidation de ces ressources. Dans ce contexte, les pays en développement sont plutôt considérés selon le niveau de prélèvement qu'ils opèrent sur l'environnement ; le modèle de développement des pays émergents est décrié. La démographie « galopante » de certains pays pauvres est vécue comme une menace. Un certain malthusianisme s'installe. Les pays en développement sont vivement appelés à changer de modèle de développement afin d'éviter tout prélèvement additionnel sur les ressources naturelles. Les tenants de cette ligne dure vont jusqu'à essayer de stériliser l'activité de l'homme qui devient un ennemi de la planète. La vision patrimoniale de la nature s'impose et il s'agit de protéger l'espace des atteintes de l'activité humaine. La création de vastes zones protégées ou l'achat de terres dans les pays en développement devient une activité de sauvegarde importante dans laquelle s'investissent de grandes ONG environnementales comme Conservation International ou TNC (The Nature Conservency).

D'autres spécialistes indiquent que cette décroissance ne doit pas toucher toute l'activité. L'utilisation de ressources non-renouvelables doit être fortement réduite. En revanche, la croissance dans les secteurs à faible impact environnemental est possible. Il s'agit en réalité de favoriser la croissance des activités qui ne polluent pas et respectent la durabilité des ressources de la planète. Ces spécialistes se rangent plutôt dans la catégorie des adeptes de la croissance verte et solidaire. Ce sont des tenants de la durabilité faible qui pensent qu'il existe des substitutions possibles entre les différentes sources de capital et que le progrès technique peut accroître d'une certaine manière l'étendue des ressources disponibles. Il peut y avoir croissance dans certains secteurs d'activité et décroissance dans d'autres où les substitutions ne sont pas toujours possibles. Pour les pays en développement, il s'agit d'abaisser les activités dans les secteurs qui dégradent les ressources naturelles pour basculer vers une activité respectueuse de l'environnement à faible intensité énergétique. Le basculement n'est pas facile car il demande des transferts de technologie du Nord vers le Sud. La décroissance est donc vécue par eux comme un obstacle supplémentaire à leur développement.

La décroissance est une notion qui perd beaucoup de son attrait pour les pays pauvres qui souffrent de la misère. Comment en effet prôner la décroissance pour des populations qui sont en manque de bien-être faute d'une consommation suffisante des biens de première nécessité ?

La décroissance est donc avant tout un concept de pays riches se rendant compte des effets néfastes de leur modèle de consommation sur l'épuisement des ressources de la planète et qui visent à changer le modèle de consommation chez eux, mais également dans le monde en développement.

La décroissance pourrait être utilisée par les pays en développement pour demander un monde plus égalitaire. Ces derniers en feraient ainsi un instrument politique de rééquilibrage des inégalités. Ils inviteraient au partage entre riches qui surconsomment et pauvres qui sous-consomment. La diminution des inégalités serait l'objectif pertinent. En effet, elles n'ont cessé de croître depuis le début du XIXe siècle (1 à 3 en 1800 contre 1 à 77 en 2009 entre pays riches et pays pauvres en termes de revenus)[151]. Toutefois, les pays en développement ne se sont pas encore saisis de ce concept dans ce sens.

Au final, on peut dire que le modèle de développement à adapter à chaque contexte doit être un modèle de développement durable qui prenne en compte la contrainte environnementale. La croissance ne doit pas être bâtie sur la consommation des ressources de la planète mais plutôt sur la bonne utilisation des ressources de manière à les rendre durables et donc disponibles pour les générations futures. On pense notamment aux terres agricoles qui bien souvent représentent le seul patrimoine de nombreuses régions pauvres et qui doivent être exploitées d'une manière raisonnable.

Chaque pays, chaque population vit dans un contexte particulier qu'il convient d'analyser pour découvrir les voies uniques de son développement durable. La décroissance ne peut être prônée dans la plupart des pays en développement qui sont privés des consommations de base. Ils connaissent déjà la frugalité et la sobriété imposées. Simplement, ces pays doivent essayer de diriger leur croissance dans les secteurs qui ne puisent pas trop dans le stock des ressources non renouvelables de la planète, et pour cela être aidés.

Croissance verte ou décroissance ?

Et si cette question était mal posée ? Les tenants de la croissance verte nous indiquent qu'elle est envisageable sans trop de changements dans nos modes de vie. Que l'activité verte remplacera l'activité brune, à productivité constante, le progrès technique étant là pour permettre cette transition. Or, rien n'est moins sûr. Les transformations dans les modes de vie et les modes de produire du passage d'une activité brune à une activité verte sont très mal appréhendées. Comme le souligne justement Jean-Pisani Ferry152, les coûts et la rapidité nécessaire face à l'urgence écologique d'une « transition verte », que l'on devrait d'ailleurs plutôt appeler « mutation verte », sont certainement sous-évalués par

151. Paul Bairoch.

152 La politique climatique est une politique macroéconomique, et les implications seront importantes. Jean-Pisani-Ferry (Peterson Institut for international Economics). Note d'orientation, Août 2021

les économistes, sous-évalués par certains politiques, tant les efforts à fournir paraissent importants.

Du côté des tenants de la décroissance, ces derniers nous indiquent qu'il est possible de mieux vivre en limitant notre production de richesses. Or, la plus grande partie de l'humanité n'a jamais eu accès à ces richesses. Une grande partie de l'humanité souffre de pauvreté et de malnutrition. Comment faire passer l'idée qu'il nous faudrait décroître collectivement, que le gâteau à partager peut être plus petit, alors que nombreux sont ceux qui n'ont pas atteint un minimum décent pour vivre ?

Pour résumer, les tenants de l'économie verte sous-estiment la vitesse et l'intensité des transformations nécessaires. Les tenants de la décroissance ne disent pas comment opérer avec la majorité de ceux qui n'ont pas assez pour vivre.

Et si ce dilemme était mal éclairé car nos instruments pour le trancher sont faussés ? Ne faut-il pas changer de thermomètre en matière de mesure de la productivité réelle, en veillant à intégrer systématiquement leurs coûts écologiques associés ? On s'apercevrait alors que la performance et les caractéristiques de notre modèle de développement, n'ont rien à voir avec ce qui est mesuré actuellement.

À titre d'exemple, le plus productif est-il véritablement celui qui fabrique avec des chaînes de valeur mondiales qui multiplient les transports qui polluent, qui vont chercher les normes environnementales les plus conciliantes, qui se repaissent des coûts du travail les plus bas ? On peut même se demander si une grande partie de nos gains de productivité de ces vingt dernières années ne sont pas en réalité « subventionnés » par la production toujours croissante d'externalités négatives, jamais facturées, jamais comptabilisées, dont les chaînes de valeur mondiale seraient en quelque sorte l'expression la plus aboutie.

Dans notre système libéral, l'économie de marché distribue l'activité dans le monde en mettant en concurrence des producteurs qui paient en partie (Union européenne) ou ne paient pas les externalités négatives de leurs productions, c'est-à-dire le coût environnemental de la fabrication et du transport de leurs produits. C'est ce qu'on pourrait appeler « l'échange inégal », pas celui qui s'établit entre le centre et la périphérie sur la base d'une comparaison des termes de l'échange, mais plutôt un « échange inégal » d'un nouveau type entre de ceux qui intègrent les coûts réels et ceux qui n'intègrent pas le coût environnemental de leurs activités et se contentent d'afficher des coûts fictifs.

Avant de se prononcer sur la nécessité de prendre la voie de la décroissance ou la voie de la croissance verte, ne faudrait-il pas au préalable être capable de mesurer les coûts réels et non les coûts fictifs de l'ensemble de nos activités ? On verrait ainsi d'emblée se dessiner une autre carte mondiale de la productivité réelle, une autre carte de l'activité qui coûte énormément, une autre carte de l'activité très rentable car ayant notamment un coût environnemental très faible. On verrait également qu'elles sont les modes de production réellement productifs de manière durable et ceux qui le sont artificiellement, dopés qu'ils sont par la production d'externalités négatives non comptabilisées. On verrait enfin comment aller vers un abaissement réel de l'ensemble des coûts de production (coûts écologiques compris) partout dans le monde, afin de redonner à la distribution de notre activité humaine sur l'ensemble de la planète, ses vertus économiques mais également ses vertus sociales et écologiques. Bref, un système économique qui ne fasse plus l'éloge du vice – nos intérêts particuliers — mais plutôt l'éloge de la vertu - nos intérêts collectifs.

Le FMI et la Banque mondiale sont-ils responsables de la faillite de certains pays du Sud ?

Les défenseurs du FMI et de la Banque mondiale tentent de replacer l'intervention de ces deux institutions dans leur contexte historique. Ils justifient la posture libérale du Fonds monétaire international (FMI) et de la Banque mondiale à partir du début des années 1980 par la nécessité macroéconomique d'un ajustement drastique des finances publiques des pays en développement face à l'effondrement brutal du cours des matières premières dont les pays en développement tirent l'essentiel de leurs revenus.

Peut-on soutenir l'existence d'un lien de causalité entre effondrement des termes de l'échange et nécessité d'un ajustement structurel ? Il convient d'abord de s'interroger sur l'évolution réelle des termes de l'échange des matières premières exportées par les pays en développement sur le long terme. Raul Prebisch souligne déjà sur la période 1876-1938 une nette dégradation des termes de l'échange des pays d'Amérique latine exportateurs de matières premières. La baisse du prix des matières premières a donc commencé bien avant les années 1980. Depuis les années 1950, s'il est difficile de mettre en évidence une baisse généralisée du cours des produits de base, c'est plutôt leur instabilité qui semble la règle. Toutefois, il faut attendre 1992 pour que les prix des matières se situent au plus bas niveau observé au cours du XXe siècle. Il est donc difficile de soutenir un lien de causalité direct et presque exclusif entre une baisse subite des prix des matières premières au début des années 1980 entraînant un ajustement obligatoire du FMI et de la Banque mondiale. On peut même noter une flambée des cours entre 2005 et 2008 favorisant les bonnes performances économiques de l'Afrique subsaharienne durant cette courte période. Une forte instabilité des prix des produits de base est à souligner. On ne constate guère un brusque décrochage dans les années 1980.

En revanche, il existe un lien très direct entre le niveau de recettes budgétaires des pays en développement et la perception des droits de douane à l'importation car il s'agit pour beaucoup de la principale source de financement du budget de l'État. Or, c'est justement ce type de recettes budgétaires que le FMI et la Banque mondiale ont beaucoup contribué à faire baisser par l'ajustement drastique des tarifs douaniers dans une perspective d'ouverture sur le marché mondial.

Les déséquilibres budgétaires des pays en développement ont certes été sensibles à la variation des prix des matières premières. Cependant, la baisse des droits à l'importation a produit un effet beaucoup plus immédiat et direct sur les finances publiques. Le tournant libéral des politiques ne peut être expliqué par un besoin particulier d'ajustement au début des années 1980.

Ce tournant libéral des politiques des institutions de Bretton Woods coïncide également exactement avec l'arrivée au pouvoir au Nord de chefs de gouvernements très libéraux comme Margaret Thatcher et Ronald Reagan qui ont imposé au monde ce type de modèle, via notamment les grandes institutions internationales où les pays développés sont majoritaires aux conseils d'administration. Heureusement pour eux, tous les pays en développement n'ont pas suivi cette thérapie de choc. Ils ont su résister à cette idéologie de l'ouverture et du développement par le secteur privé nécessitant au passage la privatisation massive des entreprises publiques, voire des services publics. La Chine, le Brésil, le Vietnam, la Corée du Sud et l'Inde qui enregistrent depuis des années de bonnes performances économiques ont su conserver une certaine indépendance dans la définition de leurs cadres macroéconomiques. Ils ne s'en sont pas sentis plus mal. En revanche, les autres pays en développement, surtout les plus pauvres d'Afrique et d'ailleurs n'ont pas bénéficié de la même latitude. L'application d'une idéologie de l'ouverture, du développement du secteur privé et de la réduction drastique du rôle de l'État dans l'économie est devenue la condition à remplir pour recevoir l'aide.

L'impact de la Banque mondiale et du FMI sur la définition des politiques économiques dans les pays à faible revenu, le monopole qu'ils ont acquis avec le consentement des pays développés dans cette définition grâce aux conditionnalités, la permanence de ce monopole qui se prolonge en 2021 par la coresponsabilité qu'ils exercent en réalité dans la définition des cadres stratégiques de lutte contre la pauvreté qui doivent être acceptés par leur conseil d'administration pour engendrer en contrepartie un processus de désendettement (initiative PPTE), sont à souligner. La responsabilité de la Banque mondiale et du FMI dans les résultats économiques des pays à faible revenu est donc très élevée, bien plus élevée que les montants financiers de l'Aide ne le laisseraient apparaître. Toutefois, cette responsabilité est partagée avec les grands bailleurs de fonds occidentaux. Ces donateurs bilatéraux ont même accepté pour accroître cette pression de conditionner le volume de leur aide bilatérale à un accord préalable sur la définition d'un cadre macroéconomique acceptable par la Banque et le FMI ; autrement dit, pas d'aide bilatérale sans accord préalable avec le FMI et la Banque mondiale. C'est justement cette double pression qui a commencé à être remise en cause lorsque la Déclaration de Paris sur l'efficacité de l'aide de mars 2005 a recommandé la nécessaire réappropriation des politiques de développement par les pays eux-mêmes. C'est également ce modèle d'Aide qui est vivement concurrencé par les donateurs émergents qui n'exigent pas de conditionnalités de politique économique à l'envoi de leur Aide.

À l'avenir, il n'est donc pas sûr qu'il faille obligatoirement positionner l'Aide comme le futur instrument d'appui des politiques publiques des pays en développement, comme le pratique déjà depuis des années la Banque mondiale et le FMI sur le plan macroéconomique et social, avec les succès mitigés que l'on sait. Car comment appuyer une politique sans être enclin à en définir les contours ? Ne devrait-on pas la tenir volontairement à distance de la définition des politiques des pays en développement et ainsi redonner un peu d'indépendance, un peu de souveraineté, un peu d'espace démocratique aux pays en développement eux-mêmes ?

Bien évidemment, les volumes d'Aide ne sont pas à la hauteur de la problématique de développement posé. Toutefois, on ne peut nier que les conditions macroéconomiques attachées à leur déblocage par les institutions de Bretton Woods et les bailleurs bilatéraux occidentaux coalisés depuis maintenant près de 40 ans font que l'Aide doit assumer sa responsabilité partagée dans les échecs des trajectoires économiques empruntées sous la contrainte par la plupart des pays à faible revenu. Cette responsabilité ne doit pas être éludée.

Quels sont les succès et les échecs du modèle de développement libéral ?

Les principaux succès du modèle libéral sont liés à la prise en compte du marché comme un facteur incontournable de la création de richesses. Le modèle libéral de la concurrence libre et non faussée a surtout bien fonctionné entre compétiteurs ayant des caractéristiques similaires et donc jouant le jeu de la compétition à armes égales. Pour les pays développés du groupe de l'OCDE, la concurrence et la loi du marché qui lui est attachée, ont permis une hausse globale de la productivité des économies.

Toutefois, pour toutes les autres économies qui n'étaient pas dans le peloton de tête de l'économie mondiale, le modèle libéral n'a pas apporté les effets escomptés ou a provoqué des stratégies d'évitement.

Les pays pauvres ou à faible revenu ont été broyés par la compétition internationale. Les écarts et les inégalités avec les pays riches n'ont cessé de croître. Les pays à revenu intermédiaire en croissance forte (les pays émergents) n'ont pas véritablement joué le jeu de la concurrence. Sur le plan interne, ils sont demeurés très interventionnistes dans l'économie (Chine, Inde, Vietnam, Brésil). Sur le plan externe, ils ont bénéficié des possibilités offertes par le marché international en usant du dumping social (faibles revenus, faible protection sociale, non-application des normes de l'Organisation internationale du travail), du dumping environnemental (non prise en compte de la responsabilité environnementale, accueil des délocalisations des industries polluantes, non-application de normes environnementales sévères), du dumping monétaire (sous-évaluation de leur monnaie). Ils ont pu ainsi conquérir une part non négligeable du commerce mondial tout en conservant une politique économique très dirigiste.

De surcroît, l'adoption sans discernement du modèle libéral par les pays pauvres ou à faible revenu, a engendré de nombreux effets pervers dont la liste est relativement longue :

- Les pays les moins avancés dans lesquels on a appliqué le modèle libéral n'ont pas enregistré un surcroît de croissance. Ils n'ont pas réussi à soutenir la compétition internationale qu'on voulait leur imposer de l'extérieur. Le nombre des pays les moins avancés est passé de 25 en 1970 à plus de 48 en 2021. Les inégalités se sont donc creusées.
- Le modèle de développement libéral n'est pas diffusable à l'ensemble des pays à l'échelle de la planète. Les pays à revenu intermédiaire qui ont émergé mettent en œuvre un modèle de consommation à l'occidentale qui n'est pas compatible avec la préservation des ressources de la planète. Il faudrait cinq à six planètes en termes d'empreinte écologique pour que le système de consommation américain soit reproductible.
- Les services publics (eau, électricité, santé, éducation, infrastructures publiques) ont été soit fortement réduits, soit complètement démantelés. Or, ces services publics, même imparfaits et parfois en fort déficit, assuraient une redistribution significative à destination des plus pauvres. Une certaine péréquation existait entre une partie rentable de leur exploitation et une partie non rentable à destination des plus pauvres qui n'avaient pas la solvabilité suffisante pour financer le coût du service offert. La doctrine libérale a fait du démantèlement des services publics un objectif en soi, par la privatisation massive ou par l'impératif qui leur a été assigné d'un rétablissement drastique de leurs comptes. Dans le meilleur des cas, le résultat de cette politique a été la survie de ces services publics sur un très petit périmètre d'activité correspondant à un service rendu à la population solvable la plus fortunée. Dans la plupart des cas, cette politique a engendré une disparition du service public ou un fort affaiblissement de ce dernier qui ne joue plus son rôle de filet de sécurité à destination des plus pauvres.
- L'ouverture à la concurrence internationale, sans précaution préalable, n'a pas favorisé un processus de spécialisation internationale au profit des pays à faible revenu. Ces derniers n'arrivent à exporter sur le marché international que leurs matières premières brutes. Leur place dans le commerce international s'est réduite. Leur part est passée de 6 % du commerce mondial dans les années 1970 à moins de 2 % pour les 77 pays faisant partie de l'ensemble Afrique-Caraïbe-Pacifique. La loi des avantages comparatifs n'a pas joué en leur faveur : pas de spécialisation positive mais plutôt une exploitation par d'autres de leurs matières premières non transformées à bas prix. Ils n'ont pas trouvé des secteurs de

production à faire valoir dans la compétition internationale. La production manufacturière ou artisanale de ces pays s'est réduite à la portion congrue. Ce sont les avantages absolus chers à Adam Smith qui s'appliquent plus que les avantages comparatifs popularisés par David Ricardo.

- Entre 1988 et 1994, l'effondrement du prix des matières premières a privé les pays à faible revenu dépendant d'une seule matière première (la plupart des pays pauvres d'Afrique) de près de 40 % de leur budget. Ce choc externe a entraîné une détérioration rapide de leurs finances publiques et un recours accru à l'endettement qui est vite devenu insupportable.
- Du fait de la concurrence internationale, les marchés intérieurs des pays pauvres ont été envahis par des produits d'importation à bas coûts. Leurs deux secteurs d'activité principaux, la production vivrière et l'artisanat, ont été fortement concurrencés par l'extérieur posant un problème important d'activité pour la population active.
- La réduction des droits de douane ne permet plus un financement important du budget de l'État. Auparavant, la taxation des importations constituait la principale ressource permettant le financement des fonctions publiques des pays en développement. Cet impôt n'a pas été remplacé par une autre recette. De plus les revenus tirés des recettes d'exportation n'ont plus été perçus suite à l'effondrement du prix des matières premières. La TVA (trop complexe à percevoir) et l'impôt sur le revenu (dont l'assiette est limitée) ne peuvent assurer aux États le financement de leur budget. Il en résulte un rétrécissement drastique de l'appareil de l'État.
- Par rapport à la concurrence internationale des plus compétitifs, le taux de rentabilité effectif nécessaire pour pérenniser des projets publics ou privés est devenu très élevé. Les conséquences en sont multiples : les projets productifs sont de moins en moins nombreux dans les pays pauvres. Lorsqu'ils existent, ils sont la plupart du temps défiscalisés, exsangues de prélèvements sociaux, et n'appliquent aucune responsabilité sociale et environnementale afin d'être en situation de se confronter à la concurrence internationale. Il en ressort, soit un creusement des inégalités – la pauvreté devient un facteur de compétitivité grâce au différentiel de revenus qu'elle provoque —, soit un tarissement des possibilités de projets productifs rentables à financer dans les pays pauvres. Faute de mieux, on passe donc à de l'aide programme.
- Le modèle libéral a beaucoup de difficultés à intégrer les problèmes sociaux et environnementaux. Une partie de la compétitivité de certains pays émergents est due à leur dumping social et environnemental. Le marché a du mal à intégrer les externalités négatives.
- La concurrence sur le marché international à laquelle devaient se rallier les pays pauvres n'a jamais été pure et parfaite. Les pays développés protègent de plus en plus leurs marchés par des normes. Les pays émergents bénéficient pour certains d'une monnaie notoirement sous-évaluée, ce qui fausse la concurrence.

- Les marchés internationaux qui devaient afficher des prix stables à mesure de leurs élargissements respectifs sont dans les faits de plus en plus instables et soumis à une spéculation financière incessante. Les prix affichés par ces marchés ne peuvent pas constituer des repères pour les pays en développement sur le bien-fondé ou non d'un investissement.
- Enfin, le dogmatisme dans l'application du libéralisme a poussé les bailleurs de fonds de l'OCDE à abandonner l'appui direct au secteur productif afin de ne pas risquer de fausser la concurrence. Ainsi, l'aide des bailleurs de l'OCDE à l'agriculture et au secteur productif représente moins de 5 % des grands secteurs aidés.

Doit-on annuler la dette des pays pauvres ?

La dette des pays en développement (y compris les pays à revenu intermédiaire) est passée de 500 milliards de $ en 1980 à 2000 milliards de $ en 2000. La dette des pays pauvres (les quarante et un pays PPTE) est passée de 60 milliards de $ en 1980 à 190 milliards de $ en 1990.

En 2018, l'encours de la dette extérieure des pays à revenu faible et intermédiaire a grimpé de 5,3 %, pour atteindre 7 800 milliards de dollars.

En juillet 2019, la moitié des pays bénéficiant de l'aide de l'IDA étaient menacés de surendettement ou se trouvaient déjà en situation de surendettement. Selon des évaluations du Groupe de la Banque mondiale, moins de 50 % des pays examinés remplissaient les critères minimums en matière d'enregistrement, de suivi et de déclaration de l'endettement.

À partir de mars 2020, la crise du coronavirus a amplifié cette crise de l'endettement, un endettement majoritairement vis-à-vis de la Chine et non vis-à-vis de l'Occident comme cela était le cas jusque dans les années 2010.

En 2020, la dette des pays à faible revenu et à revenu intermédiaire est repartie à la hausse. La crise du coronavirus a accentué ce phénomène.

On ne coupera pas dans les prochaines années à des annulations, des restructurations, des aménagements de la dette. La difficulté nouvelle est que cet endettement est différent. Il s'établit vis-à-vis de la Chine principalement. Le Club de Paris (traitement de la dette publique) et le Club de Londres (traitement de la dette privée) doivent ainsi intégrer ce nouveau partenaire.

S'agissant des pays pauvres, il convient effectivement de les désendetter. Mais surtout, il est nécessaire que l'aide qui leur est apportée se réalise majoritairement sous forme de dons et non en prêts, comme c'est encore trop souvent le cas aujourd'hui.

La Chine n'est plus un pays en développement du Sud

Depuis 1945 et l'enclenchement du processus de décolonisation, La communauté internationale a pris pour habitude de classer les pays en matière d'appartenance à des groupes distincts dont les droits et les devoirs sont différents. Le groupe des pays du Sud a pris une dimension politique revendicative dès la conférence de Bandung en 1955, donnant naissance au mouvement des pays non alignés, au moment où la confrontation Est-Ouest était à son apogée. La distinction entre pays du Sud - pays pauvres, pays à faible revenu, pays en voie de développement ou plus proche de nous pays en développement ou émergents - d'un côté, et pays du Nord - les pays développés - de l'autre, s'est progressivement imposée.

Cette appartenance à des groupes de pays structure les relations au sein de la communauté internationale.

Sur le plan de l'aide et de la solidarité internationale, elle permet de distinguer les pays donateurs d'un côté (groupe des pays développés comprenant une trentaine de représentants) et les pays receveurs d'aide (pays en développement) de l'autre. C'est ainsi que les pays développés regroupés au sein de l'OCDE, organisent les conditions des transferts d'aide publique au développement vers les pays en développement. C'est ainsi également que la Banque mondiale aide non seulement les pays à revenu intermédiaire de la tranche supérieure comme la Chine mais également les pays à revenu intermédiaire de la tranche inférieure et à faible revenu. Cette distinction est également opérante quant à la répartition des obligations différenciées de ces deux groupes de pays en matière d'environnement. Lors de l'établissement du protocole de Kyoto en 1997, les pays développés se sont engagés d'une manière contraignante à baisser leurs émissions de CO2 alors que les pays du Sud (le reste de la planète), en développement et donc considérés comme peu émetteurs et n'ayant pas de responsabilité dans les émissions du passé lié au développement industriel, n'avaient aucune contrainte de cet ordre pouvant complexifier leur cheminement espéré vers le développement.

Sur le plan politique, cette appartenance aux pays du Sud leur permet de revendiquer et d'asseoir une légitimité à être aidés par le Nord pour accélérer leur développement, d'être sur le plan environnemental non contraint dans leur processus de développement, d'être considérés comme les premières victimes du développement carboné des pays du Nord donnant droit à des réparations.

Cette classification Nord/Sud avait un sens, une cohérence jusqu'au début des années 1990. Ce n'est plus le cas aujourd'hui. Deux évènements majeurs sont venus percuter cette répartition en deux groupes. Premièrement, la mondialisation a accompagné un développement économique accéléré et carboné dans certains pays du Sud devenus des pays émergents. Le groupe des pays du Sud est ainsi devenu particulièrement hétérogène et disparate entre pays pauvres et pays émergents. Deuxièmement, la Chine, pays toujours classé comme faisant partie des pays du Sud, est devenue la deuxième puissance économique mondiale et le premier émetteur mondial de CO2. Certains pays du Sud, particulièrement peuplés comme l'Inde, la Chine, le Brésil ou encore l'Indonésie, sont devenus des puissances économiques de premier plan. Il n'est donc plus vrai qu'un pays comme la Chine n'a pas, en raison de sa taille et de la dimension de son économie, un impact majeur sur le changement climatique et la baisse de la biodiversité.

Or, ce monde bipolaire Nord/Sud qui date de la Seconde Guerre mondiale demeure intangible bien qu'en partie obsolète. La Chine trouve avantage à cette intangibilité. Son lien d'appartenance aux pays du Sud la protège de toute contrainte environnementale pouvant entraver son développement. Ce lien d'appartenance lui évite d'endosser sa responsabilité nouvelle en tant que plus gros émetteur de CO2 sur le dérèglement climatique qui continue à peser presque exclusivement sur les pays développés. Sur le plan politique et diplomatique, ce lien d'appartenance lui confère une grande proximité avec les autres pays frères du Sud, ceux qui ont subi comme elle le colonialisme et sont satisfaits de voir une grande puissance comme la Chine faire cause commune avec eux face à l'Occident, défendre leurs propres intérêts. Au sein des pays du Sud, la Chine entend continuer à exercer un leadership sur cette partie du monde, un leadership qu'elle ne souhaite pas abandonner à d'autres pays comme l'Inde.

Ce positionnement politique et diplomatique particulier a été une nouvelle fois revendiqué par la Chine lors de la dernière Conférence des Parties (COP 27) à Charm El Cheikh en Égypte en novembre 2022. On trouve là une des explications majeures de l'échec de cette conférence sur le climat. La Chine, qui consomme 54 % du charbon mondial et émet 31 % des émissions de CO2 mondiales, soit deux fois plus que les États-Unis, ne s'est pas engagée à faire plus en matière de baisse de ses rejets de CO2, rendant très peu probable l'objectif de limiter le réchauffement climatique à 2 °C. La Chine n'entend assumer aucune responsabilité dans le financement des dégâts déjà occasionnés au Sud par le dérèglement climatique, fragilisant la faisabilité du seul engagement positif de la COP 27, à savoir la création d'un fonds chargé de financer les dommages causés par le changement climatique dans les pays du Sud. Or, tant que les pays émergents dont la Chine ne feront pas plus d'efforts sur le plan de la décarbonisation de leurs économies, la transition écologique, telle qu'elle est trop timidement amorcée dans de nombreux pays, sera insuffisante pour restaurer les équilibres environnementaux de notre planète.

Curieusement, au-delà des mots sous la forme d'appels répétés à ce que la Chine assume ses éminentes responsabilités, les pays développés demeurent étrangement timides à faire évoluer cette répartition entre le Nord et le Sud d'un autre âge qui permet à la Chine de se protéger de toute obligation.

Pire, certains pays développés se montrent curieusement attachés à cette répartition en deux camps d'un autre âge, à ce monde ancien qui pourtant les dessert. La plupart pays développés ne veulent toujours pas partager le pouvoir, et les responsabilités qui vont avec, avec les pays émergents dont la Chine au sein de grandes institutions internationales que sont le FMI et la Banque mondiale. Le club des pays riches de l'OCDE considère toujours la Chine comme un pays en développement, donc un pays du Sud pouvant recevoir à ce titre de l'aide publique au développement153. Certains bailleurs de fonds multilatéraux (Banque mondiale) et bilatéraux comme la France, par l'intermédiaire de l'Agence française de développement, continuent à délivrer de l'aide financière à la Chine, au titre de la solidarité internationale.

Déconnecter la Chine de son appartenance devenue fictive aux pays du Sud devient une urgence pour améliorer le fonctionnement de la communauté internationale sur le plan diplomatique et politique, comme pour le devenir de notre planète.

Décarbonisation ouverte ou décarbonisation fermée pour l'économie mondiale ?

Telle est la vraie question à l'ordre du jour de ces prochaines années. Jusqu'à présent, le monde développé et une partie du monde en développement vivaient sous le régime de la concurrence libre et non faussée. C'est-à-dire que les protections tarifaires, les subventions aux outils de productions, les appels d'offres publics fermés à la concurrence étrangère, les protections indues par les normes faussant la concurrence, étaient prohibés car contraire à une libre concurrence présentée comme bénéfique pour tous. En effet, les producteurs les plus compétitifs étaient capables de produire au moindre coût, partout dans le monde, pour le plus grand bénéfice des consommateurs qui ainsi pouvaient disposer des produits et des services au meilleur prix. Cette bonne allocation des ressources en matière de facteurs de production avait d'ailleurs abouti à la fabrication de chaîne de valeurs mondiales où, pour la fabrication d'un seul produit, plusieurs sites géographiques étaient nécessaires afin que l'assemblage du produit fini soit possible.

Ce modèle économique était et demeure encore le modèle dominant de l'économie mondiale. Or, face à la crise climatique et à la perte de biodiversité, ces inconvénients majeurs apparaissent aujourd'hui au grand jour. Ce modèle d'économie mondialisée privilégie certes les coûts de production les plus bas. Mais ces bas coûts s'appuient le plus souvent sur une utilisation massive de l'énergie fossile. Ils s'appuient également sur l'application des normes sociales et environnementales dégradées par rapport à l'adoption de modèles de

---

153 Source OCDE : liste des bénéficiaires de l'APD établie par l'OCDE pour 2022 et 2023. La Chine fait partie Pays à revenu intermédiaire de la tranche supérieure (Revenu national brut/habitant compris entre 4096 $ et 12695 $)

développement durable. Ainsi, les sites de production ont tendance à se localiser dans les territoires les moins-disants sur le plan social et environnemental.

Face à cette réalité, face au dérèglement climatique et à la perte de biodiversité, Que faire ?

La première option pourrait être celle de la décarbonisation en économie ouverte. Elle consisterait à anticiper une généralisation rapide de l'emploi des énergies propres, et plus généralement des normes sociales et environnementales les plus respectueuses de notre environnement grâce aux forces du marché, par les prix. Ainsi, grâce au progrès technique, les coûts de production des énergies décarbonées deviendraient plus bas que ceux des énergies fossiles. Ainsi, notre monde basculerait naturellement, par le marché, vers une production décarbonée. C'est en gros le scénario de la croissance verte où par les innovations, par la science, en économie ouverte, s'impose naturellement un nouveau modèle de développement vertueux. C'est le scénario de transition au long cours que les grands pays développés et émergents appliquent jusqu'à présent, compatible avec des engagements environnementaux internationaux non contraignants. Avec un peu de recul, on s'aperçoit que ce scénario par le libre jeu du marché pose de nombreux problèmes : le processus de transition dans les pays développés s'avère extrêmement lent, trop lent face à l'urgence climatique et la baisse de la biodiversité. La vieille économie carbonée résiste plutôt bien et s'avère encore très compétitive et rentable. Les pays en développement ne sont pas disposés à sacrifier leur développement carboné en s'imposant l'application de normes de production durable qu'ils ne maîtrisent pas complètement. Les grandes messes environnementales comme les Conférences des Parties (COP) se suivent et se ressemblent sans que rien de ne change vraiment.

La seconde option est celle de la décarbonisation fermée, protégée. Il s'agit de ne plus faire exclusivement confiance aux forces du marché, de remettre en cause la capacité de notre économie ouverte à engendrer des transitions actives et suffisamment rapide face à l'urgence d'un dérèglement environnemental déjà à l'œuvre. Le rôle directif et incitatif de l'État dans l'économie redevient alors crucial pour intervenir et favoriser par la subvention, par la norme, par la protection aux frontières, l'avènement rapide d'une économie décarbonée. Ce modèle n'est pas encore officiellement promu par les grands pays occidentaux qui restent attachés dans leurs discours au libéralisme économique, à l'ouverture des marchés, au respect de leurs obligations vis-à-vis de l'Organisation mondiale du commerce.

Cependant, ce sont bien les prémices de cette décarbonisation fermée que nous voyons se mettre en place progressivement, par petites touches. Cette politique active rompt avec l'orthodoxie libérale en finançant par des subventions le développement rapide des activités décarbonées localisées nationalement. La politique des États-Unis (Inflation Réduction Act) adoptée par en août 2022 va dans ce sens. Elle est aujourd'hui critiquée par sa propension à fausser la concurrence en subventionnant uniquement ses propres producteurs d'activité décarbonée. Cette politique active de promotion de l'économie décarbonée est également en train de se mettre en place dans l'Union européenne avec l'imposition progressive de normes environnementales et sociales de plus en plus strictes à tous ceux qui veulent pénétrer le marché intérieur européen. Le 13 décembre 2022, l'Union européenne va encore plus loin en prévoyant de mettre en place à partir de 2026 une taxe carbone aux frontières, une mesure de type protectionniste, même si les dirigeants européens éprouvent des difficultés à l'assumer au regard des traités européens faisant référence au modèle d'économie ouverte et non faussée, en phase avec les règles de l'Organisation mondiale du commerce (OMC).

Le protectionnisme qui tarde à dire son nom est donc de retour chez les pays développés. Il est déjà à l'œuvre dans certains pays émergents comme la Chine et l'Inde, sans que la décarbonisation de leur économie soit pour eux devenue une priorité absolue. Ces pays émergents continuent de croître économiquement, en développant la production de la vieille économie carbonée qui leur a permis de conquérir de l'activité et des marchés. Ils subventionnent également les filières de production plus propres (batteries, solaire, éolien) qui constituent de nouveaux marchés, en interne ou à l'exportation.

La décarbonisation fermée gagne donc du terrain dans le monde actuellement. Le forum de Davos de janvier 2023 s'en fait l'écho en évoquant la fin possible de la mondialisation. Toutefois, cette décarbonisation fermée prend du temps. Elle n'est accessible que dans les pays développés ou émergents qui ont les moyens financiers, techniques et scientifiques de la mettre en place. Pour les autres pays en développement, leurs modèles de développement décarbonés demeurent encore à inventer et à financer.

8. Les alertes environnementales et le développement durable

Alerte écologique : pour qui sonne le glas ?

Comment expliquer que depuis tant d'années, les cris d'alarme lancés par de nombreux responsables de la planète, les scientifiques de renom, les personnalités politiques et de la société civile de tous bords n'arrivent pas à faire bouger les lignes, à orienter différemment nos politiques, à accélérer les transitions, à modifier nos modèles de développement et finalement notre façon de vivre ? Pourtant dès le début des années 1970 avec les rapports du Club de

Rome154, ces questions ne quittent plus le haut de l'agenda international. Cela fait donc près de 50 ans que de nombreux responsables tirent la sonnette d'alarme155, toujours plus fort, sans grands résultats tangibles. Les émissions de gaz à effet de serre continuent à croître et la biodiversité s'effondre. Le résultat des élections européennes du 26 mai 2019 constitue peut-être avec la poussée des listes qui défendent l'écologie un premier signal politique encourageant. Mais est-ce vraiment suffisant pour renverser l'inertie du temps passé à ne rien faire ou presque ? Espérons-le. Pour l'heure, on en reste aux discours, pas à l'action.

Premier élément d'explication peut-être de cette inertie, la communauté internationale sur cette question apparaît toujours divisée. Un des plus grands pays qui dégrade l'environnement, les États-Unis, n'adhère plus à l'urgence écologique et entraîne derrière lui les pays les plus réticents à faire des efforts (Russie, Brésil, Indonésie). Il est accompagné en cela par quelques climatosceptiques qui continuent à entretenir le doute. Parallèlement, les pays émergents comme les pays en développement sont relativement peu allants sur ces questions ne voulant pas que leur propre développement, actuel ou à venir, ne soit entravé par des contraintes nouvelles que les pays riches n'ont pas eues à subir pour se développer.

Entre les discours pour l'environnement et les politiques suivies, il s'instaure également un décalage grandissant. La communication sur l'urgence écologique est forte. L'inventivité institutionnelle et médiatique est sans limite : conventions internationales au droit mou non contraignant156, grandes déclarations à l'ONU, lois d'urgence climatique, conseils de défense, comités, inscription dans les textes constitutionnels... Et pourtant, les pays leader en matière environnementale repoussent toujours les échéances, ne cessent de donner du temps au temps, altèrent l'urgence qu'ils proclament par ailleurs. Or, l'écologie est un enjeu de long terme qui frappe aujourd'hui les populations à court terme et demande donc des actions de court terme. Ce n'est pas, ce n'est plus un enjeu de long terme à résoudre à long terme. Les réfugiés climatiques sont de plus en plus nombreux. Les atteintes à notre santé sont réelles et massives. Pourtant, on préfère en rester à court terme aux « petits pas », allongeant toujours plus les périodes de transition, continuant à s'appuyer sur un vieux modèle de croissance, tiré par la consommation, censé donner de l'activité et du travail au plus grand nombre. Dans le temps politique de la démocratie, Il est toujours plus urgent de maintenir l'emploi d'une usine qui pollue et procure de l'activité et de l'emploi que de la

---

154 Rapports Meadows commandés par une association d'économistes et d'hommes politiques (Club de Rome) ayant pour titres : « Halte à la croissance » en 1972 puis « Sortir du gaspillage » en 1974.

155 Jacques Chirac à Johannesburg lors du troisième sommet de la Terre en 2002 : « La maison brûle et nous regardons ailleurs ».

156 Les conventions internationales sur l'environnement sont pour la plupart non contraignantes, n'appliquent jamais de sanctions en cas de non-respect, sont dans l'incapacité comme cela vient d'être le cas pour le climat d'adopter un agenda impératif pour les pays qui s'y engagent.

fermer rapidement. L'urgence sociale est là, concrète, à satisfaire dans le court terme. Les modèles alternatifs, les processus de transition propres et socialement équitables, ne font pas le poids face à la vieille économie, dopée par une compétitivité prix artificielle car génératrice de fortes externalités négatives sous forme de pollution et de dégradation des conditions de vie. Comment dans ces conditions, dans un monde ouvert soumis à la concurrence, prendre le risque de changer de modèle, prendre le risque de la transition au risque de se découvrir le premier et de tout perdre ? Ceux qui profitent du système actuel ne veulent pas en changer. Ceux qui rêvent d'y accéder, les pays en développement, ne veulent surtout pas que son accès leur soit interdit. Dans un monde de concurrence exacerbée, le statut quo est de rigueur de peur de perdre sa place.

Enfin, l'écologie est souvent présentée comme un processus punitif qui taxe, qui ferme, qui normalise à l'excès, qui va contre le progrès (Hans Jonas avec une utilisation extensive du principe de précaution) et prône la décroissance (Latouche, 2 006), bref qui bride nos libertés et singulièrement les libertés concrètes des plus faibles. Toutefois, les dégâts écologiques sont parfois difficiles à percevoir. On nous dit que la planète se réchauffe mais certaines régions connaissent parfois le froid plus qu'à l'accoutumée157. On nous dit que les calottes glaciaires fondent mais presque personne n'habite là-bas. On nous dit que notre santé est d'ores et déjà gravement affectée par la dégradation de notre environnement mais l'espérance de vie dans les pays qui polluent le plus atteint un niveau jamais inégalé par le passé. Difficile dans ces conditions d'assumer des sacrifices, des changements de nos modes de vie, des limites à notre empreinte carbone. Surtout quand l'opinion publique demeure bombardée de messages contradictoires, d'infox qui brouillent même la juste perception des consciences les mieux éclairées. Pourquoi dans ces conditions, ne pas tourner la tête tout en continuant à s'en remettre au génie de l'Homme qui trouvera peut-être une solution aux problèmes qui nous semblent aujourd'hui insolubles ? Mais peut-on véritablement parler d'urgence en prévoyant d'agir simplement à 10 ans, à 20 ans, à 30 ans ? N'est-ce pas un oxymore ?

Tirer la sonnette d'alarme en permanence, même de plus en plus fort, apparaît au final comme contreproductif si rien de bouge, si rien ne se passe, si aucun projet positif n'est proposé. Car accepter de changer nos modes de vie, reconnaître nos erreurs, nos impasses, nos limites, se préoccuper des générations futures, envisager qu'il puisse y avoir individuellement et collectivement une fin pour nous-mêmes et notre Terre aux ressources finies, n'est-ce pas au final une remise en cause bien trop difficile à entreprendre ? Cette même interrogation, cette même urgence était présente dès les années 1950 avec la diffusion de l'arme

157 Le réchauffement en moyenne est là mais il existe des disparités spatiales et annuelles dans l'évolution des températures du globe.

atomique qui faisait craindre une fin prochaine à notre humanité158. Et pourtant, chaque citoyen ou presque en est revenu à la résolution de son quotidien, évitant de « trop relever à la tête » …

Cependant des solutions existent pour mettre en œuvre dès aujourd'hui l'urgence écologique qui s'impose à nous. Celle des biens publics (Samuelson, 1954) à créer en nombre au service de tous159. Celle des circuits courts. Celle du développement partagé, par la mise en œuvre de plus de justice spatiale (Jacques Levy, Jean-Nicolas Fauchille, Ana Povoas, 2018)160, ce qui revient à mieux organiser notre bien-être dans l'espace, à mieux rapprocher et organiser nos lieux de vie, nos lieux de production et de consommation, nos lieux de culture et d'échange. Celle de la réhabilitation du progrès (Schumpeter, Krugman) qui permet d'optimiser l'utilisation des ressources finies de la planète, sans verser dans la décroissance. Celle de nouveaux modèles de développement durable161, en rupture avec le passé, à l'écart, à l'abri de la compétition déloyale qu'impose la vieille économie. Il convient aujourd'hui de construire d'urgence des représentations collectives attractives du développement futur de nos sociétés, des représentations positives tournées vers l'avenir et non vers le passé, en phase avec le progrès, permettant un surcroît de justice et de liberté (Rawls ; 1971, Sen ; 2010) dans un environnement durable. Des représentations pour une écologie qu'il convient de populariser auprès du plus grand nombre et qui soit une réponse immédiate et tangible à nos déclarations d'urgence.

L'écologie positive peut-elle devenir une force de destruction créatrice à la Schumpeter ?

Dans le modèle schumpétérien présenté par l'auteur en 1942 dans son livre intitulé « Capitalisme, socialisme et démocratie », la croissance est placée au centre du modèle économique et est essentiellement tirée par les innovations. Plusieurs facteurs contribuent à ce socle de croissance par l'innovation. Le premier facteur est constitué par l'investissement de l'entrepreneur, celui qui crée et par qui, grâce à son financement, un nouvel espace de production est possible. Le deuxième facteur permet par l'innovation des gains de productivité. L'innovation induit une plus grande efficacité économique, une plus grande efficience et ouvre ainsi des possibilités de produire plus avec des coûts réduits.

158 Voir les discours alarmistes des mouvements pour la Paix dont l'essor est lié à l'escalade de l'arsenal atomique entre l'Est et l'Ouest jusqu'en dans les années 1980.

159 Un bien dont personne n'est exclu, les utilisateurs potentiels n'étant pas rivaux : « non-excluable, non rival » à l'inverse d'un bien commun (Ostrom) géré par une communauté d'utilisateurs qui mutualise une exclusivité.

160 Lire à ce sujet le très bon livre intitulé : « Théorie de la justice spatiale », Jacques Lévy, Jean-Nicolas Fauchille, Ana Povoas, aux éditions Odile Jacob.

161 Modèles axés sur l'atteinte des Objectifs de Développement Durable (ODD) fixés par l'ONU pour la période 2015-2030.

Le troisième facteur est ce que Joseph Schumpeter (1883-1950) appelle la destruction créatrice. Les innovations rendent les innovations antérieures obsolètes. Elles les remplacent peu à peu dans le cycle de production. La nouvelle économie remplace l'ancienne détruite par de nouvelles activités plus productives, plus efficientes, plus concurrentielles, qui répondent mieux aux besoins des consommateurs ou même offrent de nouveaux biens et services dont les coûts étaient prohibitifs.

Or aujourd'hui, cette destruction créatrice est bien toujours à l'œuvre dans notre économie mais reste en très grande majorité au service de la vieille économie, dans le cercle de la vieille économie, celle qui recherche encore et toujours plus de profits, quelles qu'en soient les conséquences sur le plan social et environnemental. Pourtant, pour reprendre le concept schumpétérien, il faudrait que la destruction créatrice de l'écologie positive rende la vieille économie obsolète. Qu'à l'inverse de la loi de Gresham qui voit la mauvaise monnaie chasser la bonne, la bonne économie chasse la mauvaise, celle qui pollue, rend notre air irrespirable, détruit la biodiversité. Que plutôt de se lancer dans l'écologie punitive, d'aller vers la décroissance, la taxation, de renoncer aux innovations qui pourtant ont souvent engendré le progrès tout court, il nous faudrait promouvoir l'écologie positive, il faudrait que la nouvelle économie, vertueuse sur le plan social et environnemental, ruine et remplace rapidement l'ancienne pour paraphraser quelque peu Joseph Schumpeter.

En effet, cette vieille économie carbure en partie aux externalités négatives qui génèrent des coûts indirects assumés par tous, dont le prix à payer est diffus et touche le plus souvent les plus faibles économiquement qui n'y sont pour rien, qui subissent l'application de ce modèle, qui en renforce la résilience parfois faute d'avoir la faculté de choisir autre chose que les bas prix. Pour changer de système, il faudrait en premier lieu de nouvelles règles du jeu. Que les vrais coûts sociaux et environnementaux attachés à un produit ou un service soient payés par les producteurs de ces biens et de ces services. Deuxièmement, il serait souhaitable que les innovations de l'écologie positive deviennent une force de destruction de la vielle économie. L'idéal serait bien évidemment que ces innovations de l'économie positive rendent naturellement obsolète par le jeu du marché la vieille économie. Ce n'est hélas pas encore le cas, pas suffisamment le cas, pas assez vite le cas, étant donné la résistance dont fait preuve la vieille économie face à la nouvelle. Les innovations de l'écologie positive n'ont pas naturellement la force de détruire l'ancienne économie. Sauf exceptions, elles n'arrivent pas à s'imposer par leurs faibles coûts, par leur facilité d'utilisation, par leur plus forte productivité. Seules les plus performantes sur le plan des prix acquièrent de facto la force de détruire l'ancienne économie. Les autres innovations ont besoin d'être aidées pour s'imposer, face au dumping social et environnemental des activités de la vieille économie.

Il convient donc de changer de cadre afin que la nouvelle économie puisse se battre à armes égales avec la vieille économie. Cette dernière nous doit la vérité des prix. Elle doit donc assumer tous ses coûts. Le producteur doit supporter les taxes attachées à une production qui fait des dégâts sur le plan environnemental. On ne peut demander au consommateur à faible pouvoir d'achat, sous couvert d'éthique environnementale, de se détourner spontanément du moins disant en termes de prix au profit du mieux disant en terme environnemental. Cette taxation du producteur peut s'effectuer au niveau national ou européen. Elle peut également s'appliquer aux importations de biens et services qui ne sont pas conformes aux standards environnementaux et sociaux que chaque société est en droit d'exiger, pour aujourd'hui et pour demain. Dans un deuxième temps, il convient de favoriser les investissements et donc les entrepreneurs de l'écologie positive en différenciant les taux d'intérêt, en rendant l'investissement écologiquement responsable moins onéreux que l'investissement dans l'ancienne économie. Dans un troisième temps, comme dans le secteur du solaire et de l'éolien, il convient d'encourager les gains de productivité des activités de l'écologie positive. Alors, oui peut-être, l'écologie positive ainsi dotée, ainsi promue, ainsi supportée pourra acquérir la force de supplanter la vieille économie, la force de la remplacer au plus vite pour notre bien commun.

Les enjeux politiques du développement durable

L'approche en termes de développement durable, peut-être la plus réaliste et de plus en plus diffusée depuis le deuxième sommet de Rio en 1992, se trouve au centre de la problématique d'un développement nouveau pour le Nord, comme pour le Sud et les pays émergents. Le concept de développement durable n'est certes pas une notion nouvelle. Déjà les forestiers des environs de Brunoy en région parisienne appliquaient ce précepte avant l'heure en plein Moyen-Âge. L'Ordonnance de Brunoy datée du 29 mai 1346 en témoigne « Les maîtres des eaux et forêts enquerront et visiteront toutes les forez et bois et feront les ventes qui y sont, en regard de ce que lesdites forez se puissent perpétuellement soustenir en bon estat ».

Plus proche de nous, au début du XIXe siècle, le président des États-Unis, Theodore Roosevelt, s'alarmait en 1909 des dégâts causés par le développement industriel de l'économie américaine, devenue la première puissance thermo-industrielle du monde, ce qui mettait en danger la forêt et la qualité des sols. L'idée que les ressources naturelles de notre planète n'étaient pas inépuisables et qu'il convenait donc de gérer notre environnement sur le long terme était donc déjà présente. Mais c'est véritablement en 1989 avec la publication du Rapport Brundtland qu'une définition plus précise en est donnée : « Un développement qui répond aux besoins du présent sans compromettre la capacité des générations futures à répondre aux leurs ». Le développement durable ou soutenable est donc une sorte de pari sur l'avenir basé sur notre capacité à inventer un nouveau modèle de développement qui associe croissance économique, respect de l'environnement et équité sociale aujourd'hui et pour les générations futures.

C'est lors de la conférence de Rio en 1992 que cette notion devient véritablement centrale pour la communauté internationale dans son ensemble, puisque non seulement 196 chefs d'État ou de gouvernement l'approuvent, mais également les opinions publiques emmenées par les organisations non gouvernementales qui s'occupent d'écologie sont directement associées au processus. La notion de développement durable lors de la conférence de Rio est issue d'un triple compromis :
- Compromis entre les intérêts des générations actuelles et ceux des générations futures, dans le contexte d'une équité intergénérationnelle.
- Compromis entre le Nord et le Sud qui n'ont pas les mêmes attentes.
- Compromis enfin entre les besoins des êtres et la préservation des écosystèmes.

À l'inverse des prédictions du Club de Rome en 1972 qui constatait une contradiction majeure entre croissance économique et respect de l'environnement[162] dans le cadre d'une expansion démographique mondiale très rapide, le développement durable milite pour la définition d'une trajectoire nouvelle qui permette la diffusion le plus large possible d'un bien-être pour tous, tout en protégeant l'environnement et plus précisément son potentiel pour les générations futures. Toutefois, il est difficile de trouver l'équilibre entre ces trois piliers – l'économique, le social et l'environnement –, celui-ci variant selon les auteurs[163]. Les uns préconisent un changement de style de vie drastique, une limitation des transports, un passage à une économie du tertiaire propre et faiblement émettrice en CO_2, d'autres sont plus accommodants et font confiance au progrès technique pour passer d'une économie riche en carbone à une économie propre.

Cependant, presque tous les auteurs sont d'accord pour dire que le marché est aujourd'hui incapable d'internaliser correctement les coûts environnementaux de nos modèles de production occidentaux et qu'il convient que le politique redevienne rapidement maître du jeu afin d'y mettre bon ordre. Le développement durable, c'est avant tout un concept politique qui demande une prise de conscience politique pour que la communauté internationale s'entende collectivement sur des objectifs à atteindre comme ce fut le cas avec la ratification du Protocole de Kyoto sur le changement climatique, entré en vigueur en 2005.

Les opinions publiques et leurs gouvernements entrevoient de plus en plus précisément un monde aux ressources qui s'épuisent et qui aura du mal à respirer. Cette prise de conscience oblige le Nord, comme le Sud, comme les pays émergents, à changer simultanément leur modèle de développement pour

162 / Les précurseurs en quelque sorte des adeptes de la décroissance.
163 / Ce qui fait dire à certains qu'il s'agit d'un concept « fourre-tout » surtout utilisé par les entreprises en matière de communication. Lire sur ce thème le numéro de septembre 2007 de *la Revue des deux mondes* et plus particulièrement la communication du professeur Paul Arnould de l'ENS Lyon centrée sur ce sujet.

intégrer au plus vite ces nouvelles exigences. Les préoccupations environnementales deviennent alors une contrainte incontournable pour tous. Le débat autour du réchauffement climatique et de ses conséquences pour l'homme et la planète est emblématique de cette prise de conscience. Mais la nécessaire biodiversité de nos écosystèmes si importante pour garantir notre pérennité sur terre est également en jeu.

Le 30 octobre 2006, Sir Nicholas Stern, professeur d'économie et ancien vice-président de la Banque mondiale, rendait public un volumineux rapport commandé par le gouvernement britannique et intitulé : « L'économie du réchauffement climatique ». Très appréciée des décideurs, sa principale innovation consistait à tenter pour la première fois de chiffrer le coût économique du réchauffement climatique dans une perspective de long terme. Le coût de l'inaction était présenté comme extrêmement élevé et dévastateur mettant ainsi en péril la croissance future (perte de 5 à 20 % du PIB mondial chaque année). Sa recommandation finale visait donc à agir sans tarder en dépensant 1 % du PIB mondial chaque année d'ici 2050 afin de stabiliser le réchauffement climatique à un niveau acceptable. En d'autres termes, nous aurions aujourd'hui encore les moyens de rendre compatibles la croissance économique et la stabilisation du climat.

Une « décarbonisation » accélérée de l'activité mondiale entraînerait une baisse drastique de l'utilisation de l'énergie fossile responsable aux deux tiers des émissions de gaz à effet de serre (CO_2 principalement). Contrairement au passé, on serait en capacité de créer un découplage effectif entre croissance économique et réchauffement climatique. Par extension, le développement durable alliant croissance économique, équité sociale et respect de l'environnement, ne serait guère une utopie, pas plus qu'une idéologie. Toute la démonstration s'appuie sur les résultats chiffrés d'approches économiques de type coûts bénéfices. Certes, on peut s'interroger sur la fiabilité d'un calcul économique qui se donne pour ambition de modéliser notre futur sur une période longue de plus de 200 ans. En effet, la difficulté consiste à traduire aujourd'hui en coûts économiques des effets par nature disparates qui se produiront majoritairement après 2050 en précisant qu'une action rapide peut changer la tendance, notamment en favorisant la mise à disposition rapide de technologies propres à bas coûts dans les pays riches et dans les pays émergents, mais qui n'existent pas encore. Sans remettre en cause la qualité scientifique de cette approche, son sérieux, sa contribution utile à une prise de conscience salutaire, on ne s'est toutefois peut-être pas assez penché sur ses implications politiques en matière de modèle de société.

Nicholas Stern n'hésite pas à déclarer que « le changement climatique présente un défi unique pour l'économie : il constitue l'échec du marché le plus important et le plus étendu que l'on n'ait jamais connu ». Dans le même temps, il réhabilite fortement le rôle de la puissance publique (État et/ou gouvernance mondiale) plus que jamais nécessaire. On pourrait croire qu'il remet en cause l'économie de marché. Pourtant, il n'en est rien. Nicholas Stern cherche plutôt, dans une phase de transition, à faciliter la mise en place d'une économie mondialisée. Il souhaite même étendre l'action du marché au capital naturel, en donnant notamment un prix au carbone, recommandant l'investissement dans la mise en œuvre de nouvelles technologies propres et compétitives, en nous éclairant sur le futur pour nous aider à changer nos habitudes, en octroyant de la valeur aux services environnementaux tirés de la nature et qui étaient jusqu'alors gratuits.

Le rôle de l'État est certes singulièrement rehaussé non pas pour s'opposer au marché, mais plutôt pour pallier son incapacité à intégrer le long terme. Le laisser-faire et la main invisible sont provisoirement mis entre parenthèses. La puissance publique, nouvel acteur d'une économie politique régénérée, se mue en maître d'œuvre nécessaire d'une nouvelle économie mondialisée et « décarbonée ». Elle joue ainsi le rôle particulier de poisson-pilote d'un marché devant être rapidement en capacité d'intégrer et de bien gérer la nature. La substitution entre capital naturel et autres formes de capital est possible (« durabilité faible »). Le déclassement accéléré de la vieille économie industrielle à bout de souffle car trop fortement imbibée de pétrole et de charbon est provoqué. On adopte en quelque sorte les positions d'écologie politique de la droite républicaine de la côte ouest - des États-Unis – une politique qui nie les problèmes écologiques qui seront pris en charge « naturellement » par le marché et le progrès technique — plutôt que celles de la côte est – la prise en compte de l'écologie devient une donnée économique majeure sur laquelle l'État a un rôle à jouer. Nous sommes encore bien loin d'une révolution politique, d'un changement de société, mais le rôle indispensable de la puissance publique est réaffirmé.

Toutefois, cette vision ne fait pas l'unanimité. D'autres scénarii existent : (1) une incompatibilité finalement effective entre croissance économique et stabilisation du climat faute de pouvoir imposer aux pays émergents un développement propre dont le modèle technologique demeure encore à construire, (2) une incompatibilité réelle entre croissance économique et préservation de l'environnement au sens large - réchauffement climatique mais également perte de la biodiversité, épuisement de l'ensemble des ressources fossiles, épuisement des sols - aboutissant à souhaiter une pause, voire la décroissance, (3) une incompatibilité majeure entre croissance économique et préservation de l'environnement allant jusqu'à une régulation de la démographie mondiale, le non-développement ou la protection de zones géographiques à forte valeur écologique pour l'humanité. Les tenants de la conservation, de la « durabilité forte » contestent les substitutions possibles entre capital naturel et autres formes de capital, contestent le caractère réversible de certaines tendances même en bénéficiant d'avancées technologiques, contestent enfin sur le plan philosophique le droit et la légitimité pour l'économie à s'arroger le monopole de la conduite de notre humanité. Ils militent pour un partage plus équitable de l'activité et des richesses, pour la reconnaissance effective de l'incapacité du marché à dessiner un avenir, pour un arrêt de la croissance, pour une protection des écosystèmes[164] sièges de biodiversité et de services environnementaux. Pour eux, le développement durable est bien le nouvel oxymore des temps modernes. La politique reprend ainsi ses droits pour organiser un véritable changement de la société.

La fracture entre les uns et les autres est donc immense. Dans l'état actuel de nos connaissances, il est bien difficile de choisir son camp. Cependant, le temps de l'action politique semble aujourd'hui à nouveau ouvert, quelle que soit l'approche finalement retenue.

D'une civilisation chaude et en mouvement, basée sur la croissance de l'activité et de la mobilité, on passe à un modèle de société froide où l'activité faiblement consommatrice de ressources et notamment de transports devient la règle afin de préserver le bien-être des générations futures. La durabilité du développement devient l'objectif premier, bien plus que la croissance de l'activité à n'importe quel prix. L'aide n'est plus exclusivement tournée vers l'activité additionnelle mais plutôt vers une meilleure utilisation de la ressource de manière à rendre son accès durable. Certains, faute de croire aux vertus d'une science capable de surmonter les défis de l'environnement, vont même jusqu'à souhaiter une décroissance pour tous.

Bien entendu, les pays développés comme les pays en développement combinent avec des pondérations diverses ces différentes visions du développement pour établir ou communiquer autour de leur stratégie. Toutefois, avec l'apparition des objectifs du Millénaire en 2000 centrés sur le social, avec la prise en compte des questions environnementales en haut de l'agenda international, l'équilibre entre les composantes économiques, sociale et environnementale de l'aide publique au développement tend à se modifier au profit des deux dernières. Parfois, ces objectifs deviennent antagonistes : la compétitivité économique de certains se construit alors sur la non-prise en compte d'une responsabilité sociale et environnementale qui devrait pourtant incomber à tous.

L'écologie : nouveau chemin du collectif, nouveau chemin de la politique

L'avènement de l'écologie ne signerait-elle pas le retour d'une prise en compte du collectif, de l'intérêt général, face à un individualisme forcené qui nous était présenté comme la pente naturelle de notre évolution ?

---

164 / La notion de nécessaire durabilité des écosystèmes n'est pas partagée par tous les scientifiques. Dans le journal l'Express du 6 décembre 2007, le paléoanthropologue Yves Coppens, un des pères de Lucie, déclarait notamment, s'agissant de la très longue période : « Il n'y a rien de plus banal qu'un changement climatique », « un écosystème qui perdure, c'est rare et finalement pas très naturel » ou encore, « L'instabilité fait partie de la vie. Rien n'est immuable ». En fait, c'est la rapidité du changement climatique ou de la réduction de la biodiversité qui pose problème plus que le changement lui-même qui fait partie de la vie.

Par-dessus les clivages partisans, par-dessus les notions de Sud et de Nord, par-dessus les mérites respectifs de la régulation face au marché, de la social-démocratie face au libéralisme, la prise en compte de l'environnement s'établit comme un horizon qui s'impose à tous que l'on soit riche, pauvre, habitant des villes ou des campagnes, d'un pays développé ou en développement, faisant de notre planète le champ clos d'un avenir qui se dessine à nouveau en commun. Le retour du collectif est bien là. La défense de l'environnement n'a de sens qu'au niveau collectif, bien qu'elle doive prendre sa source dans le mode de vie de chaque habitant de la planète.

Quelle est en effet aujourd'hui, sinon l'écologie, la valeur partagée qui peut unifier les comportements de chacun dans l'espoir d'un destin meilleur ? Et ce destin, nous devons le construire politiquement et non pas en s'adaptant toujours plus à une mondialisation livrée à elle-même et sans gouvernail, une économie libre de toutes contraintes où les intérêts particuliers de chacun ne coïncident plus avec la poursuite de l'intérêt général.

Dans un passé très récent, on nous expliquait que l'individu était tout-puissant. Il pouvait décider seul de son avenir. C'était d'ailleurs l'objectif inavoué d'une société libérale : donner à chacun la possibilité de choisir pour lui-même et pour le bien de tous.

Bien entendu, quelques clignotants s'allumaient çà et là qui faisaient réfléchir sur la pérennité d'un tel modèle. La soif de consommer de quelques-uns, les pays développés, n'avait d'égal que le creusement des inégalités au Sud. Les dégâts sur l'environnement du « consommer toujours plus » du Nord commençaient à faire tache d'huile dans les pays émergents plaçant notre planète au bord de l'asphyxie : pollution, dégradation des ressources naturelles, réchauffement climatique faisaient craindre pour l'avenir de l'humanité. Enfin, la théorie économique en application qui prédisait que sans intervention, l'équilibre du marché s'effectuerait naturellement et pour le bien de tous s'est récemment fracassée contre le mur de la crise économique. D'ailleurs, les libéraux tout autant que les adeptes de l'interventionnisme n'ont plus depuis que le mot « régulation » à la bouche. L'économie politique reprend l'avantage sur la science économique, celle de l'équilibre naturel et walrasien[165] d'un marché livré à lui-même hors de toute contrainte étatique.

Face à ce nouveau défi, les conservateurs militent toujours pour l'enrichissement du plus grand nombre mais grâce à la croissance verte, tout en prévoyant charitablement un filet de sécurité pour les plus fragiles. À gauche, étant peu ou prou sur la même ligne, la défense de l'extension des libertés individuelles devient l'unique credo permettant encore de se distinguer : mariage entre homosexuels, homoparentalité, sans papiers à régulariser. La droite charitable s'oppose à la gauche libertaire.

---

165 / La théorie de l'équilibre général a été initiée par l'économiste Léon Walras.

Or avec l'écologie, avec la prise en compte de l'environnement, il n'est plus possible de militer pour le chacun pour soi. De la consommation des uns dépend le bien-être des autres. Nos modes de vie sont interconnectés. Le collectif prend à nouveau le pas sur l'individuel et redonne à la politique un espace de liberté que l'on croyait perdu. La recherche de l'intérêt général ne passe plus par la somme des intérêts particuliers. Le marché, incapable d'intégrer les externalités négatives de nos consommations, incapable de réduire les inégalités entre les hommes, incapable de gérer nos ressources sur le long terme, n'est plus la solution unique. L'intervention de l'État, l'implication des citoyens, le retour de la politique sont à nouveau nécessaires pour reprendre le fil de notre avenir commun. Le succès de l'écologie dans le monde développé comme dans le monde en développement témoigne de cette évolution.

L'écologie : cheval de Troie contre la mondialisation

La mondialisation était encore vécue il y a peu comme une évolution inévitable et irréversible. On nous disait qu'il fallait d'urgence s'adapter, être compétitif et surtout s'habituer à vivre en économie ouverte. Les frontières n'existaient plus. Les derniers obstacles aux échanges seraient progressivement levés par l'Organisation mondiale du commerce (OMC). Les services publics devraient progressivement se conformer à la vision d'une économie de marché où la subvention deviendrait l'exception. L'intervention de l'État n'aurait plus aucun sens. Seule une gouvernance mondiale pourrait satisfaire aux besoins de régulation d'une économie mondialisée. La dimension nationale, trop étriquée, serait une notion dépassée. Elle ne serait plus suffisante pour faire face aux grands défis. Pour les petits pays, la construction de grands blocs comme l'Union européenne deviendrait une nécessité pour continuer à peser dans cette mondialisation et faire valoir sa voix et ses intérêts face aux superpuissances comme la Chine et les États-Unis. Hélas, le résultat décevant de la conférence de Copenhague sur le réchauffement climatique montre que le bloc chinois et le bloc américain sont insensibles aux injonctions du bloc européen. Chez eux, les impératifs du court terme prédominent encore alors que les Européens essaient d'intégrer le long terme dans leurs approches.

Et puis, la mondialisation dont le marché est le principal instrument est progressivement descendue de son piédestal. Le marché s'étant révélé incapable d'éteindre sans intervention l'incendie provoqué par la crise financière de 2008, les gouvernements ont repris les rênes en mettant en place des politiques de régulation. Le marché s'étant révélé incapable d'ébaucher une esquisse de gouvernance mondiale, les vieux États souverains sont à nouveau en première ligne pour protéger leurs peuples et recourent sans le dire à plus de protections. L'interdépendance généralisée comporte effectivement quelques inconvénients.

Mais surtout, la prise en compte de la contrainte écologique modifie chaque jour un peu plus la vision de notre avenir commun. Comment en effet continuer à faire voyager sur des milliers de kilomètres des marchandises qui pourraient être produites à proximité des populations qui les consomment ? Comment faire du modèle de développement des pays riches le modèle à suivre alors que l'on sait que la planète n'y résisterait pas ? Comment faire croire aux vertus d'une société de consommation pour tous alors que les ressources de la planète s'épuisent et que notre air, saturé de CO2, devient de plus en plus chaud et irrespirable ? Comment vanter les mérites d'un modèle qui se nourrit des inégalités ?

À la place de notre société mondialisée de compétition, d'échange et d'ouverture, se met en place progressivement un autre modèle. L'hyperconsommation n'est plus un objectif pour tous. On vante plutôt la sobriété et la croissance verte afin de ne pas priver les générations futures des ressources naturelles dont elles auront besoin. Le transport sur longue distance n'est plus souhaité. On lui préfère l'économie de proximité où la production coïncide avec la satisfaction des besoins des populations qui vivent aux alentours. Enfin, les peuples refusent de plus en plus la dictature de la productivité qui voudrait que seuls les plus compétitifs aient le droit à produire pour vivre.

Mais de nouveaux dogmes tombent les uns après les autres. La course au gigantisme des sociétés n'est plus regardée avec les mêmes yeux. On s'aperçoit que des banques trop volumineuses échappent à tout contrôle et font financer leurs excès par l'argent public. On s'aperçoit que la grandeur d'une entreprise n'est pas forcément un gage de réussite, voir à titre d'exemple la déconfiture des plus grandes firmes américaines d'automobiles. On constate enfin que seuls les États peuvent imposer un minimum de régulation au moyen de services publics qui retrouvent progressivement leurs attraits.

Autre modification de taille, on ne raisonne plus en flux mais en stocks. La mesure de notre richesse a de moins en moins à voir avec le sacro-saint produit intérieur brut. On lui préfère une mesure encore imparfaite du capital disponible. L'important, ce n'est plus de produire des flux à n'importe quel prix mais plutôt de renforcer son capital disponible, sans entamer son capital naturel. Il se met alors en place une économie spatiale, une économie territoriale, une économie de proximité, une économie verte bénéficiant si possible des nouvelles technologies, ce qui n'a plus grand-chose avoir avec la mondialisation des échanges sur longue distance, dopée par le dumping social et environnemental. L'important, c'est qu'un bassin de population puisse vivre en adéquation avec son milieu, produise ce dont il a besoin, sans entamer son capital naturel.

Alors, que reste-t-il au juste de notre modèle d'économie mondialisée ? Plus grand-chose à vrai dire. Il s'agit aujourd'hui de construire le chemin d'un développement harmonieux, en adéquation avec les ressources de notre terre. L'économie de partage semble devoir supplanter enfin notre économie de concurrence et de compétition.

Le capital naturel

Avec la crise écologique, nos instruments de mesure du bien-être et de la richesse de nos nations ne sont plus adaptés à la réalité d'une planète aux ressources limitées. Or, depuis de nombreuses décennies, le sacro-saint Produit intérieur brut (PIB) s'était imposé comme la mesure de notre richesse, de notre bien-être et même dans une certaine mesure du progrès. Un PIB qu'il fallait chaque année accroître pour en faire bénéficier le plus grand nombre, au-delà des inégalités inhérentes à sa répartition. Le monopole du PIB, son hégémonie avait bien été quelque peu entamée par la mise en place de l'Indicateur de développement humain (IDH) inventé dans les années 1990 par l'économiste indien Amartya Sen prenant en compte l'intégration des facteurs sociaux comme la santé et l'éducation. Toutefois, l'IDH n'a jamais représenté une concurrence sérieuse au PIB. Plus récemment, le président Sarkozy s'est également intéressé à cette question en confiant à un aréopage de brillants économistes présidés par Joseph Stiglitz le soin de définir les instruments de mesure des performances économiques et du progrès social. Faute de relais véritables dans l'opinion internationale, ce travail méritant semble avoir été de peu d'effets.

Mais qu'est-ce qui ne fonctionne plus au juste avec le PIB pour que l'on veuille changer ? Plusieurs choses en réalité. Cet indicateur mesure l'activité d'un pays, et non sa richesse, qui est tout autre chose. En d'autres termes, le PIB mesure des flux d'activités et ne renseigne pas sur l'accumulation ou la non-accumulation pour un pays donné et sa population, de la richesse. De plus, l'activité mesurée est particulièrement disparate puisque l'on peut additionner la valorisation d'une production industrielle, le prix d'une voiture par exemple, avec de l'activité beaucoup moins utile à la société comme les dépenses occasionnées par le vol d'un avion à vide entre Paris et Marseille. Enfin, cette activité assimilée trop rapidement à de la richesse supplémentaire peut trouver son origine dans la dilapidation d'un capital naturel, comme la coupe d'une forêt ou l'épuisement d'une ressource minière qui ferait effectivement croître notre fameux PIB mais n'aurait pas au total d'effet sur l'accroissement de notre richesse, bien au contraire.

Pour sortir de cette difficulté, quelques économistes essaient aujourd'hui de raisonner sur notre patrimoine commun, sur l'évolution du stock de capital et non sur les revenus générés par une activité plus ou moins durable. Mais la valorisation de ces stocks est également très difficile à opérer. Certains nous parlent de capital humain, d'autres de capital économique ou encore de capital naturel qu'il convient d'agréger dans une même mesure. En réalité, il est bien difficile de réaliser pour un pays donné la comptabilité de ces différents capitaux qu'il faudrait pouvoir additionner les uns aux autres, pour savoir si la richesse s'accroît ou non, si l'on est sur la trajectoire d'un accroissement d'un bien-être soutenable de génération en génération. En effet, le niveau d'éducation d'une population est potentiellement un avantage en matière économique dans un monde ouvert où la compétition se gagne grâce à la matière grise. Mais comment comptabiliser le capital représenté par cette matière grise qui demande à être employée pour représenter une valeur économique ? Dans le même ordre d'idées, il peut être tentant de mesurer toutes les ressources naturelles dont bénéficie un pays, mais comment additionner ce que valent un paysage agréable et les tonnes de minerais exploitables au fond d'un sous-sol ?

Aujourd'hui, la crise économique aidant, il s'opère progressivement une inversion de tendance. Les écologistes accompagnés par des économistes de plus en plus nombreux considèrent que ce qui est important, c'est la préservation voire l'accroissement des ressources que peut valoriser l'homme pour assurer son bien-être. Toutefois, deux écoles s'affrontent. Il y a ceux qui nous disent qu'il n'y a pas de substituabilité entre le capital naturel et les autres formes de capital. D'autres soutiennent que le capital humain peut bien évidemment multiplier les ressources naturelles de la planète grâce à de nouveaux procédés d'exploitation. Il y a deux siècles, il est bien évident que le pétrole n'était pas une ressource naturelle prisée. Or, sa valeur s'est miraculeusement décuplée avec l'invention du moteur à explosion. Toutefois, il faut bien prendre en considération que la vie sur terre d'un consommateur européen ou américain au XXIe siècle peut se traduire par un appauvrissement des richesses exploitées, selon l'état de notre savoir-faire du moment. Mais avec cette optique, ne risque-t-on pas de tomber dans un nouveau malthusianisme qui ferait de l'homme - sa population croissante et son mode de consommation - le problème indépassable ?

Alors que faire pour résoudre tous ces paradoxes et essayer de retrouver une mesure acceptable de l'évolution de notre richesse, de notre bien-être, du progrès que nous recherchons tous ? Peut-être prendre un peu de recul devant les faiblesses du calcul statistique et nous dire que décidément, les chiffres, les modèles sont parfois bien incapables de traduire une réalité.

La lutte contre le réchauffement climatique dans les pays en développement : la faiblesse des fonds en faveur de l'adaptation

La lutte contre le réchauffement climatique fait l'objet de deux approches bien distinctes : les mesures d'atténuation et les mesures d'adaptation.

Les mesures d'atténuation désignent toutes les actions qui visent à diminuer le réchauffement climatique par une « décarbonisation » de l'activité économique de l'ensemble des pays de la planète. Pour ce faire, les pays développés comme les pays en développement adoptent de nouvelles façons de produire afin notamment de réduire l'intensité énergétique de leurs activités. On combat ici le réchauffement climatique à sa racine, c'est-à-dire en choisissant d'utiliser les énergies moins polluantes, en construisant des habitations mieux isolées et moins consommatrices en énergie, en allant vers une économie de sobriété, de proximité limitant l'emploi de ressources fossiles susceptibles de provoquer des rejets dans l'atmosphère.

Ces mesures sont prises par les pays développés en visant une réduction des rejets de gaz à effet de serre dans le cadre du Protocole de Kyoto. Pour les pays en développement, il n'y a pas d'accord contraignant pour réduire les rejets. Or, les pays en développement sont clairement constitués de deux groupes : les pays émergents d'une part, qui rejettent de plus en plus dans l'atmosphère et contribuent sensiblement au réchauffement (la Chine est devenue en 2010 le premier émetteur de gaz à effet de serre devant les États-Unis), les pays en développement à faible revenu, d'autre part, qui ont la caractéristique d'avoir une activité économique peu développée et donc faiblement émettrice en gaz à effet de serre. Les mesures d'atténuation, pour avoir une efficacité forte (à l'euro ou au dollar investi), concernent donc avant tout les pays développés et les pays émergents. Les fonds disponibles en matière de financement du développement pour accompagner les mesures d'atténuation sont donc presque exclusivement dirigés vers les pays émergents. Les pays en développement à faible revenu ne sont l'objet de sollicitations financières que dans la mesure où sur leurs territoires se trouvent des ressources naturelles qui intéressent l'ensemble de la planète et qu'il s'agit de protéger. La forêt du bassin du Congo, la forêt amazonienne, les aires protégées ayant des zones humides fonctionnant comme des puits de carbone, constituent des superficies qui sont globalement à protéger de l'activité humaine afin qu'en tant que biens publics mondiaux, elles fassent leur office d'atténuation du réchauffement climatique. Dans ce cadre et pour les pays en développement, la lutte contre le changement climatique est alors plutôt vécue comme un obstacle à l'activité humaine. Au total, les pays en développement à faible revenu sont donc très peu bénéficiaires d'une aide en matière d'atténuation. Au contraire, les pays développés tentent de leur imposer des contraintes supplémentaires pour qu'ils n'exploitent pas leurs ressources naturelles, sur lesquelles ils perdent une partie de leur souveraineté en les rangeant dans la catégorie des biens publics mondiaux.

Les mesures d'adaptation concernent directement les pays en développement à faible revenu. Ce sont en général les mesures envisagées pour combattre les effets d'un réchauffement climatique qui n'aurait pas pu être maîtrisé. En d'autres termes, si la lutte contre le réchauffement climatique n'atteint pas son objectif de contenir l'élévation de la température du globe à moins de 2 °C, il convient alors de se protéger contre cette élévation. C'est dans ce cadre que les pays développés se sont engagés à transférer une aide substantielle aux pays en développement qui sont souvent présentés à juste titre comme les premières victimes du réchauffement climatique. Toutefois, cette aide a du mal à se concrétiser. Il existe un décalage dans le temps entre mesures d'atténuation et mesures d'adaptation. Si les mesures d'atténuation atteignent leur objectif – la limitation du réchauffement climatique —, il va sans dire qu'il ne sera pas nécessaire de prendre des mesures d'adaptation puisque la hausse de la température mondiale sera demeurée en dessous des 2 °C. Le financement de l'atténuation prend donc le pas naturellement et chronologiquement sur le financement de l'adaptation, qui passe en conséquence au second plan : la mise en œuvre du financement de l'un – l'adaptation – est conditionnée par la réussite ou l'échec de l'autre – l'atténuation. Les pays développés sont donc plus enclins à privilégier l'utilisation de leurs ressources financières à l'atténuation chez eux ou dans les pays émergents, plutôt qu'au financement de l'adaptation dans les pays à faible revenu. Cette aide qui reste minime puise d'ailleurs le plus souvent sur les budgets de l'aide publique au développement classique et n'a donc rien d'additionnelle : pas de ressources en plus pour les pays en développement, contrairement à ce qui est régulièrement annoncé dans les grandes conférences.

Au total, les pays en développement à faible revenu sont la plupart du temps exclus des financements de lutte contre le changement climatique. Lorsqu'ils sont concernés par des mesures d'atténuation, c'est souvent sous la forme de la préservation de leurs ressources naturelles de l'exploitation humaine. On comprend donc aisément que la notion de développement durable ait du mal à faire son chemin dans les pays en développement à faible revenu. De plus, le réchauffement climatique n'étant pas de leur fait, ils ont tendance à se braquer contre les pays développés qui, bien que responsables de cette situation, se refusent quoi qu'ils en disent à en assumer les conséquences en matière d'appui aux pays à faible revenu.

Les difficultés de la préservation de la biodiversité

La seconde grande convention adoptée à la conférence de Rio de 1992 est la Convention sur la diversité biologique qui a trois objectifs :

- La conservation de la diversité biologique.
- L'utilisation durable des ressources biologiques.
- Le partage juste et équitable des avantages découlant de l'exploitation des ressources génétiques.

À l'inverse de la Convention sur le réchauffement climatique, il demeure extrêmement difficile de modéliser le chiffrage d'une atteinte à la diversité biologique. À titre d'exemple, la disparition d'un grand mammifère ou d'un insecte est difficile à mettre en équation économique, car leur apport économique est difficile à comptabiliser. De ce fait, la mise en œuvre de la Convention sur la diversité biologique est sous financée par rapport aux montants 1.4mis en œuvre pour lutter contre le réchauffement climatique. La seule voie d'intervention ouverte est celle de la protection, donc celle qui aboutit à éviter que l'activité humaine ne modifie les écosystèmes fragiles. Les pays en développement qui sont le siège d'une forte diversité biologique sont incités à les protéger. Comme dans le secteur forestier, siège également d'une forte diversité biologique, c'est donc davantage la protection vis-à-vis de l'activité humaine qui est mise en avant. Les grandes ONG environnementalistes achètent des terres dans les pays en développement, soutiennent les initiatives d'aires protégées, proposent avec l'aide des bailleurs de fonds, de rémunérer les services environnementaux de certains territoires en fonction de la protection et donc de la non-exploitation de leurs ressources naturelles.

Les bailleurs de fonds et certaines ONG essaient de sortir de cet écueil qui aboutirait à transformer les pays en développement en vastes réserves naturelles où l'homme ne serait pas le bienvenu. Ils essaient alors de financer des systèmes de gestion durable des ressources naturelles, notamment en ce qui concerne les grands massifs forestiers qui constituent à la fois des ressources biologiques et de véritables poumons pour la terre (bassin du Congo, forêt amazonienne). Ainsi, les pays en développement sont incités à mettre en place des systèmes de gestion durable de leurs forêts de manière que leur exploitation n'appauvrisse pas la ressource disponible sur le long terme. Le programme de réduction des émissions de carbone forestier (Reducing emissions for deforestation in developing countries ou REDD) vise à partir d'une situation de référence (la ressource forestière de départ) à rémunérer les gouvernements qui arrivent, soit à maintenir cette ressource sur le long terme, soit à l'augmenter. Toutefois, cette approche vertueuse bute sur des difficultés pratiques incontournables : comment contrôler efficacement des sociétés d'exploitation forestière sur une trentaine d'années, durée minimum pour juger d'une gestion durable des forêts ? Comment établir une situation de référence sans disposer des inventaires de la ressource disponible ? Comment engager un gouvernement par nature à durée de vie limité, sur une perspective de long terme ?

Ces principales questions ne trouvent pas encore de réponses satisfaisantes.

La préservation de la forêt mondiale : un enjeu Nord-Sud

La dimension prise par la crise climatique place les grandes zones forestières mondiales (bassin du Congo, Amazonie mais également forêts d'Indonésie, de Sibérie ou encore du Canada et de l'Europe) au centre de la problématique mondiale du développement durable. En effet, la forêt possède à la fois la propriété de procurer une énergie renouvelable – elle fait partie de la famille de la biomasse - elle capte le CO_2 et se révèle enfin une réserve de biodiversité indispensable à la survie de l'humanité. Cela dit, la gestion durable des zones boisées n'est pas une mince affaire.

Comment à la fois permettre l'exploitation de la forêt pour se chauffer, se nourrir ou même se loger pour les populations qui vivent dans sa proximité et parallèlement assurer sa pérennité dans l'intérêt bien compris de tous ? Dès le XIVe siècle en France, l'ordonnance de Brunoy édictée par Philippe VI de Valois indiquait notamment dans son article 4 : « Les maîtres des eaux et forêts enquerront et visiteront toutes les forez et bois et feront les ventes qui y sont, en regard de ce que lesdites forez se puissent perpétuellement soustenir en bon estat ». Les forestiers étaient ainsi sensibilisés par l'autorité royale à la nécessité de s'approcher de cet équilibre, sorte de mise en œuvre avant l'heure de ce que l'on appellera plus tard le développement durable. Mais ce type d'équilibre est plus difficile à trouver quand la forêt constitue la seule ressource de populations nécessiteuses. C'est le cas de nombreux pays en développement où l'exploitation forestière engendre des revenus pour les plus pauvres, mais également pour des gouvernements locaux qui délivrent par ailleurs des permis d'exploiter à des sociétés forestières. Sa valorisation intensive permet également de libérer des terres arables aptes à accueillir une agriculture vivrière ou même industrielle, comme sur le pourtour de la forêt amazonienne. Une logique financière de court terme - des gains monétaires rapides -, une logique de développement agricole priment alors sur une dynamique de long terme de préservation. L'intérêt local se trouve en contradiction avec l'intérêt mondial.

C'est dans ce cadre où les antagonismes sont nombreux que les gouvernements locaux, les organisations non gouvernementales et les bailleurs de fonds essaient de mettre en place des projets qui fassent coïncider l'intérêt général et les intérêts particuliers. Plusieurs outils ont été mis en place pour ce faire : (1) les paiements de services environnementaux en faveur des populations qui acceptent de respecter certains sites naturels moyennant finance, (2) les achats de terres d'associations qui privatisent de vastes étendues pour en assurer la protection, (3) les programmes de gestion durable des massifs forestiers obtenus par contrat avec les grands exploitants forestiers adoptant des conduites responsables, (4) la multiplication des aires protégées gérées ou cogérées par les gouvernements locaux tolérant plus ou moins l'activité humaine. Ce sont donc autant de moyens, plus ou moins coercitifs, pour tenter d'aboutir à une gestion durable des forêts.

Cependant, la difficulté de ce type d'instruments réside dans le bon dosage entre satisfaction des besoins légitimes des populations locales, préservation de l'intérêt national, et prise en compte d'un intérêt mondial. Si l'on protège la forêt de toute intervention humaine, comment admettre socialement et politiquement que des populations indigènes qui y vivent parfois depuis plusieurs siècles en soient privées ? Comment organiser un système efficace de protection en créant des chemins forestiers et des corps de garde alors que ces infrastructures nouvelles peuvent ensuite constituer le point d'appui d'une exploitation clandestine, source de corruption à petite - les gardes forestiers - ou à grande échelle - les gouvernements et leurs complices privés ? Comment contrôler sur le long terme des firmes forestières s'étant engagées à gérer durablement leurs concessions ? Comment enfin donner la possibilité aux gouvernements locaux de résister à des revenus importants de court terme au profit de ressources plus étalées dans le temps qui ne coïncident pas avec la satisfaction des besoins sociaux et les échéances prévues par le calendrier électoral ?

Dans l'ensemble de ces contextes particuliers, l'équilibre est difficile à trouver. C'est pourquoi, les tensions s'exacerbent entre un Nord soucieux du climat et un Sud dont les populations ont du mal à survivre. Mais ne doit-on pas mettre également dans la balance le mode de vie à l'Occidental qui bénéficie à un cinquième de l'humanité, mais n'est pas généralisable à tous, puisqu'il faudrait pour ce faire disposer de cinq planètes ? Les mauvaises habitudes ne sont-elles pas à changer en priorité chez ceux qui polluent le plus ?

Toutes ces contradictions, tous ces équilibres particuliers, tous ces intérêts antagonistes montrent que la gestion durable de la forêt demeure d'une grande complexité et au final un enjeu stratégique majeur des relations Nord-Sud. On retrouve ainsi les principaux éléments de négociation du renouvellement du Protocole de Kyoto de lutte contre le réchauffement climatique à l'horizon 2012 : efforts au Nord en priorité mais également au Sud, surtout dans sa partie émergente, tout en donnant à tous les moyens d'un développement solidaire et donc durable.

9. La démographie : la grande oubliée du développement durable

Évolution de la population mondiale : de Charybde en Scylla ?

Mais à quel niveau la population mondiale va finalement se stabiliser ? On pensait tenir une réponse sérieuse grâce aux projections des Nations unies qui tablaient sur un pic à l'horizon 2050 avec une stabilisation proche de 9 milliards d'habitants (communiqué de presse du 4 novembre 2004). Or, cet horizon qui avait de quoi rassurer les plus inquiets est remis en question. En juin 2013, la même institution qui fait référence a publié un rectificatif à ses prévisions. On ne parle plus de stabilisation probable à 9 milliards d'habitants mais plutôt à 11 milliards en 2100, ce qui n'est pas la même chose (communiqué de presse du 13 juin 2013). Décidément, l'équilibre de la population mondiale ne se manifestera pas de lui-même, comme par enchantement. Ces dernières données prospectives montrent que les spécialistes de la question sont placés dans l'obligation d'ajuster en permanence leurs projections, et plutôt à la hausse qu'à la baisse. L'évolution des taux de fécondité (baisse moins rapide que prévu) expliqueraient en partie ces variations. Mais lorsque l'on va plus avant dans ces projections, on s'aperçoit que l'incertitude est encore bien plus grande. L'hypothèse médiane que l'on présente ici et qui vient de passer de 9 à 11 milliards d'habitants est encadrée d'une hypothèse basse (6,5 milliards) et d'une hypothèse haute (18 milliards) qui évoquent des écarts encore plus importants. Le degré d'incertitude qui entoure cette épineuse question qui agite le monde depuis le XVIIIe siècle entre ceux qui croyaient déjà au déclin

(Montesquieu) et ceux qui s'inquiétaient d'une explosion (Malthus) demeure entier près de trois siècles plus tard. Les tendances lourdes de la démographie mondiale semblent toujours aussi impénétrables.

Mais cette incertitude très forte sur le nombre – la population mondiale — se double d'une interrogation majeure sur la qualité de ce que sera en majorité le modèle de consommation moyen de la population mondiale à l'horizon 2050 ou 2100 ? Aurons-nous majoritairement adopté un modèle de consommation à l'occidentale ou un modèle partagé de sobriété ? Personne ne le sait aujourd'hui. Toutefois, la croissance actuelle des grands pays émergents qui représentent près de 35 % de la population mondiale procure déjà une indication puisqu'elle se concrétise essentiellement par un rapprochement avec le modèle de consommation occidentale. Alors quelle voie choisir ? Certes, la croissance économique accélérée de certains pays se traduit mécaniquement par une stabilisation bienvenue de leurs populations. Toutefois, cette évolution est aujourd'hui plus que contrebalancée par une hausse drastique de l'empreinte écologique qui va avec. Le développement généralisé à l'occidentale que l'on croyait être l'antidote par l'excellence à l'explosion démographique se retrouve le fossoyeur de la planète. À l'inverse, une hausse continue de la population mondiale, résultant en partie d'une pauvreté persistante en nombre dans certaines zones géographiques, n'est pas plus acceptable : croissance des inégalités, migrations subies, tension sur l'accès aux ressources naturelles.

Pour cesser d'être ballotté de Charybde en Scylla, la solution réside peut-être dans une double rupture : un changement drastique des modes de production et de consommation afin de les rendre durables, c'est-à-dire beaucoup plus sobres en ressources naturelles ; une acception réelle de mises en œuvre de politiques de population qui régulent, dans le respect des libertés individuelles, les évolutions démographiques. Cette double rupture correspond à ce que l'on pourrait appeler la démographie verte : maîtrise collective de la variable démographique considérée comme endogène et non plus exogène, associée à l'adoption de modes de production et de consommation durables.

En définitive, on ne peut plus continuer à s'en remettre à la croissance économique pour stabiliser indirectement et mécaniquement la population mondiale de notre planète. Il convient d'agir politiquement. Nos libertés futures en dépendent.

L'évolution de la population mondiale : des prévisions à géométrie variable

À quelle date et à quel niveau va peut-être se stabiliser la population mondiale. Bien difficile de répondre à une telle interrogation. Les prévisions dans ce domaine qui font référence sont effectuées par la division population du département des affaires économiques et sociales de l'ONU.

Selon leurs dernières projections en 2019, la population mondiale qui est de 7, 7 milliards en 2020 pourrait atteindre 8,5 Mds en 2050 puis 10,8 Mds en 2100. Toutefois, à cette échéance, l'écart entre le scénario bas et le scénario élevé est extrêmement important (7,9 Mds et 15 Mds, un écart qui se resserre depuis 2013), ce qui en dit long sur le degré de fiabilité de ces prévisions à ce terme.

1950	1987	2011	2020	2050	2100	Année
2,6	5	7	7,7	9 ,7	10,8	Mds d'H

Ces prévisions sont d'ailleurs contestées par des chercheurs de l'Institut for Health Metrics and Evaluation (IHME) qui en juillet 2020 ont publié une étude dans la revue The Lancet prédisant que le pic de population mondiale sera atteint en 2064 avec 9,7 Mds et baissera ensuite à 8,8 Mds fin 2100.
Selon le démographe Hervé Le Bras «*jusqu'ici, la courbe d'évolution de la population mondiale depuis 1950 et son prolongement jusqu'en 2050 illustraient le péril démographique. Bien que l'évolution ne soit plus exponentielle mais plutôt linéaire, au premier regard, on avait le sentiment que la croissance allait se poursuivre longtemps.*

Il existe une autre représentation avec les mêmes chiffres de population, celle du taux de croissance annuel, c'est-à-dire du pourcentage dont la population mondiale s'accroît d'une année sur l'autre depuis 1950. Après un taux de croissance qui culmine à 2,1 % en 1975 (soit un doublement en trente-trois ans), la décrue commence assez régulièrement pour arriver à 1 % aujourd'hui. Si l'on prolonge la tendance, le taux de croissance devrait s'annuler vers 2065, et la population mondiale devrait donc commencer à diminuer. Répétons que ces deux représentations sont faites avec les mêmes données.

Laquelle des deux extrapolations est la plus crédible ? La première est obtenue à partir d'un mécanisme assez complexe, appelé « projection par composantes ». La Division de la population des Nations unies, qui la réalise, recourt à des hypothèses sur la fécondité, la mortalité et les migrations de chaque année future pour chaque pays, puis elle simule l'évolution de ces populations dans le cadre de ces hypothèses. La seconde extrapolation par les taux de croissance est bien plus simple, mais elle ne prend pas en compte les comportements démographiques de fécondité et de mortalité. »166

Pour Hervé Le Bras, ce serait cette seconde méthode qui serait la bonne. Il ne faudrait plus parler « d'explosion démographique » mais « d'implosion démographique ».

Nous n'en sommes pas là. En 2020, comme depuis le début du XXe siècle, la population mondiale continue de croître vigoureusement. Plus inquiétant, à mesure de leur croissance, les populations adoptent des modes de production et

166 « Population mondiale : implosion démographique en vue », Hervé Le Bras, Books N°104, février 2020.

de consommation toujours plus agressifs pour l'environnement. Il y a donc encore et toujours une corrélation très forte entre croissance du PIB et accroissement de l'empreinte carbone.

Les ressources de la Terre qu'utilise un habitant d'un pays développé aujourd'hui n'ont rien à voir avec ce qu'il utilisait au début du XXe siècle. Une croissance de 10 % du PIB s'accompagne quasi invariablement d'une augmentation de 8 % des émissions de CO2167.

La critique des projections de l'ONU de 2022 : toujours en déséquilibre démographique sans savoir jusqu'à quand ?

Le déséquilibre démographique mondial est toujours d'actualité. Telle pourrait être, ce qui n'est pas le cas, une des conclusions de la dernière livraison de juillet 2022 de l'ONU consacrée aux projections de la population mondiale réalisées par la Division de la population des Nations Unies (ONU) du Département des affaires économiques et sociales.

En 2022, nous passerons la barre des 8 milliards. En 2050, nous serons près de 9,7 milliards. Rappelons qu'en 1900, la population mondiale était estimée à 1,7 milliard.

À partir de 2050, comme le concède l'ONU, les projections demeurent *très incertaines* (p. 27). En effet, qui peut prévoir ce que seront à cette échéance, d'une part, la fertilité moyenne des femmes (nombre d'enfants par femme) dans les pays en développement, élément moteur de la croissance de la population mondiale et, d'autre part, l'ampleur de la baisse annoncée de la population dans les pays développés ? Cette incertitude ne dissuade pas l'ONU de réaliser des projections à l'horizon 2100 mais avec des écarts importants selon les scénarii : entre 8,9 et 12, 4 selon les hypothèses choisies. L'évolution de la population mondiale n'est guère certaine, n'est pas le fruit d'une tendance lourde qui se poursuivrait au-delà de 2050. Elle est plutôt la synthèse de situations particulières où émerge un antagonisme entre pays en développement en déséquilibre démographique et donc à croissance démographique forte, et pays développés en équilibre démographique.

Dans ce résumé, la Division population de l'ONU évite de faire référence à ses précédentes projections de long terme. En 2004, elle prévoyait pourtant une stabilisation de la population mondiale en 2050 à 9 milliards, ce qui n'est plus le cas. En 2013, cette Division ne communiquait plus sur une stabilisation de la population mondiale à 9 milliards mais plutôt à 11 milliards en 2100. Qu'il est difficile de prévoir au-delà de 2050, même en matière démographique ! La

167 Edgar G. Hertwich and Glen P. Peters, Carbon Footprint of Nations : A Global, Trade-Linked Analysis, Environmental Science and Technology (2009).

Division population de l'ONU le reconnaît courageusement, sans toutefois renoncer à proposer des scenarii pour 2100.

En fait, nous ne savons toujours pas au juste quand et à quel niveau sera mis fin au déséquilibre démographique mondial qui voit la croissance démographique perdurer à un rythme élevé en valeur absolue (+ 89 millions d'individus chaque année) comme en pourcentage (près de 1 %/an), même si une décélération s'installe progressivement dont la lenteur est inversement proportionnelle à l'inertie de croissance forte, acquise par le passé dans les années 1950. La vitesse de décélération de la croissance de la population mondiale est à l'image du temps nécessaire pour stopper le mouvement d'un train lancé à grande vitesse dans les années 1950 qui ne disposerait pas véritablement de système de freinage.

S'agissant des conséquences sociales, économiques et environnementales de ce déséquilibre démographique prolongé, l'ONU reste muette en se gardant bien de tout commentaire. Elle réitère simplement, sans vraiment convaincre, la vision d'un possible dividende démographique pour les pays en développement, notamment en Afrique subsaharienne, à la population très jeune où le ratio d'actifs par rapport aux inactifs est plutôt bien orienté. Mais pour que cet effet positif se réalise vraiment, encore faudrait-il que ces actifs en nombre trouvent à s'employer, ce qui est loin d'être le cas. Encore faudrait-il que les dépenses de santé et d'éducation liées à une population de moins de 20 ans qui pèse pour la moitié de la population globale en Afrique soient supportables pour ces pays pauvres en mal de développement.

Car l'ONU, dans sa lecture générale des principales évolutions démographiques proposées préfère souffler le chaud plutôt que le froid. Le pic démographique mondial, nous dit-on, serait aujourd'hui en vue, même si nous ne savons toujours pas s'il se situera avant ou après la fin du XXIe siècle, même si ce pic prévu intervient au cours d'une période où l'ONU elle-même indique pourtant que les prévisions demeurent « très incertaines ». Nous échapperons donc à l'explosion démographique, sans dire toutefois si l'évolution démographique, la population actuelle et son accroissement au moins jusqu'en 2050, est réellement compatible avec les grands équilibres mondiaux de notre planète : environnement bien sûr mais également enjeux géopolitiques liés aux migrations, déséquilibres Nord-Sud dus à la croissance toujours très rapide de la population dans les pays à faible revenu d'Afrique, ce qui se traduit par un creusement des inégalités. L'ONU nous présente des statistiques qui soulignent que depuis 1950 une baisse rapide du taux de fertilité des femmes (p. 14), principal moteur de la hausse de la population mondiale, est à l'œuvre. L'ONU omet d'indiquer que le retour souhaitable à l'équilibre entre taux de natalité et taux de mortalité n'est toujours pas pour demain dans la plupart des pays en développement dont la transition démographique s'éternise (plus de cent ans déjà) sans que l'on sache au juste quand elle se terminera. Selon l'ONU, 61 pays développés pourraient connaître un déclin démographique à l'horizon 2050 (p. 6), non totalement compensé par des flux migratoires, mais du même coup présentés comme nécessaires aux bilans démographiques des pays développés. Pourtant, le déclin annoncé sur le plan démographique du monde développé est quelque peu anticipé. D'après les prévisions contenues dans le document (p. 5), la population de l'Europe et de l'Amérique du Nord serait plutôt en phase de stabilisation durant les 30 prochaines années : 1,120 milliard en 2022 contre 1,125 milliard en 2050. Pourquoi donc insister sur le fait que de plus en plus de pays auraient nous dit-on déjà commencé une expérience de déclin démographique (ii messages clefs), sans citer ni leur nombre, ni leur importance relative dans l'évolution de la démographie mondiale, alors que ce type d'évolution (baisse réelle de la population depuis dix ans) est très peu partagé ? Faut-il absolument anticiper et faire comme si un équilibre s'instaurerait peu à peu entre pays à croissance démographique élevée d'un côté et pays à déclin démographique prononcé de l'autre dont la variable d'ajustement nécessaire serait les migrations ? Or, nous vivons toujours et au moins jusqu'à 2050, sous un régime de déséquilibre démographique important, vecteur d'une croissance démographique soutenue.

N'est-il pas temps de briser les tabous, d'oser faire le lien entre évolution démographique et préservation des grands équilibres de notre terre sur le plan environnemental, social, économique mais également géopolitique ? N'est-il pas temps d'indiquer que l'accès d'une population de plus en plus nombreuse à un système économique basé sur la consommation de masse et les énergies fossiles n'est pas compatible avec la préservation de notre environnement ? N'est-il pas temps enfin de changer notre regard et donc notre vocabulaire sur les évolutions démographiques en cours ? Pourquoi continuer à parler de croissance démographique, de dynamisme démographique voire de dividende démographique comme s'il s'agissait d'évolutions positives et porteuses d'avenir ? Pourquoi employer le terme de déclin démographique, de vieillissement de la population, là où il faudrait plutôt évoquer une salutaire stabilisation démographique dans les pays du Nord ?

Il faudrait accepter de faire entrer de plain-pied la démographie dans les Objectifs de développement durable (ODD) en mettant peut-être en exergue un nouveau concept, celui de *démographie verte* qui implique à la fois un changement drastique de notre modèle économique et un retour rapide à l'équilibre démographique mondial ?

La démographie : le chaînon manquant du développement durable

Par le passé, le développement n'était qu'une affaire de croissance économique. Pourtant, on s'est vite aperçu que si cette croissance économique était mal répartie, sujette à des inégalités croissantes, elle ne permettait pas à l'intérieur des pays développés, comme entre pays développés et pays en développement d'assurer un bien-être pour tous. Investir dans le champ social de l'éducation, de la santé, envisager pour tous un filet de sécurité permettant de lutter contre la pauvreté, aider les pays pauvres à se développer afin de construire un monde harmonieux, devenait alors nécessaire. Le volet social du développement était essentiellement tourné vers une meilleure répartition des richesses produites permettant à chacun d'atteindre par lui-même et grâce à la société une vie meilleure. Puis les questions d'environnement sont venues s'agréger à ce modèle de développement pour tous, en complexifiant l'approche. D'abord, on a constaté que la production de richesses s'effectuait dans un monde fini et que les ressources disponibles étaient en réalité limitées, même si le progrès technique faisait parfois des miracles. De notre façon de produire et de consommer, plus ou moins agressive pour l'environnement, dépendait également notre bien-être actuel et futur. Le développement durable s'est progressivement imposé comme une nouvelle trajectoire liant les enjeux économiques et sociaux aux enjeux environnementaux dont on peut dater la consécration sur le plan politique à la fin des années 1980 avec la sortie du rapport Brundtland et la tenue dans la foulée de la conférence de Rio en 1992 réunissant plus de 100 chefs d'État.

L'irruption de la dimension environnementale dans nos modèles de développement signifie en fait la fin du laisser-faire en matière d'économique, puisque d'une logique d'exploitation des ressources infinies pour tous, on passe à une logique de répartition nécessaire des ressources, de partage, de préservation permettant de généraliser le bien-être pour tous et dans la durée.

La liberté d'exploiter comme bon vous semble les ressources disponibles est donc terminée. Cette nouvelle trajectoire est aujourd'hui symbolisée par les 17 objectifs du développement durable adoptés par les Nations unies en 2015. Ces objectifs s'adressent pour la première fois au monde développé comme au monde en développement. C'est donc une feuille de route universelle qui est fixée à l'ensemble de l'humanité dont le destin est lié.

Mais si cette finitude des ressources de la terre devient aujourd'hui si angoissante, c'est parce que l'activité humaine sur notre Terre s'est beaucoup accrue pour une population toujours plus nombreuse. Si la démographie de notre monde avait abouti à une stabilisation de la population telle qu'elle était il y a deux siècles avec un milliard d'habitants, il n'y aurait pas de problèmes de ressources finies à partager, pas de modèle de développement à changer dans l'urgence.

Or, les objectifs du développement durable n'évoquent pas la démographie, son évolution, sa maîtrise, sa gouvernance, comme une des clés du développement durable pour tous. Quand on observe les 17 objectifs du développement durable, aucun de ces objectifs n'y fait référence. Pourquoi cet oubli ? Pour plusieurs raisons peut-être. Parce que cette question n'a jamais été abordée de front par la communauté internationale considérant que le droit à procréer est une liberté fondamentale de chaque individu qu'il peut exercer comme il l'entend. On préfère donc dans le champ des objectifs du développement durable recommander de nouveaux modèles de production, de nouveaux modèles de consommation, mais non risquer d'enfreindre ou de simplement interroger les choix individuels de chacun en matière de natalité. De plus, il aurait été difficile de faire des pays développés un modèle de vertu, et des pays pauvres les fossoyeurs de notre environnement pour cause de démographie mal maîtrisée, alors que c'est l'inverse qui est vrai. Le monde développé a dégradé et dégrade beaucoup plus l'environnement que le monde en développement, même avec son poids démographique actuel. Ce qui n'est plus possible, c'est justement que le modèle de développement des pays du Nord soit généralisé aux pays du Sud. Ce qui n'est plus possible, c'est que les grands pays émergents, Chine Inde Brésil, adoptent le modèle de développement obsolète des pays développés, ce qu'ils sont pourtant en train de faire.

Et puis il y a peut-être une autre raison à cet oubli. C'est que certains spécialistes de la démographie considèrent que la stabilisation de la population mondiale s'établira d'elle-même avec le développement et que le progrès technique fera le reste pour permettre de bonnes conditions de vie à 11 voire 15 milliards de Terriens. Leur raisonnement est simple. Les pays développés ont connu une transition démographique qui s'est achevée grâce à une élévation de leur niveau de vie. C'est pourquoi les pays développés sont aujourd'hui à l'équilibre, sont stabilisés sur le plan démographique puisque les naissances compensent chaque année tout juste les décès. Il en ira de même pour les pays en développement qui sont déjà pour la plupart sur cette voie grâce à une baisse progressive du nombre d'enfants par femme. C'est une question de temps, il convient d'être un peu patient. Cela évite ainsi d'aborder la douloureuse question d'une population soutenable pour notre planète, celle qui pollue peu qui s'accroît trop vite dans les pays en développement, celle qui pollue beaucoup trop dans les pays riches, dans un monde commun aux ressources finies. Cela fait l'impasse sur l'échec du modèle de développement des pays riches qui s'accompagne certes d'une stabilisation de leur démographie mais n'est pas du tout recommandable à l'ensemble de l'humanité. Mais le progrès technique est justement là pour faire des miracles, repousser les limites, rendre compatible ce qui ne l'est toujours pas, redonner aux humains les clefs de leur propre destin, et notamment la capacité de s'extraire des contingences naturelles de notre Terre. Cela évite enfin de risquer de retomber dans les travers effectifs des politiques agressives de planning familial, ne respectant pas la liberté individuelle de chacun, comme celles mises en place en Chine ou financées par de grandes fondations américaines en Inde avec tous les excès que l'on connaît.

La démographie - son évolution, la question de sa maîtrise individuelle ou collective, sa compatibilité ou non avec les ressources disponibles de certains territoires, son influence sur les problèmes de sécurité et de migrations, son importance dans tout processus de développement - est bien le chaînon manquant du développement durable. Pour la première fois, 15 000 scientifiques ont tenté de corriger le tir en novembre 2017 (COP 23 en Allemagne à Bonn) en employant pour la première fois le concept de population soutenable à l'échelle mondiale, sans toutefois lier directement cette notion à l'adoption de modèles de développement durable au Nord comme au Sud.

En 1987, le développement durable était défini par Gro Brundtland comme « un développement qui répond aux besoins du présent sans compromettre la capacité des générations futures à répondre aux leurs ». Aujourd'hui, une autre définition devrait s'imposer. Le développement durable, ce sont **« des modèles de développement qui répondent aux besoins présents d'une population soutenable, sans compromettre la capacité des générations futures à répondre aux leurs ».** Des modèles de développement qui apportent aux pays du sud un bien-être dont ils sont exclus, ce qui passe par une stabilisation de leur population. Des modèles de développement au Nord aujourd'hui insoutenables à population constante et qui risquent de mettre en péril le reste de l'humanité.

Ce double mouvement, c'est ce que l'on pourrait appeler la démographie verte, qui croise pour la première fois les modèles de développement par les populations qui en bénéficient aujourd'hui et dans le futur.

La démographie est-elle un facteur explicatif du développement ou du non-développement ?

Les démographes ne sont pas d'accord sur la réponse à apporter à cette question. D'un côté, nous avons ce que l'on pourrait appeler les néo-malthusiens (Ehrlich, Club de Rome, scientifiques du GIEC) pour qui la régulation des naissances est une condition indispensable au développement. Ce type de thèse a été défendu par de grandes fondations américaines comme la Fondation Rockefeller ou encore le Population Council. De l'autre côté, vous avez ce que l'on pourrait appeler les « développementalistes » qui pensent que le développement est le meilleur des contraceptifs. Dans cette catégorie se rangent Bodin « Il n'y a de richesses que d'hommes » 1576, Ester Boserup (la croissance de la population stimule le progrès technique) ou encore une grande partie de l'école française de démographie (Sauvy, Le Bras, Héran).

Cependant, la plupart des économistes reconnaissent aisément qu'un taux de croissance démographique supérieur au taux de croissance économique « détruit » d'une certaine manière les fruits de la croissance par un abaissement progressif du revenu par habitant. D'autres économistes s'écartent de cette vision. Ils soutiennent que le développement des villes et notamment le peuplement rapide d'une Afrique présentée globalement comme sous-peuplée, peuvent s'avérer un facteur déterminant de croissance économique qui se chargera ensuite de mettre un terme à cette croissance démographique.

De nombreux spécialistes (Hervé Le Bras entre autres) ont indiqué que le développement était la seule voie de passage capable d'achever la transition démographique.

La transition démographique peut se définir comme le passage d'une population ayant des taux de natalité et de mortalité élevés à une population ayant des taux de natalité et de mortalité faibles. Les pays développés ont tous achevé leur transition démographique et ont donc des populations relativement stabilisées. En revanche certains pays en développement (en Afrique subsaharienne majoritairement) n'ont pas achevé la transition démographique. Ils ont bien enregistré une baisse de leurs taux de mortalité mais leurs taux de natalité sont demeurés élevés entraînant une élévation rapide de leur population dans la durée, explicative de la croissance accélérée de la population mondiale au cours du XXe siècle et du début du XXIème.

Dans ce livre, nous pensons qu'une politique de régulation volontaire de la population, respectant les libertés, peut précéder le développement et même fortement y contribuer. Nous pensons qu'il n'y a pas de dividende démographique à attendre pour les pays en développement tant qu'ils n'ont pas achevé leur transition démographique. Il est d'ailleurs tout à fait prématuré d'employer de terme de dividende démographique pour l'Afrique subsaharienne puisque la transition démographique n'est pas achevée (taux de natalité bien supérieur au taux de mortalité), que la population qui n'est pas en âge de travailler (jeunes, vieux) est bien supérieure à la population en âge de travailler qui, au surplus, a un taux d'activité très faible. Le dividende démographique (population active/population dépendante supérieur à 1) représente la chance économique offerte par la situation dans laquelle un pays atteindrait son optimum dans le rapport entre la population « non dépendante » (active) et la population « dépendante » (les plus jeunes et les plus âgés). De nombreux pays en développement, notamment en Afrique, ne sont pas dans cette situation. On note même que plus les pays sont touchés par la pauvreté, plus leur taux de natalité demeure élevé.

Cependant, la variable démographique ne doit pas être uniquement considérée comme la résultante du niveau de développement atteint. On doit et on peut agir sur cette variable en amont du développement pour engager ce dernier d'une manière plus rapide. Les politiques de population initiées dans les années 1970 puis abandonnées doivent reprendre droit de cité.

Malthus or not Malthus : prendre en compte les limites de son temps

Thomas Robert Malthus, économiste britannique du début du XIXe siècle, avait certes quand il prédisait les famines pour cause de surpopulation, le monde et l'Angleterre en particulier n'ayant pas encore connu les gains de productivité d'une révolution verte à venir. Pourtant, il avait peut-être raison de situer le modèle de développement de son pays dans son contexte de l'époque, en recherchant le meilleur équilibre entre ressources et population, quitte à faire évoluer cet équilibre instable, dans le partage, au gré des avancées de la science. Il ne croyait pas au « toujours plus » à venir, atteignable quelles que soient les circonstances grâce au génie de l'Homme. Il était plutôt du côté de la mesure, de la prise en compte des contraintes de son temps, et essayait d'en déduire les conséquences. Envisager le « moins », le « contraint » ne lui faisait pas peur.

En effet, n'est-ce pas plutôt rassurant de connaître ses limites, nos limites collectives et d'en tenir compte ? Dire simplement que le gâteau des ressources de la terre n'est pas extensible à l'infini. Que le génie de l'Homme ne doit pas être surestimé, anticipé, vécu comme une échappatoire toujours possible face à la difficulté, face à l'adversité, pour franchir les impasses dans lesquelles nous semblons être aujourd'hui. Qu'anticiper le dépassement de certaines limites peut sembler très audacieux. Que tirer des traites sur le futur n'est finalement pas très conséquent. Que l'innovation n'est pas certaine face au risque, face à l'urgence. Que les maux du développement actuel de notre planète, les déséquilibres environnementaux et démographiques, les inégalités qui croissent, les interdépendances meurtrières et subies en cas de pandémie, sont tangibles et provoquent déjà de la souffrance un peu partout dans le monde, pour les plus faibles comme chez les riches. C'est également dire qu'il convient d'agir en responsable, c'est-à-dire s'astreindre à raisonner avec nos connaissances d'aujourd'hui et non celles toujours hypothétiques de demain. C'est donc accepter de réduire la croissance économique telle que nous la connaissons car elle est globalement néfaste tant que nous n'aurons pas à disposition un nouveau modèle de développement. C'est également d'essayer de réduire la croissance démographique exponentielle de la planète qui ne trouvera toujours pas en 2100, d'après les prévisions des Nations unies, son équilibre. C'est enfin d'éviter que nous ne soyons pris dans la nasse d'une trop forte interdépendance en matière sanitaire et face aux risques de pandémie. C'est osé dire pour le bien de tous qu'il est possible de modifier les caractéristiques de notre modèle de développement avec ce que nous savons déjà, munis des expériences que nous avons déjà subies, avant d'extrapoler des progrès scientifiques toujours possibles, mais dont la survenance dans le temps demeure aléatoire.

N'est-il pas quelque peu présomptueux de continuer à considérer l'Homme comme une sorte de « deus ex machina » qui ne doute de rien, qui n'a guère à prendre de précaution, qui tutoie la difficulté et se montre toujours apte à l'affronter, apte à la dépasser, qui a même besoin de tutoyer l'abîme pour trouver des solutions ?

À titre individuel, connaître ses limites n'est-il pas un des signes de la sagesse, de l'équilibre, d'une possible accession au bien-être ?

À titre collectif, connaître les limites de notre Terre, n'est-ce pas également une preuve de maturité, de responsabilité, de maîtrise ? Partager les richesses, partager l'espace au mieux de ses ressources durables, préférer le bien-être moins nombreux au mal-être plus nombreux, se prémunir d'interdépendances trop dangereuses sur le plan sanitaire, savoir conserver une certaine autonomie, une certaine diversité, n'est-ce pas également un modèle de société qui peut avoir ses vertus ? N'est-ce pas le début de la sagesse, le début d'une humanité qui a l'intelligence de reconnaître ses limites, qui n'a pas la prétention d'anticiper la résolution de ses problèmes avant d'en connaître les solutions ? Croire à l'existence de limites, considérer qu'elles ne peuvent pas toujours être repoussées, contournées ou même franchies face à la difficulté, que l'on doit dans certains cas se débrouiller avec ce que l'on a, n'est-ce pas le début d'une prise de conscience salvatrice pour nous-mêmes, pour les autres, comme pour l'avenir de nos prochains ?

La démographie verte et solidaire

Comment juger du bien-fondé de la croissance de la population mondiale sans être d'emblée dans l'impérative obligation de mesurer son langage ? Comment juger de la pertinence d'un chiffre et de son évolution - 7 milliards d'individus aujourd'hui contre 9 milliards en 2050 - qui recouvre des situations si diverses ? Malthusianisme d'un côté, atteinte à la liberté de l'autre, tels sont en général les écueils qu'il convient d'éviter pour qui entend aborder ce type de questions. Effectivement, il n'appartient pas à l'État d'influer sur une décision d'ordre privé qui touche à l'intimité d'un couple. Les autorités publiques n'ont pas à trahir la liberté de chacun, même si l'addition de choix individuels n'est pas sans conséquences sur le plan collectif. Dès sa naissance, l'enfant se voit lui-même doter de droits qui vont bien au-delà de ce que la sphère familiale est en mesure de lui apporter. Naissance dans un milieu pauvre et déshérité, ses parents essaieront de le faire échapper à sa condition d'origine, à défaut l'aideront à l'accepter, ne pouvant espérer raisonnablement accéder à un destin meilleur. Naissance dans un milieu aisé, les parents seront également à l'écoute des besoins de leur enfant afin de lui assurer le bien-être. Dans les deux cas, ils se tourneront naturellement et spontanément vers leurs autorités publiques afin de les aider à assumer leurs choix. Toutes les dépenses publiques engagées pour l'éducation et la santé de ces enfants seront alors considérées comme un dû, la juste manifestation d'une solidarité nécessaire, le témoignage d'une cohésion sociale effective, voire la marque d'un contrat social en application qui veut que la solidarité l'emporte sur l'égoïsme, même si le fait générateur d'un tel contrat résulte d'un choix individuel. Cet appui public obligatoire sera financé par l'impôt et dans certains cas - les pays pauvres - en partie par la solidarité internationale. Le coût de cette politique recouvrera donc une dimension collective, plus ou moins ajustée aux besoins exprimés par les familles. La prise en compte de ces dépenses individuelles et collectives dont le bien-être d'une population dépend suppose que chaque pays se procure les ressources nécessaires pour y faire face.

Dans l'hypothèse d'un monde ouvert dans lequel les ressources disponibles seraient inépuisables, on ne voit pas au nom de quel principe il conviendrait d'imposer une quelconque contrainte démographique. Et même si certaines craintes étaient légitimes au regard de la mauvaise répartition des richesses pour une population croissante, comment adhérer aux thèses malthusiennes et ne pas faire confiance au génie de l'homme pour franchir un à un tous les obstacles, c'est-à-dire inventer chaque jour de nouvelles limites et une répartition plus juste ?

En revanche, dans un monde fini aux ressources limitées tel que les écologistes nous le prédisent depuis maintenant près de 20 ans, il est bien évident que la part de ressources dont peut prétendre bénéficier un individu, de sa naissance jusqu'à sa mort - une mort au fil du temps de plus en plus lointaine - a tendance à se réduire à la mesure de la croissance démographique d'ensemble. Ce qui est consommé sur notre Terre doit non seulement être partagé mais ne pas risquer d'entamer le capital des générations futures. Dans cette hypothèse, nous sommes alors placés dans la perspective d'un partage obligatoire, non pas pour reprendre la vieille antienne malthusienne de limitation obligatoire de la population face à des ressources agricoles finies, mais plutôt pour admettre que les hommes et les femmes ont des besoins que la Terre est capable de satisfaire s'ils sont en capacité de partager équitablement tout en faisant preuve d'une plus grande sobriété.

Mais sommes-nous véritablement entrés dans un monde fini aux ressources limitées ? De nombreuses potentialités de la Terre et des mers demeurent inexploitées. La correspondance entre les bassins de population et les bassins de ressources exploitables n'est pas toujours parfaite, d'où des migrations qui n'ont pas cessé au cours du temps de rééquilibrer en permanence la géographie de notre humanité. Et pourquoi ne pas aller jusqu'à envisager que la Terre ne soit pas l'unique espace de vie possible ? Que le progrès technique est infini et peut à la fois multiplier l'espace disponible et trouver sans cesse de nouvelles sources d'énergie, tout en conservant à notre milieu son caractère viable pour l'espèce humaine. Depuis quelques siècles, le progrès technique, deus ex machina, nous a habitués à repousser toujours un peu plus le seuil des possibles. Le génie de l'homme semble sans bornes. Alors pourquoi arbitrairement interrompre ce mouvement au nom d'un excès de précaution face à un avenir naturellement incertain ?

Mais plaçons-nous résolument dans l'arbitraire d'une des visions que nous venons d'évoquer, la plus probable à défaut d'être certaine, c'est-à-dire l'hypothèse lourde de ressources finies dans un espace fini qu'il s'agit de protéger de toute exploitation excessive. Plaçons-nous dans le cadre de fonctionnement de notre système économique mondialisé contemporain où l'inégalité règne, où certains consomment plus que de raison et cohabitent de manière quelque peu cynique avec de très pauvres qui subissent cette situation. D'un côté, les pays pauvres sont de plus en plus nombreux et chacun enregistre une croissance rapide de sa population que l'on impute parfois justement à cette incapacité à se développer. De l'autre, les pays riches consomment de plus en plus et se voient rejoints par les pays émergents. Aujourd'hui, le poids de l'empreinte carbone d'un

Américain moyen – empreinte qui mesure la dimension de territoire nécessaire au mode de consommation d'un habitant de notre Terre - est vingt fois supérieur à celle d'un Togolais ou d'une Sénégalaise. En d'autres termes, un Américain moyen consomme vingt fois plus de ressources terrestres qu'une Sénégalaise ou qu'un Togolais. Ceci montre que si le modèle de consommation nord-américain se généralisait, l'impact sur les ressources de la Terre de la population mondiale serait multiplié par 10, voire par 20. Or, les scientifiques les mieux avertis nous disent que la consommation actuelle des ressources de la Terre est déjà excessive et que le capital disponible pour les générations futures se réduit. Lorsque les pays développés étaient les seuls à jouir de ce niveau de consommation, la pauvreté subie des quatre cinquièmes de l'humanité permettait une sorte « d'équilibre inégalitaire » sur le plan de l'emploi des ressources disponibles. Avec la croissance rapide des pays émergents qui représentent 30 % de l'humanité, cet « équilibre inégal » s'effondre. C'est ici que le facteur démographique prend toute sa dimension et découvre son effet multiplicateur. Si l'ensemble des pays en développement suit le chemin de la consommation débridée des pays riches, il est très probable qu'un fort déséquilibre en résultera. À front renversé, ce qui pèse sur les ressources de la Terre, ce n'est pas tant la croissance démographique des pays qui souffrent de la pauvreté et de la faim – ils souffrent d'une frugalité excessive et non choisie -, mais bien plus la diffusion d'un mode de consommation à l'occidentale qui n'est pas compatible avec une gestion à long terme des ressources de la planète. La croissance démographique du monde pauvre est donc injustement dénoncée pour ses effets soi-disant dévastateurs sur l'environnement alors que c'est plutôt la généralisation du mode de vie à l'occidentale qui pourrait nous faire devenir trop nombreux.

C'est d'ailleurs ce qui se produit aujourd'hui avec les grands pays émergents qui depuis une vingtaine d'années rattrapent à grande vitesse un modèle d'activité proche de celui des pays développés et donc fortement consommateur en ressources. Est-ce à dire que le développement pour tous tel que nous l'envisagions jusqu'à présent est impossible ? Oui s'il s'agit d'un développement à l'occidentale. Non s'il s'agit d'un nouveau modèle de développement sobre en consommation de ressources dont les fondations sont encore à inventer. La difficulté de la situation présente réside dans le fait que les pays développés comme les pays émergents n'ont guère mis en œuvre un modèle de développement compatible avec la population qu'ils abritent. De leurs côtés, les pays en développement pauvres peinent à achever leur transition démographique. Le taux de mortalité de leur population a certes considérablement baissé. Toutefois, leur taux de natalité demeure élevé. Il en résulte chez eux une forte croissance démographique. Cette situation apparaît comme d'autant plus difficile à admettre que ce sont justement eux qui consomment le moins. En d'autres termes, leur croissance démographique est d'autant plus élevée que les ressources qu'ils exploitent ou valorisent à leur profit s'avèrent limitées.

Il en résulte le sentiment largement partagé que « les pauvres, prolétaires de tous pays » seraient à l'origine d'une certaine surpopulation mondiale entraînant au passage des effets migratoires indésirables. On leur impute ainsi facilement une forte propension à l'inconscience collective. « Les pauvres sont toujours plus nombreux et pourtant ils n'ont le plus souvent pas de quoi manger, boire, se vêtir et se loger correctement. » Ce sont eux qui devraient en priorité limiter leurs naissances. Car s'ils arrivaient à se développer rapidement à l'occidentale, ils résoudraient comme par enchantement leur problème démographique par l'achèvement d'une transition démographique qui signerait par ricochet la consolidation d'un équilibre stable de la population mondiale à l'horizon 2050. Le développement pour tous est donc souvent présenté comme le plus sûr moyen d'une démographie mondiale à l'équilibre, voisine de 9 milliards d'habitants d'ici une quarantaine d'années. Toutefois, ce scénario n'est pas viable pour une raison simple : l'empreinte écologique des pays pauvres nouvellement développés serait multipliée par 20 et viendrait s'ajouter, se cumuler aux effets dévastateurs d'une consommation à l'occidentale qui gagne aujourd'hui à grande vitesse le monde émergent. Depuis la fin des années 1990, c'est d'ailleurs le phénomène auquel on assiste dans les pays émergents comme la Chine, l'Inde ou encore le Brésil. Leurs croissances démographiques semblent maîtrisées, leurs transitions démographiques achevées mais leur modèle de consommation se rapproche des pays développés, fortement consommateurs en ressources, en provenance du nord comme au sud, dans les airs comme sur les mers. Or, comme ces pays représentent un tiers de la population mondiale, l'impact sur les ressources de la Terre de leurs nouveaux modes de consommation est infiniment plus élevé que l'impact relatif et pour tout dire presque marginal de leur nouvel équilibre démographique. Leur pression sur les ressources est donc exponentielle, étant donné le croisement d'une population importante et d'un développement dispendieux en ressources. Pour les pays déjà développés, ce n'est plus tant le nombre de leur population qui est important pour l'équilibre de la planète mais plutôt leur modèle de consommation qui les a vus utiliser, jusque dans les années 1990, près des quatre cinquièmes des ressources exploitées de la Terre.

À l'opposé des idées reçues, les pays qui ont la population qui augmente le plus vite - les pays pauvres - sont ceux qui pèsent le moins sur les ressources de la Terre. En revanche, ceux dont le dynamisme démographique se tarit - les pays émergents - adoptent des modèles de consommation qui annulent tout le bénéfice en termes de ressources consommées de leur nouvel équilibre démographique.

Mais alors, que convient-il de faire pour retrouver une harmonie, un équilibre de long terme entre les ressources exploitables de la Terre et le bon niveau de population mondiale ? Premièrement, la construction rapide d'un modèle de développement sobre devient un impératif pour tous. Ce modèle demeure encore à inventer. Aucun pays développé, aucun pays émergent ne peut se prévaloir de sa mise en place effective. L'objectif unique demeure toujours celui de la croissance de l'activité, même si cette dernière est décrite comme nouvelle, c'est-à-dire se communique comme « verte et solidaire » en tentant d'une part d'abaisser son intensité énergétique, c'est-à-dire le volume de CO2 qu'elle rejette à l'occasion de cette activité supplémentaire, en tentant d'autre part de bénéficier au plus grand nombre, ce qui demeure encore du domaine de l'utopie. Deuxièmement, il ne faut pas avoir peur de tenir un discours responsable sur la consommation. Sur les ressources mondiales, les poids de la consommation d'un Européen, d'un Américain ou d'un habitant d'Arabie saoudite ne sont pas les mêmes que ceux d'un habitant du Bangladesh ou du Cambodge. On ne peut donc montrer du doigt les Cambodgiens ou les Bengalis pour leur vitalité démographique dont les conséquences sur notre Terre sont minimes. Cette vitalité n'a pas les mêmes conséquences que le partage d'un mode de consommation dispendieux dans les pays développés et dans les pays émergents. L'effort à faire se situe en priorité au sein des pays développés et des pays émergents et il a pour nom « l'adoption d'un modèle de consommation sobre ». C'est à ce niveau que l'on peut réellement parler de démographie solidaire. Troisièmement, pour les pays en développement qui ne pèsent pas véritablement sur les ressources de la planète mais dont le croît démographique est élevé, il ne faut pas avoir peur de dire qu'ils ont intérêt, en respectant la volonté de chaque individu, à mieux maîtriser leur démographie. Comment en effet être en mesure d'engager un développement économique durable avec une population inactive dépassant les 60 % ? Comment engager un processus vertueux d'accumulation individuelle si les bouches à nourrir se multiplient ? La maîtrise de leur démographie est une des clés du développement pour stabiliser la part qui revient à chacun et dans un second temps peut-être, espérer faire grossir le gâteau. La démographie ne doit pas être un facteur exogène dont on résout le problème a posteriori par le développement économique, mais plutôt un facteur endogène dont la maîtrise permet d'enclencher un processus de développement vertueux. Toutefois, à l'échelle mondiale, cette stabilisation de leur démographie demeure secondaire par rapport aux enjeux d'un changement de mode de consommation dans les pays développés comme dans les pays émergents.

L'analyse de la démographie mondiale et de ses effets ne peut se résumer à un chiffre. Son évolution n'a de sens que si on la pondère par la diversité des modèles de consommation et la prise en compte des inégalités géographiques. Ce dernier point, les inégalités géographiques, mérite qu'on s'y arrête un instant. La communauté internationale est constituée de nations où règne l'inégalité en matière de ressources. Certaines sont riches en ressources exploitées actuellement et ont une faible population. Elles jouissent en général d'un niveau de vie élevé. Certaines cumulent de riches ressources, une large population et un niveau de vie élevé. D'autres encore ont de faibles ressources, une population élevée et un modèle de consommation peu dispendieux. D'autres enfin ont de faibles ressources, un niveau de vie élevé et n'hésitent pas à capter chez d'autres les ressources qu'ils transforment et qu'ils consomment goulûment. Ces situations sont diverses et retirent toute signification globale au chiffre de la population mondiale dans son rapport avec les ressources disponibles de notre Terre. La démographie mondiale ne doit pas être regardée comme résumée par un indicateur unique, mais comme la résultante du croisement de situations particulières dont l'agrégation altère en partie le sens. La religion du chiffre unique, explicatif et comptable d'une réalité complexe, s'avère impossible. Par rapport aux ressources, par rapport aux situations diverses, le chiffre de la population mondiale et son évolution n'ont pas de sens dans l'absolu.

Pour conclure, tous ceux qui nous disent que l'on est trop nombreux sur Terre ont à la fois tort et raison. Tort, car plus de la moitié de la population mondiale est pauvre et l'impact de sa consommation famélique sur les ressources de la Terre demeure insignifiant. Raison, parce que le modèle de consommation dominant au Nord et dans les pays émergents épuise rapidement les ressources disponibles. Cela veut dire que le modèle de développement occidental, copié par les pays émergents, n'est pas un modèle pour tous. Il doit être revu de manière urgente. Pour les pays pauvres, il faudrait donc qu'ils inventent un nouveau modèle de développement faible en consommation de ressources. Leur non-développement assurait, malgré une aide au développement charitable mais d'un niveau anecdotique, la pérennité d'un modèle de consommation inégalitaire et profitant au Nord. La plupart des ressources étaient exploitées - la colonisation historique ou économique actuelle — et consommées par le Nord sans que le Sud puisse en profiter. Depuis 1990, cet équilibre terriblement inégalitaire s'est rompu. Les pays émergents rattrapent à grands pas le niveau de consommation des pays riches et font peser sur les ressources disponibles une tension de plus en plus forte. Les ressources de la Terre sont donc l'objet d'une lutte sans merci. L'intérêt particulier ne coïncide plus avec l'intérêt général. Le fonctionnement de la globalisation basé sur la concurrence libre et non faussée n'est plus la voie royale de la diffusion du bien-être pour tous. Il faut apprendre ou plutôt réapprendre à partager. Il convient de passer d'une éthique aristotélicienne du plaisir et de l'utilité, proche des idéaux du monde anglo-saxons utilitariste, à une éthique kantienne du devoir lié à la nécessité d'une « volonté bonne ». Ce retournement des choses, cette résurgence du devoir qui prend le pas sur l'utilité et le plaisir immédiat comme moteur de construction d'un futur pour tous ne manquera pas d'avoir des conséquences à terme sur le plan politique. Nous sommes placés dans l'obligation de reprendre les choses en main, de nous remettre aux commandes d'un monde dont les principaux ressorts avaient été abandonnés aux forces du marché, c'est-à-dire à la confrontation des intérêts particuliers, à cette « main invisible » autrefois décrite par Adam Smith et théorisée avant lui par Bernard Mandeville dans la fable des abeilles. Les abeilles se plaignent de l'immoralité qui règne dans la ruche. Or, c'est justement ce qui semblait engendrer le bien-être commun. Aujourd'hui, les abeilles deviennent trop gourmandes pour la ruche et son environnement car elles consomment collectivement plus qu'elles ne produisent. Les « vices privés » ne se transforment plus comme par enchantement en « bénéfices publics ». Le mythe salvateur de la « main invisible » ne fonctionne plus.

La démographie n'est pas un facteur explicatif des migrations

La polémique fait rage entre les démographes comme François Héran et Stephen Smith qui a publié en 2018 un livre qui nous parle de ruée vers l'Europe. Qui croire dans cette dispute. François Héran nous dit qu'il existe une grande stabilité dans le temps dans les migrations africaines, que ces dernières sont plutôt orientées vers l'Afrique elle-même à 70 %. En établissement ses prévisions sur une matrice des migrations élaborée par l'OCDE et le FMI, il ne voit pas du tout dans les projections l'invasion des jeunes Africains vers l'Afrique qui ne représenteront non pas 25 % de la population européenne mais plutôt 5 %. De son côté, Stephen Smith pense que les migrations peuvent s'accentuer vers l'Europe à l'horizon 2050. Pour que ces prévisions se réalisent, il suffirait d'une augmentation significative en nombre de la classe moyenne africaine qui permettrait des migrations significatives vers la vieille Europe, et ce d'autant plus qu'il existe dans certains pays des diasporas d'accueil pouvant favoriser les choses.

Sans tomber dans la caricature, que peut-on dire de cette controverse ? En premier lieu, on peut s'étonner d'un tel écart dans les prévisions de migrants possibles vers l'Europe. Du côté de François Héran, l'approche semble plus scientifique, par l'emploi d'une base de données reconnue de tous. Pourtant, si l'on y regarde de plus près, on s'aperçoit que cette source statistique nous présente « des stocks » de migrants et non « des flux », pays par pays, que l'on additionne au fil des ans pour extrapoler ensuite des profils de propension à migrer, pays par pays. Cependant, les stocks de migrants en question peuvent faire l'objet de grande variation d'une année sur l'autre, ce qui rend très aléatoire toute prolongation de ces tendances dans le temps et dans l'espace géographique. En d'autres termes, ce n'est pas parce que la migration des populations d'un pays s'est effectuée selon une norme particulière reconstituée a posteriori que cette norme est pertinente pour construire des projections d'avenir. Les coups d'accordéon dans les migrations des pays de départ vers les pays d'arrivée et l'orientation des flux sont nombreux d'une année sur l'autre (guerres, famines, effondrement économique, phénomènes climatiques, changement dans les législations des pays de départ et d'accueil…).

S'agissant de Stéphan Smith, on se demande un peu d'où il tire ses statistiques et s'il ne fait pas des projections de migration qui supposent au préalable une transformation rapide de la réalité économique africaine, à savoir l'émergence rapide d'une classe moyenne africaine en nombre ouvrant une propension beaucoup plus forte à migrer pour une population beaucoup plus nombreuse de migrer. Mais cette hausse en nombre de la classe moyenne africaine n'est pas encore inscrite dans les faits.

Les deux auteurs sont d'accord sur un point précis explicatif de la dynamique migratoire : c'est l'élévation du niveau de vie des populations qui accroît la possibilité et donc les flux de migrations et non la pauvreté comme le laissait entre l'ancien Premier ministre Michel Rocard qui déclarait à propos de la France « qu'elle ne pouvait pas accueillir toute la misère du monde ».

Toutefois en tant qu'économiste, on peut avoir un regard critique sur les arguments invoqués par les deux protagonistes. Dans un premier temps, contrairement à ce que Stephen Smith semble nous indiquer implicitement, il est très hasardeux de définir un lien véritable, ou tout du moins significatif, entre croissance démographique rapide et migrations. Les niveaux des flux migratoires effectivement enregistrés sont très différents d'un pays à l'autre, très fluctuant d'une année sur l'autre en volume et par pays de destination. Il est donc particulièrement difficile de trouver des causes mécaniques à ces différences, en tout cas un lien de cause à effet entre croissance démographique et migrations. Toute approche scientifique devrait faire preuve d'humilité dans son incapacité à modéliser une telle liaison. En effet, les migrations effectives d'un pays à l'autre sont liées à de très nombreux facteurs : niveau de vie des populations des pays de départ et des pays d'arrivée, aggravation ou non des conditions de vie du pays de départ, aggravation des conditions de vie qui donnent envie de partir, amélioration des conditions de vie qui donnent les moyens de partir, inégalités internes et externes, capacité à passer les frontières, politiques d'accueil ou non des pays éventuellement receveurs toutes différentes et donc difficiles à modéliser mais surtout qui varient fortement d'une année à l'autre, maîtrise ou non des frontières des pays de départ et des pays d'arrivée, coûts plus ou moins élevés de la migration selon l'éloignement mais également les coûts administratifs du passage des frontières, dégradations plus ou moins forte du milieu naturel, guerres, insécurité, marché du travail dans le pays de départ et d'arrivée, perspectives économiques dans le pays de départ, géographie humaine et physique du pays de départ, sociologie des groupes potentiellement concernés plus ou moins sédentaires, capacité psychologique des populations à envisager et à s'adapter au changement, facteur géographique favorisant ou non la mobilité, attirance ou non vers un pays éventuellement receveur, images fausses ou vraies du pays d'accueil créant une motivation pour l'émigration… Bref, de très nombreux facteurs peuvent expliquer les migrations. Le lien entre croissance démographie et migration apparaît donc comme particulièrement ténu.

Dans un second temps, on peut s'étonner que l'on puisse comme le fait François Héran faire des projections d'avenir sur la base de stocks de migrants enregistrés par le passé, alors que ces flux d'une année sur l'autre sont très différents d'un pays à l'autre, d'une région à l'autre. L'ampleur des phénomènes migratoires est plutôt imprévisible. Certains spécialistes appuient fortement sur les effets potentiels du changement climatique à venir pour envisager des flux de réfugiés climatiques en masse. D'autres se gardent de modéliser pensant que l'évolution des politiques migratoires est prépondérante, comme on le constate en Europe après le pic de 2015 dû à l'ouverture allemande et la fermeture européenne depuis, un peu partout sur le continent. Il demeure donc très difficile de prévoir quelle sera l'ampleur des migrations futures ?

Que tirer au final de cette analyse rapide ? Premièrement et c'est certainement le plus important, il n'existe pas de lien direct et tangible entre croissance démographique et migration. Tout discours qui tend à lier les deux n'est pas crédible. D'autres facteurs de nature économique, écologique, administrative, de sécurité ou d'accident climatique sont bien plus significatifs dans l'orientation des flux migratoires. Deuxièmement enseignement, il est un peu hasardeux de surpondérer les facteurs économiques dans l'explication des propensions à migrer. Là aussi, le développement d'une classe moyenne n'est peut-être pas un facteur suffisant pour expliquer la croissance des flux migratoires. Les migrations en nombre peuvent toucher les plus pauvres en cas de conflit, de sécheresse, de famine. De plus, une hausse des revenus dans un pays peut se traduire par une propension plus forte à migrer comme elle peut aboutir à une fixation plus forte de la population sur place, trouvant un bien-être à proximité. Tout dépend de l'amélioration ou non des conditions de vie dans le pays d'origine. Enfin, troisième enseignement, il n'est peut-être pas exact de dire qu'une aide au développement qui réussirait pourrait être un facteur supplémentaire de migrations des pays qui se développent, grâce à une évolution des niveaux de vie des populations engendrant mécaniquement un surcroît de mobilité. Dans certains cas, l'aide qui réussit pour aider à fixer les populations en créant les emplois sur place, dans le secteur formel et avec la possibilité d'avoir des revenus supplémentaires. Dans d'autres circonstances, l'aide qui réussit peut avoir l'effet inverse et pousser certains à s'expatrier. Il est très difficile de bâtir une règle de ce point de vue.

Le jeu des sept infox sur la démographie en Afrique

Les écrits, les analyses, les échanges sur la démographie africaine sont bien souvent l'objet de combats idéologiques qui ont bien peu à voir avec la réalité. Ils sont d'autant plus vifs que la croissance démographique rapide du continent est vécue et souvent présentée comme une menace, une sorte d'explosion incontrôlable que l'on retrouve dans les chiffres : 1,2 milliard d'habitants en 2015, 2,4 milliards en 2050, 4,5 milliards en 2100, sans que l'on sache vraiment si une stabilisation de la population africaine arrivera à cet horizon. Dans un tel contexte, il n'est pas inutile d'essayer de traquer les fausses informations sur la démographie africaine qui se trouve bien souvent instrumentalisée dans le débat politique, en se plaçant volontairement quelque peu en retrait des polémiques et des disputes qui associent trop facilement croissance démographique de l'Afrique et flux migratoires vers l'Europe et nous parlent de possible « ruée de la jeunesse africaine vers l'Europe », du « grand remplacement ». Néanmoins, il s'agit également de ne pas tomber dans l'illusion que la démographie galopante de l'Afrique n'est pas un véritable défi pour ce continent et son bien-être futur, et feindre ainsi que ce problème se réglera de lui-même par l'achèvement d'une transition démographique que l'on attend toujours. À l'évidence, il nous manque encore le courage politique d'affronter cette réalité en face, ce qui n'a toujours pas été le cas lors de l'établissement en 2015 des Objectifs du Développement Durable (ODD).

Premièrement affirmation souvent avancée, la croissance démographique rapide de certains pays d'Afrique engendrerait mécaniquement et selon un lien direct des migrations, non seulement vers l'Afrique mais également vers l'Europe et d'autres continents. Il y aurait donc comme un lien de cause à effet entre la croissance démographique de l'Afrique et le niveau atteint par les migrations. Or cette affirmation est fausse. L'effet de la croissance de la démographie africaine, comme celle des autres continents, est impossible à quantifier, à individualiser, quant à ses conséquences migratoires. Les facteurs qui expliquent les migrations sont si nombreux et si divers que le facteur croissance démographique dans l'explication des migrations demeure aléatoire. Les autres causes possibles des migrations sont fort nombreuses : inégalités économiques entre pays, dégradation de l'environnement, famines, instabilité politique, insécurité, conflits armés, baisse des revenus pour certains lors de crises économiques, hausse des revenus pour d'autres permettant une plus grande mobilité, attitude des pays receveurs en Afrique et hors d'Afrique dans leurs politiques d'accueil, aptitude et habitude à la mobilité des populations selon les cultures et la géographie… Les migrations sont très variables d'un pays à l'autre, réversible d'une année sur l'autre, dépendent de facteurs externes (le degré d'ouverture et d'accueil) qu'il est difficile d'anticiper. Ce que l'on peut mesurer, ce sont simplement l'évolution des stocks de migrations pour chaque pays enregistré dans la durée. Par contre, prévoir les flux futurs dépend de paramètres aléatoires et imprévisibles. Dire par exemple que les migrations africaines se font en moyenne à 70 % vers d'autres pays africains est une vérité d'aujourd'hui et non obligatoirement de demain. C'est une moyenne qui recouvre de grandes disparités. Il y a pour certains pays des inversions de tendance. On ne peut donc prévoir l'avenir des flux migratoires futurs à partir de cette connaissance du passé. On ne peut prédire des flux futurs à partir des stocks du passé.

Deuxième affirmation souvent avancée, le continent africain bénéficierait ou pourrait bénéficier d'un dividende démographique dû au poids grandissant de sa population active par rapport à sa population n'étant pas ou plus en âge de travailler. Ce n'est pas exact. La population africaine qui n'est pas en âge de travailler, les jeunes et les personnes âgés, sont bien plus nombreuses que les populations en âge de travailler. On le doit au fait que l'Afrique n'a toujours pas achevé sa transition démographique et voit donc sa population augmentée très rapidement. Et même si cette transition était achevée dans quelques années, le fameux dividende démographique ne fonctionnerait pas en Afrique puisqu'une très large proportion de la population potentiellement active, soit ne trouverait pas d'emplois, soit serait employée dans le secteur informel très peu productif. Parler de dividende démographique en Afrique est donc tout à fait prématuré. La notion même de dividende démographique n'a de sens que si les actifs sur le marché du travail sont plus nombreux que les inactifs, ce qui est loin d'être le cas faute d'emplois en nombre et de qualité. De plus, sur le plan démographique, la population en âge de travailler est toujours très inférieure à la population qui n'est pas en âge de travailler. À titre d'exemple, dans près de 40 pays africains sur 54, plus de la moitié de la population à moins de 20 ans (source : division de la population des Nations Unies citée par la Banque mondiale)

Troisième affirmation souvent avancée, la très grande jeunesse du continent, plus de 70 % de la population à moins de 35 ans associée à la croissance rapide de la population (2,7 % par an) constitueraient une magnifique opportunité de développement pour le continent. Ce n'est pas exact. La proportion très élevée de la population qui n'est pas en âge de travailler alourdit considérablement le poids des dépenses publiques dans la santé et l'éducation, les infrastructures et les transports. A ce fardeau financier qui grève les finances publiques s'ajoute le fait que la croissance économique doit être partagée par une population toujours plus nombreuse. Dans certains pays ou la croissance démographique est comprise entre 2,5 % à 3 % par an, il convient donc d'atteindre des taux de croissance de 5 à 8 % chaque année sur longue période et équitablement répartie pour commencer à enregistrer une élévation globale du niveau de vie pour les populations, gage possible, dans un second temps, d'une stabilisation démographique. Le dynamisme démographique de l'Afrique engendre plutôt des obstacles à l'amélioration des conditions de vie et du bien-être de ses habitants. Il rend plus difficile et recule la date de la croissance généralisée des revenus par habitant, souvent gage d'une décélération du nombre d'enfants par femme.

Quatrième affirmation, l'élévation du niveau de vie des populations engendrerait une propension plus forte à la mobilité, à la migration, les plus pauvres étant exclus de cette faculté de bouger. Ce n'est pas vrai dans tous les cas. Les causes climatiques, les conflits, l'insécurité politique peuvent engendrer des mobilités chez les plus pauvres. À l'inverse, le développement économique d'un pays, et l'augmentation des revenus par habitant qu'il engendre, peut avoir un effet de fixation des populations qui voient l'avenir se dessiner chez eux grâce à la création sur place de nombreux emplois et non à l'extérieur. Il est donc trop rapide de dire que toute élévation du revenu des populations accroît leur capacité à migrer. Cela dépend des circonstances. Le potentiel économique à migrer peut s'accroître avec l'accroissement des revenus permettant une mobilité plus facile. Toutefois, cette potentialité pour se réaliser dépend d'autres facteurs (vitalité économique, sécurité, environnement…) qu'il est difficile d'anticiper. De ce point de vue, un pays africain qui réussit avec ou sans aide au développement son décollage sur le plan du développement, c'est celui qui crée sur place de l'activité et donc de l'emploi, et devient attractif pour sa jeunesse et sa diaspora. À l'inverse, la très grande pauvreté d'une proportion importante de la population africaine n'est pas un facteur explicatif à son faible taux de migration. En cas de conflits, de désastres naturels, de problèmes climatiques, pauvreté et migrations peuvent aller de pair.

Cinquième affirmation, l'achèvement de transition démographique de l'Afrique qui se traduirait à un moment donné par une stabilisation de sa population serait en bonne voie. En fait, on ne peut prévoir la date de cet achèvement. Les projections de la population africaine sont sans cesse revues à la hausse. La division de la population de l'ONU prévoit aujourd'hui une population africaine à 4,5 milliards d'individus en 2100 sans qu'il s'agisse d'un seuil, après avoir estimé en 1981 que la population africaine se stabiliserait à 2,2 en 2100. De plus, la croissance du niveau de vie n'est pas le seul facteur causal d'une stabilisation démographique si bien que l'on ne sait toujours pas quand et à quel niveau de développement la population de l'Afrique se stabilisera mécaniquement. Certains pays ont des fécondités qui repartent à la hausse ou demeurent très élevés. D'autres sont plutôt à la baisse, sans que l'on sache vraiment donner une interprétation convaincante à ces évolutions, tant la modélisation de phénomènes aussi complexes est difficile, voire impossible à opérer. Les démographes ne sont d'ailleurs pas tous d'accord sur le concept de transition démographique, c'est-à-dire le passage dans un laps de temps donné d'une forte fécondité et une forte mortalité, à une faible fécondité et une faible mortalité.

Sixième affirmation, la croissance rapide de la population africaine serait une catastrophe pour notre environnement. En fait, il convient de relativiser. L'empreinte écologique d'un Africain est 10 à 15 fois moins importantes que celle d'un pays développé. L'impact écologique de l'Afrique demeure faible, quelle que soit sa population, étant donné son faible niveau de développement. Ce qui est véritablement mauvais pour notre environnement mondial, c'est la bascule accélérée vers un développement non durable de pays en développement à forte population comme l'Inde, la Chine, le Brésil ou l'Indonésie qui viennent rejoindre les pays occidentaux développés fortement émetteurs. L'enjeu pour l'Afrique, comme pour le monde, c'est l'établissement conjoint d'un modèle de développement durable associé à une maîtrise de la démographie dans le respect des choix individuels, ce que l'on pourrait appeler « une démographie verte » alliant modèle de développement durable et maîtrise de la démographie par choix individuels librement consentis168. Pour l'Afrique, la maîtrise démographique devient une nécessité qui accompagne le développement durable. Pour les pays développés et émergents, le changement de leur modèle de développement devient une urgence, même à population stabilisée. La démographie, sous l'angle de ses effets combinés au modèle de développement, est bien le chaînon manquant du développement durable, non pris en compte dans les Objectifs du

168 / Lire à ce sujet le dernier article de Stéphane Madaule paru dans le journal Le Monde daté du 18 février 2019 et titré « Pour l'avènement d'une démographie verte ».

Développement Durable (ODD) établis sous l'égide de l'ONU en 2015, faute de consensus, faute de courage politique également.

Septième et dernière affirmation, les évolutions démographiques sont des tendances lourdes qu'il serait très difficile d'infléchir ou de faire varier. En d'autres termes, les évolutions démographiques s'imposent à nous et les politiques pour les modifier sont sans effets à court terme. Là encore, il existe un certain nombre de pays qui arrivent à maîtriser leur démographie. Cette maîtrise, on la doit le plus souvent à une gouvernance démographique active qui sait ne pas être coercitive pour construire une réelle efficacité basée sur des choix individuels librement consentis. Le planning familial, l'éducation des filles et des garçons, les incitations financières à maîtriser sa fécondité librement, une liberté supplémentaire pour les hommes et pour les femmes, par l'espacement des naissances sont autant de moyens d'une gouvernance démographique respectueuse des choix de chacun. L'enclenchement simultané d'un processus de développement durable est également un facteur puissant de stabilisation démographique. De nombreux pays africains sont aujourd'hui conscients de ces enjeux et veulent œuvrer efficacement dans ce sens. Ils aspirent à croiser le développement durable avec la maîtrise de leur population pour aller vers un bien-être partagé avec le reste du monde.

La démographie et la souveraineté alimentaire en Afrique

En Afrique, les importations de produits alimentaires, céréales mais également produits transformés comme la farine et la viande, ne cessent d'augmenter depuis les années 1960. À partir de 2020 avec la crise du Covid, puis en 2021, à la suite des effets du conflit entre l'Ukraine et la Russie, l'insécurité alimentaire du continent africain s'est cruellement amplifiée : 56,4 milliards d'importations alimentaires estimées par pour la seule Afrique subsaharienne en 2022, auquel il convient d'ajouter les importations massives et structurelles de l'Afrique du Nord et de l'Égypte. La population souffrant de la faim est repartie à la hausse au niveau mondial - 240 millions de personnes, soit environ 40 millions en plus dont beaucoup d'Africains, ce qui nous éloigne de l'atteinte de l'objectif numéro 2 des objectifs de développement durable (ODD) à savoir : éliminer la faim dès 2030. De plus, les prix des céréales et des intrants, dont la Russie et l'Ukraine sont des exportateurs majeurs sur les marchés internationaux, ont vigoureusement augmenté.

Après un premier sommet en 2015 à Dakar sur *l'insécurité alimentaire* en Afrique, le sommet sur la *souveraineté alimentaire* organisé par le Sénégal et la Banque africaine de développement du 25 au 27 janvier 2023 venait donc à point nommé pour tracer des perspectives en matière de sécurité alimentaire à l'échelle du continent. Dans son discours, le Président du Sénégal, Macky Sall, s'est voulu volontariste en vantant les mérites d'une *« Afrique des solutions »*. Selon lui, il suffirait pour atteindre la souveraineté alimentaire du continent que l'agriculture redevienne dans tous les pays africains une priorité en lui consacrant 10 % du budget de chaque État, conformément à la déclaration des chefs d'États à Maputo en 2003. Selon le président sénégalais, la superficie de l'Afrique est de 30 millions de km2 et sa population rassemble 1,4 milliard d'habitants. Or, *« 60 % des terres arables non exploitées de la planète se trouvent en Afrique »*, nous dit-il. Il suffirait d'utiliser ses terres disponibles, de moderniser la production agricole de l'Afrique pour passer du stade de la dépendance, vecteur d'insécurité alimentaire, à la souveraineté alimentaire, possibilité ouverte de se nourrir par soi-même, et même pourquoi pas, selon le président Macky Sall, *« contribuer à donner de la nourriture au monde »*.

Cet élan des pays africains à vouloir regagner leur indépendance alimentaire, si importante sur le plan politique, ne peut être que saluer.

Mais, il reste beaucoup à faire pour aller véritablement dans ce sens. Les engagements visant à faire de l'agriculture une priorité budgétaire, des engagements déjà évoqués dans les mêmes termes par les chefs d'État à Maputo en 2003, doivent effectivement se concrétiser. En 2014 déjà, aucune région d'Afrique n'avait atteint cet objectif (revue Passerelles, 2014). Pire, certains pays africains, un tiers, étaient même en régression sur ce plan.

Le président Macky Sall indique également que 60 % des terres arables non exploitées dans le monde se trouvent en Afrique. On pourrait croire à première vue que le potentiel inexploité de terres arables en Afrique est exceptionnel. Or ce n'est pas le cas. Le concept de terre arable disponible est relativement flou. Il mélange les terres très fertiles et les terres peu fertiles ou qui le sont de moins en moins, au surplus ayant parfois besoin d'irrigation. Dans un rapport de 2016, l'organisation des nations unies pour l'agriculture et l'alimentation (FAO) constate qu'un tiers des terres arables dans le monde est voué à disparaître et que les rendements de production tendent à diminuer de façon drastique. Peut-on raisonnablement tabler en Afrique, particulièrement touchée par la désertification et le changement climatique, sur un tel potentiel de terres inexploitées comme le clame le président sénégalais ?

Une autre question n'est pas évoquée par le Président Macky Sall à savoir l'urbanisation accélérée de l'Afrique qui fait que les villes africaines sont de plus en plus alimentées par des importations venues de l'extérieur (blé, riz ou brisure de riz), de préférence aux productions vivrières locales qui restent souvent des productions peu commercialisées, dispersées, loin des villes, servant à l'autosuffisance alimentaire des villages ruraux. Il faudrait donc inverser drastiquement cette tendance lourde à savoir que les villes africaines, en croissance exponentielle, soient nourries par les campagnes africaines au prix d'une logistique exceptionnelle et non par des importations venues de l'extérieur.

Enfin, une donnée fondamentale est absente du discours du Président Macky Sall. Il s'agit de l'évolution très rapide de la population africaine depuis la seconde moitié du XIXe siècle. En 1960, pour que l'Afrique soit autosuffisante, il convenait qu'elle arrive à nourrir 275 millions d'habitants. En 2022, nous en sommes à 1,4 milliard et les spécialistes démographes nous informent que nous allons vers un doublement de ce chiffre en 2050.

N'est-ce pas un fait majeur à prendre en considération pour qui veut s'occuper de souveraineté alimentaire en Afrique où le nombre de personnes à nourrir a donc été multiplié par 5 en 60 ans. Est-ce une tendance lourde que l'on peut écarter de l'équation africaine d'indépendance alimentaire ?

Alors bien entendu, on peut évoquer les effets positifs de plus d'irrigation, plus d'utilisation massive des engrais, plus de mécanisation tout en demeurant dans le cadre de l'agriculture familiale et durable, plus de stockage et de conservation des récoltes, plus de révolution verte, de changements drastiques des habitudes alimentaires par l'abandon pourquoi pas de l'alimentation carnée et son remplacement par les insectes, de plus de financements budgétaires additionnels pour l'agriculture et l'alimentation venant des pays africains eux-mêmes mais également des partenaires financiers. Tout cela irait effectivement dans le bon sens mais ne semblerait pas tout à fait à la mesure du défi réel à relever à savoir : une population toujours plus nombreuse avec des terres de moins en moins fertiles pour cause de changement climatique. Faudra-t-il continuer à sacrifier toute ou partie de la forêt africaine pour tenter de satisfaire une partie de l'alimentation de l'Afrique ? Ne doit-on pas également, de manière responsable, regarder la réalité en face ? Songer également à essayer de réguler, en respectant la liberté de chacun, la démographie de l'Afrique qui voit sa population augmentée au rythme très rapide de 2,7 % chaque année ?

Décidément, l'équation à résoudre pour aller vers la souveraineté alimentaire de l'Afrique est plus complexe et difficile à résoudre qu'il n'y paraît. Il ne sert peut-être à rien de le cacher, ou feindre de l'ignorer.

La question taboue de la surpopulation

Mais pourquoi le chiffon rouge est-il instantanément agité lorsque l'on évoque l'évolution de la démographie mondiale ? Et pour quelle raison ressort-on instantanément l'épouvantail de Thomas Robert Malthus comme s'il s'agissait d'exorciser de vieux démons ? La pensée de Malthus est utilisée comme un repoussoir. Pourtant, son analyse est datée. Cet économiste de l'école classique anglaise a écrit son essai sur le principe de population il y a plus de 200 ans, en 1798 très exactement. Il s'applique à une époque révolue, celle du début de la révolution industrielle où le nombre de nécessiteux ne cessait de croître. Malthus ne raisonnait que sur l'adéquation entre production agricole et population, qui posait effectivement à son époque un problème important. Il ne pouvait prendre en compte les autres ressources de la planète comme les énergies fossiles, les ressources minières, l'air, l'eau ou encore la biodiversité. Il s'est trompé sur la vitesse de la croissance de la production agricole. Il s'est trompé sur la méthode à suivre s'agissant du sort des nécessiteux. Il s'est trompé sur les possibilités offertes par le progrès technique. Et alors ? Cela voudrait-il dire que toute interrogation sur l'évolution de la population serait nulle et non avenue ?

Notre humanité doit affronter un double phénomène que ne pouvait prévoir Malthus : la hausse continue de la consommation des ressources non renouvelables de notre planète et une augmentation rapide et simultanée de sa population. Jusqu'à présent, la voie d'un développement harmonieux pour tous était présentée comme le plus sûr moyen d'atteindre des équilibres futurs. Le développement stabilise la population, c'est même la seule voie possible. Cependant, ce développement pour tous se fait attendre. Les plus pauvres restent pauvres et n'achèvent toujours pas leur transition démographique. Les plus riches sont toujours plus riches et gaspillent. Non seulement la voie du développement n'est toujours pas empruntée par tous mais le modèle de développement que l'on espérait mettre en commun s'avère ingérable sur le plan écologique.

Aujourd'hui, pour sortir de cette impasse, la diffusion d'un nouveau modèle de développement est d'actualité : la croissance verte et solidaire. Toutefois, l'échec de la conférence de Copenhague sur le climat en décembre 2009 montre tout le chemin qu'il reste à parcourir pour convaincre les plus gros pollueurs (États-Unis et Chine) de changer rapidement leurs habitudes. Hélas, la diffusion d'un tel modèle prendra du temps.

Mais dans l'intervalle, est-il envisageable d'agir sur un second levier, la population ? Certains spécialistes nous disent que non. La régulation de la population mondiale n'a guère de sens et demeure hors de portée. Un livre du démographe Hervé Le Bras « Vie et mort de la population mondiale » paru en 2009 aux éditions Le Pommier soutient cette thèse. La notion de « population limite » utilisée par certains écologistes (Paul Ehrlich, Jean Dorst) ne serait pas opérationnelle. Faut-il fixer cette limite à 9 milliards, à 12 milliards ou plus encore ? Certes, le concept de « population limite » n'est pas opérationnel. Certaines parties du monde sont très peuplées tandis que d'autres souffrent parfois d'une densité trop faible. Toute généralisation à l'échelle de la planète est donc réductrice. Cependant, même si l'on rejette ce concept à l'échelle mondiale, doit-on l'exclure également au niveau national, voire local ? Des politiques volontaires de planning familial (Tunisie) ou natalistes (France) sont à l'œuvre depuis de nombreuses années et semblent porter leurs fruits. Il est donc possible de faire passer un message de régulation volontaire des naissances aussi bien dans les pays pauvres, même si cela est plus difficile, que dans les pays riches.

Pourquoi ne pas envisager alors qu'une politique de stabilisation de la croissance démographique puisse anticiper sur le développement économique, voire le susciter, et non l'inverse comme on le dit habituellement ? Jean-Pierre Guengant[169] montre bien qu'il n'y a pas de lien mécanique entre croissance économique et baisse de la fécondité (taux de la fécondité demeurante très élevé en Afrique de l'Ouest malgré une certaine croissance économique depuis 2005 faisant craindre selon lui une « seconde explosion démographique » durant le siècle présent, arrêt de la baisse du taux de fécondité dans certains pays méditerranéens, voire hausse comme en Algérie). Certains pays ont pu enclencher un processus de croissance économique justement parce qu'ils avaient

169 / Revue études, novembre 2011.

auparavant su se dégager d'un fardeau démographique trop lourd (Chine) en bénéficiant d'un « dividende démographique ». Effectivement, il est très difficile d'envisager un processus de développement économique soutenu lorsque les actifs sont moins nombreux que les inactifs, lorsque les dépenses sociales explosent et que les élites formées à grand prix ont tendance à migrer vers d'autres lieux. Une bonne politique de régulation de la population peut s'avérer un levier nécessaire pour engager un processus de développement.

Alors, peut-on s'engager sans attendre dans des politiques nationales de régulation de la population, pour les pays (Haïti, Rwanda, Bangladesh) qui souffrent d'un fardeau démographique trop lourd ? Ou doit-on aller jusqu'à nier qu'un pays puisse souffrir d'un problème de surpopulation par rapport à ses ressources, la surpopulation étant un concept mort-né dans un monde où l'échange et le temps sont capables de pourvoir à toutes les insuffisances ? Plus sérieusement, une région qui n'arrive pas structurellement à assurer le bien-être de sa population sans appui de l'extérieur et enregistre par ailleurs une croissance démographique importante est bien en situation de surpopulation par rapport à ses ressources. Alors, une politique de régulation de sa population a un sens. Il s'agit d'envisager que certains pays pauvres qui souffrent de surpopulation se développent, notamment au moyen de politiques incitatives et volontaires de réduction de leur croît démographique. Il convient également que ceux qui consomment le plus, les pays riches, changent au plus vite leur modèle de consommation et réduisent en priorité leurs gaspillages. Ces deux leviers ne doivent pas être négligés. C'est avant tout un acte de solidarité envers les générations futures, nullement un acte de foi dans la primauté de la nature sur l'homme.

Lien entre population nombreuse et développement durable : la question interdite

C'est la question taboue que personne n'ose évoquer. D'après les démographes français comme Hervé Le Bras ou François Héran, il n'y aurait pas de risque de surpopulation dans le monde puisque la bombe P n'aurait pas du tout explosé, bien au contraire. La population mondiale serait même en voie de stabilisation d'ici la fin du XXIe siècle à 9,5 Mds d'habitants. Le problème serait même la baisse de la natalité trop forte dans certains pays développés, comme en Europe et en Chine, qui manqueront à l'avenir de main-d'œuvre et de cotisants pour financer les retraites. D'après les climatologues, les problèmes démographiques seraient déliés des problèmes climatiques car ce sont les populations les moins nombreuses des pays riches qui posent problème par leur modèle de consommation et non les populations nombreuses et en croissance rapide des pays en développement dont l'impact écologique pas habitant demeure très faible. D'ailleurs comme le dit le directeur de l'agence internationale de l'énergie, Fatih Birol : « *L'une des grandes injustices du monde actuel est que l'Afrique est aussi la région de la planète la plus exposée aux dérèglements climatiques, qu'il s'agisse de sécheresses graves ou d'inondations destructrices, alors que ses habitants sont ceux qui ont le moins contribué aux émissions de gaz à effet de serre dues à la consommation d'énergie. Les pays africains sont responsables de moins de 3 % des émissions mondiales cumulées de CO2 depuis le début de la révolution industrielle.* » Enfin, s'occuper un peu trop près d'évolution de la population mondiale, de migrations internationales, de contrôle des naissances aurait un relent quelque peu nauséeux sur le plan historique. Il serait de bon ton de ne pas évoquer, chacun ayant sa place sur notre planète, chacun devant rester libre de ses choix sur ce plan, même face aux ressources finies de notre planète. Pourquoi ne pas faire confiance au génie humain qui doit nous écarter de tout malthusianisme.

Fermé le banc. Il n'y a rien à voir de ce côté-là. Mais peut-on véritablement en rester là, en demeurer à des avis si tranchés ? N'y a-t-il pas quelques nuances à apporter à ce consensus qui nous demande instamment de regarder ailleurs ?

La première nuance tient au fait que l'explosion des problèmes climatiques et de pertes de biodiversité ne se posait pas véritablement jusque dans les années 1950. C'est ensuite que c'est enclenché à partir des années 1980 le décollage économique de pays émergents très peuplés comme la Chine, l'Inde, l'Indonésie, le Brésil qui ont basculé peu à peu dans le développement à l'occidentale, basé sur la consommation de masse et l'utilisation de l'énergie fossile. Si ces pays avaient été très peu peuplés, les problèmes climatiques et de biodiversité n'auraient pas eu la même acuité. C'est donc la conjugaison d'une forte population et d'un processus de développement à l'occidentale du monde développé et du monde émergent très peuplé qui pose problème. Même si les rejets de CO2 par habitant de la Chine sont très inférieurs à ceux des États-Unis, ce pays est devenu, de par sa population, le plus grand émetteur de CO2. Le lien entre volume de population et changement climatique est donc direct pour des pays ayant adopté, comme les pays occidentaux, un modèle de développement basé sur la consommation de masse et l'utilisation des énergies fossiles.

La deuxième nuance à apporter est que le non-développement ou le mal développement de nombreuses parties du monde aboutit à ce que certains pays du monde n'arrivent plus à produire les biens agricoles nécessaires à l'alimentation de leur population. Cette dépendance s'est fortement accrue partout en Afrique, à l'exception de l'Afrique du Sud. Cette dépendance alimentaire est amplifiée par la croissance rapide de la population africaine. Or pour nourrir la planète, il convient d'intensifier la production, d'utiliser des pesticides, bref d'aller vers une révolution verte à base d'intrants qui font appel à des engrais et des molécules chimiques qui non seulement ont un fort impact en CO2 mais dégradent la biodiversité de la planète. Bien entendu, on peut souhaiter aller vers une agriculture verte. Mais cette évolution s'accompagne inévitablement d'une baisse drastique des rendements. Cette baisse des rendements n'est pas compatible avec une planète à nourrir à 9,5 Mds d'habitants.

La troisième nuance à apporter est que le bien-être dans la durée d'une population à 9,5 milliards d'habitants suppose qu'un modèle économique durable soit mis en place rapidement sur l'ensemble de la planète. Or, les pays développés comme les pays émergents éprouvent beaucoup de difficultés à s'extraire de la consommation de masse et de l'énergie fossiles. Il n'est pas du tout sûr que le monde non développé soit en capacité d'aller directement vers un développement vert, une trajectoire qui n'a jamais été suivi par aucun pays au monde. Le développement souhaitable du monde non développé car facteur de bien-être s'accompagnera donc mécaniquement de rejet de CO2 et d'une perte de biodiversité. Dans ces conditions, l'accès au développement d'un continent comme l'Afrique dont le volume de population sera considérable en 2050 (2 milliards en 2050) est potentiellement porteur à terme d'impacts forts sur le climat et la biodiversité. Pour être plus explicite, la croissance rapide de la population africaine n'a pas d'impact climatique fort aujourd'hui mais en aura demain.

Ce que l'on peut dire aux climatologues, aux démographes qui ne veulent voir sous aucun prétexte un lien possible entre population nombreuse et changement climatique, c'est que notre planète est dès aujourd'hui très peuplée, que le modèle de développement que nous avons pratiqué jusqu'à présent n'est pas, n'est plus diffusable à tous. Dans ces conditions, toute croissance de la population, tout passage d'une population nombreuse non-développée à une population nombreuse développée est destructeur pour notre planète aux ressources finies, comme nous le constatons dès aujourd'hui.

La démographie doit changer son vocabulaire

Croissance démographique, dividende démographique, pays jeune et dynamique, telles sont les expressions habituellement employées par les démographes pour qualifier un pays dont la population augmente.

Il faut dire qu'en Europe, depuis la fin du XVIII siècle où la France était la plus peuplée d'Europe avec 25 millions d'habitants, les démographes hexagonaux n'ont cessé de se lamenter de la faible progression de la population française, voire de sa stagnation. Faire croître la population française face à l'Allemagne plus peuplée a toujours été, sans discontinuité, une obsession des pouvoirs publics, surtout après la Seconde Guerre mondiale où des politiques ouvertement natalistes ont été mises en place. Encore aujourd'hui, on se félicite de voir que la France est encore un des pays d'Europe où la natalité est la plus forte, un signe de bonne santé en quelque sorte. À l'unisson, tout ce qui contribue à augmenter la population française est bon à prendre. Ainsi les migrations sont plébiscitées par les démographes comme un moyen de maintenir un solde positif en matière de croissance démographique, tout comme une manière naturelle d'occuper les emplois vacants et d'assurer nos retraites.

Par ailleurs, un peu partout en Europe mais surtout en France, un lien positif est systématique établi entre croissance démographique et croissance économique. Ainsi, la croissance démographique est jugée positive pour accélérer la consommation, principal moteur de la croissance économique dans nos sociétés développées. Grâce à la croissance démographique, il nous faut toujours plus d'habitations, d'infrastructures collectives, de services publics. La croissance démographique, interne grâce à la natalité ou externe grâce aux migrations, est présentée comme soutenant l'activité économique car permettant de combler les secteurs en déficit de main-d'œuvre. Enfin, la croissance démographique serait indispensable à l'équilibrage de notre système de retraite par répartition. Enfin, une démographie positive – une population qui augmente sensiblement - est vécue comme un instrument de puissance capable d'asseoir la place d'un pays dans le monde.

À l'inverse, lorsque la population stagne ou vient à baisser, toutes les expressions employées par les démographes passent au négatif. Ne parle-t-on pas de « déclin démographique » quand la population n'augmente plus ou se stabilise ? Le « déclin démographique » est censé entraîner de facto un déclin économique et donc un déclassement du pays dans le concert des nations. Ne pas arriver à renouveler les générations est présenté comme un problème majeur notamment pour financer les retraites, comme en Chine actuellement. On parle également de « vieillissement de la population » lorsque la catégorie des plus de 60 ans à tendance à s'accroître, à avoir un poids plus important dans la pyramide des âges. Ce « vieillissement », peu porteur de dynamisme pour l'avenir, ne permet plus d'enclencher le bonus du « dividende démographique » puisque le ratio des actifs par rapport aux inactifs à tendance à baisser.

Au niveau mondial, l'analyse va dans le même sens. Toute interrogation quant aux bienfaits supposés de la croissance de la population mondiale paraît incongrue. D'ailleurs, Malthus s'était bien trompé. La loi des rendements décroissants ne s'est jamais appliquée à notre agriculture et notre Terre a la capacité de nourrir près de 8 milliards d'individus. Mieux, dans le sillage de l'économiste Ester Boserup, l'accroissement démographique se transforme en fabuleux moteur pour l'innovation, puisque cet accroissement permet de repousser toujours plus loin les limites de la population maximale que peut accueillir notre planète. La croissance démographique mondiale est présentée comme un atout. Le dynamisme de l'Afrique, continent jeune, représente l'avenir. À l'inverse, on pourrait s'inquiéter de la situation démographique stagnante de l'Europe. Voilà ce que nous invite à penser la plupart des démographes.

Mais reprenons quelques-unes de ces affirmations. L'apport du « dividende démographique » n'est souvent qu'une illusion. Les pays pauvres en développement, à la population très jeune, n'ont jamais bénéficié du « dividende démographique » car le taux d'emploi de la population active est faible, ce qui annule tout bénéfice démographique. Avec l'augmentation rapide de leur population, ces pays subissent plutôt un « fardeau démographique » : des dépenses de santé et d'éducation exponentielles, des dépenses d'infrastructures qui pèsent sur le budget de l'État, une surexploitation des terres et des forêts, des conflits d'usage entre éleveurs et agriculteurs, un revenu par habitant qui demeure stagnant. Pourquoi alors continuer à nous présenter encore et toujours les vertus d'une Afrique jeune, grâce à une démographie dynamique, en regard d'une Europe qui « vieillirait », en « déclin démographique « ? Or, les pays décrits comme les plus jeunes sur le plan démographique – la moitié de la population ayant moins de 20 ans - sont souvent les pays les moins avancés sur le plan économique qui souffrent d'une extrême pauvreté.

D'après les dernières projections de l'ONU en 2022, l'Europe verra sa population se stabiliser entre 2022 et 2050. Doit-on réellement s'en inquiéter ? Le fait que la population européenne « vieillisse » devrait plutôt nous réconforter. Cela veut dire comme notre espérance de vie est au plus haut. N'est-ce pas un privilège de pouvoir envisager une vie longue en bonne santé plutôt qu'une espérance de vie limitée à 50 ans ? Peut-on à la fois se féliciter d'une croissance de cette espérance de vie et se lamenter, de manière contradictoire, du « vieillissement » de notre population ? De plus, ce « vieillissement » de la population n'a pas d'impact négatif ou positif clair sur la croissance économique, sur l'accroissement des revenus par habitant. Des pays comme l'Allemagne, la Chine, le Japon, très dynamiques sur le plan économique, enregistrent une croissance démographique très modérée. Et si notre système par répartition n'est plus complètement adapté pour financer nos retraites, ne peut-on pas réfléchir à le compléter par un système par capitalisation solidaire ?

Alors pourquoi continuer à connoter, contre vents et marées, si positivement tout ce qui s'apparente à de la « croissance démographique » alors que les ressources de notre planète s'épuisent, que nous devons entrer au plus vite dans l'ère du partage et quitter l'ère de la compétition, du toujours plus ? Ne pourrait-on pas faire évoluer notre vocabulaire ? À la place de « croissance démographique », pourquoi ne pas évoquer le « déséquilibre démographique », voire « l'explosion démographique » en Afrique ? À la place de « dividende démographique » lui substituer le terme de « fardeau démographique » pour les pays pauvres ? À la place de « vieillissement » de la population, se féliciter d'une possible « croissance de l'espérance de vie » ? À la place de « déclin démographique » se réjouir d'un retour à « l'équilibre démographique » ? À la place de « pays en transition démographique » ne pas hésiter à se préoccuper de pays en « déséquilibre démographique » ?

Pour analyser et mieux qualifier le sens à donner aux évolutions démographiques, le temps est peut-être venu de réviser notre vocabulaire.

Pour une gouvernance démographique

Le Fonds des Nations Unies pour la Population (FNUAP) a été créé en 1969 pour s'occuper de cette problématique de la population. Sa mission est d'œuvrer pour « la réalisation d'un monde où chaque grossesse est désirée, chaque accouchement est sans danger, et le potentiel de chaque jeune est accompli ». Vaste programme pour une institution dont le budget était proche de 1 Mds $ en 2017 et qui est l'interlocutrice des ministères de la santé, des ministères de la population partout dans le monde. Ses principaux secteurs d'intervention sont les suivants :

- La santé sexuelle et reproductive (planification familiale, VIH et sida, santé maternelle, obstétrique, fistule obstétricale, santé sexuelle et reproductive).
- Jeunesse : grossesses adolescentes mariage d'enfants, éducation à la sexualité
- Droits de l'Homme et égalité des sexes : impliquer les hommes et les garçons, mutilation génitale des femmes, violence sexiste, égalité des sexes, droits de la femme
- Questions relatives à la population : tendances, vieillissement, migrations, urbanisation, recensement, changement climatique

On peut dire sans crainte que cette institution n'a pas les moyens de ses ambitions comme c'est souvent le cas au niveau des agences des nations unies pour le développement.

Toutefois, en respectant la liberté de chacun, une prise de conscience politique et citoyenne doit intervenir sur ces questions en croisant la problématique du développement durable avec la thématique de la maîtrise démographique qui ne doit pas, qui ne doit plus lui être extérieure. De ce point de vue, le concept de la démographie verte nous aide non seulement à considérer l'urgence de la construction de nos modèles de développement d'avenir mais également l'importance de la maîtrise des populations qui seront concernées. En d'autres termes, on ne joue plus seulement sur une variable de l'équation, le modèle de développement choisi, mais également sur une seconde variable, la population concernée, afin d'avoir une perspective précise de la qualité des trajectoires de chacun. La démographie n'est plus une variable externe que l'on constate ex-post, mais une variable interne dont on tient compte ex-ante.

À ce titre une gouvernance démographique dans les pays développés comme dans les pays en développement devrait se donner les objectifs suivants :

- Informer les citoyens et les citoyennes sur le nécessaire équilibre à trouver entre nos modèles de développement et les populations qu'ils concernent. Il convient que chaque population responsable habitant un territoire soit consciente de son empreinte écologique, des équilibres à trouver entre sa population et le modèle de développement qu'elle s'est choisie. À titre d'exemple, un modèle de développement respectueux de l'environnement est compatible avec une démographie en croissance. En revanche, un modèle de développement peu respectueux de l'environnement doit s'accompagner d'une réflexion sur la limitation de ses effets, notamment en termes d'évolution de la population. Ceci peut concerner les pays développés qui doivent faire des efforts pour changer leur modèle de développement, ce qui n'est pas encore le cas, tout en maîtrisant la croissance de leur population, voire en abaissant leur population. Cela peut concerner les pays pauvres qui doivent s'engager dans des modèles de développement propres tout en maîtrisant leur croissance démographique, ce qui n'est pas encore le cas.

- Prendre en compte la géographie physique et humaine des territoires afin de définir la population optimale pouvant habiter ses territoires en fonction de leurs ressources et du progrès technique. Il ne faut pas avoir peur de définir des zones sous-peuplées et des zones surpeuplées où la population doit être régulée volontairement.
- Diffuser le planning familial afin que chaque couple puisse maîtriser sa fécondité, dans le respect de la liberté de chacun. Il s'agit de rendre ici responsable chaque individu, femme ou homme, des conséquences de la venue d'un nouvel enfant.
- Éduquer les filles et les garçons le plus possible. On sait aujourd'hui que c'est grâce à l'éducation dans son ensemble que l'on arrive à une meilleure maîtrise de la fécondité.
- Respecter les droits de l'homme et les droits de la femme. On sait également que ce sont dans les sociétés inégalitaires que la fécondité des couples n'est pas maîtrisée. On sait également que ce n'est pas par la contrainte qu'il convient d'agir, mais par le respect de chacun et de ses libertés fondamentales.
- Produire et consommer propre, ce qui veut dire adopter au plus vite un modèle de développement compatible avec le respect de la planète.

La définition du développement durable, telle que présentée par Gro Brundtland était la suivante : « Un développement qui répond aux besoins du présent sans compromettre la capacité des générations futures à répondre aux leurs ».

En prenant en compte le nouveau pilier de la démographie en l'intégrant au développement durable, on pourrait lui préférer cette autre définition du développement durable : ***« Des modèles de développement qui répondent aux besoins présents d'une population soutenable, sans compromettre la capacité des générations futures à répondre aux leurs ».***

Conclusion

Les nouveaux principes du développement : Le modèle humain de développement durable

Depuis plusieurs décennies, le modèle de développement qui s'impose à l'échelle internationale possède les caractéristiques suivantes :

- Primauté de l'économie sur la politique avec une adaptation constante aux lois du marché, du moins-disant plus que du mieux-disant.
- Imposition par le jeu de conditionnalités successives d'un modèle libéral valable pour tous.
- Monopole de la définition du cadre macroéconomique à adopter par la Banque mondiale et le FMI, en complément des préceptes de l'Organisation mondiale du commerce.
- Gestion de la concurrence avec un objectif d'ouverture pour tous, soit une libéralisation de l'économie partout dans le monde, dont la compétition internationale est le principal moteur.
- Prise compte de la contrainte écologique par le prisme d'une transition au long-court dont le terme et l'effectivité sont sans cesse repoussés.
- Déconsidération de la contrainte démographique prise comme une variable exogène sur laquelle il est impossible d'agir autrement que par l'élévation du niveau de vie des populations.

L'adoption en masse de ce modèle dominant ne s'est pourtant pas traduite dans les faits par une réduction sensible des inégalités socio-économiques au sein des pays en développement, ni entre les pays développés et les pays en développement. La pauvreté et l'extrême pauvreté sont toujours présentes. La faim dans le monde prend de l'ampleur. Pire, face à l'apparition de nouveaux problèmes mondialisés comme le réchauffement climatique et la perte de biodiversité, ce modèle de développement apparaît incapable de se réformer.

Afin de sortir de cette impasse, *le manuel du développement durable* propose *dix principes de développement durable*. Ils ne visent pas à l'imposition d'un modèle dominant pour tous, au Nord comme au Sud et dans les pays émergents, mais plutôt à l'ouverture à ce que chaque pays puisse mettre en œuvre son propre modèle de développement durable.

En rupture sensible avec les pratiques jusqu'alors en cours en matière de politiques de développement, ces dix principes, installent une autre approche du développement, soucieuse de chaque contexte local, plus humaine, plus durable, beaucoup plus diversifiée. Ces principes constituent en quelque sorte la synthèse en forme de conclusion des idées contenues dans cet ouvrage.

Premier principe. *Considérer que le but d'une politique de développement durable est d'être soutenable sur le long terme,* c'est-à-dire de permettre à la fois une croissance économique locale, une redistribution sociale interne et le respect de l'environnement. Afin d'atteindre cet objectif, il est préférable de privilégier le développement d'une économie de proximité, peu gourmande en énergie fossile, au plus proche géographiquement des bassins de population.

La satisfaction par l'offre locale des besoins de base des populations – alimentation, habitation, habillement – doit être l'objectif prioritaire à atteindre. La protection de ces secteurs d'activité doit être recherchée, s'ils ne peuvent se développer spontanément dans un univers de concurrence externe. Le seuil de rentabilité des activités locales doit être défini localement. Au besoin, il peut être abaissé en protégeant les activités essentielles d'une concurrence parfois déloyale des produits d'importation (exemple : subventions directes ou indirectes des produits agricoles internationaux).

Deuxième principe. *Reconnaître que toute dynamique de développement durable doit s'appuyer en premier lieu sur la prise en compte du contexte particulier de chaque pays notamment sur le plan économique, social, territorial et environnemental.* On ne peut mettre en place de modèle de développement durable qu'en partant de la réalité du terrain. Ceci veut dire que chaque pays doit bâtir son modèle de développement qui doit être construit individuellement au Sud comme au Nord, comme dans les pays émergents. Cette approche est la résultante de la prise en compte de caractéristiques inhérentes à chaque pays, notamment sur le plan de ses ressources naturelles et de sa démographie. On rompt ainsi avec la logique passée d'imposition d'un même modèle de développement pour tous, quelles que soient ses caractéristiques particulières.

Troisième principe. *Faire en sorte que les pays en développement soient eux-mêmes les véritables initiateurs et concepteurs de leurs propres modèles de développement durable.* Il y va de l'instauration de processus démocratique où chacun retrouve la souveraineté et l'indépendance de véritablement choisir. Bien entendu, les partenaires extérieurs peuvent aider à la construction du modèle, accompagner sa mise en œuvre, suggérer même quelques pistes. Toutefois, ces partenaires (pays, institutions internationales) ne doivent jamais se substituer aux autorités locales, à leurs opinions publiques, pour décider des grands choix de politique économique, sociale et environnementale.

Quatrième principe. *Au Nord comme au Sud comme dans les pays émergents, la satisfaction des besoins fondamentaux des populations doit être mise au rang de première priorité* en s'appuyant sur le développement d'une offre locale apte à satisfaire ces besoins. La production locale doit prendre en compte les contraintes environnementales, les besoins sociaux et la dynamique démographique. Dans les pays en développement à faible revenu, 80 % du budget des ménages sert à couvrir les dépenses essentielles pour se nourrir, se vêtir et se loger. Il convient que ces besoins fondamentaux soient couverts en priorité par la production locale.

Cinquième principe. *Éviter de faire de l'ouverture économique vers l'extérieur, la compétition, le principe actif dominant des politiques économiques à mettre en place.* Pour les pays en développement, l'ouverture sur l'extérieur n'est pas une fin en soi. Elle ne doit intervenir que si le pays est capable de résister, voire de profiter d'un univers concurrentiel. L'application indifférenciée du modèle libéral d'ouverture a trop souvent conduit à confronter des économies fragiles, souvent peu productives, aux plus compétitifs. Il en résulte mécaniquement, conformément à la loi des avantages comparatifs (par les prix ou par les subventions), une réduction drastique de la base productive des pays les plus faibles. Ces pays ont été spécialisés de l'extérieur. Ils sont exclusivement devenus des sources d'extraction de matières premières non transformées, soit l'exploitation de leurs ressources naturelles. Secteur par secteur, il convient donc de recouvrer un droit à produire pour vivre, en jouant sur le degré d'ouverture vis-à-vis de l'extérieur. Le but d'un développement durable pour chaque pays n'est pas de se spécialiser à outrance mais plutôt d'élargir au maximum sa base productive.

Les prix sur les marchés internationaux sont très fluctuants, voire chaotiques pour les matières premières. Ils ne peuvent constituer des repères pour les pays en développement, leur permettant de choisir de manière raisonnée leurs filières de développement, surtout dans le secteur agricole et alimentaire où l'instabilité des prix demeure la règle[170]. Il convient donc d'utiliser tous les instruments de régulation à disposition (normes, taxations, tarification aux frontières, taux de change) afin de favoriser la croissance d'une activité productrice locale respectueuse de l'environnement.

Sixième principe. *Réaffirmer que l'économie de marché au niveau national demeure bien le meilleur moyen de créer des richesses localement.* Le fonctionnement de cette économie doit être encadré par des règles et poursuivre un but que seuls les choix politiques peuvent définir. S'agissant des services aux populations – eau, électricité, santé, éducation, infrastructures de base, transports collectifs – la puissance publique doit être en capacité de promouvoir des solutions locales de redistribution au plus grand nombre s'appuyant sur des services publics bien gérés, qui mettent en œuvre une péréquation active entre populations riches et populations pauvres sur le plan des tarifs, qui conservent une efficience dans la gestion, même si un subventionnement de l'activité s'avère obligatoire afin d'assurer sa durabilité. L'État a le devoir d'intervenir dans le fonctionnement de l'économie de marché. Le principe de services publics marchands bien gérés doit être réhabilité. Sur le plan agricole et des cultures d'exportation, l'État doit éviter de renouer avec des prix administrés, mais se donner les moyens d'influencer les prix (barrières douanières, intervention ciblée sur le marché intérieur).

Septième principe. *Prendre en compte la maîtrise de la démographie comme un facteur essentiel et actif d'un développement durable dans le futur.* Un pays trop peuplé ou à la croissance démographique trop rapide est un pays qui gaspille ses ressources et qui compromet le bien-être des générations futures. Il convient donc que la

---

170 / Loi de King. En agriculture, les prix des produits varient de façon inverse et plus que proportionnelle aux variations des quantités produites.

croissance démographique du pays soit maîtrisée. La stabilisation de la population ne doit plus être considérée comme la résultante d'un niveau de développement économique futur à atteindre. Les politiques de populations sont bien des variables endogènes sur lesquelles il convient d'agir pour aller vers le développement durable. De la stabilisation de leur population dépend le développement économique de certains pays pauvres. Cette maîtrise de la démographie ne doit pas passer par une politique coercitive, mais plutôt par une politique incitative et d'information.

Huitième principe. *Bâtir une vie en société de partage capable de protéger son milieu, c'est-à-dire sobre en rejet carbone et respectueuse des écosystèmes et de la biodiversité.* Le développement des énergies renouvelables, le développement d'une production de proximité, le développement d'une agriculture respectueuse des sols, le développement et l'accroissement des massifs forestiers doivent être privilégiés. Les principes de sobriété et du recyclage dans la consommation des ressources non-renouvelables doivent s'imposer d'emblée comme le modèle de consommation d'avenir. C'est de la création et de l'addition de multiples modèles de développement durable à l'échelle nationale qu'il convient de rechercher au Nord comme au Sud un équilibre durable pour notre planète.

Neuvième principe. *Utiliser une aide étrangère réformée comme le catalyseur de propositions nouvelles de développement durable* qu'il appartient aux pays en développement de saisir ou de rejeter. Une aide publique au développement réformée, c'est une aide essentiellement tournée vers les pays à faible revenu, désintéressée, en dons, qui fasse SENS et donc orientée prioritairement vers la (S)anté, l'(E)ducation, la (N)utrition, les (S)ervices publics de base (eau, électricité, transport collectif) L'aide étrangère a vocation à accompagner les grands choix de développement durable effectués par les pays eux-mêmes, seuls en mesure de donner l'impulsion principale. L'aide étrangère doit être ciblée prioritairement sur des dépenses d'investissements qui favorisent une activité de production sur place dans les pays à faible revenu. Le système fiscal local et les droits de douane ont pour objectifs d'assurer le financement des dépenses d'investissement et de fonctionnement de l'État. Les droits douanes sont un moyen efficace de financer le budget de l'État (les dépenses de fonctionnement) qui sinon manque de ressources pour assurer ses fonctions de base (fonctions régaliennes mais également santé et éducation).

Dixième principe. *Renforcer la gouvernance locale.* Cette dernière doit recouvrer le plus vite possible son autonomie, son indépendance, sa souveraineté. Chaque pays doit lui-même choisir son mode de gouvernement.

La Table des matières

Du développement au développement durable
Le manuel du développement durable tome 1

Introduction générale au Manuel du développement durable (9)

1. Les définitions (13)

Le développement. Le développement durable. Les biens publics mondiaux. Les indicateurs de l'environnement.

2. L'Historique (24)

1922 La société des Nations. 1944 Les accords de Bretton Woods. 1948 L'entame du processus de décolonisation. 1949 Le discours de Truman. 1949 Le premier programme d'assistance technique. 1950 Les ONG. 1955 La conférence de Bandoeng. 1960 AID et Banque mondiale et bailleurs bilatéraux. 1960 Le CAD de l'OCDE. 1964 La CNUCED. 1965 Le PNUD. 1970 L'APD à 0,7 %/RNB. Le Club de Rome. 1972 Le premier sommet de la Terre. 1987 La première définition du développement durable. 1988 Le GIEC .1989 La chute du mur de Berlin. 1992 La conférence de Rio. 1994 Le FEM. 1997 Le protocole de Kyoto. 2000 Les OMD. 2002 Le Cycle de Doha. 2002 Le troisième sommet de la Terre. 2005 La déclaration sur l'efficacité de l'aide. 2005 L'entrée en vigueur du protocole de Kyoto. 2006 Le rapport Stern. 2007 Le rapport alarmiste du GIEC. 2009 L'échec de Copenhague. 2012 Face la spirale de l'échec, la vertu de l'exemple. La réforme de la comptabilisation de l'aide. 2015 L'Accord de Paris sur le changement climatique. La COP 27 climat en 2022 et la création d'un fonds pour lutter contre les effets du changement climatique. La COP 15 biodiversité de Montréal en 2022.L'agenda 2015-2030. Les ODD.

3. Les Théories du développement et du développement durable au cours du temps (50)

Quesnay, Turgot. Smith. Condorcet. Ricardo. List. JS Mill.) Schumpeter. Harrod et Domar. Solow. Lewis. Presbich, Singer, Furtado. Kuznets. Rostow. Perroux. Club de Rome. Samir Amin. Stern, Jonas, Latouche. Berg, Sen, Stiglitz, Krugman, Jackson, E et S Skidelsky, Cotanza, Ostrom, Giraud. Duflo et Banerjee . Raworth. Madaule. Piketty.

4. Le cadre institutionnel (93)

Le cadre institutionnel du développement. Le cadre institutionnel du développement durable. Les instruments de l'aide publique au développement en matière de prise en compte de l'environnement. Le financement des politiques de développement durable. Le protocole de Kyoto. La COP 21 et l'Accord de Paris.

5. Les interrogations sur le développement et le développement durable et les orientations possibles (109)

Quelles finalités pour l'Aide ? Qui définit et met en œuvre ? Chaque pays doit construire son propre modèle de développement durable. Croissance verte ou la décroissance pour tous ? Le développement du Sud détruit la planète ? Dix orientations pour plus d'efficacité dans les politiques de développement.

6. Les controverses sur l'Aide (133)

Aide nuisible. Les ONG, bons canaux de distribution. L'Aide efficace pour les pays fragiles. Les pays émergents et l'Aide. La déclaration de Paris sur l'efficacité de l'Aide. L'Aide pour les pays les plus efficaces. Le business de l'Aide en temps de crise. L'Aide intéressée ou désintéressée. L'harmonisation de l'Aide. Les contraintes des bailleurs. L'impact de l'Aide. La face cachée de l'Aide. Le clair-obscur des statistiques de l'aide publique au développement. Comment aider les PeD ? Peut-on aider les plus pauvres ? Les capacités d'absorption. L'Aide peut-elle en partie être rendu responsable de la faiblesse des maîtrises d'ouvrage ? L'Aide face à la crise, l'utilisation du bon instrument. Aide temporaire ou définitive ? Pour une sortie des prêts de l'aide publique au développement. Les propositions de réforme pour que l'Aide retrouve son SENS.

7. Le débat économique, social et environnemental (200)

La lutte contre la pauvreté : des questions de politiques économiques à Esther Duflo. L'ancien monde s'écroule. Capitalisme et inégalités. Les inégalités mondiales selon Branko Milanovic. Le capitalisme qui se déchire. Pour une Afrique résiliente et prospère. En situation de crise, attention aux prévisions trop pessimistes pour l'Afrique. Les trois grands défis d'avenir de l'Afrique. Le passage de l'informel au formel. La faim dans le monde. Le cadre macro-économique des PeD. Le renforcement des capacités et des compétences des maîtrises d'ouvrage locales. La loi des avantages comparatifs. La concurrence pure et parfaite. La décroissance. Croissance verte ou décroissance ? Le FMI et la Banque mondiale. Succès et échec du modèle libéral. La dette des pays pauvres. La Chine n'est plus un pays en développement du Sud. Décarbonisation ouverte ou fermée ?

Stéphane Madaule *Du développement au développement durable*

8. Les alertes environnementales (254)

Alerte écologique, pour qui sonne le glas. L'écologie positive et la destruction créative. Les enjeux des politiques développement durable. L'écologie : cheval de Troie contre la mondialisation. Le capital naturel. La lutte contre le changement climatique. La difficile préservation de la biodiversité. La préservation de la forêt mondiale.

9. La démographie : la grande oubliée du développement durable (273)

Evolution de la population mondiale : de Charybde en Sylla. Des prévisions à géométrie variable. La critique des projections de l'ONU de 2022 : toujours en déséquilibre démographique sans savoir jusqu'à quand ? La démographie : le chaînon manquant du développement durable. La démographie est-elle un facteur explicatif du développement ou du non-développement ?) Malthus or not Malthus ? La démographie verte et solidaire. La démographie n'est pas un facteur explicatif des migrations. Le jeu des sept infox sur la démographie en Afrique. La démographie et la souveraineté alimentaire en Afrique. La question taboue de la surpopulation. Lien entre population nombreuse et développement durable : la question interdite. La démographie doit changer son vocabulaire. Pour une gouvernance démographique.

Conclusion (307)

Structures éditoriales du groupe L'Harmattan

L'Harmattan Italie
Via degli Artisti, 15
10124 Torino
harmattan.italia@gmail.com

L'Harmattan Hongrie
Kossuth l. u. 14-16.
1053 Budapest
harmattan@harmattan.hu

L'Harmattan Sénégal
10 VDN en face Mermoz
BP 45034 Dakar-Fann
senharmattan@gmail.com

L'Harmattan Cameroun
TSINGA/FECAFOOT
BP 11486 Yaoundé
inkoukam@gmail.com

L'Harmattan Burkina Faso
Achille Somé – tengnule@hotmail.fr

L'Harmattan Guinée
Almamya, rue KA 028 OKB Agency
BP 3470 Conakry
harmattanguinee@yahoo.fr

L'Harmattan RDC
185, avenue Nyangwe
Commune de Lingwala – Kinshasa
matangilamusadila@yahoo.fr

L'Harmattan Congo
219, avenue Nelson Mandela
BP 2874 Brazzaville
harmattan.congo@yahoo.fr

L'Harmattan Mali
ACI 2000 - Immeuble Mgr Jean Marie Cisse
Bureau 10
BP 145 Bamako-Mali
mali@harmattan.fr

L'Harmattan Togo
Djidjole – Lomé
Maison Amela
face EPP BATOME
ddamela@aol.com

L'Harmattan Côte d'Ivoire
Résidence Karl – Cité des Arts
Abidjan-Cocody
03 BP 1588 Abidjan
espace_harmattan.ci@hotmail.fr

Nos librairies en France

Librairie internationale
16, rue des Écoles
75005 Paris
librairie.internationale@harmattan.fr
01 40 46 79 11
www.librairieharmattan.com

Librairie des savoirs
21, rue des Écoles
75005 Paris
librairie.sh@harmattan.fr
01 46 34 13 71
www.librairieharmattansh.com

Librairie Le Lucernaire
53, rue Notre-Dame-des-Champs
75006 Paris
librairie@lucernaire.fr
01 42 22 67 13

www.ingramcontent.com/pod-product-compliance
Lightning Source LLC
LaVergne TN
LVHW011450061026
849535LV00004BA/1025